El Camino de Gautama el Buda

Siddhartha Gautama Buda

Published by Dhamma Buddha, 2024.

EL CAMINO DE GAUTAMA EL BUDA

First edition. June 4, 2024.

ISBN: 979-8223697640

Written by Siddhartha Gautama Buda.

Tabla de Contenido

Hombre: sólo una posibilidad

ERES COMO LA HOJA AMARILLA.

LOS MENSAJEROS DE LA MUERTE ESTÁN CERCA.

DEBES VIAJAR LEJOS.

¿QUÉ SE LLEVARÁ?

TÚ ERES LA LÁMPARA QUE ILUMINA EL CAMINO.

ENTONCES DATE PRISA, DATE PRISA.

CUANDO TU LUZ BRILLE SIN IMPUREZA NI DESEO LLEGARÁS AL PAÍS ILIMITADO.

TU VIDA ESTÁ CAYENDO.

LA MUERTE SE ACERCA.

¿DÓNDE DESCANSARÁS EN EL CAMINO?

¿QUÉ TE HAS LLEVADO?

TÚ ERES LA LÁMPARA QUE ILUMINA EL CAMINO.

ENTONCES DATE PRISA, DATE PRISA.

CUANDO TU LUZ BRILLE CON PUREZA NO NACERÁS Y NO MORIRÁS.

COMO UN PLATERO CRIBA EL POLVO DE LA PLATA, ELIMINA POCO A POCO TUS PROPIAS IMPUREZAS.

O COMO EL HIERRO ES CORROÍDO POR EL ÓXIDO TU PROPIA MALDAD TE CONSUMIRÁ.

DESCUIDADOS, LOS VERSOS SAGRADOS SE OXIDAN.

PORQUE LA BELLEZA SE OXIDA SIN USO Y SIN REPARACIÓN LA CASA SE ARRUINA, Y EL RELOJ, SIN VIGILANCIA, FALLA.

EN ESTE MUNDO Y EN EL OTRO HAY IMPUREZA E IMPUREZA:

CUANDO UNA MUJER CARECE DE DIGNIDAD, CUANDO UN HOMBRE CARECE DE GENEROSIDAD.
PERO LA MAYOR IMPUREZA ES LA IGNORANCIA.
LIBÉRATE DE ELLA.
SE PURO.

El primer mito del hombre es que existe. El hombre es sólo una posibilidad. Rara vez el hombre se ha convertido en una realidad. Sólo de vez en cuando un Gautam Buda, un Jesucristo, un Lao Tzu, un Zaratustra - los nombres no son muchos, se pueden contar con los dedos. Son la única prueba de que el hombre no es imposible. Pero la llamada humanidad ordinaria es sólo un mito, una creencia en algo que en realidad no existe. A menos que tomes conciencia de este falso fenómeno, nunca llegarás a ser lo que estabas destinado a ser. Seguirás siendo una semilla. Nunca florecerás, no podrás liberar tu fragancia.

El nombre de Gautama el Buda es más dulce que la miel, es más dorado que el oro mismo. Gautama el Buda es más divino que Dios mismo. De hecho, no existe otro Dios. Dios sólo existe cuando existe la budeidad. Dios necesita el contexto de un buda para existir. Sin el espacio de un buda, Dios es sólo una idea teórica y filosófica sin sustancia, sólo una sombra. Por lo tanto, no preguntes si Dios es o no es. Esa pregunta no tiene respuesta. Dios es cuando hay un buda, Dios no es cuando el buda no está.

Siempre que hay una persona despierta, en el contexto de su despertar Dios se hace real. Esta es la única posibilidad de que Dios exista. Ser realmente un hombre significa convertirse en un espacio para que Dios exista en ti. Buda es el hombre más piadoso que ha nacido en la tierra, y también el más impío. Nunca creyó en Dios. Nadie que conozca ha creído nunca en un Dios.

Todos los creyentes son ignorantes: la creencia ES ignorancia. Buda nunca creyó, Buda sabía. Y cuando sabes, sabes; no es cuestión de creer. Buda nunca discutió sobre Dios, él mismo era la prueba. No puede haber otra prueba. Hay grandes discutidores, especuladores, teólogos; toda su vida siguen hablando de Dios, pero todo lo que dicen es mera palabrería, son puras tonterías. Incluso si se encuentran con Dios, discutirán con él. Argumentar es su hábito, argumentar se ha convertido en su ocupación, su profesión, se ha convertido en un escape de su verdadero ser. El argumento los mantiene ciegos.

El hijo de un rabino se convirtió al cristianismo y el rabino quedó totalmente desconsolado. Dios mismo bajó a la tierra para consolarlo. "Después de todo", dijo el Señor, "¿no le ocurrió lo mismo a mi hijo hace dos mil años?".

"Sí", respondió el rabino, "pero no olvides que mi hijo era legítimo".

Un teólogo, un filósofo, un gran pensador, aunque llegue a encontrarse con Dios, está obligado a discutir con él. No puede verlo. Para ver, es necesario el silencio, no la discusión.

Para ver se necesita amor, no lógica. Para ver, no se necesitan escrituras, sino un estado mental totalmente diferente: un estado mental en el que los pensamientos han desaparecido, en el que el espejo de la mente no refleja nada, es absolutamente puro, ni siquiera una onda de pensamiento. En ese silencio, en esa pureza de espejo no necesitas ir a ninguna otra parte para ver a Dios. Estés donde estés lo verás, porque Dios no es una persona, permíteme repetirlo de nuevo:

Dios es una presencia. Si Dios fuera una persona las cosas habrían sido muy fáciles. Lo habríamos atrapado, lo habríamos encarcelado en los templos, en las iglesias, en las sinagogas, en las mezquitas. Si Dios fuera una persona, nuestros científicos estarían experimentando con él en sus laboratorios. Pavlov no perdería el tiempo con perros, experimentaría con Dios. Y B.F. Skinner no seguiría ocupado con ratas.

Karl Marx lo ha dicho: A menos que Dios sea probado en un experimento científico, no voy a creer. A menos que Dios se demuestre en el laboratorio, no voy a creer. Pero un Dios probado en un laboratorio no es un Dios en absoluto, no puede ser un Dios. Un Dios atrapado en la red de los argumentos será impotente, estará completamente muerto.

Un grupo de caníbales atacó una misión, pero descubrió que los misioneros habían huido. El viejo jefe quedó fascinado por una pila de revistas que encontró, especialmente una que tenía fotos de mujeres con poca ropa en los anuncios. Cuando veía una foto de una mujer con muy poca ropa, arrancaba la página y se la comía.

Finalmente, uno de sus hijos se dio cuenta de lo que estaba haciendo y le dijo: "Dime, papá, ¿es bueno eso deshidratado?".

Pero eso es lo que hace la gente. Cuando reflexionas sobre la Biblia, el Gita, el Corán, todo está deshidratado. No te va a nutrir. ¿Cuál es tu cristianismo, tu hinduismo y tu mahometismo? Una persona realmente religiosa no puede ser cristiana, ni mahometana, ni hindú. Sí, puede ser un ayatolá Jomeini, pero no un mahometano, no una persona realmente religiosa.

Fanáticos, lunáticos, obsesionados con formalidades innecesarias....

¿Cuál es la diferencia entre un cristiano y un hindú y un judío? Si miras en el fondo no hay ninguna diferencia; toda la diferencia es formal, y ellos están obsesionados con las formalidades. Lo deshidratado se ha convertido en algo demasiado significativo.

Los Silverstein enviaron a su hijo a un internado intelectual de Nueva Inglaterra. Unos meses más tarde regresó a casa para las vacaciones de Navidad.

"Samela", saludó su madre. "Me alegro mucho de verte".

"Madre", respondió, "deja de llamarme Samela. Ya soy mayor y me gustaría que te refirieras a mí como Samuel".

"Lo siento", dijo la Sra. Silverstein. "Espero que hayas comido sólo alimentos kosher mientras estuviste fuera".

"Madre, es ridículo seguir aferrándose a esas tradiciones del viejo mundo. Yo me permití todo tipo de comida, kosher y no kosher, y tú estarías mejor si lo hicieras".

"Bueno, ¿al menos ibas a la sinagoga de vez en cuando?"

"De verdad", replicó el joven Silverstein. "Ir a una sinagoga cuando te relacionas mayoritariamente con no judíos es absurdo. Es injusto pedírmelo".

"Dime hijo", dijo la señora Silverstein, "¿todavía estás circuncidado?".

Pero estas son las diferencias entre hindúes y mahometanos y cristianos y judíos y jainas. ¿Qué hemos hecho de la religión? No hemos escuchado a los budas; no hemos entendido a Moisés, Abraham, Jesús, Mahavira, Buda. Los hemos malinterpretado y vivimos de acuerdo con nuestra incomprensión.

Estos sutras de Buda te darán una visión, una visión del corazón de un despierto, cómo ve las cosas, cómo siente, cuál es su comprensión del mundo. Pero, por favor, recuerda escuchar sus palabras con mucha atención. Dejad vuestras mentes a un lado.

Si escucháis a través de vuestras mentes, escucharéis otra cosa, malinterpretaréis, os interpondréis. Las palabras no pueden transmitirte el significado si interfieres, y nosotros interferimos constantemente. Por eso todo el mundo sabe oír, pero muy poca gente sabe escuchar.

Oír es sencillo, escuchar es un arte. Sé un oyente durante estos veinte días, en los que hablaremos sobre estos sutras tremendamente significativos de Buda. Pueden revelarte una visión totalmente nueva de la vida.

Margaret se emborrachó en la fiesta de Navidad de la empresa. El jefe de ventas, Harvey, se ofreció a llevarla a casa. Ella se tambaleó hasta su coche, le dio su dirección y se marcharon.

Quince minutos después, ella se inclinó y dijo: "Harv, eres apasionado". Inmediatamente, él le buscó el muslo. Margaret le dio una bofetada.

Condujeron en silencio, y luego....

"Harv, eres apasionado", y de nuevo le alcanzó el muslo. ¡Pum! Detuvo el coche y le dijo: "Mira, cariño, por un lado me dices que soy sexy y por otro me pegas en toda la boca. Decídete".

Margaret le miró y babeó: "¿Quién demonios ha dicho que seas sexy? Lo único que te he dicho es que, mi casa, te la pasas".

Pon tu mente a un lado - deja que haya una comunión directa entre tú y yo. Y no estoy interpretando a Gautam Buda. Lo que él dice es también mi propia experiencia. Por lo tanto, en cierto modo simplemente te estoy explicando mi propia experiencia existencial. Pero amo a Gautam Buda, sus palabras son hermosas. Es significativo revivirlas una y otra vez, darles vida, dejarlas respirar de nuevo. Aquí no estoy interpretando, simplemente me pongo a su disposición para que pueda deciros algo en vuestro idioma, en el idioma del siglo XX.

Por supuesto, sus palabras serán un poco viejas. Han pasado veinticinco siglos desde que las pronunció; mucha agua ha bajado por el Ganges, mucho ha cambiado. La vida ya no es la misma, la gente ya no es la misma. Esa inocencia ha desaparecido del mundo. El mundo se ha vuelto muy astuto, el mundo se ha vuelto muy político.

El mundo ya no es religioso, ni inocente, ni sencillo. De hecho, ahora es imposible estar en el mundo y ser sencillo. No ser político es una tarea casi sobrehumana: las exigencias son enormes. Siento una profunda compasión por ti, pero este es el único mundo que tenemos ahora mismo y tenemos que entender esta situación, tenemos que trascender esta situación.

Buda tiene que ser revivido, resucitado de tal manera que puedas reconocerlo de nuevo, y yo he estado haciendo lo mismo con Jesús, con Lao Tzu, con Kabir y con otros iluminados. Sus nombres son diferentes, pero su sabor es el mismo. Se dice que Buda dijo: Puedes probar el océano desde cualquier lugar, y encontrarás que el sabor es siempre el mismo, es salado en todas partes. Así es el océano de la budeidad: el sabor es el mismo. Si puedes poner tu mente a un lado, si puedes estar en comunión conmigo de corazón a corazón, no de cabeza a cabeza... porque de cabeza a cabeza sólo hay colisión, no comunión.

No seas político mientras estés aquí conmigo, no seas listo, no seas astuto, porque entonces estarás fallando. Este es un tipo de diálogo totalmente diferente, no es un diálogo ordinario; no es mundano, es sagrado. A menos que te acerques a estos sutras muy inocentemente, perderás, y perderás una oportunidad tremendamente significativa.

Kornblum, de setenta y seis años, tomó un vuelo no programado en Oriente Próximo y, de repente, se encontró con que dos árabes corpulentos también habían subido al avión. Uno de ellos le dijo: "¡Eh, judío, queremos el asiento de la ventanilla!". Así que se lo cedió.

El avión despegó y uno de los árabes dijo: "¡Ve a la parte de atrás del avión y tráeme café!". Kornblum fue a por el café y cuando volvió el otro árabe dijo: "¡Ahora quiero café!".

El viejo se apresuró a traerle un poco, pero para cuando regresó, el compañero del tipo ya quería más. Los dos lo tuvieron corriendo de un lado para otro durante una hora.

Finalmente, Kornblum se dejó caer exhausto en un asiento. Uno de los árabes le dijo: "Judío, ¿qué piensas del mundo?".

"Está en una situación terrible", dijo Kornblum. "En Pakistán, los mahometanos matan a los hindúes; en la India, los hindúes matan a los mahometanos. En Irlanda, los protestantes matan a los católicos. Y en los aviones, los judíos orinan en el café de los árabes".

Sí, el mundo está fatal, pero durante estos pocos días estaréis aquí conmigo, olvidaos del mundo. Sed abandonados al menos durante estos pocos días, para que podamos hablar de otros mundos, de otras visiones, porque hay misterios sobre misterios.

Los sutras.... El Buda dice:

ERES COMO LA HOJA AMARILLA.

LOS MENSAJEROS DE LA MUERTE ESTÁN CERCA.

Hay dos cosas en la vida que son las más importantes. La primera es el nacimiento y la segunda es la muerte; todo lo demás son trivialidades. La primera ya ha sucedido, ahora no se puede hacer nada al respecto. La segunda aún no ha ocurrido, pero puede ocurrir en cualquier momento.

Por lo tanto, los que estén alerta se prepararán, se prepararán para la muerte. Sobre el nacimiento no se puede hacer nada, pero sobre la muerte se puede hacer mucho. Pero la gente ni siquiera piensa en la muerte, evitan el tema. No se considera educado hablar de ella. Incluso si se habla de la muerte, se hace de forma indirecta. Si alguien muere, no decimos que ha muerto. Decimos que Dios le ha llamado, que Dios le ha amado tanto, que a quien Dios ama le llama antes; que se ha ido al cielo, que se ha trasladado al otro mundo, que no ha muerto, sólo el cuerpo ha vuelto a la tierra pero el alma, el alma es inmortal.

¿Has oído alguna vez que alguien vaya al infierno? Todo el mundo va al cielo. Tenemos tanto miedo a la muerte, que intentamos hacerla lo más hermosa posible: la decoramos, decimos palabras bonitas sobre ella, intentamos evitar el hecho.

Pero Buda insiste una y otra vez... toda su vida, después de su iluminación, durante cuarenta y dos años, estuvo hablando continuamente, mañana, tarde, día tras día, año tras año, sobre la muerte. ¿Por qué? Mucha gente piensa que es un pesimista, pero no lo es. No es ni optimista ni pesimista. Es realista, muy pragmático. Habla en serio, porque sabe que sólo te queda una cosa sobre la que se puede y se debe hacer algo: la muerte.

Y recuerda: no es un simple fenómeno que mueras y vayas al cielo. Es un fenómeno muy complejo, más complejo que la vida misma.

La señora O'Hara, viuda desde hacía unos cinco años, fue a visitar a una famosa médium, pensando que podría ponerse en contacto con su difunto marido, Mike. La médium le aseguró que se haría todo lo posible y que celebrarían una sesión de espiritismo esa misma noche. Varios creyentes se reunieron alrededor de la mesa, y la médium ordenó que se atenuaran las luces y que todos los comensales unieran sus manos. Se hizo un silencio en la sala y la médium pronunció el nombre de Mike O'Hara una y otra vez.

De repente, una extraña calma pareció impregnar la habitación y una voz lejana, débil al principio pero cada vez más fuerte, gritó: "Soy Mike O'Hara. ¿Quién es el que llama a mi espíritu?"

El médium contestó que era su propia esposa quien le llamaba y que la señora O'Hara deseaba hablar con él. El espíritu respondió que hablaría con su esposa.

"Mike", dijo la Sra. O'Hara, "¿estás bien?"

"Sí", respondió. "Estoy bien".

"Dime, ¿eres feliz allí?"

"Sí, soy feliz aquí".

"¿Eres más feliz allí que en la tierra conmigo?"

"Sí", respondió el espíritu, "soy mucho más feliz aquí de lo que era en la tierra contigo".

La señora O'Hara parecía un poco agitada, pero tenía una última pregunta. "Dime, esposo mío, ¿cómo es allí? ¿Cómo es realmente el cielo?"

"No seas absurda, mujer", rugió el espíritu veraz. "¿Qué te hizo pensar que estaba en el cielo?"

Incluso el infierno parecerá el cielo al principio, porque has creado un infierno mayor en la tierra. Estás viviendo en tal miseria, en tal infierno en la tierra, de tu propia creación, que cuando entres en el infierno, si es que hay algún infierno, encontrarás un gran alivio al principio.

Sólo más tarde llegarás a comprender que eso es el infierno. Pero hablamos de todo el que muere: que ha ido al cielo, que se ha convertido en un amado de Dios, que Dios le ha elegido, le ha llamado... formas de evitar la muerte.

Pero Buda habla continuamente de la muerte. Su primer sutra es: ERES COMO LA HOJA AMARILLA. La hoja amarilla representa la muerte. En cualquier momento va a caer.

Polvo al polvo, en cualquier momento la muerte te poseerá. Mañana puede que nunca llegue, incluso el momento siguiente no es seguro. Este es el único momento del que puedes estar seguro, el próximo momento puede que no estés aquí. ¿Qué estás haciendo para prepararte para ese gran viaje hacia lo desconocido?

ERES COMO LA HOJA AMARILLA LOS MENSAJEROS DE LA MUERTE ESTÁN CERCA.

DEBES VIAJAR LEJOS.

Es un viaje largo, muy largo, porque todo lo que conoces quedará atrás: tus amigos, tu familia, tu dinero, tu poder, tu prestigio, todo quedará atrás. Irás completamente solo, incluso tu cuerpo quedará atrás. No serás capaz de reconocer tu propio rostro, porque no sabrás cuál es tu rostro original.

Sólo conoces el rostro corporal, que también conoces a través del espejo.

No te has encontrado con tu realidad, no has entrado en tu interior, no te has visto, no sabes quién eres. Se han ido todos los amigos, la familia, el dinero, el poder, el prestigio, el cuerpo... ¿serás capaz siquiera de reconocer que eres tú? Estarás simplemente en un caos. Buda te pregunta:

¿QUÉ SE LLEVARÁ?

Mañana es la muerte - TÚ ERES COMO LA HOJA AMARILLA - el momento siguiente es la muerte:

¿QUÉ TE LLEVARÁS CONTIGO? ¿Has ganado algo que puedas llevarte contigo? Si no has ganado nada, entonces tu vida ha sido un puro despilfarro.

Puede que hayas acumulado mucha riqueza, puede que te hayas hecho muy famoso, pero todo eso es inútil. No puedes llevártelo contigo. Sus grados, sus títulos, sus premios, todo quedará atrás. Te irás completamente solo. ¿Hay algo que puedas llevarte contigo?

Sólo hay una cosa que puedes llevarte contigo, y es la verdadera riqueza. Buda lo llama meditación, conciencia, vigilancia, atención plena, consciencia. Si te vuelves más y más consciente, puedes llevarte esa conciencia contigo. Pero estás viviendo una vida muy, muy inconsciente. Toda tu vida es mecánica, simplemente la repites.

No estás viviendo realmente, estás siendo vivido por deseos inconscientes.

Buda dice: La meditación es la única riqueza, porque puedes llevarla más allá de la muerte. De hecho, dice que éste es el criterio: si algo puede llevarse más allá de la muerte, es verdadera riqueza. Si no se puede llevar más allá de la muerte, es riqueza falsa, es un engaño. Y no sólo engañas a los demás, también te engañas a ti mismo. Y cuando la muerte llame a tu puerta, llorarás, llorarás, pero entonces no podrás hacer nada.

Se cuenta de Alejandro Magno que, cuando agonizaba, las lágrimas rodaban por sus mejillas, porque los médicos le habían dicho que sólo le quedaban veinticuatro horas como máximo; su muerte era absolutamente segura en veinticuatro horas. Su médico le preguntó: "¿Por qué lloras? Eres un hombre valiente".

Alexander dijo: "Le había prometido a mi madre que volvería a casa. En veinticuatro horas no puedo llegar. Hacen falta al menos cuarenta y ocho horas, y estoy dispuesto a entregarte todo mi reino si puedes gestionar veinticuatro horas más para mí. Me gustaría cumplir mi promesa. He dado mi palabra, y mi madre me estará esperando".

El médico dijo: "Es imposible. No se puede hacer nada. De hecho, veinticuatro horas es una esperanza demasiado optimista. Tal como yo lo veo, las cosas se están yendo por el desagüe. En dos o tres horas te habrás ido. Veinticuatro horas es lo máximo, más que eso no es posible".

Y Alejandro murió en seis horas. Antes de morir, sólo pidió una cosa.

Dijo: "Cuando me lleves al cementerio, deja que mis manos cuelguen fuera del ataúd".

"¿Por qué?", preguntaron sus generales. "Nunca se ha hecho, no es convencional. ¿Por qué esta idea excéntrica?"

Alexander dijo: "Por una sencilla razón. Me gustaría que la gente supiera que me voy con las manos vacías. Me muero como un perro. Que la gente sepa. He vivido con la idea de que soy grande, de que soy el conquistador del mundo. Pero lo único que he conseguido es malgastar mi vida.

Todo mi reino no es capaz de comprarme ni siquiera unos minutos".

La muerte es muy poderosa, pero hay algo que no puede arrebatarte: la meditación. Si puedes enraizarte en tu ser, alerta, consciente, vigilante, verás que no eres el cuerpo, ni la mente, ni el corazón. Eres simplemente el alma testigo, y ese testigo irá contigo. Entonces podrás ser testigo incluso de la muerte. Ese testimonio es la fuente de toda religión. Aquellos que han alcanzado esa fuente son los iluminados, son los budas.

En la vida, cualquier cosa que estés haciendo, sea lo que sea, está mal si no te está llevando hacia la meditación.

Seguro que ha oído hablar del famoso principio de Peter. El principio es: Si algo puede salir mal, saldrá mal.

El segundo principio de Peter es: No importa el camino que tomes, es cuesta arriba y contra el viento.

Y el tercer principio de Peter es: No se puede ganar, no se puede llegar al punto de equilibrio, ni siquiera se puede abandonar el juego.

Pero Peter... No sé quién es este Peter. Nadie lo sabe, hay tantos Peters por el mundo. Pero parece que no ha oído hablar de Buda. Sí, es cierto que no puedes ganar. Es verdad, no puedes llegar al punto de equilibrio. Es cierto, ni siquiera se puede dejar el juego. Y las tres cosas se han intentado, y nada ha tenido éxito. El capitalismo intenta ganar la partida, ese es el enfoque capitalista, el enfoque de Alejandro Magno. El socialismo trata de ir en contra del segundo, que no se puede salir del juego. El capitalismo ha fracasado, porque todos los Alejandros han fracasado, y el socialismo ha fracasado, todos los Stalins y Maos han fracasado. Y la persona pseudoreligiosa ha fracasado: intenta abandonar el juego, y eso tampoco se puede hacer.

Pero hay una cuarta cosa que sólo los budas saben. No hay necesidad de abandonar el juego, puedes observarlo. No hay necesidad de escapar, puedes ser testigo. Y ese es también mi enfoque. A mis sannyasins este es mi mensaje: no seas un escapista, porque nadie puede escapar. ¿A dónde escaparás? Vayas donde vayas serás el mismo, vayas donde vayas es el mismo mundo. Y vayas donde vayas tu mente volverá a crear el mismo mundo, porque las semillas del mundo están dentro de ti. No puedes abandonar el juego, es cierto. Pero puedes ser testigo del juego, del juego de la vida, puedes trascenderlo. Ser testigo es trascendencia.

Y de vez en cuando tú también llegas a conocerlo. Cada persona, de vez en cuando, llega a tener un pequeño atisbo de testimonio.

Se dice que Churchill dijo: El hombre tropieza de vez en cuando con la verdad, pero la mayoría de las veces se levanta y sigue adelante.

En la vida, muchas veces te tropiezas con la verdad, muchas veces sientes que surge una gran dicha cada vez que presencias: presenciar una puesta de sol o un pájaro al vuelo, una rosa abriéndose al sol de la mañana, un loto en el lago. No puedes hacer nada con la puesta de sol, sólo la ves. Has olvidado que eres un hacedor, sólo eres un espejo, un espejo puro que refleja. Y surge en ti tal alegría, tal dicha, tal dicha sin límites desciende sobre ti, y se experimenta un gran silencio y una gran belleza.

¿Crees que es por la puesta de sol por lo que te sientes tan alegre? No, tu análisis es erróneo. Has tropezado con la verdad, pero te has levantado y has seguido adelante. Analizaste mal. No es la puesta de sol, no es la flor de loto, no es la belleza de una noche estrellada lo que te da el silencio, la paz y la dicha; es ser testigo. Pero como ocurrió accidentalmente, te lo perdiste.

Buda dice: hazlo deliberadamente, conscientemente. En eso consiste el yoga, en el esfuerzo consciente, en el esfuerzo deliberado de estar disponible para la dicha, para el silencio. Buda dice:

TÚ ERES LA LÁMPARA QUE ILUMINA EL CAMINO.
ENTONCES DATE PRISA, DATE PRISA.

Por un lado dice: ERES LA HOJA AMARILLA. Si no eres consciente, eres la hoja amarilla, eres la muerte. Pero si tomas conciencia, TÚ ERES LA LÁMPARA QUE ILUMINA EL CAMINO. ENTONCES DATE PRISA, DATE PRISA. No pierdas el tiempo, porque quién sabe, puede que no quede tiempo, puede que éste sea el único momento. Recuerda siempre que es el último momento. Compórtate como si fuera el último momento. Cada noche, cuando te acuestes, recuerda que es la última vez que te acuestas. Quién sabe si mañana por la mañana no te levantarás.

Si puedes existir cada momento con tal intensidad, como si fuera el último, se liberarán en ti grandes energías. Estarás tan concentrado, tan centrado que te integrarás, que nacerás de nuevo, que te convertirás en un alma, que no seguirás siendo sólo un cuerpo.

CUANDO TU LUZ BRILLE SIN IMPUREZA NI DESEO LLEGARÁS AL PAÍS ILIMITADO.

Y a medida que tu conciencia se profundiza, tu luz brilla. Estamos hechos de la materia llamada luz. Toda la existencia está hecha de luz. La conciencia está encendiendo el fuego dentro de ti.

Y una vez que te vuelvas ardiente los deseos se quemaran en ese fuego, las impurezas se quemaran en ese fuego. Saldrás de él como oro puro. Entrarás en el país sin límites.

Buda dice que sólo hay una impureza: el deseo. De ahí que utilice impureza o deseo como sinónimos; el deseo es impureza. ¿Qué es el deseo? Deseo significa que hay futuro, deseo significa que hay mañana, deseo significa que te estás proyectando en el momento siguiente, y eso es tonto, estúpido. Este es el único momento del que puedes estar seguro.

El deseo es una forma de posponer este momento por algo en el futuro que todavía no es, y puede que nunca sea. El deseo es engañarse a uno mismo.

Pero la gente sigue engañando, sigue empujando su vida hacia el futuro. Hoy dirán mañana, y mañana otra vez dirán mañana, y seguirán diciendo esto. Mucha gente viene a mí....

Hace unos días, un anciano me escribió una carta. Su joven hijo, que sólo tiene treinta años, quiere tomar sannyas, y el anciano está muy enfadado; tiene setenta años. Me escribió una carta que decía: "Mi hijo sólo tiene treinta años, tan joven, y quiere convertirse en sannyasin. ¿Es correcto, es correcto por tu parte darle sannyas a tan temprana edad?".

Pregunté al anciano: "Estoy dispuesto a no dar sannyas a su hijo, si usted lo sustituye. Usted tiene setenta años. ¿Y tú?".

Y escribió: "Sí, algún día yo también tomaré sannyas, pero aún no ha llegado el momento".

Pero, ¿cómo te las vas a arreglar? La muerte puede llegar antes y si no ha llegado el momento ni siquiera a los setenta años, ¿cuándo va a llegar?

Hay formas de posponer; el deseo es una forma de posponer. Hoy es feo, miserable; mañana esperas. Y gracias a esa esperanza, de algún modo consigues seguir adelante. Es sólo cuestión de hoy: mañana todo irá bien. Pero no será así.

El mañana nacerá de tu hoy.

He oído otro principio. Alguien como Peter, su nombre es Murphy - la máxima de Murphy. Él dice: Sonríe, porque mañana va a ser peor.

Este momento lo es todo. Buda insiste mucho: Vive el momento. Y el deseo no te permite vivir el momento. Y sigues repitiendo las mismas cosas, te mueves en círculos. Observa tu vida, echa la vista atrás. Te has estado moviendo en círculos: la misma ira, el mismo sexo, la misma codicia, la misma ambición, el mismo aplazamiento y la misma mente deseosa. ¿Cuándo vas a despertar?

Un camarero de un elegante club de caballeros estaba de servicio cuando un distinguido caballero se sentó en la barra, pero no hizo ningún intento de pedir una bebida. El camarero preguntó qué quería tomar el caballero, pero el hombre respondió que no bebía porque había probado el licor una vez y no le había gustado.

El camarero odiaba ver al hombre allí sentado, así que intentó ofrecerle un puro. "No, gracias", fue su firme respuesta. "Probé un puro una vez, pero no me gustó".

El camarero insistió en intentar que el cliente se sintiera cómodo, por lo que le sugirió que tal vez si pasaba a la sala de billar podría encontrar una partida amistosa de cartas en la que sentarse. "Ah, no", respondió, "ya jugué una vez y no me gustó nada. Me sentaré aquí, si no le importa. Verá, estoy esperando a mi hijo".

"Ah", respondió el camarero con simpatía, "su único hijo, supongo".

Pero muy pocas personas son tan despiertas. Siguen repitiendo las mismas cosas una y otra vez.

Y no sólo en una vida, en muchas muchas vidas has estado haciendo las mismas cosas.

El deseo significa que te sacan del momento; eso crea tensión, crea ansiedad, crea esperanza. Y finalmente la esperanza se agria, se convierte en frustración. Cada esperanza te lleva a la angustia. Buda lo llama la única impureza. Corta las raíces del deseo, vive el momento totalmente, sácate del pasado y no te proyectes en el futuro. Deja que este momento lo sea todo. Y tu vida tendrá una pureza tal, una conciencia tan cristalina que ahora mismo no puedes imaginar.

De hecho, al escuchar a los budas empiezas a crear nuevos deseos: el deseo de volverte puro, el deseo de convertirte en sannyasin algún día, el deseo de meditar mañana. Así es como los malinterpretas. Tus interpretaciones erróneas rara vez, muy rara vez pueden ser de alguna ayuda, sólo accidentalmente. De lo contrario, el noventa y nueve coma nueve por ciento, seguiréis jugando al mismo estúpido juego, incluso en nombre de la religión.

Un viejo médico rural se encontró con que su carga de trabajo era demasiado pesada y consiguió convencer a un joven médico para que compartiera su consulta. "Recuerda, hijo", le advirtió el anciano, "que se trata de gente sencilla del campo. No tienen mucha facilidad de palabra y a veces no podrán describir sus síntomas con exactitud. Pero mantén los ojos abiertos y podrás diagnosticar sus dolencias sin ningún problema".

Aquella misma noche, los dos médicos fueron llamados para socorrer a una hermosa joven que yacía en estado de estupor. El médico mayor le tomó el pulso mientras el más joven intentaba tomarle la temperatura. Sus esfuerzos sólo parecían alterarla, y sus violentas sacudidas hicieron que se le cayera el termómetro. Se agachó, lo recogió y volvió a guardarlo en su bolso.

Hizo un gesto al médico de más edad para que se apartara y susurró unas palabras al oído de la joven. Lo que le dijo pareció tranquilizarla y los dos hombres siguieron su camino. Cuando entraron en el coche, el médico mayor exigió saber qué le había dicho el joven a la paciente.

"Simplemente le dije que tendría que reducir su actividad política".

"Eso sí que es ridículo", exclamó el viejo practicante. "Ella estaba prácticamente en coma, ¿y usted pensó que era política? Eres un tonto".

"No, señor. Sólo hice lo que usted me dijo. Sólo mantuve los ojos abiertos".

"¿Qué significa eso?", preguntó el médico furioso.

"Bueno, cuando me agaché a coger el termómetro, vi al alcalde debajo de la cama".

Sí, de vez en cuando, accidentalmente, usted puede ser capaz de entender una parte del mensaje.

Pero la parte no puede ser de mucha ayuda. Una comprensión accidental no es liberación.

La comprensión tiene que ser deliberada y consciente.

Ahora, este joven médico lo hará una y otra vez: en todas partes, dondequiera que vaya, buscará debajo de la cama. No se puede esperar que encuentre alcaldes por todas partes, y él estará perdido. Esta vez ha funcionado. Y a veces algunas cosas equivocadas pueden funcionar.

Y una vez que funcionan, te obsesionas con ellos y empiezas a probarlos de todas las formas posibles, con la esperanza de que se conviertan en tu propio estilo de vida. Simplemente crearán el caos.

De ahí que en el camino sea absolutamente necesario ser discípulo, para que una fuente constante de luz permanezca a tu disposición; para que el maestro pueda seguir forzándote a ver las cosas como son, y ayudándote a ser deliberadamente consciente.

Es un proceso largo y arduo, se necesitan muchos martillazos en tu cabeza. Has permanecido inconsciente durante tanto tiempo que la inconsciencia se ha convertido en tu segunda naturaleza, y ha crecido tan espesa, que a menos que estas rocas de la inconsciencia se rompan, las aguas de la consciencia no fluirán en tu ser. Lo primero que puedes hacer es empezar a arrancar las malas hierbas del deseo: todo tipo de deseo, mundano y de otro mundo.

Por eso Buda nunca habla del cielo, nunca habla de placeres celestiales, nunca habla de moksha, de nirvana. Nunca dice a sus discípulos que os espera una gran dicha, sino que sigue insistiendo: sed sin deseo, estad alerta, sed conscientes. Porque si le dices a la gente que te espera una gran dicha si te vuelves sin deseo, pueden intentar volverse sin deseo, pero eso también será sólo otro deseo. El deseo de no tener deseos sigue siendo un deseo, y no va a servir de nada.

TU VIDA ESTÁ CAYENDO.

LA MUERTE SE ACERCA.

¿DÓNDE DESCANSARÁS EN EL CAMINO?

¿QUÉ TE HAS LLEVADO?

Esta es la forma especial de Buda: repite. Cuando los sutras budistas se tradujeron por primera vez a lenguas no indias, los traductores no entendían por qué repetía tanto. Sobre todo cuando se tradujo al alemán, francés, inglés...

los traductores siguieron cortando sus repeticiones. Solía repetir por una razón determinada:

la razón es su somnolencia. Él no estaba escribiendo, se estaba comunicando. Hablaba con los discípulos, y sabía que seguías perdido.

Hay que machacar la verdad una y otra vez. De ahí la repetición. La repetición es significativa. Una vez puedes fallar, la segunda vez puedes ser capaz de escuchar; la segunda vez puedes fallar, la tercera vez puedes ser capaz de escuchar. Y quién sabe, hay momentos en tu ser en los que tienes menos sueño y momentos en los que tienes mucho sueño. Cuando tienes menos sueño, algo puede penetrar en ti. Cuando estás muy dormido, densamente dormido, entonces nada puede penetrar.

TÚ ERES LA LÁMPARA QUE ILUMINA EL CAMINO.

ENTONCES DATE PRISA, DATE PRISA.

CUANDO TU LUZ BRILLE CON PUREZA NO NACERÁS Y NO MORIRÁS.

Dice: "Sólo puedo prometerte una cosa. Si te iluminas, si te vuelves plenamente alerta y consciente, si disipas todo deseo y oscuridad de tu ser, esto sí puedo prometértelo: no morirás." Por supuesto, si no vas a nacer, ¿cómo vas a morir? No habrá nacimiento ni muerte, e ir más allá del nacimiento y la muerte es ir a la eternidad, es ser inmortal. Eso es el nirvana, eso es la libertad absoluta.

El nacimiento es una esclavitud, es un confinamiento, estás encadenado al cuerpo. Y la muerte te lleva de nuevo a otro nacimiento, es un círculo vicioso. El nacimiento te lleva a la muerte, la muerte te lleva al nacimiento, y sigues moviéndote en círculo. Sal de la rueda del nacimiento y la muerte.

COMO UN PLATERO CRIBA EL POLVO DE LA PLATA, ELIMINA POCO A POCO TUS PROPIAS IMPUREZAS.

No seas codicioso. Muchas veces sucede, te vuelves espiritualmente codicioso, empiezas a pedir demasiado sin ninguna capacidad interior para recibirlo. Empiezas a exigir demasiado - eso también es deseo y codicia. No seas codicioso, ve despacio, ve con calma. Sé persistente en tu esfuerzo, pero también prepárate para esperar.

Espere lo mejor y espere lo peor, para que nada le decepcione ni le frustre.

O COMO EL HIERRO ES CORROÍDO POR EL ÓXIDO TU PROPIA MALDAD TE CONSUMIRÁ.

Si no escuchas a los budas te consumirá tu propia maldad. El daño que te haces a ti mismo es tal que nadie puede hacértelo a ti; tú eres el mayor enemigo de ti mismo, ahora mismo tal como eres. Por supuesto que también puedes ser el mayor amigo, pero no lo has intentado.

Todo lo que te has hecho a ti mismo no ha sido más que una constante creación del infierno, pero sigues haciéndolo, por la sencilla razón de que nunca asumes la responsabilidad sobre tus propios hombros. Siempre echas la responsabilidad a los demás, al destino, a Dios, a la sociedad, a la estructura económica, a la política, al estado, a esto, a aquello. Sigues echando tu responsabilidad sobre los demás. Esta es una forma segura de permanecer esclavo para siempre.

Asume toda la responsabilidad.

Cuando Buda dice: "Serás consumido por tu propia maldad", está diciendo: "Recuerda que todo lo que te sucede es obra tuya. Bueno o malo, dicha o miseria, oscuridad o luz - todo lo que cosechas lo has sembrado, y eres absolutamente responsable de ello y nadie más".

Dar la responsabilidad a otra persona es convertirse en esclavo. Asume toda la responsabilidad por ti mismo. Al principio es duro, es una carga, pero pronto te das cuenta: si puedes crear el infierno, también puedes crear el cielo. Sólo se necesitará más conciencia. El infierno es cuesta abajo, no se necesita conciencia. El cielo es cuesta arriba, cada vez se necesitará más conciencia. Cuando te dirijas hacia las cumbres, tendrás que estar muy atento.

La gente vigila las cosas malas. Si tienes dinero, eres muy vigilante. Miras constantemente en tus bolsillos. Miras una y otra vez en tu maleta para ver si el dinero está seguro. Así es como los ladrones saben que tienes algo. Cuando una persona se toca constantemente el bolsillo, está invitando a los ladrones. Les hace darse cuenta, y ellos también miran. Cuando escondes algo, estás invitando a la gente - debe ser precioso. Arroja el diamante kohinoor al jardín y nadie lo robará.

La gente vigila mucho las cosas malas, pero no vigila su ser interior.

Mulla Nasruddin y su familia se dirigían al cementerio con el cuerpo de su recién fallecida esposa. De repente, uno de los portadores del féretro tropezó con un adoquín y se cayó. El ataúd cayó al suelo y se abrió.

Todo el mundo quedó conmocionado cuando la difunta Sra. Nasruddin abrió los ojos. Estaba muy viva, víctima de una catatonia.

Pasaron cinco años y la señora Nasruddin falleció, esta vez víctima de causas naturales, pero Nasruddin no lo había olvidado. De camino al cementerio, cuando los portadores del féretro se acercaban al lugar donde había caído su ataúd, gritó: "¡Por Dios, cuidado con los adoquines!".

Incluso después de cinco años no lo había olvidado, pero en cinco segundos lo olvidas. Si se trata de verdadera vigilancia interior, incluso cinco segundos es demasiado.

George Gurdjieff solía dar a sus discípulos su reloj de bolsillo y les decía: "Mirad el segundero. Si puedes hacerlo durante sesenta segundos, un minuto, te aceptaré como discípulo. Recuerda, mirando el segundero, recuerda que 'estoy mirando el segundero....'. Estoy mirando el segundero'. No lo olvides".

Y de cada cien, era raro que incluso una o dos personas fueran capaces de aguantar sesenta segundos. Sesenta segundos... en cinco segundos la mente se aleja, empieza a pensar en otras cosas, se olvida. Inténtalo, vigila e inténtalo, y verás que en cinco o siete segundos te has ido al pasado, al futuro. Ya no estás aquí ni ahora. Pero sobre cosas innecesarias, trivialidades, eres muy cuidadoso.

Tu travesura te consumirá. Y todos hacemos travesuras. Pensamos que lo que hacemos con los demás... eso es absolutamente erróneo. Cualquier cosa que hagas con otros va a caer sobre ti, va a rebotar en ti mil veces. El mundo te devuelve cosas constantemente. Si tiras flores, las flores volverán. Si tiras piedras, las piedras volverán. ¿Y por qué tiras piedras, por qué eres tan violento? ¿Por qué te comportas de forma tan maliciosa? Estás pensando: "Esta es la forma de ganar, esta es la forma de competir. Esta es la manera de ser victorioso en el mundo".

En primer lugar, de millones de personas luchadoras, el uno por ciento podrá convertirse en Alejandro Magno. Todos los demás caerán en una gran frustración. Y en segundo lugar, el que tras arduos esfuerzos llega a la cima, encuentra la cima completamente vacía, aunque no lo dirá, porque eso parece una tontería. Trabajaste tan duro, luchaste tanto, y luego llegaste y te convertiste en presidente de un país - y luego le dices a la gente que no hay nada aquí.... Estás obligado a decir: "¡Ajá! He llegado, ¡qué belleza, qué alegría!". TIENES que decirlo, sólo para salvar tu cara.

Y la gente está dispuesta a hacer cualquier cosa para ganar. Pueden arrastrarse como perros, pueden mover la cola como perros, pueden hacer cualquier cosa para ganar. Y si no que se lo pregunten a los ganadores: están completamente vacíos, pero no son lo bastante honestos para decir que no han conseguido nada.

Una noche, McNellis llegó a casa arrastrando los pies, borracho y con el jamón más grande que Mrs.

McNellis había visto nunca.

"Ahora bien, fuera con él", exclamó. "¿De dónde has sacado ese jamón?"

"Lo gané en la taberna, bebiendo con los chicos, querida."

"¿Y cómo llegó a ganarlo, si se puede saber?", continuó.

"Me encanta", dijo McNellis con orgullo. "Se lo dieron al hombre con el órgano más grande.

Todo el mundo en el bar se abrió y...."

"¡Kevin Patrick Michael McNellis!", chilló su mujer. "¿No querrás decirme que te has cargado esa cosa delante de todo el mundo?".

"Ahora, querida", dijo el irlandés, "no todo. Sólo lo suficiente para ganar".

El Buda dice:

DESCUIDADOS, LOS VERSOS SAGRADOS SE OXIDAN.

PORQUE LA BELLEZA SE OXIDA SIN USO Y SIN REPARACIÓN LA CASA SE ARRUINA, Y EL RELOJ, SIN VIGILANCIA, FALLA.

EN ESTE MUNDO Y EN EL OTRO HAY IMPUREZA E IMPUREZA:

CUANDO UNA MUJER CARECE DE DIGNIDAD, CUANDO UN HOMBRE CARECE DE GENEROSIDAD.

PERO LA MAYOR IMPUREZA ES LA IGNORANCIA.

LIBÉRATE DE ELLA.

SE PURO.

DESCUIDADOS, LOS VERSOS SAGRADOS SE OXIDAN. PUES LA BELLEZA SE OXIDA SIN USO.

Y así es como tu gran potencial de consciencia se está oxidando, descuidando - descuidado durante vidas enteras. Has olvidado por completo que puedes convertirte en un buda. Has olvidado por completo tu verdadera naturaleza, tu auténtico ser; ha crecido mucho óxido a tu alrededor, y ahora piensas: "Esto es todo lo que soy".

PORQUE LA BELLEZA SE OXIDA SIN USO Y SIN REPARACIÓN LA CASA SE ARRUINA, Y EL RELOJ, SIN VIGILANCIA, FALLA.

EN ESTE MUNDO Y EN EL OTRO HAY IMPUREZA E IMPUREZA....

Hay todo tipo de impurezas, pero Buda menciona específicamente tres. Son significativas. Primero dice: CUANDO UNA MUJER CARECE DE DIGNIDAD, gracia, y CUANDO UN HOMBRE CARECE DE GENEROSIDAD, compartir por compartir. ¿Por qué hace Buda esta diferencia? Esto es tremendamente significativo. Esto es parte de la psicología de los budas.

La mente femenina es básicamente receptiva, y la mente masculina es básicamente agresiva. La mente femenina es interior y la masculina es exterior. La mente interior puede convertirse en gracia muy fácilmente. De ahí que la mujer tenga una gracia natural, una belleza natural, una redondez natural, una cierta aura dulce a su alrededor. Si se vuelve más consciente, su gracia se profundiza. Si se vuelve más consciente, se convierte en pura gracia.

Muchas veces me han preguntado por qué ha habido tantos maestros hombres, pero no tantas maestras mujeres. La razón es que cuando la mujer se ilumina, se vuelve tan pasiva, tan receptiva, que no puede enseñar. Enseñar significa acercarse al otro. Enseñar es, en cierto modo, un esfuerzo de salida. La mujer es un útero. Nunca se pregunta por qué una mujer nunca se convierte en padre. La mujer se convierte en madre, no puede convertirse en padre. Sus energías sexuales no son salientes, son entrantes, tiene una interioridad. Y lo mismo ocurre con su espiritualidad. La mujer se convierte en la discípula perfecta. Ningún hombre puede competir con la mujer en lo que a discipulado se refiere.

De ahí que siempre se dé la misma proporción con Buda, con Mahavira, con Jesús, con todo el mundo. La mujer resulta ser la discípula más auténtica. Cuando Jesús fue crucificado todos los discípulos hombres escaparon. Aquellos doce apóstoles, ni uno solo....

Pero las discípulas estaban allí. Incluso la prostituta, María Magdalena, estaba allí; no escapó, estaba dispuesta a arriesgar su vida.

Mahavira tenía cuarenta mil sannyasins: treinta mil eran mujeres y diez mil hombres. Y exactamente la misma era la proporción con Buda - y puedes verlo aquí. La gente me pregunta por qué pongo todo el ashram en manos de mujeres.

¿Qué puedo hacer yo? Son los mejores discípulos, saben decir sí, saben confiar, saben comprometerse totalmente. El hombre sigue siendo un poco escéptico, en algún lugar del fondo sigue vivo el no. Aunque confíe, confía condicionalmente.

La mujer confía incondicionalmente, su confianza es para siempre. El hombre confía intelectualmente.

La mujer confía con todo su cuerpo, mente, alma, con cada fibra. Su confianza es amor, no lógica.

De ahí que Buda diga que si una mujer no tiene gracia le falta algo, eso es una impureza. La ausencia de gracia en una mujer es impureza. Se puede perdonar en un hombre, pero no en una mujer; y en un hombre, la generosidad, el compartir, el dar, eso es un fenómeno saliente. Si un hombre no es generoso, si no puede dar, entonces no es realmente un hombre.

Por eso ha habido tantos maestros varones, porque es generosidad, es dar, es compartir. La mujer puede recibir, el hombre puede dar. La cuestión no es quién es el maestro y quién es el discípulo. La cuestión es que, de cualquier manera que seas perfecto, estás cumpliendo con tu naturaleza. Sé un discípulo perfecto y entrarás en Dios, sé un maestro perfecto y entrarás en Dios. La perfección es la clave. No importa si eres un discípulo o un maestro, pero sé perfecto.

Y en tercer lugar, y el más importante, que no tiene nada que ver con el hombre o la mujer, que es aplicable a ambos es: LA MAYOR IMPUREZA ES LA IGNORANCIA. No conocerse a sí mismo es la mayor impureza. Las dos primeras impurezas son periféricas, están en la circunferencia; la tercera y más importante es central, está en el núcleo mismo. De ahí que no haya división hombre/mujer. El hombre y la mujer sólo son diferentes en la circunferencia, pero en el centro, la conciencia no es ni masculina ni femenina. Sus expresiones son masculinas y femeninas, pero su naturaleza más pura está más allá de la dualidad. No conocerse a sí mismo es la mayor impureza.

¿Cómo vas a conocerte a ti mismo? Deja de desear y hazte más consciente. Libérate de la ignorancia de ti mismo. Sé puro. Libérate del deseo. Estate en un estado de no deseo, alerta, consciente, y habrás llegado a casa.

Recuerda, hasta que no te conviertas en un buda habrás malgastado tu vida. La budeidad es tu florecimiento, tu fragancia. Un árbol se realiza cuando florece, y un hombre se realiza cuando libera la fragancia de la budeidad, cuando se vuelve luminoso; entonces llega a saber quién es. Al saberlo, se conoce todo. Sabiendo eso, se conoce a Dios. Al saber eso, se alcanza la verdad - te conviertes en la verdad, y la verdad libera. La verdad es libertad.

Suficiente por hoy.

La mayor rebelión jamás intentada

La primera pregunta:

Pregunta 1:

AMADO MAESTRO,

¿DE DÓNDE PROCEDE LA FRESCURA?

Prem Naren, no viene de ninguna parte; siempre está aquí. La existencia es la frescura misma. La existencia es fresca porque es siempre ahora y aquí. No está cargada por el pasado, no recoge ningún polvo del pasado. Nunca es vieja.

El tiempo no influye en la existencia. El tiempo no existe en lo que respecta a la existencia.

El tiempo sólo existe para la mente; es una invención de la mente. De hecho, tiempo y mente son sinónimos. Si detienes la mente, el tiempo se detiene.

Alguien le pregunta a Jesús: "¿Qué será lo más singular de tu reino de Dios?". Y Jesús responde: "Ya no habrá tiempo". Una respuesta muy inesperada:

Ya no habrá tiempo. Eso será lo más singular del reino de Dios - porque no habrá mente, ¿cómo puede haber tiempo?

El tiempo no consiste, como se concibe habitualmente, en tres tiempos: pasado, presente y futuro.

El tiempo sólo consta de dos tiempos: pasado y futuro. El presente no forma parte del tiempo; el presente está más allá del tiempo. Y el presente es siempre fresco. El presente forma parte de la eternidad.

Presente es la penetración de lo eterno en el mundo onírico del tiempo, un rayo de luz en la oscuridad de la mente.

El pasado nunca es fresco, no puede serlo, obviamente. Siempre está sucio, siempre apesta: apesta a muerte, apesta a todo lo podrido, apesta a tradición, apesta a cadáver.

El pasado es un cementerio. Y el futuro no es más que una proyección del pasado muerto. Y a partir del pasado muerto el futuro no puede estar vivo: los muertos sólo pueden proyectar a los muertos.

¿Cuál es su futuro? - Un pasado modificado, retocado aquí y allá; un poco mejor, un poco más sofisticado, un poco más cómodo, pero es el mismo pasado. Ansías repetirlo. Tu futuro no tiene nada de nuevo, no puede tenerlo.

La mente no puede concebir lo nuevo. Es impotente ante lo nuevo, lo fresco y lo joven. Sólo puede moverse en el pequeño mundo de lo familiar, lo conocido, y lo conocido es el pasado. El futuro no es más que el deseo de repetirlo, de una forma mejor, por supuesto. De ahí que el futuro tampoco sea fresco. El presente es fresco.

Naren, me preguntas: "¿De dónde viene la frescura?".

La frescura nunca llega y nunca se va. Siempre está aquí, siempre es ahora. Tú estás aquí y ahora, y de repente estás fresco, bañado en la eternidad, bañado por algo que es intemporal. Llámalo Dios, llámalo reino de Dios, llámalo nirvana, o como quieras. Todos esos nombres se refieren a lo mismo innombrable. Todas esas palabras intentan expresar lo inexpresable.

Deja a un lado la mente humana. Y con eso quiero decir, deja a un lado el pasado y el futuro, y mira. En este mismo momento... y todo el cielo desciende sobre ti. Estás abrumado. Los pájaros están cantando y sus canciones son frescas; no están repitiendo viejas canciones. No piensan en el ayer y no cantan para el futuro. No ensayan para mañana. Y los árboles están frescos. Todo es nuevo excepto el hombre.

Así que no preguntes: "¿De dónde viene la frescura?". Pregunta: "¿De dónde viene esta torpeza, este estancamiento, esta muerte?". Porque esta muerte va y viene. La frescura siempre está ahí, es la naturaleza misma de la existencia. Es la presencia de Dios.

La meditación no es más que una forma, un método, para conectarte con lo eterno, para llevarte más allá del tiempo, más allá de lo que nace y muere, para llevarte más allá de todos los límites, para llevarte a lo inconcebible y lo incognoscible. Y no está lejos, está lo más cerca posible. Incluso decir que está cerca no es correcto, porque es exactamente tu propio ser, eres tú. La frescura es tu alma.

Tu mente es aburrida, completamente aburrida. Sal de la mente. Al menos durante unos instantes cada día, deja la mente a un lado, desnúdate por completo de la mente. Y entonces sabrás que está brotando dentro de ti, la frescura por la que preguntas. ¿De dónde viene? Viene de lo más profundo de tu ser, y en realidad no viene.

De repente te das cuenta de que siempre ha sido así. Siempre ha estado ahí, como una corriente subterránea, oculta tras muchas capas de recuerdos, sueños y deseos.

Buda dice: No tengas deseos y conoce. No tengas deseos y alcanzarás el reino que está más allá del nacimiento y la muerte, y entrarás en lo ilimitado.

Pero, ¿por qué el hombre no se adentra en su propio ser, que está tan cerca? Está listo para ir a la luna, ¡está listo para ir a cualquier parte! Está listo para ir a las estrellas, pero no a su propio ser. ¿Por qué? Debe haber alguna razón profunda detrás de ello. La razón es: para ir dentro de ti mismo tendrás que perderte. Y uno tiene miedo de perderse. Uno se aferra, uno quiere seguir siendo uno mismo. Uno no quiere perder su identidad. Es una identidad muy pobre y falsa también, pero aún así, algo es mejor que nada. Esa es nuestra lógica.

No sabemos quiénes somos, así que nos aferramos al cuerpo, a la mente, a lo que nos han dado: el condicionamiento, católico, comunista, hindú, mahometano. Nos aferramos a todo lo que se nos ha impuesto, porque nos da una sensación acogedora como si nos conociéramos a nosotros mismos: "Soy comunista", eso se convierte en mi autoconocimiento. "Soy católico", eso se convierte en mi autoconocimiento. "Soy indio", "Soy alemán", eso se convierte en mi autoconocimiento.

No eres ni comunista ni católico, ni indio ni alemán. Tu conciencia no puede limitarse a esas estúpidas etiquetas. Tu conciencia es tan infinita que no puede ser contenida en ninguna palabra. Es tan vasta como el cielo mismo.

Pero tienes miedo de entrar en esa inmensidad. Esa inmensidad aparece como vacío, vacío.

Y uno se aferra a su propia identidad, pequeña y arbitraria. De ahí el miedo a entrar en uno mismo.

Buda dice: Conócete a ti mismo. Sócrates dice: Conócete a ti mismo. Todos dicen: Conócete a ti mismo. Todos los despiertos tienen un solo mensaje: Conócete a ti mismo. Escuchamos y sin embargo no escuchamos. Seguimos avanzando por los mismos caminos podridos, seguimos viviendo de la misma vieja y miserable manera. Y la razón es que la vieja y miserable manera tiene una cosa que darte: el ego.

Y si entras tendrás que pagar el precio. El precio es que tendrás que perder tu ego.

Sweeney se encontró con Brecon en la carretera. "¿Adónde vas?", le preguntó.

"Me voy a Connemara", respondió Brecon.

"¿Quieres decir que vas a Connemara, si Dios quiere?"

"No, me voy a Connemara, si Dios quiere o no."

A causa de este comentario presuntuoso, Brecon fue convertido en rana y encerrado en un estanque durante varios días. Una vez cumplida su penitencia, Brecon recuperó su forma original. De vuelta a casa, empezó a empaquetar de nuevo sus pertenencias.

"¿Adónde vas ahora?", preguntó Sweeney.

"Me voy a Connemara."

"¿Quieres decir que vas a Connemara, si Dios quiere?"

"¡No!", gritó Brecon. "¡Me voy a Connemara o de vuelta al estanque de las ranas!"

Uno no puede abandonar su ego. Es mejor ser una rana. Uno está dispuesto a ser cualquier cosa. Nos hemos convertido en rocas. Sólo aparentamos estar vivos; el noventa y nueve por ciento estamos muertos. Sí, respiramos, comemos y nos propagamos, pero no estamos vivos.

Si estás vivo no te harás la pregunta: "¿De dónde viene la frescura?". Lo sabrás; no habrá necesidad de hacer la pregunta. Lo experimentarás momento a momento. Está surgiendo en ti.

Así es como me siento. Así es como se han sentido siempre todos los budas. No viene de ninguna parte; simplemente brota dentro de ti, y a cada momento. Nunca es el mismo. Es tan fresco como las gotas de rocío al sol de la mañana. Tremenda es su belleza y grande su bendición.

Pero nada es gratuito. Tendrás que perder el ego, tendrás que perder tu idea de quién eres. En primer lugar, es falsa. En realidad no pierdes nada, sólo una idea, una idea muy poco sustancial. Pero, repetida tantas veces, la idea se ha arraigado muy profundamente en ti; te has hipnotizado con ella.

El ego no es más que una hipnosis profunda. Y la meditación es el proceso de deshipnosis. Es el proceso de devolverte a ese estado inocente en el que aún no estabas hipnotizado.

De ahí que Jesús diga una y otra vez Si no sois como niños, no entraréis en mi Reino de Dios. ¿Qué quiere decir? Quiere decir que tienes que volver a estar incondicionado, tienes que estar deshipnotizado.

Cada sociedad te hipnotiza. Estas sociedades existen sobre la estrategia de la hipnosis. Un hindú es alguien que ha sido hipnotizado de cierta manera, a quien se le ha dicho que los Vedas están escritos por Dios y que sólo los Vedas contienen la verdad, que las Biblias y los Coranes son tonterías. Si lo repites durante siglos, empieza a calar cada vez más hondo en tu ser, se convierte en parte de ti. Entonces empiezas a repetirlo - te conviertes en un disco de gramófono. Entonces funcionas sólo como "La Voz de Su Amo"; ya no eres realmente un ser humano.

Todas las sociedades del pasado, hasta ahora, han deshumanizado a los seres humanos. Aún no hemos sido capaces de crear una verdadera civilización. Todos estos son métodos muy primitivos para controlar a la gente - feos, violentos, antihumanos, pero todas las sociedades lo han hecho. No ha habido ni una sola excepción.

Es realmente sorprendente cómo de vez en cuando una persona ha escapado de nuestra atmósfera aprisionadora - cómo Gautam Siddhartha escapó y se convirtió en buda, cómo Jesús escapó de los judíos y se convirtió en cristo, cómo San Francisco logró....

El mayor milagro del mundo es ser tan inteligente que nadie, ninguna sociedad, ningún estado, ninguna iglesia, pueda hipnotizarte.

Mi trabajo aquí consiste en deshipnotizarte. Por lo tanto, todas las sociedades estarán en mi contra.

¡Cuidado! Estar conmigo es peligroso: todos los gobiernos estarán contra ti.

Y esto hay que saberlo y aceptarlo. Esto tiene que ser simplemente aceptado, porque este va a ser el caso. Cuanto más empiezo a trabajar profundamente en ti.... Es sólo el comienzo del trabajo: Estoy preparando el terreno desde donde despegar.

Una vez que la dehipnosis comience a funcionar dentro de miles de personas, todas las sociedades, todos los gobiernos, todos los estados, todas las iglesias, van a estar en contra mía y de mi gente - porque esto nunca se ha hecho antes. ¡Esta es la mayor rebelión jamás intentada! Esta es la verdadera revolución.

Y si pasas por esta revolución sabrás de dónde viene la frescura. Viene de tu propio núcleo más íntimo. Dios no está fuera de ti; es tu mismo centro, tu mismo suelo. La frescura viene de él, la vida viene de él, el amor viene de él, la dicha viene de él. Todo lo que es significativo -poesía y música- surge de él.

Y cuando la danza viene de dentro, tiene una cualidad totalmente diferente: es espiritual, es divina.

La segunda pregunta:

Pregunta 2:

AMADO MAESTRO,

¿POR QUÉ GAUTAMA EL BUDA INSISTE EN QUE LA VIDA ES SIEMPRE MISERIA?

Dharmendra, ¡porque es así! La vida tal y como la conoces ES miseria. Buda no está hablando de SU vida, porque ¿qué sabes tú de su vida? Eso no es miseria absoluta; eso es dicha absoluta, eso es dicha última. Pero la vida que tú conoces ES miseria. ¿Necesita alguna prueba? ¿No has observado tú mismo que es miseria? ¿Necesitas que un Buda te lo recuerde?

E incluso cuando un buda te lo recuerda, no te sientes bien. Te sientes ofendido, como si condenaran tu vida. No está condenando tu vida; los budas nunca condenan nada. Simplemente dicen lo que sea. Si estás ciego, dicen que estás ciego. Si estás muerto, dicen que estás muerto. Simplemente afirman el hecho, y lo afirman porque existe la posibilidad de ir más allá.

Buda insiste una y otra vez en que la vida es miseria porque la vida PUEDE ser una tremenda dicha.

Pero si no entiendes lo primero no entenderás lo segundo.

Primero tienes que ser muy muy consciente de que tu vida es una miseria, tanto que se hace imposible vivir a la antigua usanza ni un solo momento. Cuando ves que tu casa está ardiendo, ¿cómo puedes seguir viviendo en ella? Correrás, escaparás de la casa.

Olvidarás todos tus tesoros. No llevarás contigo tus objetos más preciados, tus cuadros más bonitos, tus obras de arte o cualquier cosa que te guste. Olvidarás todos tus sellos postales y tus álbumes de fotos. Olvidarás incluso a tu mujer, a tu marido, a tus hijos. Te acordarás de ellos cuando estés fuera de casa.

Buda solía contar una historia:

Había un anciano, de ochenta años, que se quedó ciego de viejo. Sus amigos, sus médicos, le sugirieron que sus ojos podían curarse, pero el anciano era un filósofo, un lógico, un gran erudito. Dijo: "¿Para qué necesito ojos? Tengo doce hijos, es decir, veinticuatro ojos; sus doce mujeres, es decir, veinticuatro ojos más; mi mujer, dos ojos más; y tantos hijos de mis hijos..... Tengo tantos ojos, ¿por qué necesito ojos para mí? En esta casa hay por lo menos cien ojos; si faltan dos ojos no importa. Mis necesidades están cubiertas".

Su lógica tenía un punto. Silenció a sus amigos y a los médicos. Pero una noche la casa se incendió. Aquellos cien ojos escaparon y se olvidaron por completo del anciano. Sí, se acordaron, pero sólo cuando estaban a salvo fuera. De repente recordaron que el anciano estaba en la casa. ¿Qué hacer ahora? Las llamas eran tan grandes que no podían entrar. Y el viejo intentaba encontrar el camino dando tumbos, quemándose aquí y allá. Y entonces recordó que su lógica era una absoluta estupidez.

En tiempos de verdadera necesidad, sólo tus propios ojos pueden ser de ayuda. Pero ya era demasiado tarde: murió, lo quemaron vivo.

Cuando Buda insiste una y otra vez en que la vida es DUKKHA -miseria, angustia, dolor- no hace más que recordarte que tu casa está ardiendo y tus ojos siguen ciegos. Es hora de que te prepares. Tus ojos se pueden curar. Se puede encontrar una manera de salir de este fuego.

Todavía puedes salvarte, aún no está todo perdido. De ahí la insistencia.

No es que sea un pesimista, como le han condenado muchos en Occidente, y también en Oriente. La gente cree que Buda es un pesimista que dice que la vida es una miseria.

No es un pesimista como Arthur Schopenhauer.

Schopenhauer es un pesimista: "La vida es miseria y no hay forma de salir de ella. Hay que sufrirla, no se puede hacer nada. El hombre es una víctima indefensa".

Se dice que cuando Schopenhauer leyó por primera vez las obras de Gautam Buda bailó porque pensó: "¡Este iluminado está de acuerdo conmigo!".

Ahora, ningún hombre iluminado puede jamás estar de acuerdo con aquellos que no están iluminados; es imposible. O estás de acuerdo con ellos o no estás de acuerdo con ellos, pero ellos nunca están de acuerdo contigo. No pueden. ¿Cómo puede el hombre que tiene ojos estar de acuerdo con el hombre ciego acerca de la luz? - ¿o incluso sobre la oscuridad?

Recuerda una cosa: el ciego no sabe nada ni siquiera de las tinieblas, ¡qué decir de la luz! Porque para ver la oscuridad se necesitan ojos. Puede que estés pensando que los ciegos viven en la oscuridad - estás totalmente equivocado. No saben nada de las tinieblas.

Porque TÚ cierras los ojos y sientes la oscuridad, así que piensas que los ciegos deben vivir en la oscuridad - pero ellos no tienen ojos que cerrar. Y a menos que conozcas la luz no puedes conocer la oscuridad; son dos aspectos de la misma moneda. Se necesitan ojos para ambos.

Schopenhauer estaba totalmente equivocado: Buda no estaba de acuerdo con él. Por supuesto, Buda puede interpretarse de tal manera que puede parecer un filósofo pesimista.

No es pesimista ni filósofo. Ni siquiera es optimista, porque tanto el pesimismo como el optimismo pertenecen al mundo de los ciegos.

Las personas sin esperanza tienen esperanza. Los ciegos creen que tarde o temprano alcanzarán la vista. En la noche oscura de vuestras almas os aferráis a la esperanza de que tiene que amanecer. Para tolerar la miseria presente tienes que crear un cierto tipo de actitud optimista para poder esperar un mañana hermoso, aunque nunca llegue. Pero en la esperanza puedes tolerar. Al menos puedes diluir un poco tu miseria, puedes evitar que te perturbe demasiado. Puedes permanecer ocupado en otra cosa. Puedes mantener los ojos cerrados a la angustia presente.

Buda quiere llevarte a la realidad de tu existencia. Es un hombre muy terrenal, muy pragmático. Es realista, no idealista. No tiene nada que ver con el pesimismo ni con el optimismo. Simplemente intenta sacudirte. Es una forma de martillearte la cabeza. Por eso insiste una y otra vez en que la vida es una miseria.

Observa tu vida, y encontrarás pruebas y pruebas, más de las necesarias, más pruebas de las que puedes manejar. De hecho, verás que la insistencia de Buda no es tanta como debería, que es muy indulgente, muy liberal.

Permítanme recordarles los principios de Pedro:

Su primer principio: Todo lo que empieza bien acaba mal; todo lo que empieza mal acaba peor.

Su segundo principio: las expectativas negativas producen resultados negativos; las expectativas positivas producen resultados negativos.

Hagas lo que hagas, de esta manera o de aquella, todo acaba en fracaso, todo acaba en frustración. ¿Todavía te sientes ofendido por Buda?

Dos vagabundos se posan en el mismo banco del parque y entablan conversación.

Al final, hablaron de cómo cada uno de ellos había llegado a una situación tan desesperada.

Uno explicó: "Están viendo a un hombre que nunca aceptó un consejo de ningún hombre".

"¿No es una coincidencia?", replicó el otro. "¡Estás viendo a un hombre que siguió los consejos de todo el mundo!".

Haz lo que quieras, pero acabarás igual. Todo acaba en miseria, todo acaba en muerte. La gente hace enormes esfuerzos, pero ¿qué puedes hacer tú? - todos tus esfuerzos están condenados al fracaso, porque no haces lo fundamental que puede traer un cambio radical. No creas conciencia. Esa es la única transformación radical de la vida: de la miseria a la dicha. Haces todo lo demás excepto meditar. Ganarás dinero y te harás cada vez más poderoso y tendrás todo lo que el mundo puede ofrecerte.

Y recuerda: no estoy en contra del mundo. No digo que no ganes dinero ni que no tengas una casa bonita. Pero recuerda: estas cosas en sí mismas no pueden hacer de tu vida una vida de alegría. Sí, si eres meditativo, una casa bonita tendrá una cualidad totalmente diferente. Un hermoso jardín, un estanque en tu jardín....

Mukta acaba de hacer un estanque al lado de mi habitación, un estanque realmente hermoso con una pequeña cascada. Si TÚ eres meditativo, entonces es una experiencia tremendamente hermosa sólo ver el agua bailando sobre las rocas, sólo ver las rocas, sólo sentir la textura de las rocas, el musgo que empezará a juntarse en ellas. Entonces todo es hermoso si dentro de tu corazón hay consciencia; de lo contrario todo es feo.

No es que una persona meditativa entre en el paraíso, no, el paraíso entra en una persona meditativa. El paraíso no es un lugar geográfico, es una experiencia psicológica.

Una persona meditativa puede disfrutar de todo - sólo él puede disfrutar. No es un renunciante.

Sólo él sabe cómo saborear la belleza de las cosas, cómo experimentar la tremenda presencia de la existencia a su alrededor. Porque ES, sabe cómo amar, cómo vivir.

Pero tu vida será una miseria tras otra miseria. Será una larga cadena de miseria.

Berkowitz, un vendedor, mientras conducía por el desierto del Néguev, vio a un árabe tendido en la arena. Berkowitz corrió al lado del hombre y lo levantó. El árabe susurró: "¡Agua, effendi, agua!".

"¡Esto es kismet!", exclamó Berkowitz. "¡Estás de suerte! Resulta que tengo en mi maleta la mejor selección de corbatas que jamás hayas visto".

"¡No!", gritó el árabe. "¡Agua, agua!"

"Estas corbatas las puedes ver ahora mismo en el Hotel King David - quince dólares cada una. Para ti, sólo diez dólares".

"¡Por favor, effendi, necesito agua!"

"Mira, pareces una buena persona. Me conocen en todo el Negev como Abbie la Honesta.

Cualquier tipo de corbata que te guste - seda, lana, wrap, crepé - puedes tener lo que quieras - ¡ocho dólares cada una!"

"¡Necesito agua!"

"De acuerdo, eres un duro negociador. Te diré qué, elige, ¡dos por diez dólares!"

"¡Por favor, dame agua!"

"Ah, ¿quieres agua?", dijo Berkowitz. "¿Por qué no lo dijiste? Todo lo que tienes que hacer es arrastrarte quinientos pies hasta la duna de arena, colgarte a la derecha durante un cuarto de milla. Llegarás al Club Pirámide de Poppy; él te dará toda el agua que quieras".

El árabe se arrastró lentamente hasta la duna de arena, giró a la derecha y, con las últimas fuerzas que le quedaban, llegó a la puerta del club. Poppy, el dueño, estaba de pie delante.

"¡Agua, agua!", suplicó el árabe.

"¿Quieres agua? Has venido al sitio adecuado. Tengo agua de pozo, agua de seltz, cualquier agua que quieras la tengo dentro. Lo único es que no puedes entrar sin corbata".

Buda tiene razón: en tu vida, hagas lo que hagas, estás destinado a encontrarte con la miseria. Y a medida que pasa el tiempo, más y más miseria, porque la vida empieza a escapársete de las manos, la muerte empieza a ensombrecerte. Y te pones muy tenso: la vida se te escapa y aún no has llegado a ninguna parte. Empiezas a correr, pones todo lo que tienes en juego... pero sólo la muerte es la culminación de lo que llamas vida. ¿Cómo puede ser la muerte la culminación de la vida? Si la muerte es la culminación de la vida entonces la vida es totalmente inútil - no sólo inútil sino una broma muy fea gastada al hombre. Entonces Dios no puede ser el creador - entonces el Diablo debe estar a cargo. Y ese parece ser exactamente el caso.

El Antiguo Testamento dice que Dios creó el mundo en seis días. ¿Y entonces? Entonces parece que el Diablo lo dirige. Desde entonces no se sabe nada de Dios; desde entonces manda el Diablo.

Tu vida es una broma cruel, como si una fuerza maligna estuviera jugando contigo. Al igual que los niños pequeños torturan a un insecto, tú estás siendo torturado por una fuerza desconocida, como si una fuerza desconocida estuviera disfrutando de tu tortura, ¡como si Dios fuera un sádico!

Buda tiene razón: tu vida simplemente demuestra no sólo que TÚ estás equivocado, sino que incluso demuestra que el Dios al que adoras debe estar equivocado. No sólo demuestra que TÚ estás equivocado, sino que demuestra que tus papas y tus shankaracharyas están equivocados. Demuestra que tus supuestas religiones están equivocadas, porque no ayudan a cambiar tu calidad de vida. No cambian tu visión, no cambian tu perspicacia. No te traen más sensibilidad y conciencia para que puedas vivir en un nuevo plano, en una nueva plenitud, en una nueva plenitud.

Buda insiste por una cierta razón. La razón es: si le escuchas y te das cuenta de que tu vida ES miseria, estás obligado a preguntarle: "Señor, ¿entonces qué debemos hacer?".

Buda tiene el camino; puede mostrarte el sendero. Diagnostica tu enfermedad, porque tiene la llave que puede transformar tu enfermedad en salud, tu locura en cordura.

La tercera pregunta:

Pregunta 3:

AMADO MAESTRO,

¿QUÉ TIENE DE GRACIOSO QUE VAYAS AL DISCURSO EN UN ROLLS ROYCE?

Hay una larga historia detrás. Yo conducía... Venía en un Impala, y gente como tú empezó a escribirme cartas diciendo que, "¡Este es un coche de fontanero!"

Le dije a Laxmi, "¡Cámbialo!" Así que se compró un Buick - y la gente empezó a escribirme que "¡Este es el coche de un chulo!"

Así que le dije a Laxmi, "¡Cámbialo!" Así que ella estaba regateando por un Lincoln Continental. Y la gente me escribió, "Esto es bueno - este es el coche de un presidente!"

Le dije: "¡Eso es peor, peor que ser llevado en el coche de un fontanero o de un proxeneta!". Así que le dije a Laxmi: "¡Ahora, para un pobre como yo, sólo un Rolls Royce servirá!".

Ahora, por favor, no pongas ninguna objeción... porque para ir de Lao Tzu a la Sala de Buda, un helicóptero no servirá. ¡No me cree problemas!

La cuarta pregunta:

Pregunta 4:

AMADO MAESTRO,

AHORA SÉ QUE ESTOY BIEN TAL Y COMO SOY, PERO ¿CÓMO PUEDO ASEGURARME DE QUE LOS DEMÁS TAMBIÉN LO SEPAN?

Deva Kamma, ¡sé cómo te sientes!

Alan, todo un donjuán, entró corriendo en una iglesia católica. Se coló en el confesionario y dijo: "¡Padre, padre, acabo de hacer el amor con una mujer veinticinco veces!".

"¿Estás casado?", preguntó el cura.

"No", dijo Alan, "y soy judío, no católico, ¡pero tenía que decírselo a alguien!".

Empieza a contárselo a la gente. Te tomarán por loco porque este es un mundo muy extraño:

si hablas de tu miseria nadie piensa que estás loco. Si empiezas a decir que "¡estoy tremendamente feliz, extasiado! Me siento fantástico, ¡simplemente genial!", entonces la gente empieza a pensar que te estás volviendo loco, que te pasa algo.

El otro día me llegó una carta que decía: "Sarvesh vuelve a enloquecer". Y lo único que hacía el pobre hombre era expresar su éxtasis. Al ver el nuevo lugar de la comuna se puso tan extasiado que la gente pensó que se estaba volviendo loco.

En este mundo, estar loco está bien. Estar cuerdo es difícil, porque la mayoría son locos. Estar cuerdo es realmente difícil.

Nadie te creerá, Kamma, y la gente se reirá de ti. Y sucede: cuando en tu interior sientes una gran alegría y todo parece encajar perfectamente, zumbando, quieres que los demás lo sepan. Es un subproducto natural; de lo contrario, los budas habrían permanecido en silencio. ¿Por qué habló el Buda Gautama? ¿Por qué habló Mahavira? Cuando no estaba iluminado, se fue a las montañas; cuando se iluminó, volvió al mundo. Y siempre ha sido así:

la gente ha ido a las montañas, a los bosques, a las selvas, en busca de la verdad.

Se han quedado en silencio, pero cuando lo han conseguido han vuelto corriendo, no han perdido ni un instante. Han vuelto corriendo al mercado para gritar desde los tejados.

Pero también hay peligros. El peligro es que la gente piense que estás loco. El peligro es que piensen que eres un incordio. El peligro es que piensen que puedes crear problemas en la sociedad, porque unos pocos pueden interesarse por tus ideas.

No es accidental que Sócrates sea asesinado, que Jesús sea asesinado, que Mansoor sea asesinado. La sociedad se protege a sí misma y a su cordura, su supuesta cordura, que en realidad no lo es en absoluto.

Así que, Kamma, si estás dispuesta a correr el riesgo, díselo a la gente, no tengas miedo. Sólo así llegarán a saberlo. Pero recuerda: entonces tienes que aceptar con alegría lo que te hagan. Entonces no me eches a mí la responsabilidad, yo te lo advierto ahora mismo. ¡Ahora empieza a hacer publicidad!

Malcolm G. Krebbs era el último de los incondicionales de la idea de hacer negocios sin publicidad y, como tantos otros, se dio cuenta de que su filosofía ya no funcionaba. Así que finalmente acudió a una agencia de publicidad, pero con grandes recelos.

El Sr. Krebbs no consiguió entender el principio de la publicidad hasta que su ejecutivo de cuentas se lo explicó así: "Hacer negocios sin publicidad es como guiñar el ojo a una chica en la oscuridad: tú sabes lo que haces, pero nadie más lo sabe".

Y así es como te sientes, Kamma, ahora mismo. Puedes seguir guiñando en la oscuridad - nadie lo sabrá. Ven a la luz y guiña el ojo... ¡y luego sufre las consecuencias!

Pero mi pueblo no se lo tomará a mal. Poco a poco se van dando cuenta de estos fenómenos. Te aceptarán - pero fuera de la comuna habrá problemas para ti, así que ten cuidado. MI gente lo entenderá. Si ellos pueden entenderme - a este tipo lejano, muy lejano - ¿qué hay de ti, Kamma? No eres más que un principiante.

Dugan, un repartidor de Hyannisport que hacía su primer viaje a Nueva York, vio el cartel SUBA LAS ESCALERAS Y AHORRE CUARENTA DÓLARES EN UN TRAJE NUEVO. El irlandés subió e inmediatamente Spiegal, el ansioso vendedor, le mostró una serie de prendas de mala calidad. Dugan se negó a picar.

Spiegal sabía que Zimmer, el jefe, le estaba observando, así que hizo un esfuerzo especial con el siguiente número. Spiegal dio vueltas y vueltas al cliente ante el espejo gritando: "¡Te queda como un guante! Pareces una estrella de cine".

Cuando el irlandés volvió a negarse, Zimmer tomó el relevo, presentó un traje de sarga azul y realizó la venta en cinco minutos. Cuando Dugan se marchó, el jefe le dijo: "¿Ves lo fácil que es cuando sabes cómo hacerlo? Compró el primer traje que le enseñé".

"Sí", convino Spiegal, "¿pero quién le mareó?".

Aquí estoy mareando tanto a mi gente... tú no te preocupes, ¡puedes decir lo que quieras! Pero fuera de la comuna se un poco cauteloso. No te rías fuerte. No seas tan cariñoso, tanto abrazo y tanto beso....

Casi siempre ocurre: cuanto más profundizas, más alegría surge, y con la alegría, como subproducto, el deseo de compartir. Pero no hay otro camino: hay que compartir.

Empieza a compartir, primero con mis locos -así aprenderás el arte- y luego, si sientes que tienes suficiente confianza, empieza a compartir con extraños, con gente de fuera; gente que no tiene ni idea de lo que es la meditación; gente que no tiene ni idea de lo que significa ir hacia dentro, de lo que significa conocerse a uno mismo, de lo que significa estar en silencio, estar vacío.

Tienen ideas muy extrañas. Piensan que la mente vacía es un taller del Diablo. La mente vacía es el taller de DIOS, porque la meditación no significa otra cosa que el vacío.

Primero hable con la gente que entiende su idioma y luego grite a los cuatro vientos. Creo firmemente en la publicidad, ¡no te preocupes!

Un ministro que creía firmemente en la publicidad hizo colocar delante de su iglesia un cartel que proclamaba: SI ESTÁS CANSADO DEL PECADO, ¡ENTRA!

Sin embargo, algún miembro emprendedor de su congregación, que también creía en la publicidad, garabateó el mensaje adicional: "Si no lo eres, llama a Grandview 9-6001".

La quinta pregunta:

Pregunta 5:

AMADO MAESTRO,

¿CUÁL ES SU FUNCIÓN AQUÍ COMO MAESTRO?

Geeto, es una pregunta difícil, porque tengo que hacer tantas cosas... ¡sin hacerlas, que eso es lo más difícil! Nunca salgo de mi habitación, pero tengo que hacer muchas cosas, concebibles, inconcebibles.

Pero la función básica del maestro es obligar a la gente a salir de su inconsciencia. Es un trabajo ingrato, porque hay que golpear con fuerza sus ideas, sus nociones, sus filosofías burguesas de clase media. Todo lo que han pensado que es genial, todo lo que han pensado que es verdad, ¡tienes que seguir diciéndoles que todo eso son tonterías, que no son más que gilipolleces! Y claro, se sienten heridos.

Rizzutti estaba sentado en el bar del barrio. A su lado se sentaba McIntyre, que había bebido cerveza más que suficiente y miraba fijamente su vaso vacío.

Se volvió hacia Rizzutti y le preguntó: "Oye, ¿me has tirado encima un vaso de cerveza?".

"¡Claro que no!", respondió el italiano.

McIntyre se volvió hacia el hombre que tenía al otro lado. "Señor, ¿por casualidad me ha tirado un vaso de cerveza en el regazo?".

"¡No!", espetó el hombre.

"Justo lo que sospechaba", dijo el irlandés. "¡Es un trabajo desde dentro!"

Eres tan inconsciente como eso. ¡Ni siquiera sabes lo que te está pasando como un trabajo interno! Incluso eso tiene que ser traído a su aviso. Y tratas de escapar de ver cualquier verdad, porque destrozaría muchas de tus viejas ideas, y te has vuelto muy familiarizado con ellas. Te sientes cómodo rodeado de tus viejas tonterías.

Cada vez que te ves obligado a ver una idea nueva, tiemblas, porque no se trata sólo de ver una idea nueva. Permite una sola idea nueva en tu ser y tendrás que cambiar tu visión total, porque entonces empezarás a ver que este nuevo concepto, esta nueva visión, no encaja con nada viejo.

He oído una historia sobre el Conde Keyserling - su nieto está aquí, un sannyasin. El conde Keyserling fue uno de los pensadores alemanes más famosos. Viajó mucho por Oriente; estaba fascinado por Oriente. El nieto debe de tener algo del conde Keyserling, por eso ha venido a verme.

Cuando el conde Keyserling estuvo en China, un amigo le regaló una hermosa caja, de dos mil años de antigüedad, pero con una condición que se cumple desde hace dos mil años: que la cara de la caja tiene que estar hacia Oriente. Una hermosa obra de arte, ¡una gran obra de arte! Con esa condición, durante dos mil años quien la ha tenido la ha cumplido.

El conde Keyserling le siguió la corriente. Colocó la caja en su salón mirando hacia el Este, pero entonces todo el salón quedó desequilibrado. La caja tenía un aspecto extraño, así que hubo que rehacer todo el salón. Pero entonces todo el salón ya no encajaba con la casa. Pero el conde Keyserling era un hombre de palabra: cambió toda la casa... pero entonces el jardín no encajaba, así que tuvo que cambiarlo. Y entonces le entró miedo, porque al cambiar el jardín la casa no encajaba en el barrio. Ahora, ¡no podía hacer nada con el vecindario!

Entonces escribió una carta al amigo que le había dado la caja: "Por favor, devuélveme esta caja, no sé cómo podré cumplir la condición. Tendré que cambiar el mundo entero. Ahora el barrio, luego el pueblo, luego el distrito, luego la provincia, luego el país.... Esto es demasiado".

Si empiezas a ver sólo un rayo de luz, una nueva luz, tendrás que cambiar todo tu mundo.

El amigo escribió al conde Keyserling: "No te preocupes, ése es exactamente el mensaje:

que incluso una pequeña caja puede cambiar todo tu mundo. Es un antiguo símbolo taoísta; contiene un mensaje. Tú has entendido el mensaje".

Permite que un solo insight de un buda entre en ti y nunca volverás a ser el mismo. Esa es mi función aquí como maestro: darte algo que no encajará contigo pero que será tan tremendamente significativo para ti que estarás dispuesto a cambiar por ello, que estarás dispuesto a arriesgarlo todo por ello.

Un empleado del zoo se dirigía a la jaula de los canguros a la hora de comer cuando, para su sorpresa, el canguro saltó la valla de tres metros y se perdió de vista. El cuidador, asustado, corrió hacia la jaula y se enfrentó a una mujer que estaba delante.

"¿Qué ha pasado?", preguntó.

"No tengo ni la menor idea", respondió ella. "Todo lo que hice fue hacerle un poco de cosquillas".

"Bueno, señora", replicó, "supongo que será mejor que me haga cosquillas en el mismo sitio, ¡ahora soy yo quien tiene que atraparlo!".

Mi función es hacerte cosquillas en el lugar adecuado, porque es un largo viaje, una peregrinación, y tienes que agarrarte a Dios. Menos que eso no te va a llenar.

La última pregunta:

Pregunta 6:

AMADO MAESTRO,

¿POR QUÉ NO ME ILUMINO PRONTO? ¿POR QUÉ HAY TANTO RETRASO?

Sagaram, la causa debe estar en ti. De hecho, TÚ ERES la causa. No estás tratando de entender lo que estoy diciendo. Ahora la iluminación se ha convertido en un objeto de tu deseo - - y la iluminación ocurre sólo cuando no queda ningún deseo. Y cuando digo ningún deseo quiero decir exactamente ningún deseo - absolutamente ningún deseo. El deseo de la iluminación sigue siendo un deseo. Si sigues deseando la iluminación no va a suceder, ni tarde ni temprano. Nunca sucederá. Tendrás que abandonar el deseo.

Fíjate bien, porque la mente es tan astuta y tan estúpida también que puede seguir haciéndose la astuta. Incluso puedes decir: "De acuerdo, entonces abandonaré el deseo -pero ¿está garantizado que cuando abandone todos los deseos, el deseo de la iluminación incluido, está garantizado que me iluminaré?". Vuelves a equivocarte: no se puede garantizar. Y soltar el deseo para alcanzar la iluminación no es soltar en absoluto: el deseo vuelve a salir por la puerta de atrás. No te estás iluminando porque QUIERAS iluminarte, y no es algo que se pueda querer, que se pueda desear. No puedes ambicionarlo.

¿Qué hacer entonces? Intenta comprender la futilidad del deseo. Intenta ver que el deseo es el culpable, que el deseo sigue alejándote del momento presente. Es el deseo el que no te permite meditar. Es el deseo el que va creando la mente y va creando obstáculos para la meditación. La mente es un obstáculo para la meditación. Es el deseo el que sigue creando el tiempo y el tiempo impide la eternidad, se convierte en una roca entre tú y la eternidad.

Ver el punto - ¡simplemente verlo! No se trata de tener que dejarlo. Simplemente ve el punto, que el deseo es tu infierno. Viéndolo, el deseo desaparece, porque si lo ves claramente, totalmente, al cien por cien, ¿cómo puedes seguir deseando? Se te escapará de las manos por sí solo. Y en ese mismo momento está la iluminación. Ese momento es la iluminación.

La iluminación no es algo que vaya a venirte de otra parte.

Se acabó el deseo y eres un buda. La única diferencia entre tú y un buda es el deseo.

A Gautam Siddhartha le sucedió exactamente lo mismo. Durante seis años él también estuvo, Sagaram, continuamente anhelando la iluminación y no pudo alcanzarla. Durante seis años se esforzó mucho, más de lo que ningún hombre haya hecho jamás. Arriesgó todo. Era un guerrero, un KSHATRIYA, un hombre que sólo sabía luchar. Luchó con Dios, con la existencia. Quería conquistar la verdad, quería convertirse en un conquistador. Y después de seis años de arduo esfuerzo no llegó a ninguna parte, ni siquiera una pulgada más cerca de la verdad que cuando empezó.

Una noche de luna llena, sentado bajo el árbol, empezó a mirar hacia atrás. Han pasado seis años desde que renunció a su familia, a su palacio, a su reino. Todo lo que está escrito en las escrituras lo ha hecho y todo lo que los maestros con los que se cruzó le dijeron que hiciera, lo ha hecho, y lo ha hecho con totalidad. Ahora no hay nada más que hacer. Todo este proyecto ha fracasado.

Entonces, de repente, se dio cuenta de que "aunque buscaba la verdad, buscaba a Dios, seguía siendo la misma persona: el mismo ego, el mismo deseo, la misma ambición: la ambición de conquistar, de ser victorioso. Era el mismo de siempre; en estos seis años nada ha cambiado. Los objetos de los deseos han cambiado -ya no son mundanos, son de otro mundo-, pero ¿qué más da? El deseo es deseo, mundano o de otro mundo, no importa. El deseo es deseo; su naturaleza es la misma".

Viéndolo y viendo la inutilidad de ello, esa tarde dejó caer... o será mejor decir, el deseo se dejó caer a sí mismo. Aquella tarde, al salir la luna, surgió en él un ser totalmente nuevo: una conciencia sin deseos, un ser sin ambiciones, que no pedía nada. Sus ojos estaban claros por primera vez, sin nubes, sin humo de deseo. Su llama ardía con fuerza. Aquella noche durmió por primera vez en su vida sin sueños, porque una vez que desaparecen los deseos, desaparecen los sueños. Los sueños son el reflejo de tus deseos.

Y por la mañana temprano, justo antes de que saliera el sol, abrió los ojos. No había nada que hacer ese día, todo había terminado. Ya no le interesaba el mundo, ya no le interesaba el otro mundo. Permaneció en el momento; no había proyectos que hacer. Estaba completamente vacío. Miró el sol naciente... y ese fue el momento en que se iluminó.

¿Qué es la iluminación? - La comprensión de que el deseo es inútil, de que la ambición es una enfermedad. Entonces, de repente, vuelves al momento presente. Estar en el presente es estar iluminado. Ser ahora y estar aquí es estar iluminado.

Todos sois budas: soñando, deseando. Comprended el deseo y dejadlo ir.

Suficiente por hoy.

La vida: el mayor regalo

LA VIDA ES FÁCIL PARA EL HOMBRE QUE NO TIENE VERGÜENZA, INSOLENTE COMO UN CUERVO, CHISMOSO VICIOSO, VANIDOSO, ENTROMETIDO, DISOLUTO.

PERO LA VIDA ES DURA PARA EL HOMBRE QUE EMPRENDE TRANQUILAMENTE EL CAMINO DE LA PERFECCIÓN, CON PUREZA, DESPRENDIMIENTO Y VIGOR.

VE LA LUZ.

SI MATAS, MIENTES O ROBAS, COMETES ADULTERIO O BEBES, DESENTIERRAS TUS PROPIAS RAÍCES.

Y SI NO PUEDES DOMINARTE, EL DAÑO QUE HACES SE VUELVE CONTRA TI GRAVEMENTE.

PUEDES DAR CON EL ESPÍRITU DE LA LUZ O COMO TE PLAZCA, PERO SI TE PREOCUPAS DE CÓMO OTRO HOMBRE DA O CÓMO RETIENE, MOLESTAS TU TRANQUILIDAD SIN FIN.

¡ESTAS RAÍCES ENVIDIOSAS!

DESTRUIRLOS Y DISFRUTAR DE UNA TRANQUILIDAD DURADERA.

NO HAY FUEGO COMO LA PASIÓN, NO HAY CADENAS COMO EL ODIO.

LA ILUSIÓN ES UNA RED, EL DESEO UN RÍO CAUDALOSO.

QUÉ FÁCIL ES VER LOS DEFECTOS DE TU HERMANO, QUÉ DIFÍCIL AFRONTAR LOS TUYOS.

TÚ AVENTAS LOS SUYOS AL VIENTO COMO PAJA, PERO LOS TUYOS LOS ESCONDES, COMO UN TRAMPOSO QUE ENCUBRE UN LANZAMIENTO DESAFORTUNADO.

SI TE FIJAS EN LOS DEFECTOS DE TU HERMANO, MULTIPLICARÁS LOS TUYOS.

ESTÁS LEJOS DEL FINAL DE TU VIAJE.

EL CAMINO NO ESTÁ EN EL CIELO.

EL CAMINO ESTÁ EN EL CORAZÓN.

VER CÓMO AMAS LO QUE TE ALEJA DE TU VIAJE.

PERO LOS TATHAGATAS, "LOS QUE HAN IDO MÁS ALLÁ", HAN CONQUISTADO EL MUNDO.

SON LIBRES.

EL CAMINO NO ESTÁ EN EL CIELO.

EL CAMINO ESTÁ EN EL CORAZÓN.

TODAS LAS COSAS SURGEN Y PASAN.

PERO LOS DESPIERTOS DESPIERTAN PARA SIEMPRE.

LA VIDA ES FÁCIL PARA EL HOMBRE QUE NO TIENE VERGÜENZA, INSOLENTE COMO UN CUERVO, CHISMOSO VICIOSO, VANIDOSO, ENTROMETIDO, DISOLUTO.

La vida puede vivirse de dos maneras: o bien como una caída continua... entonces eres arrastrado por las fuerzas inconscientes de la gravitación; no necesitas hacer ningún esfuerzo. No intentas alcanzar las cumbres, eres simplemente una roca rodando hacia abajo. Naturalmente parece fácil, cómodo, conveniente. Si te conformas con la sociedad, si vives según la tradición, si sigues a las estúpidas multitudes, la vida es fácil, pero a un coste muy grande: no creces. No lo entiendes, porque la vida sólo es significativa cuando es un crecimiento continuo.

El hombre es el único animal existente que tiene la capacidad de evolucionar. Charles Darwin dice que los monos han evolucionado y se han convertido en hombres. No estoy de acuerdo con él. No es que tenga nada en contra de los monos -¡son buenas personas! - pero si lo que dice es cierto, ¿por qué no se han hecho hombres todos los monos? Durante millones de años los monos han seguido siendo monos. ¿Por qué no crecen? Ya deberían haber dado al menos algunos pasos preliminares, pero siguen exactamente igual que siempre.

Sólo se pueden encontrar pruebas de la teoría de Charles Darwin si se observa a los políticos. Entonces uno sospecha que puede tener razón... ¡o no! Por lo demás, los monos han seguido siendo monos. Y las personas que han seguido a Darwin e intentado demostrar su teoría se han encontrado con grandes e insalvables lagunas. La mayor es que aún no han encontrado el eslabón perdido, porque entre el mono y el hombre tiene que haber habido unos cuantos eslabones. Hay una gran distancia entre el mono y el hombre. ¿Dónde están los pasos que faltan? Aún no se ha encontrado ni una sola prueba... ¡excepto Idi Amin de Uganda!

De hecho, toda la teoría de Darwin es sólo una conjetura; aún no es científicamente válida. Y espiritualmente nunca va a ser válida, porque quienes han conocido el crecimiento espiritual del hombre han llegado decididamente a esta conclusión: que el hombre es un ser totalmente diferente de cualquier otro ser sobre la tierra. Es un animal en evolución. Ningún otro animal evoluciona; siguen siendo los mismos. Son muy conformistas: no van más allá de su herencia.

Nunca traspasan el límite de lo permitido por sus instintos; nunca hacen nada más allá de lo instintivo, más allá de lo inconsciente.

Sólo el hombre ha sido capaz de producir un Buda, un Lao Tzu, un Jesús, un Bahauddin.

Es gracias a los budas que podemos decir que el hombre tiene la capacidad de ser un dios. Es en los budas donde hemos encontrado el vínculo entre el hombre y Dios. Darwin y sus seguidores no han podido encontrar el vínculo entre los monos y el hombre, pero nosotros hemos encontrado en los budas el vínculo entre el hombre y Dios. El hombre tiene un potencial infinito.

Pero no se puede vivir una vida fácil. No puedes ser sólo un rotario o un león. No puedes ser sólo hindú o mahometano. No puedes seguir a las multitudes. Las multitudes se comportan instintivamente; no saben nada del más allá. Su vida es fácil. Si formas parte de ellas, tu vida también será fácil, pero no habrá crecimiento. Y el crecimiento es lo único que importa.

Lo único que importa en la vida es crecer. A menos que te dirijas a la cima definitiva de convertirte en un dios, estás desperdiciando una oportunidad tremendamente preñada.

Buda dice:

LA VIDA ES FÁCIL PARA EL HOMBRE QUE NO TIENE VERGÜENZA.

Esta idea budista de vergüenza debe entenderse en contraste con la idea cristiana de culpa. En los diccionarios parecen sinónimos, pero no lo son. La vergüenza es un fenómeno totalmente diferente.

La culpa te la imponen los demás. Es una estrategia de los sacerdotes para explotar. Es una conspiración entre el sacerdote y el político para mantener a la humanidad en una profunda esclavitud para siempre. Te crean la culpa, te crean un gran miedo al pecado. Te condenan, te dan miedo, envenenan tus raíces con la idea de la culpa. Destruyen toda posibilidad de risa, alegría, celebración. Su condena es tal que reír parece un pecado, estar alegre significa que eres mundano.

Los cristianos dicen que Jesús nunca se rió. ¡Qué mentira! Y han estado mintiendo durante siglos y con tanta perspicacia teológica, con gran erudición. Han estado mintiendo muy piadosamente, muy religiosamente. ¿Se han encontrado alguna vez con una imagen de Jesús o una estatua en la que se le vea feliz, dichoso, alegre? Imposible. No se puede concebir a un Jesús alegre - - después de dos mil años de propaganda cristiana toda la figura de Jesús se ha distorsionado.

Era un hombre de gran alegría. Era un hombre que sabía reír, amar y vivir festivamente. Le encantaba comer y beber. Seguro que bailaba, seguro que bromeaba con sus amigos, con sus discípulos. No puedo concebir que no tuviera sentido del humor, porque me resulta imposible concebir que un hombre sea espiritual y no tenga sentido del humor. El sentido del humor es una de las cualidades fundamentales de un hombre religioso.

Pero la imagen que los cristianos se han hecho de Jesús es fea. Siempre está triste, profundamente apenado, cargando con todo el peso del pecado original cometido por Adán y Eva.

Los cristianos lo han descrito como alguien que presta un gran servicio a vla humanidad. Es el salvador, ¿y cómo puede reír el salvador? La risa parece ser una cualidad tan terrenal.

Tiene que ser muy serio, de cara larga. Han destruido la belleza de Jesús.

Jesús tiene que resucitar. Fue asesinado dos veces. Primero fue asesinado por los judíos y los romanos, y después por los sacerdotes cristianos. Escapó de su primer asesinato, pero del segundo aún no ha podido escapar. Sigue cautivo del Vaticano; tiene que ser liberado del Vaticano.

Estas personas que han hecho que Jesús parezca tan serio, tan triste, tan apenado -que lo han convertido en un mártir- también han creado una gran culpa en la humanidad. Cada vez que te ríes sientes que estás haciendo algo malo. Cada vez que eres feliz empiezas a parecer culpable. ¿Cómo puedes ser feliz? ¿Cómo puedes reír? ¿Cómo puedes bailar? ¿Cómo puedes cantar? El mundo entero está sufriendo, ¿y tú estás cantando y bailando? Parece que debes ser cruel.

Krishna parece cruel a los ojos cristianos: tocando la flauta, bailando, cantando, celebrando. Parece un hedonista, ¡un Zorba el griego! Los cristianos no pueden concebir que Krishna sea espiritual. Y de hecho, la palabra 'cristo' es una derivación de la palabra 'krishna'. Jesús debe tener las mismas cualidades que Krishna; de ahí que se le haya llamado Cristo. Cristo' viene de 'krishna', y conciencia de Krishna significa simplemente conciencia extática.

Pero, ¿por qué el sacerdote sigue creando culpa en el hombre? Hay un secreto detrás de ello. Si puedes hacer que la humanidad se sienta culpable sigues siendo poderoso. La persona culpable siempre está lista para servir a aquellos que son poderosos. Siempre está dispuesto a servir a los puritanos.

Siempre está dispuesto a ser esclavo de los sacerdotes. La persona culpable no puede tener el coraje suficiente para ser rebelde - ese es el secreto. Sólo una persona dichosa puede ser rebelde. Los sacerdotes deben haber encontrado este secreto hace mucho tiempo, porque lo han estado practicando durante siglos y han destruido toda la belleza del alma humana.

Recuerda que cuando Buda dice "vergüenza" no se refiere a la culpa. La vergüenza es un fenómeno totalmente diferente. La culpa es impuesta por otros; la vergüenza es tu propia experiencia.

La vergüenza es interior, la culpa es exterior. La vergüenza no se debe a los demás, sino a tu propia comprensión: "¿Qué me estoy haciendo a mí mismo? ¿Qué le estoy haciendo a mi vida? ¿Cómo la estoy desperdiciando?". No tiene nada que ver con los sacerdotes, cristianos, hindúes o mahometanos. Tiene que ver con tu conciencia. No tiene nada que ver con los códigos morales de una sociedad. Tiene algo que ver con tu conciencia, no con tu conciencia.

La culpa forma parte de la conciencia, y la conciencia la crean los demás. Tienes una conciencia hindú y una conciencia mahometana y una conciencia jaina, pero la conciencia es simplemente conciencia. No hay nada como una conciencia hindú o una conciencia mahometana.

La conciencia te hace consciente de lo que te estás haciendo a ti mismo. Y cuando ves que estás destruyendo oportunidades de crecimiento tremendamente pregnantes, surge en ti la vergüenza. Empiezas a sentir una profunda angustia, y esa angustia es útil para el crecimiento, ese dolor es útil para el crecimiento. Te trae, por primera vez, una visión de lo posible, un atisbo de las cumbres.

La culpa simplemente te dice que eres un pecador. Y el sentimiento de vergüenza simplemente te muestra que no necesitas ser un pecador, que estás destinado a ser un santo. Si eres un pecador es sólo por tu inconsciencia; no eres un pecador porque la sociedad siga una determinada moral y tú no la sigas.

No todas las moralidades son morales, y algo que es moral en un país no lo es en otro. Algo que es moral en una religión no lo es en otra.

Algo es moral hoy y no lo era ayer. La moral cambia, la moral es arbitraria. Pero la conciencia es eterna, nunca cambia. Es simplemente lo absoluto, la verdad.

Una vez que eres un poco más consciente, empiezas a sentir lo que te has hecho a ti mismo y a los demás. Esa experiencia trae vergüenza, y la vergüenza es buena y la culpa es mala. Con la culpa, en el fondo sabes que todo es una tontería.

Por ejemplo, en la religión Jaina comer por la noche es pecado. Si naces jaina y a veces comes de noche, te sentirás muy culpable; sabiendo perfectamente -si eres lo bastante inteligente lo sabrás- que eso es una tontería, no puede haber ningún pecado en comer de noche. Pero aun así tu conciencia te pinchará, porque la conciencia está manipulada por el sacerdote, por los poderes externos que te están dominando.

De ahí que la culpa cree en ti una doble personalidad: en la superficie eres una persona y en el fondo eres otra, porque puedes ver su inutilidad, su sinsentido.

Te divides: la culpa crea esquizofrenia. Y toda la humanidad sufre de esquizofrenia por la sencilla razón de que hemos creado la culpa, tanto y tan profundamente que hemos dividido a cada hombre en dos.

Una parte de él es social, formal. Va a la iglesia y sigue las reglas en la medida de lo posible. Mantiene una cierta fachada, una cierta cara, y por la puerta de atrás sigue viviendo una vida totalmente diferente - justo lo contrario de lo que sigue predicando, justo lo contrario de lo que sigue alabando.

La idea de la vergüenza nunca crea ningún conflicto dentro de ti, nunca crea ninguna división. Crea un desafío, te desafía, desafía tus agallas. Te dice: "Elévate, porque es tu derecho de nacimiento. Alcanza las cumbres, son tuyas. Esas cumbres iluminadas por el sol son vuestro verdadero hogar, ¿y qué hacéis en estos valles oscuros, arrastrándoos como animales? Podéis volar, tenéis alas".

La culpa condena lo que está mal en ti. La idea de vergüenza te hace consciente de lo que es posible. La culpa sigue trayendo tu pasado una y otra vez - te carga con el pasado. Y la idea de la vergüenza te trae el futuro, libera tus energías.

Son totalmente diferentes.

Buda dice: LA VIDA ES FÁCIL PARA EL HOMBRE QUE NO TIENE VERGÜENZA...

INSOLENTE COMO UN CUERVO....

¡Astuto! Y la gente piensa que ser astuto es ser inteligente. No es así, sólo las personas mediocres son astutas. Una persona realmente inteligente no necesita ser astuta. Es inteligente y eso es más que suficiente. La astucia es un pobre sustituto, un sustituto de plástico de la inteligencia. La persona mediocre intenta parecer inteligente; en ese mismo esfuerzo se vuelve astuta.

Y la mayor astucia es ser hipócrita: ser una cosa y mostrar otra. Pero entonces la vida será fácil. Buda lo deja claro: encajarás con otras personas astutas, entenderán tu lenguaje.

¿Cuál fue el defecto de Jesús? El único defecto fue que no era astuto. ¿Cuál fue el defecto de Sócrates? El único fallo fue que era una persona realmente inteligente, totalmente inocente, llena de inteligencia pero sin astucia.

La astucia es cobardía, la inteligencia es valentía. Y el mayor coraje del mundo es ser exactamente lo que tu conciencia te dice que seas. Y la mayor cobardía del mundo es seguir a otros, imitar a otros. Entonces sigues siendo artificial.

Entonces nunca serás una rosa de verdad, sólo una rosa de plástico que parece una rosa pero no es una rosa. No tendrá fragancia ni vitalidad, no bailará al viento ni cantará al sol. Estará muerta. INSOLENTE COMO UN CUERVO....

UN CHISME VICIOSO....

¿Por qué la gente cotillea? ¿Cuál debe ser la razón? ¿Por qué siguen mordiéndose la espalda unos a otros? Este es el camino de la astucia. No son personas sinceras, no son personas auténticas. No dicen lo que quieren decirte, pero tienen que decirlo; de lo contrario, seguirán cargando con ello. De ahí los cotilleos. No pueden decirte la verdad a la cara, tienen que decirla a tus espaldas. Y lo dicen con saña, naturalmente.

Tienen que reprimirse delante de ti, tienen que sonreír y mostrar una cara falsa; y sienten que están siendo poco sinceros, sienten que están siendo feos, sienten que están siendo cobardes. Se vengarán. Y ésta es su manera de vengarse: cotillearán sobre ti, dirán cosas sobre ti, inventarán cosas sobre ti. Y también inventarán cosas sobre sí mismos; fingirán ser lo que no son. Magnificarán tus defectos y magnificarán sus glorias.

Sokolow, de setenta y cinco años, entró corriendo en la consulta de un médico. "Tienen que ponerme una inyección para que vuelva a ser joven", suplicó. "¡Tengo una cita con una joven gallina esta noche!"

"Un momento", dijo el médico. "Usted tiene setenta y cinco años. No puedo hacer nada por usted".

"Pero doctor", exclamó el anciano, "¡mi amigo Rosen tiene ochenta y cinco años y dice que practica sexo tres veces por semana!".

"De acuerdo", aconsejó el médico, "¡así que dilo tú también!".

Lo que no puedes hacer, al menos puedes decirlo. ¿Quién te impide decirlo?

... VANIDOSO, ENTROMETIDO, DISOLUTO.

Estas personas son vanidosas, vacías, completamente vacías, huecas, llenas de paja y nada más. Pero siguen presumiendo de sí mismos, siguen declarándose grandes: encuentran formas y medios. Y la forma más fácil de declararse grande es declarar que los demás no son nada, reducirlos tanto como sea posible. Eso te ayuda a sentir que eres alguien especial. Y estas personas están destinadas a ser entrometidas, querulantes, siempre dispuestas a pelear por trivialidades.

Obsérvate a ti mismo y observa a los demás. ¿Qué hace la gente? El noventa por ciento de sus energías se están desperdiciando en ser astutos, hipócritas, chismosos, vanidosos, entrometidos, disolutos. Y, por supuesto, cuando malgastas tanta energía en actividades tan estúpidas no puedes tener ninguna decisión en tu vida, no puedes comprometerte, no puedes involucrarte en nada. Y tus viejos hábitos siempre vendrán a destruir todos tus compromisos, tus involucramientos. Serás sólo madera a la deriva, serás disoluto.

Muchas personas me preguntan... quieren tomar sannyas, pero no pueden decidirse. ¿Quién más puede decidir por ti? Mi sugerencia es: Decide esto o aquello, pero nunca te quedes en la indecisión. Si no puedes decidirte por sannyas, decide en contra - ¡al menos decide algo! Pero se decisivo, porque ser decisivo es de gran importancia.

Lo que decidas no es tan importante; mucho más importante es que seas capaz de tomar una decisión. Y una vez que decidas, que el compromiso sea del cien por cien. Esa es la única manera de integrarte; de lo contrario, seguirás siendo fragmentario. Seguirás siendo una multitud, nunca te convertirás en un solo individuo. De hecho, ése es exactamente el significado de la palabra "individuo": significa indivisible. Si eres fragmentario, no eres un individuo. Todo el proceso de individuación es el proceso de compromiso, de implicación.

Sannyas es un gran compromiso, el mayor de la vida, porque te adentras en un mundo del que no puedes estar seguro de antemano. Te adentras en un mar tan inexplorado que no sabes lo que va a pasar; no hay garantía de que puedas llegar a la otra orilla, de que puedas volver a la antigua orilla... no hay garantía. Y el océano es inmenso y siempre hay tormenta... ¡y el barco es tan pequeño! Pero sólo hay que tener el valor de coger una pequeña barca y adentrarse en lo inexplorado....

El propio fenómeno de arriesgar la vida te hace vivir. El propio riesgo te hace nacer de nuevo.

Buda dice: Pero entonces la vida será difícil.

PERO LA VIDA ES DURA PARA EL HOMBRE QUE EMPRENDE TRANQUILAMENTE EL CAMINO DE LA PERFECCIÓN, CON PUREZA, DESPRENDIMIENTO Y VIGOR.

VE LA LUZ.

Si quieres ver la luz -es la palabra de Buda para Dios-, si quieres ver la verdad y si quieres ser liberado por la verdad, si quieres ir más allá de toda esta estúpida miseria en la que has estado viviendo durante siglos, si quieres tener alas para elevarte por encima de las nubes hacia la inmensidad del cielo, si quieres susurrar con las estrellas y bailar con todo el cosmos... entonces la vida va a ser dura, porque el crecimiento es doloroso, el crecimiento es arduo. Es ir cuesta arriba, es ir contra la gravitación. Es ir contra la multitud, contra la tradición, contra las convenciones. Es liberarse de todo lo que te mantiene esclavizado.

Pero cuando vives en una prisión tienes muchas seguridades. Por ejemplo, en una prisión nadie puede asesinarte; siempre estás vigilado, más vigilado que cualquier rey. Los reyes han sido asesinados, pero los prisioneros no pueden ser asesinados. Tu pan y tu mantequilla están a salvo.

En una prisión no necesitas preocuparte por el empleo, y todo te será suministrado. No tienes que pensar en el mañana, no es tu responsabilidad.

A la hora del desayuno tendrás tu desayuno, a la hora del almuerzo tendrás tu almuerzo. No será un gran almuerzo, pero al menos es seguro. Y la cena será cena y nunca cena, pero ¿y qué? La gente se siente mejor en una situación segura, aunque la seguridad sea escasa. La inseguridad crea una gran agitación y ansiedad en tu mente.

Esta es la experiencia: que la gente que ha vivido unos años en la cárcel no quiere salir, y si tiene que salir, tarde o temprano encuentra la manera de volver a entrar.

Se les llama carceleros... porque la vida en el exterior es demasiado problemática. Entonces tienes que pensar en todo: dónde vivir, dónde encontrar tu trabajo, buscar trabajo, comida. Y todo parece un acoso innecesario. Cuando estás en la cárcel, todo está a tu disposición. Vives como un rey.

Y por eso millones de personas han decidido vivir en las cárceles llamadas hinduismo, cristianismo, mahometismo, comunismo, India, Pakistán, China, Japón... todo tipo de cárceles, políticas, espirituales, ideológicas. Parece muy conveniente ser un esclavo.

De ahí que Buda tenga razón: PERO LA VIDA ES DURA PARA EL HOMBRE QUE EMPRENDE EN SILENCIO EL CAMINO DE LA PERFECCIÓN. Si quieres crecer hacia las alturas, si quieres ser perfecto, si quieres ser total y entero, si quieres saber de qué se trata, entonces tendrás que arriesgar muchas seguridades, muchas seguridades, muchas comodidades.

Tendrás que adentrarte en lo desconocido, en la noche oscura, y a veces incluso sin una vela.

... CON PUREZA, DESPRENDIMIENTO Y VIGOR. VE LA LUZ. Tendrás que aprender los caminos de la pureza. Por pureza Buda siempre quiere decir inocencia, la conciencia sin cargas - sin cargas de conocimiento, sin cargas de erudición, Vedas, Biblias, Coranes. Todos ellos te agobian, te dan una falsa sensación de saber; y la falsa sensación de saber se convierte en la barrera del saber. Si realmente quieres convertirte en un conocedor, tendrás que abandonar todo conocimiento, primero tendrás que volverte ignorante. Eso es pureza: una mente sin ningún contenido, una mente como la de un niño, una mente pura.

Y desapego.... Por desapego Buda quiere decir, no pienses en ti mismo como el cuerpo.

Si piensas que eres el cuerpo no puedes emprender esta aventura de encontrarte a ti mismo, porque ya te has identificado con tu cuerpo. Tampoco te identifiques con la mente. Si crees que ya lo sabes, entonces permanecerás confinado a lo que seas.

Permanece abierto: eso es desapego. No digas que "soy el cuerpo, soy la mente". Di: "No sé nada. El cuerpo está ahí, la mente está ahí, pero no sé quién soy.

Y ciertamente yo no soy mi cuerpo".

A medida que profundices en la inocencia podrás ver que si te cortan la mano, tu conciencia no se reduce tanto, sigue siendo la misma. Te pueden cortar una pierna; tu cuerpo ya no es el mismo, pero tu consciencia sigue siendo la misma, no se reduce. Si tu mente cambia, y la mente cambia continuamente, tu consciencia no cambia con tu mente; es un fenómeno inmutable. Es el único factor inmutable de la existencia; todo lo demás es un flujo. Sólo el testigo permanece permanente, absolutamente permanente. Es eterno. La mente es tiempo y tú eres atemporalidad.

Pero para eso tendrás que aprender los caminos del desapego y tendrás que liberar un gran vigor, un gran entusiasmo y una gran energía. Normalmente tu energía se desperdicia en búsquedas innecesarias. Tendrás que cortar tus búsquedas innecesarias. Ese es el verdadero sannyas.

Sannyas no significa renunciar a la vida, sino renunciar a la vida innecesaria. Sólo mira, toma nota, observa, analiza y concluye cuántas cosas estás haciendo que son innecesarias - cuántas cosas sigues haciendo porque te has acostumbrado a hacerlas. Nunca has pensado si son necesarias o no. ¿Cuánto hablas con la gente? ¿Es todo necesario?

Si empiezas a observar te sorprenderás: te volverás más telegráfico, en palabras, en acciones, en tus búsquedas. Te volverás muy selectivo. Y te sorprenderás de que casi el noventa por ciento de tu actividad era inútil; su única función era mantenerte ocupado. Su única función era un lento suicidio. Te estaba envenenando.

Cuando este noventa por ciento de tu actividad innecesaria se reduce, una gran energía se vuelve disponible para ti. Y sólo con esa energía, ese desapego y esa pureza puedes crear el espacio adecuado en el que se vea la luz.

La mujer de Fenton iba a tener un bebé y él no podía conseguir un médico. La nieve tenía dos metros de profundidad, las líneas telefónicas estaban cortadas y seguía nevando. Decidió salir en busca de un médico. Se abrió paso a través de la tormenta y vio una luz que resultó ser un bar. Entró y empezó a beber mucho.

"¿Qué ocurre?", dijo Hymowitz, sentado en un taburete cercano.

"Mi esposa va a tener un bebé", gritó Fenton, "y no puedo encontrar un médico....".

"Yo puedo ayudarte", dijo el judío.

"¿Es usted médico?"

"Soy veterinario. Pero deme su dirección. Iré a buscar mi mochila y vendré a hacer el trabajo por ti".

Fenton corrió a casa y pronto llegó Hymowitz cargado con su mochila. "Ahora no te preocupes por nada", dijo. "Trae mantas y mucha agua caliente". Entró en el dormitorio.

Veinte minutos después, Hymowitz salió, con el sudor corriéndole por la frente, y dijo: "¿Tienes un martillo?".

"¡Un martillo!" rugió Fenton. "¿Para qué lo quieres?"

"No hagas preguntas, tráeme un martillo."

Fenton le trajo la herramienta y Hymowitz le dijo: "No te preocupes por nada. Trae mucha agua caliente, muchas mantas". Volvió corriendo al dormitorio.

Treinta minutos más tarde salió, desnudo hasta la cintura, con el cuerpo bañado en sudor. Me dijo: "Oye, ¿tienes un cincel?".

"¡Dios mío!" gritó Fenton. "Primero quieres un martillo, ahora es un cincel. ¿Qué le estás haciendo a mi mujer?"

"¿Cómo que tu mujer? ¡Primero tengo que abrir la cartera!"

El verdadero trabajo aún no ha empezado, ¡ni siquiera la mochila está abierta! Y así es tu vida: naces, pero el verdadero trabajo aún no ha empezado.

Mi función aquí es suministrarle martillos y cinceles y también algunos veterinarios: mis terapeutas. Primero hay que abrir la mochila. Y es un trabajo duro porque has aprendido a permanecer cerrado; se ha convertido en tu modo de vida. Y abrirse parece imposible.

Sí, de vez en cuando te abres, en una situación determinada -quizá en un grupo de terapia, en una meditación, en una danza sufí, en la música-, de vez en cuando, en un espacio determinado, te permites abrirte. Y entonces ves la belleza de la vida y la gran alegría que brota de ti. Pero entonces sientes miedo, surge la culpa. De repente, vuelves a cerrarte.

Casi todos los días recibo cartas de sannyasins que me dicen: "Me siento muy bien, está surgiendo en mí un gran bienestar, pero simultáneamente también me siento culpable. ¿Por qué?"

Alguien escribe: "Me siento muy dichoso, pero también, de lado a lado, una sombra sigue mi dicha. Me siento culpable".

¿Por qué surge esta culpa? Esa culpa es la estrategia de tu vieja mente. La vieja mente está diciendo: "¿Qué estás haciendo, hombre? Esta no es tu forma de vida. Cierra el pico. Estás yendo más allá de tus límites. Y te estoy dando una advertencia - luego no me digas que no fuiste advertido".

Así que das uno o dos pasos más allá de ti mismo y luego vuelves corriendo a cerrar las puertas.

Te has vuelto tan temeroso del aire fresco. Hay que aprenderlo -por difícil que sea, pero hay que aprenderlo- porque es la única manera de renacer, la única manera de celebrar, la única manera de conocer la dicha y la bendición.

Buda dice:

SI MATAS, MIENTES O ROBAS, COMETES ADULTERIO O BEBES, DESENTIERRAS TUS PROPIAS RAÍCES.

Pero eso es lo que la gente hace continuamente. Todos somos destructivos. A eso se refiere cuando dice: SI MATAS.... No os lo toméis al pie de la letra: no sois asesinos, pero todos sois asesinos. Si eres destructivo eres un asesino. Y la persona cerrada siempre es destructiva, nunca es creativa.

Sólo puedes ser destructivo o creativo. Si tus energías no se liberan en la creatividad, están destinadas a volverse agrias, amargas, venenosas; y te volverán colérico, lleno de odio y violencia. Entonces hay dos maneras de que esa violencia se vaya: una es ser violento con los demás, y la otra es ser violento contigo mismo. Buda está en contra de ambas, y yo también.

El político es violento con los demás. Adolf Hitler, Mussolini, Stalin, Mao - estas personas son violentas con los demás; destruyeron millones de vidas. Mahatma Gandhi es totalmente diferente, no ha matado a nadie -es el apóstol de la no violencia- pero es continuamente destructivo consigo mismo. Su violencia se ha vuelto contra sí mismo. Así es como se crean vuestros santos, vuestros mahatmas. Los políticos son sádicos y los santos masoquistas; ambos están psicológicamente enfermos.

SI MATAS, MIENTE.... Y todo el mundo miente. Si no eres tú mismo, cueste lo que cueste, sea lo duro que sea, si no eres tú mismo, estás mintiendo. Puede que no estés mintiendo literalmente, puede que ni siquiera seas consciente de que estás mintiendo, pero si eres un hipócrita, si sonríes cuando no tienes ganas de sonreír, si saludas a alguien cuando no hay corazón en ello, es una mentira. Cuando le dices a alguien "te quiero", sólo formalmente, estás mintiendo.

Por eso Buda dice: Es difícil ser auténtico, porque incluso tu propia gente se sentirá ofendida. Tu mujer se sentirá ofendida porque no estarás diciendo continuamente: "Te quiero, te quiero". De vez en cuando dirás: "¡Te odio, te odio más que a nadie!". Y tu mujer no va a ser dulce contigo todo el tiempo. De vez en cuando te tirará cosas, destrozará la vajilla, te regañará.

Pero si vives una vida auténtica aceptas todo esto, en ti y en los demás; no lo rechazas. Esto forma parte de la situación vital, así es como crecemos. Toda dulzura y toda cortesía son falsas, son burguesas. Una persona auténtica es dulce y amarga; ama, odia.

Cuando aceptas las dos polaridades de tu ser, te conviertes en auténtico. Entonces no mientes.

O ROBA.... Muy pocas personas son ladrones en el sentido corriente de la palabra; por lo demás, todo el mundo está robando. Si pretendes ser sabio con conocimientos prestados, eso es robar, es un robo, sutil, pero es un robo.

COMETER ADULTERIO.... El significado - el sentido corriente - de la palabra "adulterio

es: hacer el amor con una mujer con la que no estás casado. Pero el verdadero significado de adulterio es hacer el amor cuando no se está enamorado. Ella puede ser tu propia esposa, pero si no estás enamorado, entonces hacer el amor con ella es adulterio.

Y el hombre es un fenómeno complejo: hoy puede estar enamorado de su mujer, ¡sí, incluso de su mujer! Sé que es difícil, es duro, y también es muy raro, pero ocurre. Hoy puedes estar enamorado de tu propia mujer, y entonces hacer el amor con ella es oración, es adoración, es comunión con Dios. Y esta comunión puede ocurrir incluso con alguna otra mujer con la que no estés casado. Si hay amor entonces no es adulterio, y si no hay amor, entonces incluso con tu esposa lo que sea que estes haciendo es adulterio.

O DRINK.... Recuerda, todos los budas están en contra de cualquier droga química que pueda dejarte inconsciente, por la sencilla razón de que ya estás tan inconsciente.

El otro día alguien hizo una pregunta: "Jesús solía beber alcohol. ¿Qué dice al respecto?"

¡Puedo permitirme a Jesús! Era tan consciente que podía permitirse beber de vez en cuando. Pero a ti no te lo puedo permitir. Ya estás tan inconsciente, ya estás tan agobiado; ahora, hacerte más inconsciente será arrastrarte hacia el infierno.

En Oriente, particularmente en la India, ha existido una escuela esotérica de tantrikas tremendamente hermosa. Uno de sus métodos muy secretos consiste en que cuando un maestro cree que un discípulo está preparado, le permite beber alcohol o tomar alguna otra droga en pequeñas porciones, en pequeñas cantidades, lentamente. A medida que su meditación se profundiza, se le permite beber cantidades mayores. La única condición que debe cumplir es permanecer consciente.

Incluso bajo la influencia de la droga debe permanecer consciente, esa es la única condición que debe cumplir. Se trata de un experimento poco común.

Y llega un momento en que un verdadero meditador puede beber tanto... puede beber alcohol como si fuera agua y permanecerá tan centrado como siempre, tan consciente como siempre. Esa es la prueba crucial. Ese dia el maestro dice, "Ahora no hay necesidad de beber en absoluto. Has pasado la prueba".

Buda está hablando de ti. No está dando estos sutras a los tantrikas, está hablando al hombre común. Por eso dice: SI MATAS, MIENTES O ROBAS, COMETES ADULTERIO O BEBES, EXCAVAS TUS PROPIAS RAÍCES. No te está diciendo que te reprimas. Simplemente te dice que seas más consciente. Buda nunca estuvo a favor de la represión.

La represión es un esfuerzo inconsciente; nunca te transforma. Te mantiene igual pero reprimido.

"¡Pecadores!", gritó el evangelista, acusador, a la tienda llena de verdaderos creyentes. "Todos sois pecadores. Cada uno de ustedes tiene algo en su conciencia, y un pecado es tan malo como otro. Robar es tan malo como mentir. ¿No es así, Hermano William?"

El Hermano William asintió con la cabeza.

"Y el adulterio es tan malo como el asesinato. ¿No es así, Hermana Rose?"

"No puedo decirlo, Predicador", respondió la Hermana Rose. "Nunca he matado a nadie".

La joven Maureen se arrodilló en el confesionario y susurró al sacerdote: "Ah, padre, he pecado gravemente. El lunes por la noche me acosté con Seamus. El martes por la noche me acosté con Timothy. El miércoles por la noche me acosté con Dennis. Ah, Padre, ¿qué debo hacer?"

"Hija mía", respondió el cura, "vete a casa, exprime el zumo de un limón entero y bébetelo".

"Ah, Padre, ¿me purgará esto de mi pecado?", preguntó.

"No, niña, pero te quitará la sonrisa de la cara".

La represión sólo hará eso: quitarte la sonrisa de la cara; por lo demás, todo seguirá igual.

Buda no está a favor de la represión. Él dice: Sé más consciente de tu mentira, de tu destructividad, de tu robo, de tu adulterio, de tu constante inconsciencia y de encontrar nuevas formas de inconsciencia. Cuidado, porque estás desenterrando tus propias raíces.

Y SI NO PUEDES DOMINARTE, EL DAÑO QUE HACES SE VUELVE CONTRA TI GRAVEMENTE.

Éstas son las formas que destruyen la posibilidad de que llegues a ser dueño de tu propio ser. Y el hombre que no es dueño de sí mismo - todo lo que está haciendo a los demás es destructivo, y en última instancia toda esa destrucción rebota sobre sí mismo. Al dañar a otros, se está dañando a sí mismo, porque está sembrando semillas que tendrá que cosechar.

PUEDES DAR CON EL ESPÍRITU DE LA LUZ O COMO TE PLAZCA, PERO SI TE PREOCUPAS DE CÓMO OTRO HOMBRE DA O CÓMO RETIENE, MOLESTAS TU TRANQUILIDAD SIN FIN.

Comparte lo que tengas, pero comparte por el puro placer de compartir; no pienses en los demás.

La gente, incluso siendo religiosa, incluso practicando la espiritualidad, siempre está comparando y compitiendo con los demás. Alguien ayuna un día y tú ayunas dos, sólo para demostrarle que eres más elevado, más santo.

En una pequeña ciudad acababan de construir una bonita iglesia nueva. Sólo le faltaban unas campanillas. Así que el padre McLain fue recogiendo donativos para las campanas.

Deegan, el herrero, donó cincuenta dólares; Dugan, el contratista, vino con setenta y cinco; Donnelly, el enterrador, dio su cheque por cien.

Cuando el sacerdote llegó al Brennan's Bar and Grill, al dueño no le gustó la idea de contribuir con doscientos dólares.

"Pero Brennan", dijo el cura, "piensa que Deegan, Dugan y Donelly contribuyeron gustosamente a las campanadas, y tú deberías estar representado con un donativo".

"Bueno, padre, es muchísimo dinero".

"Pero piensa en lo orgulloso que te sentirás, junto con Deegan, Dugan y Donelly, cuando suenen las campanadas".

El tabernero accedió finalmente y, cuando las campanadas estuvieron instaladas, el reverendo se encontró con Brennan en la calle. Le dijo: "Brennan, ¿has oído las campanadas?".

"Los he oído".

"¿Cuál es el problema? ¿No te gustan?"

"Bueno, oigo que suenan Deegan, Dugan, Donelly; Deegan, Dugan, Donelly... pero ¡maldita sea, nunca oigo nada que suene a Brennan!".

La gente es tan estúpida que incluso cuando intentan ser espirituales continúan con sus viejas costumbres de competencia, de celos, de envidia.

Buda dice: PUEDES DAR EN EL ESPÍRITU DE LA LUZ O COMO TE PLAZCA, PERO SI TE PREOCUPAS DE CÓMO OTRO HOMBRE DA O CÓMO RETIENE, PERTURBAS TU QUIETUD SIN FIN. Nunca pienses en el otro en el mundo del crecimiento espiritual - sólo piensa en ti mismo. Sé totalmente egoísta en ese sentido. No compares, de lo contrario nunca podrás alcanzar la quietud y el silencio; estarás continuamente perturbado.

¡ESTAS RAÍCES ENVIDIOSAS! Buda dice: DESTRÚYELAS Y DISFRUTA DE UNA QUIETUD DURADERA.

Si puedes destruir los celos, la envidia, la competitividad, entras en un mundo de tranquilidad duradera.

NO HAY FUEGO COMO LA PASIÓN, NO HAY CADENAS COMO EL ODIO.

LA ILUSIÓN ES UNA RED, EL DESEO UN RÍO CAUDALOSO.

Cuidado con la lujuria, la sexualidad inconsciente. Cuando el sexo se vuelve consciente tiene un sabor totalmente diferente. Se convierte en tantra, ya no es sexo. Cuando el sexo se vuelve consciente es amor, ya no es lujuria. El amor trae libertad, y la lujuria simplemente crea prisiones para ti.

NO HAY FUEGO COMO LA PASIÓN, NO HAY CADENAS COMO EL ODIO.

LA ILUSIÓN ES UNA RED, EL DESEO UN RÍO CAUDALOSO. Ten cuidado con el deseo, porque va a ahogarte. Ha ahogado a mucha gente, y te ha ahogado a ti muchas veces en el pasado. Esta vez estate alerta. No permitas que el deseo te ahogue y no permitas el derroche innecesario de energías. Porque esta es mi observación: cuanto más débil seas espiritualmente, más poderosos serán los deseos en ti. Cuanto más fuerte eres espiritualmente, cuanta más energía tienes espiritualmente, menos es capaz el poder del deseo de arrastrarte, de ahogarte. E ilusiones e ilusiones... eso es todo lo que son los deseos. Eso es lo que es tu mente. Nunca está satisfecha; sólo sigue creando redes cada vez más nuevas para que quedes atrapado en ellas. Sigue posponiendo el momento de tu liberación, sigue atrayéndote hacia el mañana.

El mayor sueño de Becky era hacer el amor con Mick Jagger. Después de pasar la noche con un hombre, su mejor amiga Jane le preguntaba por la experiencia, y la respuesta era siempre la misma: "Estuvo bien, pero no fue Mick Jagger".

Finalmente, el sueño de Becky se hizo realidad y tuvo la oportunidad de acostarse con Mick Jagger.

Al día siguiente, su amiga Jane estaba ansiosa por escuchar el reportaje, pero cuando le preguntó a Becky qué tal había estado, ésta respondió: "Estuvo bien, pero no fue Mick Jagger".

Nada te va a satisfacer nunca. ¡Ni siquiera Mick Jagger será Mick Jagger! Es tu ilusión la que proyectas sobre Mick Jagger. El verdadero Mick Jagger es tan ordinario como cualquier Harry, Tom, Dick... ¿o es Tom, Dick, Harry? Siempre me confundo entre estas tres personas.

QUÉ FÁCIL ES VER LOS DEFECTOS DE TU HERMANO, QUÉ DIFÍCIL AFRONTAR LOS TUYOS.

TÚ AVENTAS LOS SUYOS AL VIENTO COMO PAJA, PERO LOS TUYOS LOS ESCONDES, COMO UN TRAMPOSO QUE ENCUBRE UN LANZAMIENTO DESAFORTUNADO.

SI TE FIJAS EN LOS DEFECTOS DE TU HERMANO, MULTIPLICARÁS LOS TUYOS.

ESTÁS LEJOS DEL FINAL DE TU VIAJE.

Porque la razón -la razón básica- de insistir en las faltas de tu hermano es hacer que tus propias faltas parezcan más pequeñas. Magnificas las faltas de los demás para poder decir: "Soy mucho mejor que ellos", para poder sentir: "No hay mucho que cambiar en mí".

Mira a la gente, ¡qué fea es!".

Cuando todo el mundo es tan feo, empiezas a sentirte hermoso. Cuando todo el mundo es tan materialista, empiezas a sentirte espiritual. Es un truco, una estrategia, para esconderte de tus propios ojos. Y recuerda, mientras escondes tus defectos, crecen dentro de ti como un cáncer.

Haz lo contrario. No te preocupes por los defectos de los demás, eso no te incumbe en absoluto.

Sólo mira tus propias faltas, míralas, obsérvalas - porque observándolas podrás liberarte de ellas. De hecho, cuanto más profunda sea la observación, mayor será la posibilidad de que esas faltas desaparezcan de ti por sí solas, igual que desaparecen las gotas de rocío bajo el sol de la mañana.

EL CAMINO NO ESTÁ EN EL CIELO.

EL CAMINO ESTÁ EN EL CORAZÓN.

No mires hacia arriba. Cuando rezas miras hacia arriba, como si Dios estuviera allí. Buda dice:

Mira hacia dentro, porque Dios está ahí.

VER CÓMO AMAS LO QUE TE ALEJA DE TU VIAJE.

Una indicación muy importante para el buscador: Mira cómo amas tus propias cadenas, mira cómo amas tus propias faltas. Mira cómo proteges y defiendes tu propia miseria. MIRA CÓMO AMAS LO QUE TE ALEJA DE TU CAMINO.

Celos.... Dices: "¿Cómo puedo vivir sin celos?".

El otro día, alguien preguntó: "Usted nos enseña a no ser celosos, pero entonces, sin competencia, ¿qué será de la vida? Sin competencia no habrá progreso".

Ahora intenta ocultar su competitividad y sus celos tras la gran palabra "progreso". Y no sólo TÚ tienes celos, incluso los animales los tienen. De hecho, los celos son un deseo muy animal.

Había empezado la época de celo y el veterinario estaba en la granja inseminando artificialmente a las vacas. Cuando llegó a la última vaca ya no le quedaba esperma, así que empezó a recoger su equipo.

La vaca volvió lentamente la cabeza hacia él y, con ojos grandes y lastimeros, dijo: "¿Ni siquiera un beso, doctor?".

Obsérvate OBSERVA CÓMO AMAS LO QUE TE ALEJA DE TU VIAJE.

PERO LOS TATHAGATAS, "LOS QUE HAN IDO MÁS ALLÁ", HAN CONQUISTADO EL MUNDO.

SON LIBRES.

Los budas, los TATHAGATAS, los que han ido más allá del mundo, escuchen lo que dicen. Ellos dicen: El verdadero progreso está en no ser ambicioso. El verdadero crecimiento está en ser sin envidia. En el momento en que tus envidias desaparezcan totalmente, habrás llegado a casa.

EL CAMINO NO ESTÁ EN EL CIELO. EL CAMINO ESTÁ EN EL CORAZÓN. Mira en tu interior. Observa cuántos celos, cuántos enfados, cuántos deseos lujuriosos bullen allí.

¡Míralos!

Y ésta es la mayor contribución de Buda -que ha dicho, y probado más allá de toda duda porque ha funcionado para miles de personas- que una observación profunda de cualquier cosa que esté mal en ti es suficiente; no necesitas hacer nada más. Simplemente sé consciente de ello y desaparecerá. Desaparece del mismo modo que cuando se ilumina una habitación, la oscuridad desaparece.

TODAS LAS COSAS SURGEN Y PASAN.

PERO LOS DESPIERTOS DESPIERTAN PARA SIEMPRE.

Toma conciencia, despierta. Entonces verás que todo viene y va, todas las cosas vienen y pasan. La vida es un flujo. Tu conciencia es la única cosa que es inamovible, que es eterna. Alcanzarla es la libertad. Alcanzarla es el objetivo de la vida. Si te lo pierdes, habrás perdido tu vida y habrás perdido un regalo tremendamente grande, una gran oportunidad.

Suficiente por hoy.

Un hombre de verdad es impredecible

L a primera pregunta:
Pregunta 1:
AMADO MAESTRO,

CUANDO LLEGA EL MOMENTO, LA HOJA SUELTA SU TIERNO ASIDERO Y SALUDA A SU MORIBUNDO CON GRACIA INTERIOR. ¿ES ENTONCES QUE EL CAMINO ESTÁ ABIERTO PARA QUE LA VIDA ABRACE A LOS SUYOS CUANDO LA HOJA TOCA TIERRA?

Sí, Amitabh, ése es el secreto tanto de la vida como de la muerte, el secreto de los secretos: cómo permitir que la existencia pase a través de ti totalmente sin obstáculos, sin obstrucciones, cómo estar en un estado de absoluta no resistencia. Buda lo llama TATHATA - talidad.

El ego es resistencia. Dejar ir significa la desaparición del ego. Cuando no eres más que un bambú hueco, la existencia canta millones de canciones a través de ti. Te transforma en una hermosa flauta. Pero tienes que ser un bambú hueco, completamente vacío, para que no haya nada que obstruya el flujo.

Un sí total es sannyas, un sí incondicional: sí a todo, a la vida y a la muerte -porque la muerte no va contra la vida sino que es la culminación última de la vida, su cima más alta. Sí a la alegría y sí también a la tristeza, porque la alegría no puede existir sin la tristeza. La alegría sólo es posible si la tristeza crea el trasfondo. Están unidas tan intrínsecamente que son inseparables. Y todo el esfuerzo del hombre consiste en separarlas. El hombre sigue intentando hacer lo imposible: quiere vivir sin muerte. Eso es una completa estupidez. La vida implica la muerte; la muerte está en el núcleo mismo de la vida. La única manera de negar la muerte es negar también la vida.

Así que las personas que han intentado negar la muerte han muerto; antes de que llegue la muerte ya no están ahí. No han vivido en absoluto. Al negar la muerte han tenido que negar también la vida, porque cuanto más vives más disponible te vuelves para la muerte. Cuando la vida está en su apogeo, la muerte es lo más cercano. Evita la muerte y tendrás que evitar los picos de la vida. Tendrás que vivir de forma tibia, ni vivo ni muerto, lo que es mucho peor que la propia muerte.

Y lo mismo ocurre con todos los polos opuestos: si se destruye uno, automáticamente se destruye el otro. No se puede salvar al otro; son como dos aspectos de la misma moneda.

Al verlo, Amitabh, surge una gran comprensión. Uno se relaja. Uno dice sí a la vida, a la muerte, a la oscuridad, a la luz, a la tristeza, a la alegría, a todo lo que es sin ninguna elección. Esa comprensión sin elección es la iluminación, es la budeidad.

Dices: "Cuando llega ese momento, la hoja suelta su tierno asidero y saluda a su muerte con gracia interior....".

Así es como TÚ tienes que aprender a morir. El camino de la hoja es el camino del sannyasin también. Y tu agarre tiene que ser tierno; de lo contrario será difícil dejarlo ir. Tu agarre tiene que ser casi un agarre. No puedes aferrarte. Sólo se aferran aquellas personas que no comprenden este juego polar de la existencia, y su aferramiento lo destruye todo.

Tienen que morir, pero su muerte carece de gracia. Tienen que morir, como todo el mundo, pero su muerte se convierte en agonía.

La palabra "agonía" viene de AGON - agon significa lucha. Agonía significa lucha.

Mueren luchando. Toda la lucha es un ejercicio inútil: no van a ganar, pero siguen intentándolo. Millones de personas lo han intentado y han fracasado; nosotros somos tan tontos que seguimos repitiendo el mismo patrón. Seguimos esperando que "Quizá yo sea la excepción, quizá pueda arreglármelas de algún modo".

Nadie lo ha conseguido, no porque no lo haya intentado lo suficiente, no porque no lo haya intentado con fuerza, sino porque no es posible por la propia naturaleza de las cosas.

Han hecho todo lo que se podía hacer, no se ha dejado nada sin hacer, pero la muerte está destinada a suceder, de hecho ya ha sucedido en tu mismo nacimiento. Nacer es un polo; el otro polo está oculto en él.

Uno empieza a morir en el momento en que empieza a respirar. El primer momento del nacimiento es también el primer momento de la muerte. Sí, se necesitan setenta, ochenta años para completar el proceso. La muerte no llega de repente después de ochenta años; crece, crece a cada momento. Crece ahora.... La vida es un ala, la muerte es otra ala, y ambas alas son tuyas. ¿Y tú intentas volar con una sola ala? Así es como te creas miseria, fracaso y frustración. Acepta las dos.

Que tu agarre sea tierno, tan tierno que pueda soltarse en cualquier momento y no haya ninguna lucha al soltarlo, ni siquiera un momento de retraso, porque incluso un momento de retraso es suficiente para perder el punto, para perder la gracia de ello.

Mi trabajo aquí consiste en enseñarte cómo vivir y cómo morir, cómo estar alegre y cómo estar triste, cómo disfrutar de tu juventud y cómo disfrutar de tu vejez, cómo disfrutar de tu salud y cómo disfrutar de tu enfermedad. Si te enseño sólo cómo disfrutar de tu salud, de tu alegría, de tu vida, y se descuida la otra parte, entonces te estoy enseñando algo que va a crear una división en ti, una escisión en ti.

Te enseño la totalidad de la existencia. No poseas, no retengas nada, no te aferres. Deja que las cosas vengan y pasen. Permite que las cosas pasen a través de ti, y permanece siempre vulnerable, disponible. Y entonces hay una gran belleza, una gran gracia, un gran éxtasis. Tu tristeza también te aportará profundidad, tanto como tu alegría. Tu muerte te aportará grandes dones, tantos como la vida misma. Entonces el hombre sabe que toda esta existencia es suya:

noches y días, veranos e inviernos, todos son tuyos.

Al permanecer vulnerable, abierto, relajado, te conviertes en un maestro. Es un fenómeno extraño, muy paradójico: al permanecer rendido a la existencia te vuelves victorioso. Y estos momentos te llegarán una y otra vez. Todo mi esfuerzo es traer más y más de esos momentos, de esos momentos penetrantes, para ti. No te comportes estúpidamente, no sigas repitiendo viejas estrategias, viejos patrones de tu mente. Aprende nuevas formas de ser.

Y lo mejor que puedes aprender es a no aferrarte a nada: a tu amor, a tu alegría, a tu cuerpo, a tu salud. Disfruta de todo: de tu salud, de tu cuerpo, de tu amor, de tu mujer, de tu hombre, pero no te aferres. Mantén las manos abiertas, no te conviertas en un puño. Si te conviertes en un puño, te cierras: te cierras a los vientos, a las lluvias, al sol y a la luna, te cierras a Dios mismo. Y esa es la forma más fea de vivir; es crear una tumba a tu alrededor. Entonces tu existencia carece de ventanas. Te asfixias por dentro y te asfixias porque crees que estás creando seguridad y protección para ti mismo.

He oído una antigua parábola sufí:

Un rey tenía mucho miedo a la muerte, como todo el mundo, y cuanto más tienes, más miedo tienes. Un pobre no teme tanto a la muerte. ¿Qué tiene que perder? ¿Qué le ha dado la vida? Permanece despreocupado.

Por eso en los países pobres verás una y otra vez una gran indiferencia por la muerte, la pobreza, el hambre. La razón es que la gente ha vivido en tal pobreza durante tanto tiempo que ahora no les preocupa tanto la muerte. La muerte les llega como un alivio: alivio de todas las miserias y ansiedades, alivio del hambre, del sufrimiento, de la pobreza.

La gente que viene de países más ricos piensa: "¿Por qué les es tan indiferente la muerte?". La razón es sencilla: no tienen nada a lo que aferrarse. Su vida no les ha dado nada.

Su vida es tan pobre que la muerte no puede quitarles nada; no puede hacerles más pobres de lo que ya son. Pero cuanto más se tiene, más se teme a la muerte. Cuanto más rica es la sociedad, más miedo a la muerte.

En las sociedades pobres, el tabú es el sexo, y en las sociedades más ricas, la muerte. Eso indica si la sociedad es rica o pobre: basta con ver cuál es su tabú.

Si están muy en contra del sexo, eso significa que son pobres; si están muy en contra de la muerte, incluso tienen miedo de mencionarla, eso significa simplemente que son ricos. De ahí que el encuentro entre países pobres y países ricos sea muy difícil: sus tabúes chocan.

Esto ocurre todos los días aquí, porque mi gente ha venido de todo el mundo y la pobre sociedad india tiene el tabú contra el sexo. El sexo es su problema, el sexo es su miedo. El nacimiento es su miedo, no la muerte.

Piensan en cómo detener la natalidad, reflexionan sobre los métodos anticonceptivos. En los países más ricos, los científicos siguen buscando cómo posponer la muerte. En los países pobres, el problema es cómo posponer el nacimiento.

Así que el rey tenía mucho miedo, naturalmente. Tenía mucho y la muerte se lo llevaría todo; y había malgastado toda su vida en acumular. ¿Cómo protegerse? Y al acumular tanta riqueza se había creado muchos enemigos y ellos siempre estaban buscando una oportunidad para cortarle la cabeza, para dispararle.

Pidió consejo a los ancianos y sabios de su país. Le dijeron que construyera un castillo con una sola puerta: sin ventanas, sin otras puertas, una sola puerta por la que entrar y de la que salir. Así estaría seguro. Y en la puerta podría colocar una fuerza de seguridad de mil hombres para que nadie pudiera entrar.

La idea era atractiva. Construyó un gran castillo sin ventanas ni puertas, excepto una que estaba custodiada por mil guerreros.

El rey vecino, su amigo, también tenía miedo a la muerte. Oyó hablar de este castillo y vino a verlo. Quedó muy impresionado. Dijo: "Me pondré a trabajar de inmediato, crearé inmediatamente un castillo para mí, ¡esto es tan seguro y tan protegido!".

Cuando su amigo se marchaba -el rey había salido del castillo para despedirse de él-, volvió a apreciar el castillo. Mientras apreciaba el castillo, un mendigo sentado junto al camino empezó a reírse a carcajadas. Ambos reyes se sobresaltaron y le preguntaron: "¿Por qué te ríes? ¿Te has vuelto loco? ¿Y no sabes comportarte en presencia de los reyes?".

El mendigo dijo: "No he podido controlarme. Perdóname. Pero yo también fui rey y te diré la verdad de por qué me río. He estado observando, porque mendigo aquí en este camino. He estado observando... se está construyendo el castillo, pero estoy perplejo: te digo que sólo hay un error, una equivocación, que va a resultar fatal."

El rey dijo: "¿Cuál es ese error? Dínoslo y lo corregiremos". El rey estaba dispuesto a escuchar, y no sólo a escuchar, sino a corregirlo.

El mendigo le dijo: "Haz una cosa: entra y dile a tu gente que cierre también la puerta, para siempre, porque esta puerta va a resultar peligrosa. ¡Por aquí entrará la muerte!

Estos mil guerreros no podrán evitar la muerte, ni siquiera podrán verla. Así que cierra la puerta por completo. En vez de eso, haz un muro, y estarás dentro del castillo ¡y estarás a salvo para siempre! Nadie podrá matarte, ni siquiera la muerte podrá entrar".

Pero el rey dijo: "¡Eso significa que ya estaré muerto! Si no puedo salir, ¿qué sentido tiene vivir?".

Y el mendigo dijo: "Por eso me río. Estás muerto en un noventa y nueve coma nueve por ciento. Sólo queda una puerta, así que sólo eso estás vivo".

Cuanto más seguro estás, más muerto estás. Y no se trata de una muerte hermosa, la muerte grácil de la hoja, del pétalo de la rosa cayendo hacia el suelo, retrocediendo hacia la fuente. Es una muerte fea, una invención del hombre. Una muerte natural es bella; el hombre la ha hecho fea. El hombre ha afeado TODO, todo lo que toca se afea. Si toca el oro, se convierte en polvo.

Amitabh, deja que esta comprensión penetre tan profundamente como sea posible. Deja que se convierta en tu núcleo, en tu percepción. Sí, así es. No poseas, no te aferres. Permanece relajado, no posesivo. Si algo está disponible, disfrútalo; cuando desaparezca, déjalo desaparecer con gratitud, gratitud por todo lo que ha hecho por ti, sin rencor, sin queja. Y conocerás las mayores alegrías de la vida y de la muerte, de la luz y de la oscuridad, del ser y del no ser.

La segunda pregunta:

Pregunta 2:

AMADO MAESTRO,

EN LA EXISTENCIA SIEMPRE QUE APARECE UNA PERSONA ILUMINADA, TANTO LAS FUERZAS MALAS COMO LAS BUENAS SE PONEN EN FUNCIONAMIENTO. COMO ATESTIGUA LA HISTORIA, A MENUDO GANAN LAS FUERZAS MALAS. UN JESÚS ES CRUCIFICADO, UN SÓCRATES ES ENVENENADO, UN MANSOOR ES DESCUARTIZADO, BUDA, MAHAVIRA SON LAPIDADOS.

ASÍ, UNA GRAN PARTE DE LA HUMANIDAD PERMANECE EN LA MÁS ABSOLUTA OSCURIDAD.

AMADO MAESTRO, ¿PERMANECERÁ ESTE ESTADO DE COSAS COMO EN EL PASADO?

¿CONTINUARÁ EL MISMO FENÓMENO TRAS SU MARCHA? POR FAVOR, ARROJE ALGO DE LUZ.

Dharma Bhikkhu, lo primero que hay que entender es: no dividas la existencia en bueno y malo, en Dios y Diablo, en fuerzas del bien y fuerzas del mal. Esa división es una forma errónea de ver la realidad. La existencia es una. En la existencia, Jesús y Judas no están separados, sino que son actores del mismo drama. ¿Puedes pensar en Jesús sin Judas? ¿Crees que el cristianismo fue fundado sólo por Jesús? Entonces estás totalmente equivocado: cincuenta por ciento por Jesús, cincuenta por ciento por Judas. Y de hecho, Judas ha desempeñado un papel más importante que el propio Jesús.

De ahí que no llame "cristianismo" al cristianismo; lo llamo "cruzianidad", porque la cruz se ha convertido en el símbolo. ¿Y quién es el responsable de la cruz? Judas es el responsable de la cruz. Sin Judas, la historia de Jesús perdería toda su gloria. Judas da el contraste; es la pizarra en la que Jesús se convierte en una línea de plata. Él es la nube negra, y Jesús brilla como la energía de un relámpago - pero sin la nube negra tampoco podrás ver el relámpago.

¿Ves estrellas durante el día? Están ahí, pero no puedes verlas. Para verlas necesitas la noche oscura: cuanto más oscura es la noche, más brillan las estrellas. La noche es más estrellada porque cada vez aparecen más estrellas a medida que la oscuridad se hace más profunda. ¿Dirás que la oscuridad está en contra de las estrellas? Las realza, las alimenta.

Así que lo primero que hay que recordar, Dharma Bhikkhu, es que la existencia no está dividida en dos bandos. Es un juego, es una obra; todos somos jugadores en ella, y el enemigo es tan necesario como el amigo.

No es casual que, antes de ser apresado, Jesús besara a Judas y le lavara los pies.

Los cristianos piensan que esto es sólo santidad, santidad. Mi observación es: es comprensión; no tiene nada que ver con la santidad o la santidad. ¡Una comprensión tremenda!

Jesús está diciendo: "Aunque Judas vaya a traicionarme, él tiene que cumplir su papel y yo tengo que cumplir el mío, y formamos parte del mismo drama". Esta es la visión oriental:

que las fuerzas de la luz y las fuerzas de la oscuridad no están realmente separadas, sólo lo parecen.

Si Sócrates no hubiera sido envenenado, ustedes lo habrían olvidado hace mucho tiempo. Y él iba a morir de todos modos, por lo que las personas que lo envenenaron ayudaron a su trabajo, realmente sirvieron a su causa. Hicieron su nombre inmortal.

Ha habido muchos místicos sufíes de la misma categoría que al-Hillaj Mansoor, pero ¿cuántos nombres recuerdas? ¿Recuerdas siquiera el nombre del maestro de Mansoor? Todos los nombres han sido olvidados. Mansoor se ha convertido en una luz eterna, por la sencilla razón de que fue asesinado, brutalmente asesinado - sí, cortado en partes. La muerte de Jesús comparada con la de Mansoor parece muy humana, compasiva. Mansoor fue asesinado parte por parte. Primero le cortaron las piernas, luego las manos, luego le sacaron los ojos, luego le cortaron la lengua, luego le cortaron la cabeza - en partes, en pedazos.

Pero Mansoor se convirtió en el nombre más preciado de toda la tradición sufí; y la tradición es rica: Bahauddin, Jalaluddin, Hassan, Rabiya, el propio maestro de Mansoor, Junnaid, y miles de otros que se han iluminado.

Estas dos tradiciones en el mundo han creado a las personas más iluminadas: una es el Zen, nacido de la perspicacia de Buda, y otra es el Sufismo, nacido de la perspicacia de Mahoma.

Estas dos tradiciones han creado la mayor luz del mundo. Pero no se puede encontrar un solo nombre en el Zen comparado con Mansoor, por la sencilla razón de que ningún maestro Zen fue descuartizado, asesinado, crucificado.

Si Jesús ha conquistado casi todo el mundo -porque casi la mitad de la humanidad está bajo su impacto-, ¿cuál es la razón? ¿Acaso Mahavira se ha quedado atrás en su iluminación? ¿Acaso Kanad no es capaz de transformar el mundo entero? Son tan capaces como Jesús, pero no tienen su Judas - les falta la cruz. Murieron en sus camas, murieron de forma ordinaria. En lo que respecta a su ser interior, murieron de forma extraordinaria, pero ¿quién va a verlo y entenderlo? La muerte de Jesús se convierte en un fenómeno tan histórico, tan significativo, que la historia se divide en ese punto: antes de Jesús y después de Jesús. Jesús se convierte en la línea divisoria. Nadie más ha sido tan significativo. ¿Por qué?

Y tú dices, Dharma Bhikkhu, "A menudo las fuerzas malas ganan".

No, nunca. En primer lugar, los buenos y los malos no son enemigos, juegan al escondite. Y en segundo lugar, el bien siempre gana porque es más grande que el mal. Jesús es mucho más grande que Judas, y Sócrates es mucho más grande que la gente que lo envenenó, y Mansoor es mucho más grande que la gente que lo mató.

El bien es infinito; el mal es sólo una parte de él, una pequeña parte, intrínseca, necesaria, inevitable, pero una pequeña parte. Sirve al bien.

No, con la crucifixión de Jesús las fuerzas del mal no han vencido - no pueden vencer, es imposible. Dios siempre vence. Sus caminos son extraños: a veces te conquista de una manera tan extraña que no puedes ver el punto inmediatamente. Él conquista a través de Jesús crucificando a Jesús - un método extraño, una manera misteriosa, pero así son los caminos de Dios.

Y en tercer lugar, siempre va a seguir siendo lo mismo; sobre eso, no va a haber ningún cambio. Y tampoco creo que haya necesidad de ningún cambio; es perfectamente correcto. Es mucho más bello morir en la cruz que morir en el hospital Sassoon* Sólo la idea de morir en el hospital Sassoon me asusta. No tengo miedo a la muerte, pero sí al hospital Sassoon.

La tercera pregunta:

Pregunta 3:

AMADO MAESTRO,

SOY UN HOMBRE FUERTE, PERO NO ENCUENTRO UNA MUJER QUE ME QUIERA DE VERDAD.

¿QUÉ ME FALTA? HE VENIDO AQUÍ PARA ENCONTRAR UN ALMA GEMELA. ¿PUEDES AYUDARME?

Sudhiro, tal vez... pero antes de poder ayudarte a encontrar un alma gemela tendré que crear un alma en ti, ¡lo cual es mucho más difícil! Puedes ser físicamente fuerte; eso no significa que tengas alma.

El alma es sólo una semilla; no tienes almas reales dentro de ti, sólo posibilidades. Y sin un alma, ¡la gente empieza a buscar un alma gemela! Sólo un ALMA puede atraer a otra alma. Si tienes un alma, entonces algún alma se sentirá atraída hacia ti; encontrarás el alma gemela.

Pero uno nunca piensa así. Y la idea de que uno es un hombre fuerte puede convertirse en un obstáculo, porque un hombre fuerte normalmente es uno más animal. Esa es nuestra idea de fuerza: un hombre que se parece más a un animal.

Cada vez que veo las fotos de Mr. Universo me quedo perplejo: no veo nada de belleza, tienen un aspecto totalmente feo; ¡todo músculos y nada más! Parecen más animales que hombres.

Y esto tampoco es salud, porque todos mueren pronto y todos mueren con enfermedades peligrosas, por la sencilla razón de que fuerzan sus cuerpos en un determinado molde. No aman sus cuerpos; sus cuerpos están tensos. Cuando estos señores Universos tienen cuarenta años están a punto de morir y sucumben a grandes enfermedades, incurables, porque ellos mismos han creado esas enfermedades. Han estado forzando sus cuerpos, manipulando sus cuerpos. Lo han conseguido, pero a un precio muy alto.

La fuerza, en la mente ordinaria, significa agresividad. Y una mujer necesita un poco más de ternura, no agresividad. ¿Y quién sabe, Sudhiro? Puede que sólo tengas la idea de que eres un hombre fuerte y ni siquiera lo seas. Puede que sólo sea una idea del ego, una fantasía.

Moe y Sophie llevaban doce años casados. Una noche en la cama Moe dijo: "Levántate el camisón".

Sophie no contestó.

Moe lo intentó una vez más. "Oye, sé una buena chica. Levántate el camisón".

Sophie seguía sin responder.

Moe salió de la habitación dando un portazo. Sophie se levantó y cerró con llave. Durante media hora Moe recorrió el salón. Luego volvió al dormitorio, empujó la puerta y vio que estaba cerrada.

"Abre la puerta", suplicó. "Siento haberme enfadado. ¡Abre la puerta!"

Sophie no contestó.

"¡Si no abres la puerta la echaré abajo!"

"¡Mira a mi atleta!" gritó Sophie. "¡Un camisón que no puede levantar, pero una puerta que va a derribar!"

Así que no sé lo fuerte que eres. Tal vez seas capaz de romper puertas, pero eso no te ayudará. Tendrás que aprender el otro arte. Y no sé, Sudhiro, cuántos años tienes - porque debes haber estado buscando mucho tiempo; de lo contrario no habrías llegado hasta aquí. Y si has estado fracasando durante toda tu vida, debes haber cristalizado en ciertos patrones. Puede que seas agresivo, puede que seas un pretendiente, puede que te interese menos el amor y más conquistar a una mujer.

Hay muchas personas que siguen haciendo eso: siguen contando cuántas mujeres han conquistado. También hay mujeres -ahora sólo en Occidente, pero pronto también en Oriente- que siguen contando, ¡como si el amor fuera una cuestión de cantidad!

Un hombre estaba haciendo el amor con una mujer y le preguntó: "¿Soy el primer hombre que te hace el amor?".

Siguió un largo silencio. El hombre preguntó: "¿Me has oído o no?".

Ella dijo: "He oído, pero estoy contando".

Hay personas que llevan la cuenta: a cuántas mujeres han conquistado, a cuántos hombres han conquistado. Si te interesa la conquista no te interesa el amor. Y cuando poco a poco la vida empieza a escapársete de las manos, cuando la muerte empieza a llamar a tus puertas, te asustas. De repente te das cuenta de que te has perdido algo hermoso.

El amor es una de las mayores experiencias de la vida, y muchos se la pierden. Pueden tener hijos, pueden haberse casado muchas veces, pero el amor es un fenómeno totalmente distinto. Necesita una gran sensibilidad, necesita un alma. Y cuando pasa el tiempo y las energías empiezan a menguar y la muerte se acerca, te entra el pánico.

Esa es exactamente mi sensación al leer tu pregunta, Sudhiro: que tienes pánico.

Dos viejecitas charlaban por encima de la valla del patio trasero. La primera alardeaba: "Anoche salí con el viejo Caín y tuve que abofetearle dos veces".

"¿Para detenerlo?", preguntó su amiga.

"No", soltó una risita, "¡para que empiece!".

Pero es bueno que hayas venido aquí. Si no puedes empezar, podemos abofetearte. Siempre hay algo posible. Una cosa que necesitas es: en lugar de buscar un alma gemela, conviértete en un alma, hazte más consciente.

Cuando el amor es inconsciente, sólo es lujuria y nada más: un nombre bonito para una cosa fea. Cuando el amor es consciente, sólo entonces es amor. Pero, ¿cuántas personas son conscientes?

Cuando el amor es meditativo, sólo entonces es amor.

Y un amor meditativo atraerá una energía de amor meditativa. Sólo recibes lo que mereces, recuerda, ni menos ni más. Siempre recibes exactamente lo que mereces. La existencia es muy justa y muy equitativa. Por lo tanto, si no consigues un alma gemela, no te servirá de nada buscarla frenéticamente. Más bien mira hacia dentro. Te falta algo: te faltan cualidades amorosas. No eres tierno, no eres sensible, no eres consciente. Y no sabes dar sin pedir nada a cambio. Tu amor es una demanda, tiene una condición. Es una especie de explotación. Quieres utilizar el cuerpo del otro, y ninguna mujer es feliz si la utilizan: lo odia.

Millones de mujeres odian a sus maridos por la sencilla razón de que se sienten utilizadas, como si sólo fueran máquinas para que tu lujuria sexual se alivie y puedas tener una buena noche de sueño. Ninguna mujer puede respetarte si se siente utilizada. Cada ser es un fin en sí mismo. Nunca utilices a una mujer, nunca utilices a un hombre, nunca utilices a nadie.

Nadie es un medio para tus fines. Respeto: el amor es compartir, no es utilizar al otro, no es intentar arrebatarle algo. Al contrario, es dar de todo corazón sin ninguna razón, sólo por el puro placer de dar.

Y entonces, de repente, te darás cuenta de que un día has encontrado a alguien con quien tus energías están en armonía, en acuerdo. Y es una experiencia hermosa incluso encontrar a una sola persona con la que estás de acuerdo. Y aquí puedes encontrar a muchas personas con las que estás de acuerdo.

No puedes imaginarte mi éxtasis, porque estoy de acuerdo con todos mis sannyasins, en profundo acuerdo, una tremenda armonía. Entonces el amor alcanza su pico más alto. Ya no es sexual, es pura oración. Y cuando el amor es oración, has encontrado el alma gemela.

Pero si tu amor es lujuria no puedes encontrar un alma gemela, sólo puedes encontrar el cuerpo de alguna mujer.

Y el cuerpo no va a ayudar a satisfacer tu anhelo. Necesitas sintonizar con el alma, con el ser interior, con la interioridad de la mujer o del hombre. Al menos con una persona si sucede, surge un gran gozo. Y luego, cuando conoces el arte, puede suceder con muchas más personas. Y eso es la amistad.

Mi esfuerzo aquí es crear una comuna donde miles de almas estén en tan profunda amistad, en tal amor, como si todos fueran almas gemelas. Podemos liberar tanta luz en el mundo a través de ese campo de energía. Podemos iniciar tal revolución en el mundo, podemos encender tal fuego, que seguirá ardiendo en el futuro, a lo largo de los siglos, ayudando a la gente a transformarse, a renacer.

La cuarta pregunta:

Pregunta 4:

AMADO MAESTRO,

HE ENCONTRADO UNA FRASE DE R.D. LAING QUE DICE QUE LA LOCURA NO ES UNA CRISIS, SINO UN AVANCE.

NUESTROS CAMPAMENTOS DE MEDITACIÓN, SIEMPRE QUE SE LLEVAN A CABO, SON VISTOS COMO UN COLAPSO, INCLUSO POR LOS PSIQUIATRAS.

¿ESTÁ JUSTIFICADO Y ES ÉTICO QUE LOS PACIENTES DE DEPRESIÓN RECIBAN MEDITACIÓN DINÁMICA? POR FAVOR, ACONSÉJEME. SOY UN SIMPLE CIRUJANO.

Krishna Teertha Bharti, R.D. Laing está introduciendo un cambio radical en el mundo de la terapia. No es un psiquiatra ordinario, es un psiquiatra revolucionario. Él me entiende a mí y lo que estoy haciendo aquí. Sigue enviándome sus libros. Lee lo que ocurre aquí, lo que digo, lo que enseño. Se ha reunido con sannyasins en Londres, está inmensamente interesado. Pero es un revolucionario y su perspicacia es grande, y estoy de acuerdo con él en todo. Tiene razón: la locura no es un colapso, es un avance.

Pero me gustaría decir una cosa: todas las locuras no son avances. Pero todas las locuras pueden transformarse en rupturas, y ése debe ser el trabajo del terapeuta. Aunque la locura sea una ruptura, la función del terapeuta es ayudar a que la ruptura se transforme en avance. De lo contrario, ¿cuál es tu propósito? ¿Qué es lo que haces?

Hasta ahora, la función del terapeuta ha sido normalizar a la persona, devolverla a su antiguo yo. ¿Y cuál era su antiguo yo? Es su antiguo yo el que le ha llevado a este estado de locura. Si le devuelves a su antiguo yo, simplemente estás posponiendo que vuelva a ocurrir lo mismo. Tarde o temprano volverá a enloquecer.

Puede que le estés ayudando para aliviarle temporalmente. A menos que su crisis se convierta en un avance, no le habrás sido de verdadera ayuda.

Mis métodos de meditación son métodos para la psicoterapia del futuro. Los ortodoxos, los psiquiatras ordinarios estarán en contra de mis métodos, porque se aferran a la vieja idea.

Tienen miedo a la ruptura. Yo no tengo miedo a la ruptura. La ruptura significa simplemente que el cambio ha comenzado. La ruptura simplemente significa que todas las viejas estrategias, todas las viejas seguridades, han fracasado. La ruptura significa simplemente que tu vieja personalidad ya no sirve. Necesitas un nuevo ser, un nuevo nacimiento.

Cuando el niño nace fuera del vientre materno, debe pensar -si es que puede pensar- que se trata de un colapso, porque todo su mundo está desapareciendo. El útero, su comodidad, su calidez, su seguridad, sin preocupaciones ni responsabilidades, todo eso desaparece. Y el niño tiene que pasar por un pasaje tan estrecho, que debe sentir que se está muriendo. Y entonces tiene que aprender una nueva forma de vida a partir del ABC. Tardamos veinticinco años en educarle para que funcione correctamente en la sociedad.

Pero nuestra sociedad es anormal, nuestra sociedad es neurótica. Ha estado dominada por políticos neuróticos, sacerdotes neuróticos, durante siglos. Así que convertimos a cada niño en un neurótico - neuróticos hindúes, neuróticos mahometanos, neuróticos cristianos. Convertimos a cada niño en un fanático, y cuanto más fanático es, más lo alabamos. Cuanto más diga: "El hinduismo es la única religión, la única religión correcta, la única religión verdadera", los hindúes lo alabarán.

Así es como alaban al ayatolá Jomeini los insensatos de Irán. Es un lunático, ¡necesita una crisis! - pero se le alaba como a un gran líder, un líder revolucionario. A lo largo de los siglos, los fanáticos han sido elogiados.

Si alguien dice: "India es el país más grande del mundo, el más religioso, la tierra más sagrada", la gente le alabará. Dirán: "Mira qué devoto es del país". Simplemente está loco, ¡necesita terapia!

Porque hemos alabado este tipo de actitudes neuróticas, enfoques, y hemos condenado a otros... si alguien no alaba el mahometismo, el hinduismo, el cristianismo, pensamos que es un traidor. Si alguien no es un gran nacionalista, pensamos que es un traidor. Hemos condenado a los cuerdos y hemos alabado a los locos.

Naturalmente, el público ha seguido enloquecido.

¡El mundo entero necesita una crisis! Pero un simple colapso no servirá de nada. Antes de que el mundo pase por esa avería -y el día está cada día más cerca- hay que inventar, innovar, métodos y dispositivos que puedan transformar la avería en un avance.

Eso es lo que son mis técnicas de meditación: una preparación para el futuro, una preparación, una preparación absolutamente necesaria, para algo que va a suceder.

La humanidad está al borde del colapso, hemos llegado al límite.

Ahora ya no hay más, ya no podemos seguir así. Los viejos patrones han sido superados; están todos caducados.

Vuestros psiquiatras y vuestros psicoanalistas estarán en mi contra, porque sirven al pasado y yo no tengo amor por el pasado, en absoluto. Amo el presente, y a través del presente me preparo para el futuro. El pasado es tan feo que ni siquiera merece la pena mirarlo. En un futuro mejor dejaremos de enseñar a la gente sobre la historia pasada, sobre Alejandros, Gengis Khanes, Nadirshahs, Tamerlanes, porque incluso mencionarlos a los niños está mal. Incluso darles una idea de que tales personas han existido, que el hombre puede caer en tal degradación, es envenenar sus mentes.

Pero sus psicoanalistas, sus psiquiatras, están al servicio del pasado; por eso estarán en contra de mis métodos. Todo su esfuerzo consiste de alguna manera en poner parches a la gente. Si aparece algún agujero simplemente lo remiendan, si aparece alguna herida la tapan. Te mantienen funcionando eficientemente como empleado en una oficina, como recaudador adjunto, como inspector de policía, como jefe de estación, etcétera. No les interesa tu humanidad. Sólo les interesa que sigas siendo un miembro funcional de la sociedad, mecánicamente útil, eso es todo.

Mi propósito es totalmente diferente: quiero que seas un ser humano. Quiero que no sólo seas un ser humano, sino que te eleves hacia lo divino.

Usted me pregunta, Krishna Teertha Bharti.... Es cirujano, médico; naturalmente esta pregunta ha surgido en su mente. Usted me pregunta: "¿Está justificado y es ético que a los pacientes de depresión se les administre Meditación Dinámica?".

Qué otra cosa puede estar más justificada y ser más ética, porque padecer depresión significa simplemente que se ha reprimido demasiado. La depresión no es más que represión. Se deprime tanto porque no se le ha permitido expresarse. La Meditación Dinámica es expresión. Al expresarse, al catartizar todo lo que ha sido reprimido en su inconsciente, se desahogará, se volverá más sano, más saludable.

Dos atracadores irrumpen en un banco de una pequeña ciudad.

"Muy bien", dijo el hombre más grande. "¡En fila! ¡Vamos a robar a todos los hombres y a violar a todas las mujeres!"

"¡Un momento!", espetó su compañero. "¡Agarremos la masa y golpeémosla!"

"Cállate y métete en tus asuntos", dijo la solterona desde detrás del mostrador. "¡El grandullón sabe lo que hace!".

Hemos hecho que todo el mundo se reprima, empujando hacia abajo todo tipo de cosas. Están hirviendo por dentro.

Antes de salir de casa de una amiga, la tía Emma fue advertida de que un maníaco sexual andaba suelto por el barrio. Esa noche, cuando regresó a su apartamento, miró con cautela debajo de la cama, en el armario y detrás de las cortinas.

Entonces Emma encendió la luz. "¡Bueno, no está aquí!", suspiró. "¡Maldita sea!"

Todos los que se han criado en nuestras sociedades necesitan algunos métodos para vomitar la ira, el sexo, la codicia, los celos, las envidias. Estás sentado sobre un volcán... ¡y el volcán puede entrar en erupción en cualquier momento! Si se permite la catarsis -y en eso consiste la Meditación Dinámica- el volcán desaparecerá. Te volverás más cuerdo.

No digo que te vuelvas más normal, sino más cuerdo. Ahora bien, las dos cosas pueden no coincidir; de hecho, no pueden, porque por normal no entendemos realmente lo normal, sino la media. Es un uso incorrecto de la palabra.

Normal" debería significar alguien que vive de acuerdo con la norma, alguien que vive de acuerdo con lo natural, espontáneo - es normal. Pero a la gente no se le permite vivir de forma natural y espontánea. Se les obliga a llevar una vida normal, como la de los demás, y se considera que lo normal es lo normal.

Por eso digo que hago que la gente sea más normal. Serán normales REALMENTE, pero puede que no coincidan con tu idea de lo normal. No serán normales, desde luego, sino que serán superiores a la media. Tendrán más visión de la vida, más alegría en sus vidas, más libertad en sus vidas, más rebeldía también - más libertad y más rebeldía.

Y la sociedad y la iglesia están en contra de la libertad. No quieren que seas libre, quieren que seas esclavo. Todo su interés está en que seas siempre un esclavo.

Por eso están todos contra mí. Puedo entenderlo, no me sorprende en absoluto su ira contra mí. Su ira es natural, porque cualquier cosa que yo haga aquí va a sabotear toda su estructura, y a veces basta un agujero en el barco para hundirlo. Y mi esfuerzo consiste en hacer tantos agujeros como sea posible.

La última pregunta:

Pregunta 5:

AMADO MAESTRO,

¿ES PREVISIBLE EL HOMBRE?

Tosho, el hombre no es predecible - si es un hombre. Pero muy pocos hombres son realmente hombres - son máquinas. Las máquinas son predecibles. El hombre tiene libertad. No puedes predecir a Buda, pero puedes predecir a la llamada gente ordinaria. Son predecibles: siguen haciendo lo mismo una y otra vez. Sabes lo que han estado haciendo hasta ahora y según eso puedes predecir lo que van a hacer mañana.

Los niños pequeños no son predecibles porque aún no se han convertido en máquinas.

Preparándose para someter a un niño pequeño a una prueba de aptitud, un psiquiatra dijo a su enfermera que pusiera sobre la mesa una horca, una llave inglesa y un martillo.

"Si coge la horca, será agricultor. Si coge la llave inglesa, será mecánico. Y si coge el martillo, será carpintero", explica el médico.

El chico engañó a todos: agarró a la enfermera.

El hombre se ha vuelto tan mecánico que incluso los animales se comportan a veces de forma más imprevisible que el hombre.

A los psicólogos experimentales les gusta contar la historia de un profesor que investigaba la capacidad de los chimpancés para resolver problemas. Un plátano estaba suspendido del centro del techo, a una altura que el chimpancé no podía alcanzar saltando. En la habitación no había ningún objeto, salvo varias cajas de embalaje colocadas al azar. La prueba consistía en ver si una chimpancé pensaría primero en apilar las cajas en el centro de la habitación y luego en subirse a ellas para coger el plátano.

El chimpancé se sentó tranquilamente en un rincón, observando cómo el psicólogo ordenaba las cajas. Esperó pacientemente hasta que el profesor cruzó el centro de la habitación. Cuando estuvo justo debajo de la fruta, el chimpancé saltó de repente sobre su hombro, luego saltó en el aire y agarró el plátano.

Tosho, el hombre -un hombre de verdad- no es predecible, porque vive momento a momento. No vive del pasado ni de ninguna ideología para el futuro. Simplemente vive ESTE momento. Responde a la situación, es responsable; por eso no es predecible.

Mis sannyasins tienen que volverse impredecibles. Cuanto más impredecible eres, más humano eres.

Suficiente por hoy.

La verdad es lo que es

SI DETERMINAS TU RUMBO CON FUERZA O VELOCIDAD, PIERDES EL CAMINO DE LA LEY.

CONSIDERAR EN SILENCIO LO QUE ESTÁ BIEN Y LO QUE ESTÁ MAL.

RECIBIR TODAS LAS OPINIONES POR IGUAL, SIN PRISAS, SABIAMENTE, OBSERVAR LA LEY.

¿QUIÉN ES SABIO, EL ELOCUENTE O EL CALLADO?

SER TRANQUILO, CARIÑOSO Y VALIENTE.

PORQUE LA MENTE HABLA, PERO EL CUERPO SABE.

LAS CANAS NO HACEN AL MAESTRO.

UN HOMBRE PUEDE ENVEJECER EN VANO.

EL VERDADERO MAESTRO VIVE EN LA VERDAD, EN LA BONDAD Y LA MODERACIÓN, LA NO VIOLENCIA, LA MODERACIÓN Y LA PUREZA.

LAS BUENAS PALABRAS O LOS BUENOS RASGOS NO PUEDEN CONVERTIR EN MAESTRO A UN HOMBRE CELOSO Y CODICIOSO.

SÓLO CUANDO LA ENVIDIA Y EL EGOÍSMO ESTÁN DESARRAIGADOS DE ÉL PUEDE CRECER EN BELLEZA.

UN HOMBRE PUEDE AFEITARSE LA CABEZA, PERO SI SIGUE MINTIENDO Y DESCUIDANDO SU TRABAJO, SI SE AFERRA AL DESEO Y AL APEGO, ¿CÓMO PUEDE SEGUIR EL CAMINO?

EL VERDADERO BUSCADOR SUBYUGA TODO EXTRAVÍO.

HA SOMETIDO SU NATURALEZA A LA QUIETUD.

ES UN VERDADERO BUSCADOR NO PORQUE MENDIGUE, SINO PORQUE SIGUE EL CAMINO LÍCITO, SIN RETENER NADA, SIN AFERRARSE A NADA, MÁS ALLÁ DEL BIEN Y MÁS ALLÁ DEL MAL, MÁS ALLÁ DEL CUERPO Y MÁS ALLÁ DE LA MENTE.

El camino de Gautama el Buda es el camino del dejar hacer; no puede ser determinado por la fuerza de voluntad. La fuerza de voluntad es sólo un hermoso nombre para el poder del ego. La existencia de la voluntad no es más que un subproducto del ego. El ego mismo es una sombra, de ahí que la fuerza de voluntad sea una sombra de una sombra. La idea misma de tener voluntad propia va en contra de la existencia. Crea una brecha entre tú y el todo. El todo tiene voluntad, ¿cómo puede la parte tener voluntad propia? La parte puede ganar, no contra el todo, sino con el todo. La parte puede ganar, no ganando, sino rindiéndose.

El camino de Buda es de entrega total: entrega total al dhamma, al tao, a la ley universal, a Dios. Son nombres diferentes para el mismo fenómeno. Vivimos en un cosmos, no en un caos. Todo es tan perfecto como puede serlo; nada puede mejorarse. La mera idea de intentar mejorar las cosas es una estupidez.

Los que han conocido, han conocido la perfección absoluta de la existencia.

¿Qué queda entonces? Disolverse en el todo y celebrarlo. Esto no puede hacerse como una determinación por tu parte, porque si TÚ determinas, entonces permaneces ahí detrás de tu determinación escondiéndote disfrazado. Si TÚ determinas, ¿cómo puedes disolverte? TÚ no puedes rendirte - si te rindes, no es rendición.

Entonces, ¿qué es la rendición? ¿Cómo va a ocurrir? La entrega es la comprensión de que el ego es falso. En esa misma comprensión, el ego se evapora -ya no se encuentra- y la entrega se ha producido. No es que tú la hayas hecho; ocurre sin que tú la hagas. Sólo entonces es verdadera, auténtica; tiene una inmensa belleza y un tremendo poder, porque entonces te conviertes en un vehículo del todo. Ya no eres una parte, simplemente representas el todo.

Tú eres la ola en el océano, y la ola en el océano es el propio océano. Si el océano contiene a la ola, la ola contiene al océano de forma similar. Son inseparables, son uno. La ola es la manifestación de lo inmanifestado, una expresión finita de lo infinito. Tú también eres una ola. En el momento en que empiezas a pensar que estás separado, la ola se ha vuelto loca.

El primer sutra:

SI DETERMINAS TU RUMBO CON FUERZA O VELOCIDAD, PIERDES EL CAMINO DE LA LEY.

El ego siempre es agresivo; sólo puede existir a través de la agresión. Crea tal alboroto, tal polvo, tal humo, que no puedes ver. Te ciega. Te da vueltas y vueltas, te marea. Por eso el ego siempre está ansiando más y más poder, más y más fuerza. Quiere hacer las cosas con una fuerza absoluta.

El ego es fascista, es totalitario, es dictatorial. No quiere ninguna rebelión contra sí mismo. Inmediatamente destruye cualquier posibilidad de que te liberes de él. Sólo la semilla de una rebelión... y empieza a destruirla. Está constantemente vigilando. Constantemente intenta mantenerte tan ocupado que nunca seas consciente de la gran esclavitud en la que vives. Y el ego es muy astuto: te convence de que "yo soy tú".

Así que siempre que surge la idea de abandonar el ego empiezas a sentir como si estuvieras perdiendo tu identidad. El ego no es tu identidad. Es debido al ego que no eres capaz de saber quién eres realmente. El ego es la barrera. Te mantiene corriendo y te mantiene a tal velocidad, con tanta prisa, que no tienes tiempo de pensar las cosas, de reflexionar, de meditar, de ver lo que estás haciendo, por qué lo estás haciendo.

No te deja tiempo para ver. Te mantiene loco, ocupado, constantemente ocupado en un deseo u otro. Antes de que un deseo se agote, crea diez más. Mantiene nuevos deseos listos para que nunca haya una brecha, nunca un intervalo entre dos deseos - porque en esa brecha serás capaz de ver y reconocer la estupidez de tu vida, la completa locura de tu vida. Y una vez que la hayas visto, ya no podrás seguir formando parte de ella.

¡Saltarás fuera de ella! Has visto que la casa está ardiendo.

Buda dice: SI DETERMINAS TU CURSO CON FUERZA O VELOCIDAD, TE PIERDES EL CAMINO DE LA LEY. Te pierdes todo el sentido de la existencia, porque la existencia está disponible en toda su belleza y bendición sólo para aquellos que viven de una manera relajada - no con fuerza, no con ninguna velocidad; que no se apresuran, que no corren, que no son ambiciosos, que no están en absoluto comprometidos en algún futuro aún no. Está disponible para aquellos que están en reposo, en casa con el momento presente, tan relajados como si no hubiera otro momento. Este momento es todo.... En ese estado de relajación, el tao abre sus puertas.

El nombre de Buda para tao es dhamma. En español no existe un sinónimo real de tao o dhamma, de ahí que se haya traducido como "la ley". Es una palabra pobre. La ley" no indica realmente el significado de la palabra de Buda "dhamma". Dhamma significa la naturaleza de la existencia. Dhamma significa la armonía de la existencia. Dhamma significa aquello que mantiene unida la existencia. Dhamma significa la interconexión universal. Es una palabra multidimensional, tremendamente pregnante. Llamarla "la ley" es reducirla a una palabra unidimensional.

¿Y por qué nos perdemos el punto de la existencia, el mismo punto que puede hacernos dichosos, que puede liberarnos de toda miseria? Nos lo perdemos porque tenemos mucha prisa.

Qué extraño. Ordinariamente pensamos que el hombre que se mueve con velocidad va a llegar antes, y el que trabaja con gran fuerza va a alcanzar. Sí, así sucede en el mundo; pero en el reino más profundo de la existencia sucede justamente lo contrario.

Si vas deprisa, fallarás; si tienes demasiada prisa, no serás capaz de ver. Tus ojos permanecerán nublados, permanecerás tenso. No serás capaz de ver lo que es, porque tu mente está tan llena de deseo, de ambición, de logros, que no puedes ver lo que es. Siempre estás anhelando lo que debería ser.

De ordinario, el "debería" se ha vuelto más importante que el "es", el "debería ser" se ha vuelto más importante que "lo que es". Y Dios es lo que es, la verdad es lo que es.

Por lo tanto, Buda dice: Relájate, déjate llevar, descansa.

CONSIDERAR EN SILENCIO LO QUE ESTÁ BIEN Y LO QUE ESTÁ MAL.

RECIBIR TODAS LAS OPINIONES POR IGUAL, SIN PRISAS, SABIAMENTE, OBSERVAR LA LEY.

Se echa mucho de menos en la traducción: CONSIDERAR TRANQUILAMENTE.... La palabra de Buda no es "considerar", sino meditar, meditar en silencio. Pero en español, meditar significa considerar, pensar concentradamente. Meditar significa meditar SOBRE algo.

Hay un objeto, hay que contemplarlo. Meditación en inglés tiene la connotación de pensamiento concentrado en un objeto determinado.

Pero el significado budista de la meditación - DHYANA - es totalmente diferente. No tiene nada que ver con ningún objeto en particular; tiene algo que ver, ciertamente, contigo, pero no con el objeto. Tiene algo que ver con la conciencia, no con el contenido. Es una orientación totalmente diferente. El contenido está fuera, el objeto está fuera y la conciencia está dentro. La palabra inglesa "meditation" es extrovertida; la palabra budista "meditation" es introvertida.

Cuando Buda dice medita quiere decir no pienses - es justo lo contrario del significado en español. Dice: deja de pensar y mira. Esa es la única manera de conocer las cosas tal y como son... porque si estás pensando, estás introduciendo tus prejuicios. Si estás pensando, estás trayendo tus conclusiones pasadas. Si estás pensando, tu mente está funcionando - y la mente es pasado, y el pasado nunca te permite ver el presente.

El pensamiento tiene que detenerse para que haya meditación. El pensamiento tiene que evaporarse totalmente. En ese estado de no-pensamiento puedes ver.

Pero para la mente occidental, el estado de no-pensamiento parece como si te fueras a quedar dormido. ¿Qué vas a hacer si no hay pensamiento? La mente occidental está constantemente HACIENDO algo.

Sólo puede mantenerse despierto si está ocupado, haciendo algo. Es un hacedor. Y esa es la diferencia entre el enfoque oriental y el occidental.

Oriente se ha topado con un tipo de experiencia totalmente diferente: la experiencia de no pensar y, sin embargo, estar totalmente despierto. Esta fue la mayor revelación, una de las contribuciones más importantes al mundo. Occidente conoce el pensamiento y el sueño. Estás haciendo algo con el cuerpo o con la mente; si no tienes nada que hacer con el cuerpo o con la mente te duermes, entonces el sueño se apodera de ti.

El descanso, en Occidente, se convierte en sueño; el descanso, en Oriente, es un estado de vigilia sin pensamiento. No es ni sueño ni pensamiento; es algo totalmente distinto de ambos.

Los pensamientos han desaparecido....

Los psicólogos occidentales dicen: Si no hay pensamiento, ¿cómo puede haber conciencia?

La psicología occidental insiste en que la conciencia es siempre conciencia DE algo; no puede existir por sí misma. Lógicamente es atractivo, convincente, pero existencialmente es absurdo.

La conciencia puede existir sin ningún pensamiento - lo digo por experiencia propia. No se trata de mi conclusión a través de un proceso de pensamiento, es mi experiencia. Es la experiencia de todos los budas del pasado: la conciencia PUEDE existir sin pensamiento.

Esa es la única posibilidad de liberación; de lo contrario no habrá posibilidad - o estás ocupado con pensamientos o te duermes y te ocupas con sueños.

Y sigues moviéndote en este círculo vicioso: sueños, pensamientos, sueños, pensamientos....

Los sueños son pensamientos pictóricos, los pensamientos son imágenes verbales; no son muy diferentes.

Los sueños son un poco primitivos, los pensamientos son un poco más sofisticados, pero hacen lo mismo. Te mantienen centrado en el exterior, nunca te permiten experimentar tu propia subjetividad.

Esa subjetividad es tu verdad. Y la única manera de conocerla es estar en reposo total -como se está en el sueño- y, sin embargo, estar totalmente consciente, alerta y sin ningún pensamiento. Esto es samadhi, este es el estado último de dhyana - meditación. A esto se refiere Buda cuando dice: CONSIDERA EN SILENCIO LO QUE ESTÁ BIEN Y LO QUE ESTÁ MAL.

Ahora, si consideras lo que está bien, lo que está mal, fallas. Es inevitable que empieces a pensar: "¿Qué está bien y qué está mal?". ¿Y en qué pensarás? Empezarás a masticar muchos pensamientos que te ha proporcionado la sociedad. La sociedad te ha enseñado: "Esto está bien y aquello está mal", y empezarás a masticarlos de nuevo. Tal vez hagas nuevas combinaciones, los colorees y pintes y decores, pero básicamente, esencialmente, serán imposiciones de otros. No es tu propia experiencia. De ahí que Buda no pueda significar pensar.

Dice: medita en silencio. Quédate en silencio y mira. Y en ese ver sabrás - sin ningún proceso lógico simplemente sabrás: Esto es esto. Esto es bueno y esto es malo. No es que tengas que decidirlo según la Biblia o el Corán o el Gita. Si tienes ojos sabes donde esta la pared y donde esta la puerta. ¿Tienes que pensar en ello? Cada vez que sales de tu habitación, ¿tienes que pensar una y otra vez dónde está la puerta y dónde la pared? Simplemente sales por la puerta sin pensar en nada, ¡porque puedes ver! Pero si eres ciego, cada vez tendrás que pensar de nuevo: "¿Dónde está la puerta?". Tendrás que buscar la puerta a tientas.

Pensar es un estado ciego, es ir a tientas en la oscuridad. La meditación es un estado de tener ojos, eres capaz de ver. Simplemente ves lo que está bien y lo que está mal. Y cuando ves lo que está bien y lo que está mal no puedes hacer lo incorrecto, no puedes ir en contra de lo correcto.

Un meditador sigue naturalmente lo que es bueno -no es que decida seguirlo- y evita naturalmente lo que es malo. No es que decida evitarlo; un meditador nunca hace votos, no hay necesidad. Un hombre con ojos nunca hace el voto de que "siempre entraré por la puerta, saldré por la puerta. Te prometo, Dios, que nunca intentaré entrar por la pared. Créeme, soy un hombre de palabra, la cumpliré, aunque sé que habrá muchas tentaciones". Si alguien dice eso, te reirás. "¡Qué tonterías dice! ¿Qué tentaciones?" ¿Has tenido alguna vez la tentación de entrar y salir por la pared? No existe tal tentación.

Cuando se ve con claridad, se obtienen buenos resultados. Es tan natural, es tan espontáneo, que no puedes decir que lo has decidido. No puedes decir que has usado tu voluntad. Ni siquiera puedes decir que es tu acto. Todo lo que puedes decir es que así es como están sucediendo las cosas, no que las estés haciendo, sólo estás permitiendo que sucedan. Entonces la vida tiene una alegría tan relajada, porque no le sigue ninguna tensión, ningún esfuerzo. La mente del logro ya no está ahí, por lo tanto nunca hay frustración.

CONSIDERAR TRANQUILAMENTE LO QUE ESTÁ BIEN Y LO QUE ESTÁ MAL. Pero en la traducción inglesa es justo lo contrario. Si nos atenemos a las palabras inglesas, significa pensar, reflexionar, considerar lo que está bien y lo que está mal.

RECIBIR TODAS LAS OPINIONES POR IGUAL, SIN PRISAS, SABIAMENTE, OBSERVAR LA LEY. Buda dice: No tengas ningún prejuicio. Y estamos tan llenos de prejuicios, somos manojos de prejuicios. Y siempre que pensamos que hemos llegado a una conclusión, es sólo un engaño: habéis llegado de nuevo a un prejuicio que ya ha sido puesto dentro de vosotros por la sociedad, por la iglesia, por el estado. Sois víctimas de tantos intereses creados, que están todos sentados a vuestro alrededor con ojos codiciosos para explotaros, para chuparos la sangre y el alma.

Observa, la próxima vez que sientas que has entendido algo, observado algo. Vuelve atrás y trata de ver: ¿se trata de algún prejuicio del pasado que ha vuelto a surgir en una nueva forma, en un nuevo formato, con nuevas palabras? Y te sorprenderás: es así.

El médico jefe del hospital estaba haciendo su ronda y pasó ante un grupo de recién nacidos. "¿Qué le pasa a este pequeñín? Parece muy enclenque y bajo de peso".

La enfermera dijo: "Es uno de esos bebés de inseminación artificial, y me temo que ha evolucionado con bastante lentitud".

"Confirma una teoría mía", dijo el doctor. "¡Ahorra la vara y mima al niño!"

Eso es lo que sigues haciendo. El principio de Peter dice: Si los hechos no se ajustan a la teoría hay que deshacerse de ellos. También dice: Si no puedes convencerlos, confúndelos.

Y eso es lo que siguen haciendo sus grandes eruditos. No pueden convencer a nadie, pero ciertamente pueden confundir. Han confundido al mundo entero. Eso es lo que han hecho vuestros teólogos, vuestros sacerdotes. El mundo vive en tal confusión a causa de estos grandes eruditos, sacerdotes, profesores, filósofos, expertos; y han dedicado toda su vida a confundiros. Ellos mismos no están convencidos de lo que dicen, pero cuando son capaces de confundirte disfrutan del viaje del ego.

Es muy satisfactorio confundir a alguien porque te conviertes en superior. Y siempre hay gente tonta que está dispuesta a convertirse en víctima de las palabras, de las bellas y hermosas palabras. Y los sistemas hechos de palabras no son más que casas hechas de naipes.

George Bernard Shaw solía decir: Construye un sistema que hasta un tonto pueda usar y sólo un tonto querrá usarlo.

Todas las religiones intentan convencer al denominador más bajo, al hombre corriente. No consiguen convencer, porque ellos mismos no están convencidos. La convicción surge de la verdad, no de pensar, no de estudiar. La convicción surge de la experiencia. Ellos mismos no están convencidos, pero se han vuelto muy hábiles, eficientes, en el uso de las palabras, haciendo grandes sistemas con las palabras. Pueden confundir a la gente. Y hay millones de tontos que están listos, listos para ser confundidos, y piensan que su confusión es su convicción.

Por eso hay tantos cristianos: todos confundidos acerca de Cristo. Cuando alguien dice: "Soy cristiano", inmediatamente deduzco que está confundido acerca de Cristo. Cuando alguien dice: "Soy budista", sé que está confundido acerca de Buda. Porque si NO estás confundido sobre Cristo no serás cristiano, ¡serás cristo! Si estás convencido de la verdad de Cristo, serás un cristo no un cristiano. Si estás convencido de la verdad de Buda, si TÚ lo has experimentado, serás un buda no un budista.

Los tontos son muchos y pueden ser explotados por esta gente lista y astuta. Los eruditos son gente lista y astuta. Son expertos en usar palabras finas con tal habilidad que no puedes ver las lagunas. Como no puedes ver las lagunas empiezas a creer en sus palabras. Pero ninguna creencia te libra de tu miseria, ninguna creencia se convierte en salvación, ya sea cristiana, hindú o mahometana. La creencia como tal es una esclavitud.

Buda dice: RECIBIR TODAS LAS OPINIONES POR IGUAL.... Sin ningún prejuicio, sin ninguna opinión ya formada, sin ningún a priori.... Simplemente escucha y observa todo tipo de cosas. Ser un espejo puro: eso es la meditación. Y sin prisas, porque si tienes prisa sacarás conclusiones precipitadas. No estás realmente preocupado por la verdad, estás más preocupado por una conclusión, porque la conclusión te da comodidad, la conclusión te da seguridad, la conclusión te hace sentir que sabes. Cubre tu ignorancia, te hace sentir seguro y cierto.

De ahí que la gente esté tan dispuesta a formar parte de cualquier iglesia. No están dispuestos a ser libres. Incluso si a veces abandonan una iglesia, lo hacen sólo para unirse a otra. El hindú se convierte en mahometano, el mahometano se convierte en cristiano, el cristiano se convierte en hindú. Y así van pasando de una iglesia a otra, pero siguen siendo las mismas personas porque su enfoque sigue siendo el mismo.

Sólo hay dos enfoques: uno es el de la mente, el otro es el de la meditación. El enfoque de la mente permanece confinado al mundo de las creencias, y el enfoque de la meditación es el enfoque sin pensamientos, sin creencias, sin prejuicios.

SIN PRISA, SABIAMENTE, OBSERVA LA LEY. No tengas prisa. Con las prisas puedes decidir algo que no es cierto. Sólo por el ansia de tomar una decisión, puedes concluir, puedes empezar a creer. Un verdadero investigador está dispuesto a esperar, es muy paciente. Aunque le cueste vidas, está dispuesto a dedicar vidas.

Merece la pena dedicar a la verdad todo el tiempo que se pueda. Uno no debe tener ningún tipo de mente ni prisa; de lo contrario, está abocado a ser víctima de alguna falsa mercancía. En nombre de la verdad, tendrá algo falso.

Buda dice: ... CON SABIDURÍA, OBSERVA LA LEY. De nuevo surge el problema: OBSERVA LA LEY hace que parezca que Buda está diciendo: "Sigue los Diez Mandamientos".

No, no está diciendo eso. De nuevo está diciendo: Observa tu naturaleza, tu propia naturaleza, síguela. Sé tú mismo, sé auténticamente tú mismo. Arriesga todo por ser tú mismo. Es cómodo no ser tú mismo, porque cuando estás preparado para no ser tú mismo la gente está muy contenta contigo. Les sigues, les imitas, se convierten en tus líderes: religiosos, políticos, etcétera. Pero cuando intentas ser tú mismo no eres seguidor de nadie y nadie es tu líder.

Mis sannyasins no son mis seguidores, sólo amigos, compañeros de viaje. No soy su líder, no les dirijo hacia nada. Soy simplemente un poeta cantando mi canción, un músico tocando mi sitar. Disfrútenlo. No se trata de que les convenza. Cuando escuchas a los pájaros por la mañana no te convences de la verdad de su canto... sólo de su belleza.

Mi esfuerzo es compartir mi alegría, mi belleza, mi experiencia contigo. Y te agradezco que me permitas estar contigo. Que me permitáis tomaros de la mano con profundo amor, os lo agradezco. Pero no sois mis seguidores, sólo mis amigos. No soy vuestro líder, no soy vuestro guía. He despertado, de verdad, y vosotros estáis profundamente dormidos. Puedo despertaros. Pero si alguien os despierta por la mañana, no se convierte en vuestro líder ni en vuestro guía. Es sólo un amigo. Y un amigo necesitado es un amigo de verdad. Y esa es la mayor necesidad: que estés dormido y se necesite a alguien para despertarte.

"Seguir la ley", en la visión de Buda, significa seguir tu propia naturaleza, dhamma, tao.

¿QUIÉN ES SABIO, EL ELOCUENTE O EL CALLADO?

Buda pregunta: ¿QUIÉN ES SABIO? ¿El inteligente, el astuto, el hombre que es muy hábil con las palabras, el hombre que puede hacer grandes sistemas de pensamientos, grandes estructuras que tienen todas las explicaciones para todas las preguntas? ¿Es sabio ese hombre? ¿O el que calla? ¿Es sabio el hombre que desmitifica la existencia y te da todas las respuestas? ¿O el hombre que vuelve a mistificar la existencia con su silencio, con su ser, con su presencia, con su amor, con su compartir?

Ciertamente, es sabio ese hombre que vuelve a mistificar la existencia para ti; con el que vuelves a mirar las cosas con asombro, con admiración, con el que vuelves a escuchar los sermones del silencio y las canciones de las piedras. Ese hombre es sabio, con el que vuelves a ser capaz de ser inocente como un niño, con el que vuelves a ser capaz de bailar en el viento, en el sol, en la lluvia. Ese hombre es sabio, porque te acerca a la naturaleza, y estar más cerca de la naturaleza es estar más cerca de ti mismo.

No te da un código, una moral, un modelo de vida. No te impone una disciplina. Simplemente comparte su visión, su perspicacia, su claridad, y las cosas empiezan a aclararse para ti. Y a partir de tu claridad empiezas a vivir. Por supuesto, tu vida va a ser única, no va a ser una imitación del maestro. Si es una imitación, pierdes el punto, pierdes al maestro. Va a ser única; tendrá su propio sabor, su propia fragancia.

¿QUIÉN ES SABIO, EL ELOCUENTE O EL CALLADO? SER TRANQUILO, CARIÑOSO Y VALIENTE.

Tres cosas dice Buda: Sé silencioso - aprende a ser silencioso cada vez más - Y amoroso, porque si tu silencio no es amoroso te hará insensible. Entonces tu silencio será el de un cementerio: aburrido, muerto. No será un silencio que pueda celebrar, no será un silencio que pueda cantar y bailar. No será un silencio que pueda florecer en mil y una flores. Por eso, Buda dice inmediatamente: debe ser amoroso.

Y el amor sólo es posible si no tienes miedo; si tienes miedo no puedes amar. El hombre que tiene miedo de cualquier cosa - la muerte, la policía, el magistrado, el gobierno - el hombre que tiene miedo de cualquier cosa no puede amar.

Y todos los miedos son básicamente miedos que surgen de la muerte. El miedo al policía también es lo mismo, porque puede matar, puede dispararte. El miedo al gobierno no es más que el miedo a la violencia: el gobierno puede matar con más fuerza que nadie.

¿Cuál es el miedo al magistrado y a la ley? - Porque el magistrado tiene el poder de enviarte a la horca o puede condenarte a cadena perpetua. Tienes miedo. Pero en el fondo todo miedo es a la muerte... y la muerte es un mito. Nunca ha ocurrido, nunca ocurre, nunca va a ocurrir.

El meditador llega a conocer la falsedad de la muerte, y en ese mismo instante desaparece todo temor; se vuelve intrépido.

Recuerda, Buda no dice que seas valiente, sino que no tengas miedo. Esa es una dimensión totalmente diferente. Hay tres palabras que hay que entender. Uno es el cobarde, que tiene miedo continuamente; todo le da miedo, ya sea válido, inválido, posible, imposible. Sigue viviendo en los miedos de su propia imaginación, crea sus propias pesadillas.

Luego está el hombre valiente, que es lo contrario del cobarde. Y hemos alabado mucho al hombre valiente, pero el hombre valiente no es más que el cobarde parado de cabeza; es el mismo tipo de hombre. No es que el hombre valiente no tenga miedos - tiene miedos, pero a pesar de ellos sigue luchando, sigue avanzando en una dirección en la que sabe que hay miedo. Pero el miedo le plantea un reto; luchar con el miedo se convierte en su viaje del ego. Es el hombre valiente.

Buda no está hablando del hombre valiente. Él está diciendo simplemente: No tengas miedo. Cuando no tienes miedo no eres ni cobarde ni valiente, porque ambos tienen sus raíces en el miedo. El cobarde ha sucumbido al miedo y el valiente está tratando de ganarle al miedo, pero ambos están preocupados por el miedo. Y el que no tiene miedo simplemente ha abandonado todo el asunto. No es ni valiente ni cobarde. Sabe que no hay muerte, que no hay nada que temer y que no hay nada por lo que ser valiente.

Se trata de una dimensión diferente, una trascendencia de la dualidad entre cobardía y valentía.

Sé intrépido, sé amoroso, sé silencioso, y serás sabio. Esta es su definición de sabiduría.

PORQUE LA MENTE HABLA, PERO EL CUERPO SABE.

La palabra "cuerpo" puede volver a dar una connotación errónea. Lo que Buda quiere decir es: la mente habla - la mente es una parte. Y cuando dice que el cuerpo sabe, quiere decir que el TODO sabe. Buda siempre utilizó la palabra "cuerpo" para referirse al todo; no es lo mismo que cuando TÚ utilizas la palabra "cuerpo". Cuando usas la palabra "cuerpo" es una parte; cuerpo, mente, alma, son tres partes en tu mente, en tus procesos de pensamiento. Así es como te has dividido a ti mismo. Cuando Buda dice el cuerpo se refiere a tu totalidad:

"Este mismo cuerpo el Buda, esta misma tierra el Paraíso del Loto". Cuando utiliza la palabra "cuerpo" se refiere a tu totalidad, a tu totalidad. La mente habla, tu totalidad sabe.

La mente es útil si se ha conocido. Entonces la mente puede utilizarse como un bello instrumento para transmitir, para comunicar. Después de todo, el propio Buda está utilizando estas palabras a través de la mente, pero cuando has conocido, la mente es un hermoso instrumento. Sin saber, puedes haber estudiado mucho de las escrituras... y tu mente se convierte en un disco de gramófono. Sigues repitiendo a los demás. Evita eso.

Es mejor ser ignorante y ser tú mismo que tener muchos conocimientos, porque todo conocimiento que no sea tuyo es mucho peor que la ignorancia: te mantiene inconsciente de tu ignorancia. Si tomas conciencia, se puede hacer algo. Si tomas conciencia, la ignorancia puede disiparse.

LAS CANAS NO HACEN AL MAESTRO.
UN HOMBRE PUEDE ENVEJECER EN VANO.

Llegar a viejo no significa que te hayas convertido en un sabio. La edad en sí misma no hace sabio a nadie. Uno puede envejecer, pero eso no significa que se haya convertido en un adulto. Envejecer y hacerse adulto son fenómenos totalmente diferentes.

Un joven reportero entrevistaba al viejo Harry Blackwell en su centésimo primer cumpleaños.

"Dígame, Sr. Blackwell, si tuviera que volver a vivir su vida, ¿seguiría cometiendo los mismos errores?".

"¡Claro que sí!", fue su rotunda respuesta.

"¿Quieres decir que no harías NADA diferente?"

"Claro que sí. Empezaría antes".

Este hombre debe haber sido al menos sincero. De lo contrario, los ancianos se vuelven astutos, insinceros, deshonestos.

El domingo iba a ser el día de la boda de Joe, y él y su padre estaban disfrutando de una copa juntos. Levantando su copa en un brindis por su padre, Joe preguntó: "¿Algún consejo antes de dar el gran paso, papá?".

"Sí", dijo el padre, "dos cosas. Primero: insiste en salir una noche a la semana con los chicos. Segundo: no la desperdicies con los chicos".

La gente sigue creciendo en edad pero no en madurez. No llegan a ser realmente maduros; siguen siendo tan infantiles como cualquier otro. Y cuando eres un niño y eres infantil no es tan embarazoso, pero cuando te has hecho viejo y eres infantil es muy embarazoso. Lo ocultan, pero en el fondo son la misma persona, no ha pasado nada, porque nunca pasa nada sin meditación. Acumular experiencias del mundo exterior no te transforma. Te hace estar muy bien informado sobre muchas cosas, pero la información es información, no es transformación.

EL VERDADERO MAESTRO VIVE EN LA VERDAD, EN LA BONDAD Y LA MODERACIÓN, LA NO VIOLENCIA, LA MODERACIÓN Y LA PUREZA.

El verdadero maestro no es el que conoce la verdad; el verdadero maestro es el que vive en la verdad, el que ES la verdad. Los Upanishads dicen: "AHAM BRAHMASMI - Yo soy Dios". al-Hillaj declara: "ANA'L HAQ - ¡Yo soy Dios!". Están diciendo: "No hablamos de la verdad, nos hemos CONVERTIDO en ella". A menos que te conviertas en la verdad, tu sabiduría no es verdadera sabiduría, es sólo mero conocimiento. Puedes seguir exhibiéndola como sabiduría, pero no engañas a nadie excepto a ti mismo.

EL VERDADERO MAESTRO VIVE EN LA VERDAD.... Y cuando vives en la verdad, cuando la verdad es tu propio aliento, entonces la bondad te sigue como una sombra.

Y la palabra "restricción" tampoco es una traducción correcta. Buda quiere decir disciplina: una disciplina no impuesta por otros, una disciplina que surge de tu propio ser, de tu propia comprensión, de tu propia verdad.

El sabio vive como verdad, como bondad; toda su vida es disciplina. No intenta vivir de ninguna manera controlada; simplemente vive de acuerdo con su naturaleza, y ésa es su disciplina. Vive en la no violencia. No puede herir a nadie, porque herir a alguien es herirse a uno mismo. Ahora sabe que todo es uno. Vive con moderación.

Esa es la contribución muy específica de Buda: el camino del medio. Buda dice: Evita lo extremo, porque es en lo extremo donde surge la ansiedad. Puedes caer en el extremo y sufrirás. Puedes renunciar al mundo, convertirte en otro tipo de extremista, y sufrirás. Los extremos siempre traen sufrimiento. Estar en el medio es estar más allá del sufrimiento.

Cuando el coche del viajante de comercio se averió, paró en una granja y le invitaron a dormir con la hija del granjero. Se fueron a la cama y él se insinuó.

Ella dijo: "Para. Para o llamaré a mi padre".

Lo intentó de nuevo. Ella dijo: "Para, o llamaré a mi padre". Pero ella se acercó más.

Finalmente lo consiguió.

Poco después, ella le tiró de la manga del pijama y le dijo: "¿Podríamos repetirlo?". Él accedió.

Poco después, ella le despertó y le preguntó si podían volver a hacerlo. Él accedió.

La tercera vez que ella le despertó y le preguntó si podían volver a hacerlo, él le dijo: "Deja eso o llamaré a tu padre".

Consiéntete hasta el extremo y sufrirás. O renuncia al extremo y sufrirás. Buda es un hombre con los pies en la tierra; dice que permanezcas en el medio, exactamente en el medio está el camino. Allí te equilibras.

… NO VIOLENCIA, MODERACIÓN Y PUREZA. Todas estas cosas siguen naturalmente si eres sabio - no conocedor, recuerda, sino sabio. La mente se vuelve sabia, la meditación trae sabiduría.

LAS BUENAS PALABRAS O LOS BUENOS RASGOS NO PUEDEN CONVERTIR EN MAESTRO A UN HOMBRE CELOSO Y CODICIOSO.

SÓLO CUANDO LA ENVIDIA Y EL EGOÍSMO ESTÁN DESARRAIGADOS DE ÉL PUEDE CRECER EN BELLEZA.

Puede que tengas una cara bonita, rasgos finos; puede que tengas una forma muy elocuente de expresarte, de comunicar tus ideas, puede que seas muy bueno con las palabras.

Estas cosas no hacen a un maestro; no pueden, porque si eres celoso y codicioso sigues siendo el mismo.

SÓLO CUANDO LA ENVIDIA Y EL EGOÍSMO SON DESARRAIGADOS DE ÉL PUEDE CRECER EN BELLEZA. Un verdadero maestro es verdaderamente bello, pero esa belleza no es del cuerpo.

Es algo interior que empieza a irradiar fuera del cuerpo. Sí, su cuerpo tiene cierta aura, una luz a su alrededor, una frescura, una gracia, pero surgen de su núcleo más íntimo.

Surgen de su centro y se extienden hacia la circunferencia. Pero el mero hecho de tener un cuerpo hermoso no significa ser sabio.

Sí, un hombre de verdad está obligado a encontrar alguna forma de comunicarla, tiene que hacerlo. Es inevitable, porque cuando se conoce la verdad, se siente un profundo impulso de compartirla. Cuando se tiene la verdad se encuentran las palabras, pero el mero hecho de tener bellas palabras no significa que se haya encontrado la verdad.

UN HOMBRE PUEDE AFEITARSE LA CABEZA, PERO SI SIGUE MINTIENDO Y DESCUIDANDO SU TRABAJO, SI SE

AFERRA AL DESEO Y AL APEGO, ¿CÓMO PUEDE SEGUIR EL CAMINO?

Uno puede convertirse en un mendigo renunciante, uno puede convertirse en un monje, una monja - eso no va a ayudar. A menos que algo cambie en tu interior... se necesita un cambio radical.

Los cambios superficiales no sirven.

EL VERDADERO BUSCADOR SUBYUGA TODO EXTRAVÍO.

¿Qué es la torpeza? Tu mente moviéndose hacia el pasado y hacia el futuro, tu mente yendo en todas direcciones, tu mente nunca siendo herenow: eso es waywardness. UN VERDADERO BUSCADOR SOMETE TODA LA TORPEZA.

HA SOMETIDO SU NATURALEZA A LA QUIETUD.

Lo entrega todo al momento presente y a su silencio.

ES UN VERDADERO BUSCADOR NO PORQUE MENDIGUE SINO PORQUE SIGUE EL CAMINO LEGAL....

Recuerda de nuevo: por lícito entiende lo natural.

SIN RETENER NADA, SIN RETENER NADA....

El verdadero buscador no retiene nada, da todo lo que tiene. Comparte totalmente su amor, su alegría, su experiencia, y no retiene nada, no se aferra a nada. No necesita aferrarse a nada: todo el universo le pertenece, todo el reino de Dios es suyo.

MÁS ALLÁ DEL BIEN Y MÁS ALLÁ DEL MAL, MÁS ALLÁ DEL CUERPO Y MÁS ALLÁ DE LA MENTE.

Vive una vida trascendental, en el mundo pero no es del mundo; vive en el cuerpo pero no se identifica con él; vive en la mente pero ni por un momento se engaña pensando que es la mente. No es ni la mente ni el cuerpo.

Viviendo en el mundo, haciendo todo lo necesario, permanece trascendental. Es como una hoja de loto o una flor de loto: está en el agua, pero no la toca.

Suficiente por hoy.

No te tomes en serio la iluminación

La primera pregunta:
Pregunta 1:
AMADO MAESTRO,
¿CÓMO SE ILUMINÓ?

Prem Christo, uno nunca se ilumina - uno ES iluminado. Uno simplemente lo recuerda. No es un logro, sino sólo un reconocimiento. Tú estás tan iluminado como yo, no te falta nada. No has perdido a tu dios, es imposible perderlo. Él es nuestra vida; sin él no podemos existir ni un solo momento.

Así que la cuestión no es cómo encontrarlo. La cuestión es cómo estar más alerta, consciente de lo que ya es el caso.

La iluminación no es un proceso de llegar a ser, es un descubrimiento del ser. No se crece hacia la iluminación; por lo tanto, nunca es gradual - el crecimiento es gradual. Es una explosión, repentina, instantánea. Ocurre en un momento... puede ocurrir en cualquier momento.

Sólo estás dormido, no no iluminado. Tienes que despertar. Así que recuérdalo:

nunca pienses en términos de llegar a ser. Llegar a ser es deseo, y el deseo es un obstáculo, el deseo es un sueño. Si quieres iluminarte, nunca te iluminarás. No lo conviertas en una meta, en un objeto de deseo, porque todas las metas traen el futuro. Y cuando llega el futuro, te encuentras en una confusión. Eso es lo que es tu llamada falta de iluminación.

Cuando no hay meta no hay futuro. Cuando no hay deseo, no hay posibilidad de soñar. Y en el momento en que se deja de soñar, desaparece el sueño.

El estado de ese no dormir, no desear, no soñar, no tener metas, ES la iluminación. De repente uno se encuentra totalmente perfecto. Y uno empieza a reírse, porque estaba buscando algo que nunca se perdió; estaba buscando algo que ya ha sido. ¿Cómo puedes encontrar lo que ya eres? Es imposible encontrarlo. Por eso la iluminación parece un proceso tan difícil, porque no es un proceso en absoluto, de ahí la dificultad.

Los maestros, a lo largo de los tiempos, han estado simplemente ideando métodos para despertarte, para sacudirte, hacia la iluminación. Han utilizado todo tipo de métodos, todo tipo de dispositivos. Pero todos esos dispositivos son arbitrarios; no tienen valor intrínseco por sí mismos.

Su valor depende del maestro y de su arte, de su habilidad. Si alguien más va a probar esos dispositivos, no funcionarán. No es una ciencia, es un arte, una habilidad.

El maestro zen puede abofetearte, puede echarte por la puerta, puede saltar sobre ti y golpearte, pero sólo funciona en manos de un maestro zen. Si TÚ lo haces te encontrarás con una paliza, eso es todo, o en la cárcel. Un maestro Zen tiene una vision totalmente diferente de la vida, y poco a poco, crea un cierto campo de energia a su alrededor donde el aparato empieza a funcionar. No puede funcionar en ninguna otra parte.

El maestro sufí utiliza sus propios dispositivos, eran grandes creadores de dispositivos. La tradición sufí más importante se llama Naqshbandi; NAQSHBANDI significa los diseñadores, los ideadores. Y han inventado extraños dispositivos. Por ejemplo, la danza sufí de Jalaluddin Rumi, el torbellino, un dispositivo muy extraño. En sus manos funcionó tremendamente, porque cuando giras de verdad te desidentificas con el cuerpo. Por eso los niños disfrutan mucho girando; sienten una gran elevación.

Pero para eso, se necesitan ciertos preparativos; cierta comida, ciertos patrones de sueño, ciertos ejercicios tienen que precederlo. De lo contrario, si empiezas a girar de repente, simplemente sentirás náuseas y nada más; puedes caer enfermo. La iluminación no se producirá a través de ello. Todo el mundo no puede hacerlo. Se necesita una preparación para que el aparato funcione, porque el aparato es arbitrario, es una planta de invernadero.

Cuando el maestro está vivo, da la vida a sus aparatos. En cuanto desaparece, sólo quedan fórmulas muertas. Y la gente sigue repitiendo esas fórmulas durante siglos. Todas esas fórmulas parecen estúpidas más tarde. En manos del maestro tenían un toque de oro; sin el maestro, sin el despierto, no son más que ejercicios vacíos.

Recuérdalo: los grandes maestros no pueden ser imitados. Son únicos y no hay que imitarlos.

Se celebra una cena diplomática en la embajada de París. Entre los invitados había una anciana viuda. Se había excedido con la comida, como era su costumbre, y como resultado eructó ruidosamente. En el embarazoso silencio que siguió, un inglés, al ver a un compatriota en apuros, fingió galantemente que él era el infractor y se disculpó profusamente por el paso en falso.

El difícil momento pasó, pero no por mucho tiempo. Una vez más, un sonoro eructo se elevó a través del murmullo de la cortés conversación. Esta vez un francés, para no ser menos que el suave inglés, se disculpó por la ofensiva interrupción y recibió miradas de admiración por su rapidez mental.

Un americano que observaba todo esto decidió no quedarse atrás y se colocó cerca de la viuda para hacer honor a SU país. Inevitablemente, la pobre señora volvió a eructar y el americano gritó: "¡Está bien, señora, esta la pago yo!".

Evite la imitación. Eso es lo que ha ocurrido con todos los grandes ingenios inventados por los maestros. La gente sigue imitando literalmente, sin entender el espíritu - y el espíritu es lo que realmente hay que entender, no la letra.

Los hindúes siguen repitiendo métodos inventados por gente como Patanjali, Manu, Yagnavalka.

Han pasado miles de años, pero la mente ortodoxa se aferra a la letra; tiene miedo de cambiar nada. Y sin comprender su espíritu, sigue repitiendo como un loro. Y las situaciones siguen cambiando.

Ahora bien, Patanjali no puede aplicarse a los seres humanos modernos exactamente como ha enseñado a SUS discípulos. Han pasado cinco mil años, el hombre ya no es el mismo. Si quiere aplicar Patanjali necesitará otro Patanjali para desplazar muchas cosas, para cambiar muchas cosas, para suprimir muchas cosas, para añadir muchas cosas. Tendrá que crear toda la metodología de nuevo, porque el hombre no existe para ningún método - todos los métodos existen para el hombre.

Ningún sistema es tan valioso que el hombre pueda ser sacrificado al sistema; todos los sistemas tienen que servir al hombre. Si sirven, bien; si se vuelven inútiles, anticuados, irrelevantes, hay que abandonarlos -con profunda reverencia, con gratitud-, han hecho su trabajo.

Pero la mente humana es así, siempre ama el pasado. Cuanto más antiguo es un método, más se le ama. De hecho, cuanto más inútil es: no puede cambiarte, no puede ayudarte a cambiar.

Cada vez que una nueva persona tome conciencia de su ser más íntimo, escúchala, y mientras esté viva estate disponible para ella. Será difícil estar disponible para el maestro vivo, porque no sólo te enseñará palabras, sino que cortará trozos de tu ser. Duele, porque has acumulado mucha basura innecesaria a tu alrededor; hay que cortarla, cortarla sin piedad. Sólo entonces podrá revelarse tu ser esencial en toda su belleza.

Un granjero reunió a sus hijos a su alrededor y les preguntó: "¿Quién de vosotros empujó el retrete al arroyo?".

El culpable no dio un paso al frente. "Ahora, muchachos", dijo el granjero, "recordad la historia de Jorge Washington y el cerezo. Es cierto que el joven George taló aquel árbol, pero le dijo la verdad a su padre y éste se sintió orgulloso de él."

El hijo menor del granjero dio un paso al frente y admitió que había empujado la letrina al arroyo. El granjero cogió un interruptor y azotó a su hijo.

"Pero papá", protestó el niño entre lágrimas, "me dijiste que el padre de George Washington se sintió orgulloso de él cuando confesó haber talado el cerezo".

"Lo estaba, hijo", respondió el granjero, "¡pero el padre de George Washington no estaba sentado en el cerezo cuando su hijo lo taló!".

La situación ha cambiado... y tú sigues repitiendo viejas fórmulas. Primero observa la situación. Por lo tanto, los métodos que han funcionado antes no van a funcionar ahora.

La iluminación es lo más sencillo, pero como el hombre es muy complejo -y a medida que pasa el tiempo el hombre se vuelve cada vez más complejo- necesitará métodos cada vez más complejos.

Debo de ser el primer iluminado que utiliza los grupos terapéuticos como ayuda a la meditación, por la sencilla razón de que en el pasado el hombre era tan simple que no tenía necesidad de pasar antes por las terapias. Era sano en cierto modo, más cuerdo en cierto modo, auténtico, más verdadero, sincero y honesto.

El hombre moderno es astuto, muy astuto, y muy reprimido, tanto que él mismo no es consciente de lo que ha reprimido en su ser. Y el hombre moderno es muy astuto, no es simple. Es tan astuto que puede engañarse a sí mismo. Engañando continuamente a los demás se ha vuelto hábil en el engaño. La habilidad se ha vuelto tan arraigada que ahora no necesita ningún esfuerzo consciente y deliberado para ser astuto. Simplemente puede ser astuto sin ningún esfuerzo por su parte.

Esta nueva situación exige nuevos métodos, nuevos enfoques, nuevas ventanas, tan nuevas que tu mente no sabe qué hacer. Si tu mente sabe qué hacer, el dispositivo no puede ser de ninguna ayuda. La mente, cuando es incapaz de encontrar una salida, está perdida: ése es el gran y precioso momento en el que puede ocurrir algo del más allá.

Un viejo judío barbudo rozó accidentalmente a un oficial nazi y le hizo perder el equilibrio.

"¡Schwein!", rugió el alemán, chasqueando los talones.

"Salomón", dijo el judío, inclinándose cortésmente. "Encantado de conocerte."

¡Ves la astucia, la inteligencia!

Liddell entró en una taberna de Chinatown y le dijo al oriental que estaba detrás de la barra: "¡Eh, chino, ponme una copa!".

Diez minutos después, Liddell volvió a gritar: "¡Muy bien, Chink, dame un trago!".

Pasó poco tiempo y de nuevo Liddell gritó: "¡Oye, Chink, dame un trago!".

"Escucha", dijo el camarero chino, "he contenido mi genio, pero tú ven detrás de la barra y verás cómo te gusta que te insulten".

Los dos hombres intercambiaron sus lugares. "De acuerdo", dijo el oriental. "¡Ahora, negro, dame un jigger!"

"Lo siento", dijo el negro, "aquí no servimos chinos".

El hombre moderno no puede ser ayudado por Patanjali o Moisés. Necesitará un enfoque totalmente nuevo.

Eso es exactamente lo que estoy haciendo aquí. Necesitas terapias para que mucha basura pueda salir de ti. La terapia es catarsis; te pone cara a cara con tu propio inconsciente. Ningún método antiguo ha sido capaz de hacerlo: en primer lugar, no era necesaria, era innecesaria. Sentarse en silencio, sin hacer nada, era suficiente. Pero ahora, si te sientas en silencio sin hacer nada, eso no va a ayudar.

En primer lugar, no puedes sentarte en silencio, hay tanta agitación en tu interior. Sí, desde fuera puedes conseguir sentarte como Buda, una estatua de mármol, quieto, pero en el fondo ¿estás quieto? El cuerpo puede aprender el truco de estar quieto, pero la mente no es tan fácil de vencer.

De hecho, cuanto más obligues al cuerpo a estar quieto, más se rebelará la mente contra ello, más intentará sacarte de tu supuesta quietud. Acepta el reto y explota sobre ti con una venganza, y surgen todo tipo de pensamientos, deseos, fantasías.

A veces uno se pregunta adónde van todas estas cosas cuando no meditas. En el momento en que te sientas unos momentos en silencio, todo tipo de cosas sin sentido empiezan a flotar en tu cabeza, como si estuvieran esperando; cuando te sientes a meditar vendrán.

No era así en el pasado. El hombre primitivo era simple, el hombre primitivo nunca necesitó nada como un grupo de Terapia Primal. Ya era primitivo. Te has vuelto tan civilizado que primero hay que sacarte tu civilización. Esa es la función de la Terapia Primal: te hace de nuevo primitivo, te lleva al punto de la inocencia. Ningún hombre primitivo necesitó nunca algo como el Encuentro; ¡toda su vida fue un encuentro!

Pero ahora, cuando quieres pegar, saludas y cuando quieres matar, sonríes.

Y no sólo se engaña al otro, tú también crees que tu sonrisa es verdadera. Y la gente es tan educada que te tolera, te acepta, no mira lo que haces. Si no interfieres con ellos te dejan en paz. Todo el mundo vive una doble vida: la vida social, que es formal, y la vida privada, que es todo lo contrario.

Necesitarás algunos procesos en los que se te lleve a tu auténtico yo para que tu dualidad sea abandonada, para que puedas ver por primera vez quién eres. Tu moralidad, tus llamadas religiones, todas te enseñan un tipo de dualidad, todas te hacen pseudo.

Hablan de la verdad, pero es mera palabrería. No te hacen verdadero, te hacen pulido, educado, civilizado. Te enseñan a ser formalmente bueno. Te dan una hermosa superficie y no se ocupan de tu ser interior, que es tu verdadero yo. Y tiendes a olvidarte de tu verdadero yo.

La iluminación es ver tu ser real. Y te has acostumbrado y apegado tanto a lo irreal. Tienes que volver a tu realidad a martillazos.

He ideado métodos dinámicos y caóticos sólo para que vuelvas a vislumbrar tu infancia pura, cuando aún no estabas contaminado, impoluto, envenenado ni condicionado por la sociedad; cuando eras como habías nacido, cuando eras natural. La sociedad te moldea en ciertos patrones. Destruye tu libertad. Te quita todas las demás alternativas; te impone una alternativa determinada. Te obliga y presiona de tantas maneras sutiles que tienes que elegirla. Por supuesto, también te da la idea de que la estás eligiendo.

Lo he oído:

Cuando Ford empezó a fabricar coches sólo tenía un color, el negro. Mostraba sus coches a los clientes y les decía: "¡Pueden elegir cualquier color, siempre que sea negro!".

Eso es lo que la gente está haciendo a sus hijos. Puedes ser quien quieras, siempre que seas hindú, mahometano o cristiano. Si te comportas así, eres libre, absolutamente libre. Siguen creando una fachada de libertad y, al mismo tiempo, una profunda esclavitud.

Necesitas que te devuelvan a tu realidad. Y a veces incluso se necesitan métodos crueles. Los maestros zen golpean a sus discípulos: no se puede decir que este sea un método muy compasivo. Es un método cruel, pero surge de una gran compasión. Y a veces lo que no puede ser enseñado puede ser provocado por el maestro abofeteándote la cara.

Un hombre entró en una tienda para comprarle un regalo a su mujer. Cuando recibió el paquete del dependiente, empezó a marcharse, pero se volvió de repente y le dio una bofetada.

Nada más hacerlo, el hombre empezó a disculparse profusamente. Naturalmente, el empleado se sintió desconcertado, pero no podía dudar de la sinceridad de las disculpas del hombre.

"Tal vez", sugirió el comprensivo empleado, "debería ver a un psiquiatra".

Unos meses más tarde, el hombre reapareció en la tienda. Hizo una compra, pero no intentó perjudicar al dependiente. "Seguí su consejo, joven. Fui a ver a un psiquiatra".

"¿Cómo te curó?", preguntó el empleado.

"Bueno", respondió el hombre, "justo después de pagarle mi primera visita le di una bofetada".

"¿Entonces? ¿Entonces qué pasó?"

"Me devolvió la bofetada".

¿Entiendes? Y eso lo curó, ese fue el tratamiento. Eso le devolvió la cordura. A veces es necesario, y sólo un método cruel puede convertirse en un gran avance.

Una meditación caótica, dinámica, es un método muy cruel. No es como la oración dulce, es amarga, pero puede limpiar mucho polvo de tu ser. Puede traerte un gran despertar.

Puede convertirse en tu primer satori. Sólo se necesita un compromiso del cien por cien.

Christo, me preguntas: "¿Cómo te iluminaste?".

Lo primero: nunca me iluminé. Siempre había estado iluminado, como tú, como todo el mundo. Lo único que ocurrió es que lo reconocí. Y el viaje fue tan arduo como puedas imaginar. Fue más arduo que para ti, porque no tenía un maestro que me guiara, que me indicara.

En la India hay miles de pseudo-maestros. Los maestros han desaparecido hace mucho tiempo.

India se ha convertido en un país tan pseudo que hoy en día no existe ningún otro país que sea tan pseudo. India es única, ¡incomparable! Pero esto iba a suceder por una cierta razón, por una cierta inevitabilidad histórica iba a suceder.

India ha producido a Patanjali, Gautam Buda, Mahavira, Nagarjuna, Bodhidharma, grandes maestros, y cuando produces grandes maestros, naturalmente surgen imitadores. Los imitadores sólo pueden surgir cuando existe lo real; cuando no existe lo real no puedes tener lo falso. Si hay moneda real, entonces puedes tener billetes falsos, pero si no hay moneda real en absoluto, entonces no puedes tener billetes falsos. Lo falso sólo es posible gracias a lo real.

Y los economistas dicen que existe una ley: la moneda falsa tiende a dejar sin trabajo a la moneda real. Empuja a la moneda real fuera de su función. Puedes observarlo, es una ley simple. Si tienes dos billetes de diez rupias en el bolsillo, uno real y otro falso, primero usarás el falso porque quieres deshacerte de él primero, cuanto antes mejor. El auténtico puede usarse en cualquier momento, pero el falso, ¿quién sabe? Puede que alguien te pille.

Así que tendrás prisa por poner el falso en circulación para que se aleje de ti y te liberes de la carga. Si toda la gente tiene billetes falsos, esconderán los billetes verdaderos en sus tesoros y el falso se convertirá en la moneda.

Y eso es exactamente lo que ocurre también en el mundo de la espiritualidad: los verdaderos maestros se vuelven inexistentes, no funcionan, y los falsos se convierten en líderes de los hombres... por simples razones. Una es que el verdadero maestro nunca cumplirá tus expectativas; de ahí que te guste más estar con un falso maestro porque cumplirá tus expectativas. Él estará más que dispuesto. Quiere atraparte, quiere que seas su discipulo. Estará dispuesto, muy dispuesto, a cumplir tus expectativas para que no le abandones.

El verdadero maestro vive según su luz. No puedes esperar nada de él.

A menos que estés dispuesto a abandonar todas tus expectativas, no podrás vivir con el verdadero maestro.

El falso maestro siempre reforzará tu ego. Te dirá: "Eres grande, eres virtuoso". Te dará pequeños trucos para sentirte virtuoso: "Ve todos los domingos a la iglesia y serás virtuoso, religioso, espiritual". Ahora, ¿sólo por ir a la iglesia todos los domingos crees que te vuelves espiritual? ¿Es tan barata la espiritualidad? Pero te dará cosas baratas que puedes comprar fácilmente y sentirte muy bien.

Con el verdadero maestro hay que trabajar de verdad. El verdadero maestro trabaja en ti como un escultor, con el cincel y el martillo en la mano. Empieza a desmantelarte, porque es la única manera de transformarte, de darte un nuevo nacimiento. Empieza a matarte. Un verdadero maestro es una muerte, porque sólo después de la muerte existe la posibilidad de la resurrección.

Me quedé sin amo. Daba tumbos en la oscuridad por mi cuenta. Fue un trabajo duro, enloquecedor, porque no había nadie ni siquiera para darme esperanza, alguna garantía, ni siquiera para darme la simple simpatía de que voy por el buen camino. Me adentraba en un mar desconocido sin que nadie me animara.

Tú eres mucho más afortunado. Puedo decirte cuándo tienes razón y cuándo no. Puedo decirte: "Adelante, vas por buen camino, no está lejos el momento en que las cosas empiecen a cambiar; la primavera está en camino. En cualquier momento llegará. De hecho, ya han empezado a aparecer las primeras flores. Puede que tú no seas capaz de ver esas primeras flores. Yo sí puedo verlas".

Ahora, en los círculos médicos se discute y se espera que tarde o temprano encontremos la forma de predecir con antelación una enfermedad que va a aparecer al cabo de seis meses. Esto es posible gracias a la fotografía Kirlian. Se obtiene una fotografía de la energía del cuerpo y se muestra dónde está fallando. Seis meses antes de que caigas enfermo, la fotografía Kirlian empieza a darte indicaciones. Si se comprenden bien esas indicaciones, se puede recibir tratamiento antes de caer enfermo. Entonces nunca enfermarás.

Un maestro puede ver las flores que te van a suceder al cabo de unos días, que todavía no son visibles para ti ni para nadie, pero que pueden ser visibles para el maestro. Puede reconocer los signos, las indicaciones invisibles. Puede descifrar el lenguaje de lo desconocido y lo incognoscible. Puede decirte: "¡Adelante!". Buda dice a sus discípulos una y otra vez: "¡CHARAIVETI! ¡CHARAIVETI! ¡CHARAIVETI! ¡Sigue adelante! No te preocupes. Veo que el amanecer no está lejos".

Sólo puedes ver que la noche es cada vez más oscura, pero cuando la noche es realmente oscura, eso es sólo una indicación de que el amanecer está muy cerca, que pronto en el horizonte oriental saldrá el sol. Pero esto sólo puede verlo quien haya visto antes la salida del sol.

Trabajé duro de todas las formas posibles, pero el día que supe quién soy fue una gran sorpresa. Nunca había pensado en ello, que iba a ser así. Nunca había echado de menos a Dios, sólo había olvidado el lenguaje. Dios ya estaba ahí, siempre ha estado ahí; dios es nuestra naturaleza más íntima. El día que lo reconocí empecé a reír. Ese día supe que la vida es una gran broma, una gran broma de Dios, un gran juego del escondite, pero un juego al fin y al cabo. No te lo tomes en serio.

Christo, no te tomes la iluminación en serio. Tómatela como un juego. Y cuanto más juguetón seas, más cerca estarás de ella.

La segunda pregunta:

Pregunta 2:

AMADO MAESTRO,

¿ALGUNA VEZ VEO A ALGUIEN O ALGO COMO REALMENTE ES?

Prem Shanta, la mente es incapaz de ver. La mente es ciega - ciega con mil y un prejuicios, ciega con conceptos, ideologías, filosofías, religiones, ciega con tu experiencia pasada. Tus ojos están tan cubiertos de polvo, capa sobre capa, que no puedes ver lo que es. Y todo lo que ves es tu interpretación de la realidad, no la realidad misma. Nunca oyes lo que se te dice, nunca ves lo que se te presenta. Ves lo que quieres ver; ves lo que eres capaz de ver. Y oyes lo que quieres oír; oyes aquello en lo que ya crees.

Tu mente está continuamente filtrando; sólo permite lo que encaja con ella, no permite que entre nada que no encaje con ella. Está en constante vigilancia; vigila.

Me dirijo a ti: tres mil personas, ¡eso significa tres mil significados!

Cuando digo algo, lo digo con un significado concreto, pero cuando te llega a ti toma un color individual, tú le das tu propio color. Inmediatamente se convierte en otra cosa. A menos que aprendas a escuchar sin la mente, a ver sin la mente....

En eso consiste la meditación: en dejar la mente a un lado, en ver sin ningún prejuicio, sin ninguna conclusión a priori, sin ninguna conclusión en absoluto. Cuando tus ojos funcionan como espejos, reflejando simplemente lo que es, sin condenarlo ni apreciarlo... cuando tus ojos no juzgan, cuando no dices: "Esto es bueno, esto es malo. Esto debería ser, esto no debería ser" - cuando no dices nada, simplemente reflejas... entonces ves lo que es - de otro modo no, normalmente no.

Tienes que desaparecer para ver la realidad tal como es. Si estás ahí, cuanto más estás ahí, menos ves lo real.

Varias coristas entretenían a las tropas en un campamento militar alejado. Llevaban toda la tarde actuando y estaban cansadas y hambrientas. Al final de su actuación, el mayor les preguntó: "¿Queréis pasar la noche con los soldados rasos o con los oficiales?".

"En realidad no importa", dijo una rubia bien formada, "pero antes tenemos que comer algo".

¡Mente preocupada! Tienen hambre, el hambre es demasiado allí. Ahora todo lo que oigan lo oirán a través de esta hambre.

Ayuna un día y luego ve a M.G. Road, y sólo verás restaurantes, hoteles, y no verás nada más. Y por primera vez empezaras a oler los olores de comida que vienen de los restaurantes y hoteles. Y habrás pasado por la misma carretera muchas veces, pero nunca habrás olido tan intensamente. En dos o tres días, tu nariz se vuelve tan sensible a los olores de la comida, al aroma de la comida, que te sorprenderás: tu nariz nunca ha sido tan sensible.

Si tienes hambre y miras a la luna llena, ¡puede que sólo veas un chapati! Es imposible ver la luna llena.

La mujer judía y su hijo paseaban por la playa cuando un maremoto se abatió sobre ellos. Cuando el agua se retiró, el niño había desaparecido.

"Padre misericordioso", suplicó la madre. "Por favor, devuélveme a mi precioso hijo. Te estaré tan agradecida: no volveré a hacer trampas en el impuesto sobre la renta ni a mi marido, dejaré de fumar, haré lo que sea... ¡lo que sea!".

En ese momento se levantó otra ola y allí estaba su hijo pequeño. Lo estrechó contra su pecho, lo miró un momento y volvió a mirar al cielo.

Mirando hacia arriba dijo: "¡Pero si tenía sombrero!".

Ahora, la mente judía... ¡no puede olvidar el sombrero! El hijo ha vuelto - ¡y qué! ¿Dónde está el sombrero?

Todo el mundo tiene una mente determinada. Todas las mentes son tus elecciones. Cuando miras sin la mente, miras sin ninguna elección.

Entonces eres consciente sin elección. Esa es la verdadera manera de ver las cosas como son.

Shanta, de ordinario no ves la existencia real, sólo proyectas tus ideas. Por eso sigues perdiéndote la gran belleza que te rodea, el esplendor que hay por todas partes. No puedes ver a dios, no porque esté ausente sino porque tu mente está tan llena de ideas SOBRE dios - ideas cristianas sobre dios, ideas hindúes sobre dios, ideas judías sobre dios. No puedes ver a dios si sigues cargando con esas ideas.

Dios es una simple reflexión; no es una filosofía, no es una ideología. A sabiendas, sin saberlo, todos estamos llenos de ideologías -políticas, religiosas, sociales- y seguimos mirando a través de ellas.

Un político fue mordido por un perro, y unos días después su médico le dijo que las pruebas de laboratorio eran positivas, que el perro tenía rabia, y que él también estaba infectado.

El político sacó un cuaderno y empezó a escribir furiosamente.

"Tranquilícese", dijo el médico. "No hace falta que empieces a escribir tu testamento. Saldrás adelante".

"¡Will, demonios!", espetó el político. "Esta es una lista de la gente a la que voy a morder".

Ahora, antes de que se le olvide, antes de que se vuelva loco de verdad, quiere hacer una lista. Un político es un político, ¡aunque esté a punto de volverse loco! Debe estar haciendo la lista de todos sus enemigos políticos. No le preocupa mucho su propio problema, quiere utilizar su problema para crear problemas a los demás. Le preocupa mucho más a quién va a morder; quiere estar preparado para ello. Esa es la mente política básica: la mente política no está interesada en sí misma; está más interesada en dañar a los demás, en cómo derrocar a los demás, en cómo destruir a los demás.

El religioso está mucho más interesado en su propia alegría. El político está mucho más interesado en ver desgraciados a los demás; su alegría sólo consiste en ver desgraciados a los demás.

Ahora bien, una mente así es incapaz de ver nada bueno en la vida - imposible. No puede ver ninguna belleza, no puede ver ninguna gracia. No tiene ninguna, ¿cómo puede verla? Sólo puede ver aquello que es.

Y si quieres ver lo que es, tienes que desaparecer por completo. Tienes que estar completamente vacío, ser un don nadie, una no-mente, sólo un espacio vacío. Entonces la vida estalla con todo su esplendor.

La tercera pregunta:

Pregunta 3:

AMADO MAESTRO,

SOY INCAPAZ DE ENTENDER POR QUÉ GAUTAMA EL BUDA RENUNCIÓ A SU BELLA ESPOSA.

Kamalesh, ¡parece que debes ser soltero!

La definición de Murphy de un soltero: Una piedra rodante que no reúne jefe.

La definición de Murphy del matrimonio: Un hombre está incompleto hasta que se casa; entonces está realmente acabado.

¡No entiendes lo que sufrió el pobre Buda! Sólo la gente casada lo sabe, pero muy poca gente casada tiene el valor de decirlo.

He oído una anécdota:

Máximo Gorki, Antón Chéjov y León Tolstoi, los tres grandes novelistas rusos, estaban sentados en un banco de un parque charlando. Naturalmente, empezaron a hablar del fenómeno llamado mujer.

Chéjov estaba muy amargado; maltrataba a las mujeres como si nada. Gorki tampoco era nada simpático.

Cuando ambos terminaron, preguntaron a Tolstoi, que guardaba silencio. Tolstoi dijo: "Si realmente quieren oír la verdad tendrán que esperar".

Me preguntaron: "¿Qué quiere decir con 'tendrá que esperar'? ¿Cuánto tiempo?"

No puedo decir cuánto tiempo, pero tendréis que esperar. Sólo podré decir la verdad cuando una de mis piernas esté en la tumba. Diré la verdad y saltaré a la tumba. Entonces no quiero estar fuera de la tumba, porque si mi mujer se entera entonces mi vida, que ya es un infierno... ¡No sé lo que me pasará!"

Y recuerda que lo mismo ocurre con las mujeres: si les preguntas, contarán las mismas historias sobre los maridos.

Hay un antiguo dicho árabe:

Los dioses dieron al hombre el fuego, y él inventó los camiones de bomberos. Le dieron el amor, y él inventó el matrimonio.

El matrimonio, hasta ahora, ¡ha sido un sufrimiento! Es gracias al matrimonio que han existido los monasterios, ¡todo el mérito es del matrimonio! De lo contrario, no habría monjes ni monjas. Es ver la fealdad del matrimonio, millones de personas simplemente decidieron no meterse nunca en él, o incluso los que ya se habían metido escaparon.

La mujer ha sufrido mucho, pero su sufrimiento ha sido de otra calidad: ha sufrido porque le han arrebatado su libertad. El hombre la ha dominado, la ha hecho esclava. El hombre también ha sufrido... porque recuerda una sencilla ley de la vida: si haces sufrir a los demás, el sufrimiento repercute en ti. El hombre hizo a la mujer esclava, físicamente... ¿y la mujer? Ella hizo del hombre un esclavo espiritual. De hecho, el sufrimiento del hombre ha sido mucho más profundo que el de la mujer.

Ahora existe el movimiento de Liberación de la Mujer. Se necesitan algunos hombres audaces para iniciar un movimiento de Liberación de los Hombres, porque la esclavitud del hombre se convirtió en espiritual - y la esclavitud espiritual es mucho más peligrosa.

Definición de cooperación de Murphy: Un intercambio entre una mujer y un hombre en el que ella arrulla y él opera.

Kamalesh, parece que desconoces por completo el fenómeno del matrimonio, que es destructivo tanto para el hombre como para la mujer. El amor es creativo, el matrimonio es destructivo. Pero el amor no es fiable: en un momento puede estar ahí y al siguiente desaparecer. Y el hombre quiere cosas permanentes; está obsesionado con las cosas permanentes. Quiere seguridad, protección, quiere aferrarse. Por eso el amor no es fiable, así que creó el matrimonio.

El matrimonio es una flor de plástico. El amor es una rosa de verdad, pero la rosa de verdad es hermosa por la mañana; por la tarde ya no está. Nadie puede decir cuándo desaparecerá, cuándo empezarán a caer los pétalos. Basta un viento fuerte para que desaparezca, basta un sol fuerte para que desaparezca. Pero la flor de plástico seguirá ahí; llueva, haga sol, pase lo que pase, la flor de plástico seguirá ahí. De hecho, el plástico es lo único permanente en el mundo.

Ahora los ecologistas están muy preocupados por el plástico porque no se puede destruir. Vas tirando botellas y envases de plástico y se van acumulando en la tierra o en el mar. Tarde o temprano rodearán toda la tierra y destruirán su fertilidad, porque no pueden fundirse, fusionarse, hacerse uno con la tierra.

La verdadera flor vuelve a la tierra, se convierte de nuevo en tierra. Entonces surgirá de nuevo una nueva flor. Pero la flor de plástico se queda, permanece para siempre. Es peligrosa; es un obstáculo en la circulación de los procesos vitales.

El matrimonio es una flor de plástico: el matrimonio es una institución. Y ¿quién quiere vivir en una institución?

Si Buda escapó, no debes preocuparte; es comprensible. Debe haber sufrido.

"Papá, ¿qué es la poligamia?"

"La poligamia es una situación en la que un hombre puede tener más de una esposa".

"Bien. Entonces, ¿cómo se llama una situación en la que un hombre sólo puede tener una esposa?"

"Monotonía, hijo mío, monotonía".

El matrimonio es monótono, es un aburrimiento total. Dos personas están enganchadas la una a la otra.

Buda fue valiente, al menos escapó. No mucho coraje, pero algo de coraje todavía hay: escapó.

Estoy enseñando a mis sannyasins una manera mucho más valiente: no escapar, sino tratar de vivir en el amor. Y empezar a olvidar toda la idea del matrimonio - poco a poco.

Un hombre recién divorciado se sentía tan deprimido que decidió consultar a un psiquiatra.

El médico escuchó sus quejas y le recomendó lo siguiente: "Creo que debería volver a casarse, Sr. Jones..... Compre una casa, tenga hijos; viva como los demás hombres. Volverá a ser el de antes en poco tiempo".

"No, gracias, Doc", dijo el Sr. Jones. "Prefiero suicidarme".

Una vez que has conocido la fealdad del matrimonio sólo hay dos caminos posibles. Una es escapar de él como Buda, lo cual no apruebo porque eso no cambia gran cosa. Sí, ayuda a Buda - sale de él - pero el mundo sigue igual.

Mi sugerencia es que abandones el concepto mismo de matrimonio y vivas enamorado. Y si el amor continúa, bien; si desaparece, bien. ¿Qué tiene de malo? Cualquier cosa que aparece un día está destinada a desaparecer un día; así es como son las cosas - la forma de las cosas, la forma natural. Permítelo. No te aferres, no seas posesivo. Vive apasionadamente mientras esté ahí, y cuando desaparezca, desaparecerá. Siéntete agradecido por todo lo que te ha hecho. Despídete. No te quejes, no le guardes rencor.

La crónica periodística de la trágica muerte de George decía: "Sus amigos no pudieron dar ninguna razón para que se suicidara. Era soltero".

¡Kamalesh, debes ser soltero! Una cosa es buena de ser soltero: no te suicidarás. Y si te suicidas dejarás a todo el mundo en un rompecabezas.

Nadie podrá entender por qué. Aún no tienes experiencia en esto de las relaciones. Pareces ser totalmente inexperto. De ahí que digas: "Soy incapaz de entender por qué Gautama el Buda renunció a su bella esposa".

Ciertamente tenía una esposa muy hermosa, pero la belleza del cuerpo es tan superficial que en una semana empiezas a no mirarla. Empiezas a ignorarla, empiezas a olvidarla.

Pregunta a cualquier marido cuántos años lleva sin mirar a la cara de su mujer, y antes pensaba que era una mujer hermosa. Pregunta a cualquier mujer cuánto tiempo lleva sin mirar a la cara de su marido. Pueden haber pasado años.

Haz un pequeño experimento: cierra los ojos e intenta recordar la cara de tu mujer o de tu marido. No podrá recordarlo. Puede que seas capaz de recordar la cara de la mujer de tu vecino, pero no la de tu propia mujer; es casi imposible. Si puedes hacerlo, eres un espécimen raro, ¡eres una maravilla! No es posible. Si intentas recordar la cara de tu mujer, todo te dará vértigo. Aparecerán miles de caras, pero no la de tu mujer. ¿Por qué?

No has mirado a la pobre mujer durante años, por la sencilla razón de que el matrimonio hace las cosas tan seguras. El matrimonio hace las cosas tan muertas y aburridas. El matrimonio elimina toda sorpresa y asombro. El matrimonio hace que des por sentada a tu mujer, por sentado a tu marido. ¿Qué necesidad hay de mirar a tu mujer? Ella estará ahí mañana y pasado mañana y para siempre. Miras a la gente cuando sabes que tal vez no puedas volver a mirarla. El matrimonio mata; hace muy feo algo tremendamente bello.

Sí, Buda tenía una hermosa esposa, pero luego se cansó - cansado de todo el juego repetitivo. Era un hombre muy despierto, inteligente. Si hubiera sido tan estúpido como lo son millones de personas, habría vivido sin esforzarse por realizar un cambio radical. Se habría limitado a repetir todo el círculo de la vida -comer, beber, reproducirse-, habría vivido y habría muerto. Pero se dio cuenta de que la vida no puede ser sólo esta repetición. La vida debe ser algo más, la vida tiene que ser algo más. Debe haber algún secreto oculto en ella que nos estamos perdiendo a causa de nuestra repetitividad.

No escapó exactamente de la esposa: escapó para conocer la verdad de la vida. No escapó básicamente de la esposa; no fue una huida DE, sino una huida PARA. Por eso, cuando alcanzó la verdad, lo primero que hizo fue volver al palacio para compartir su nueva visión, su perspicacia, con su esposa. Se acordó de ella.

Sentía que esto se lo debía a ella. Había venido a pedirle perdón porque se había escapado, la había abandonado. Ni siquiera le había pedido permiso. Ni siquiera le había dicho que se iba. Se había escapado como un ladrón y había vuelto para pedirle perdón. Un hombre de gran gracia: incluso después de haberse iluminado vino a pedir perdón a alguien que no está iluminado.

Su discípulo, Ananda, le dijo. "Buda dijo: "Sé que no parece correcto, pero esto es lo que le debo. Tengo que completar, terminar las cosas; de lo contrario, algo queda pendiente. Y además, el que yo vaya a ella la ayudará a venir a mí; de lo contrario -es una mujer muy orgullosa- no vendrá a mí. Y seguirá cargando con ese rencor, con esa herida; sufrirá innecesariamente. Y lo que he descubierto lo voy a compartir con todo el mundo, ¿por qué no con mi mujer? ¿Qué mal me ha hecho?".

Fue a ver a su mujer. La mujer estaba muy enfadada, naturalmente. Gritó, chilló; hizo todo lo que una mujer puede hacer en una situación así. Y Buda permaneció en absoluto silencio, sin pronunciar una sola palabra. De repente, ella se dio cuenta de que él no había dicho ni una sola palabra. Se secó las lágrimas, miró a Buda y vio que era tan silencioso y tan hermoso, y un tipo de belleza totalmente diferente: la belleza interior. Está radiante, es luminoso.

Ella le preguntó: "¿Por qué no me contestas?".

Buda dijo: "¿Cómo puedo responder? Ya no soy la misma persona que te había dejado. ¡Mírame, observa! Mírame a los ojos, siente mi presencia. No soy la misma persona: esa persona ha muerto. Soy un ser totalmente nuevo, ¡he renacido! Y he venido a compartir mi alegría, mi hallazgo, contigo, porque te amo. Y el viejo amor no era amor, era explotación; este nuevo amor es realmente amor. El viejo amor era sólo lujuria. Ahora quiero darte todo lo que he conocido, sin ninguna otra razón, sino sólo por dar. El mero hecho de compartir me hará tan dichosa. Si puedo ayudarte en algo me sentiré tremendamente agradecida".

La esposa se convirtió en sannyasin; fue iniciada.

Me preguntas, Kamalesh: "Soy incapaz de entender por qué Gautama el Buda renunció a su bella esposa".

De hecho, no ha renunciado a la esposa: ha renunciado a todo el sistema matrimonial, ha renunciado al antiguo modo de vida. La esposa era sólo una parte. Renunció a la forma en que había vivido hasta ese momento.

Cuando dejó su palacio tenía veintinueve años; cuando regresó, habían pasado doce años... se había iluminado. Había llegado a conocer la verdad, el sentido, el significado de la existencia. Había llegado a conocer la gran fiesta que no cesa: la fiesta que llamáis Dios. Había llegado a compartir su celebración con su mujer, con su hijo, con su padre, con su madrastra, con sus amigos. A quien estuviera dispuesto, él estaba dispuesto a dárselo. Y transformó sus vidas.

Gautama el Buda es el único hombre en toda la historia de la conciencia humana que ha transformado a tanta gente. La deuda de la humanidad es inmensa, impagable.

La última pregunta:
Pregunta 4:
AMADO MAESTRO,

CUANDO DICES "¡DESPIERTA, SÉ CONSCIENTE, SAL DE TUS SUEÑOS!" - Y PARA DEJARLO CLARO PONES EJEMPLOS - EN VEZ DE PROFUNDIZAR EN ELLO NOS REÍMOS COMO SI FUERA UNA BROMA. ¿CÓMO TE SIENTES?

Abhinav Bharti, ¡yo también me río! Pero no puedo reírme a carcajadas delante de ti, porque eso va en contra del arte de contar chistes. El que cuenta chistes debe ser serio. Pero yo me río en mi habitación. Cuando no hay nadie, me río a carcajadas. Y de hecho, todo esto es una broma: tu miseria, mi iluminación.

Suficiente por hoy.

El silencio de una canción

EL SILENCIO NO PUEDE HACER DE UN TONTO UN MAESTRO.

PERO AQUEL QUE SÓLO PESA PUREZA EN SU BALANZA, QUE BUSCA LA NATURALEZA DE LOS DOS MUNDOS, ÉL ES UN MAESTRO.

NO DAÑA A NINGÚN SER VIVO.

Y, SIN EMBARGO, NO ES LA BUENA CONDUCTA LA QUE TE AYUDA EN EL CAMINO, NI EL RITUAL, NI EL APRENDIZAJE DE LIBROS, NI EL REPLIEGUE SOBRE TI MISMO, NI LA MEDITACIÓN PROFUNDA.

NINGUNA DE ELLAS CONFIERE DOMINIO NI ALEGRÍA.

¡OH, BUSCADOR!

NO CONFÍES EN NADA HASTA QUE NO QUIERAS NADA.

El silencio ha sido elogiado a lo largo de los tiempos como uno de los factores más importantes para la transformación interior; pero el silencio por sí solo no es suficiente ni beneficioso. El silencio por sí solo puede ser tremendamente perjudicial. El silencio por sí solo es un estado negativo, puede hacer que estés más muerto de lo que estás. Puede destruir la alegría del ser interior, puede ser un obstáculo para el crecimiento de un alma que celebra.

El silencio es bello sólo si está enraizado en la conciencia; si no está enraizado en la conciencia, entonces es totalmente vacío. Con conciencia, el silencio tiene profundidad, plenitud, satisfacción, alegría desbordante. Con conciencia, el silencio florece, libera una gran fragancia; sin conciencia, el silencio está completamente vacío y es oscuro, lúgubre, triste.

El silencio puede ser el del cementerio o el de un amanecer. El silencio puede ser el de un pájaro al vuelo o el de un cadáver. Ambos son silencios, pero diametralmente opuestos. El silencio de un cadáver hay que evitarlo, el silencio de una flor hay que imbuirlo. El silencio de la flor te convertirá en una flor, el silencio del cadáver te convertirá en un cadáver. Ambos parecen iguales desde fuera. No te dejes engañar por las apariencias, busca siempre lo esencial, lo más profundo.

Dos cosas pueden parecer similares desde fuera y ser justo lo contrario una de otra. El buscador tiene que ser muy cauteloso, muy consciente en cada paso; porque lo falso es fácil de alcanzar. Es muy fácil llegar a estar muerto, y muy difícil estar rebosante de vida.

Por eso millones de monjes y monjas han seguido un camino falso: se han vuelto silenciosos. Puedes ir a los monasterios y encontrarás gente que está en silencio, pero su silencio tiene el sabor de la muerte. Su silencio no es el silencio de una canción, de una danza; su silencio no es divino. De hecho, han caído en lugar de elevarse hacia arriba.

Han caído tanto que se han convertido en simples rocas muertas. Su silencio no ha sido una transformación, ha sido un suicidio. Y como no ha sido un remontarse a lo alto, encontrarás todo tipo de tonterías todavía en él, esperando su oportunidad, su momento para explotar.

El necio puede callarse. Puede engañar a muchos, pueden pensar: "Ha llegado". Pero simplemente está ocultando su necedad, su estupidez, su inconsciencia tras una hermosa fachada de silencio.

Una antigua parábola sufí dice:

Cuatro personas decidieron vivir en silencio. Se instalaron en una cueva y quisieron vivir en silencio durante tres meses, porque habían oído hablar mucho de ello y estaban muy intrigados. Tenían la ambición de sacar algo de ello. No fue la comprensión lo que les llevó a la cueva. Fue la codicia, el deseo, la ambición.

Por lo tanto, en pocos minutos todo quedó al descubierto. En pocos minutos el primer hombre dijo: "Me pregunto si habré apagado la vela o no. Será un puro despilfarro, no hay nadie en la casa".

El segundo dijo: "¡Tonto! ¡Tú has hablado! Y nosotros hemos hecho voto de silencio".

El tercero se rió y dijo: "¡Tú eres más tonto! Si él hubiera hablado, ¿qué necesidad tenías tú de hablar?".

Y el cuarto dijo: "Gracias a Dios, soy el único que aún no ha hablado".

Sólo por estar en silencio nada cambia, sigues siendo el mismo. La transformación viene a través de la conciencia. La conciencia trae un silencio propio, muy vivo, palpitante de eternidad, lleno de una canción. No es triste ni serio porque no está muerto, tiene una danza. Es tremendamente bello, es positivo, existencial. No te convierte en algo vacío. Te llena tanto que empiezas a rebosar de alegría. Te sientes tan realizado que no puedes contener tu satisfacción en ti mismo, tienes que compartirla.

Te conviertes en una nube llena de agua de lluvia. Tienes que regarla.

Pero entre cien supuestos buscadores, sólo de vez en cuando un buscador raro llega a conocer la diferencia entre el silencio real y el silencio irreal. ¿Cómo se puede dejar caer al tonto que llevas dentro guardando silencio? Sí, no se expresará, pero estará ahí.

De hecho, se volverá cada vez más poderosa: no expresada, acumulará energía. Y en cualquier momento, en cualquier oportunidad, la mostrarás; serás incapaz de ocultarla para siempre.

Se descubrió en un edificio de apartamentos, que exactamente cincuenta apartamentos estaban alquilados por familias judías y cincuenta por familias cristianas. Se corrió la voz y a partir de entonces, durante años, cada vez que un judío se mudaba, otro judío se apresuraba a ocupar su lugar, y lo mismo ocurría con los cristianos. Así se mantenía el equilibrio. Una vez, sin embargo, los judíos fueron más rápidos que los cristianos y las cifras se desequilibraron: cincuenta y uno contra cuarenta y nueve. A partir de entonces, los cristianos empezaron a marcharse, hasta que el edificio quedó en un noventa y nueve por ciento judío.

Entre los inquilinos surgió un movimiento a favor de un edificio exclusivamente judío. Se formó un comité y el Sr. Ginsberg, como portavoz, fue a visitar al Sr. Gallagher, un soltero irlandés.

Cuando llegó a casa, la Sra. Ginsberg le preguntó qué había pasado. "Bueno", respondió Mr.

Ginsberg, "Gallagher dice que ha hecho el amor con todas las mujeres del edificio menos con una, y no se mudará hasta que haga el amor con ella".

"Hm", musitó la señora Ginsberg, "debe ser esa asquerosa y engreída señora Pincus".

En el primer momento, y tu tonto estará fuera. ¿Cuánto tiempo puedes mantenerlo? ¿Cuánto tiempo puedes sentarte sobre él? ¿Cuánto tiempo puedes estar en guardia? Sólo un poco de relajación y saldrá.

Buda dice:

EL SILENCIO NO PUEDE HACER DE UN TONTO UN MAESTRO.

Una afirmación extraña de un buda, porque se ha alabado mucho el silencio; pero el buda dice la verdad tal como es. No le importa la tradición.

En la India, el silencio es una de las cualidades más alabadas desde hace siglos. Al monje jaina se le llama MUNI - muni significa "el silencioso". Todo su esfuerzo consiste en ser silencioso, cada vez más silencioso. Buda dice: "Pero no seas tonto, sólo el silencio no va a ayudar". Puede que te ayude a guardar tus tonterías para ti mismo, pero las tonterías seguirán acumulándose, y tarde o temprano serán demasiadas. Está destinada a salir, y es mejor dejarla salir en pequeñas dosis cada día, en lugar de acumularla, y que luego venga como una inundación.

Esto también lo he observado yo. Las personas que han permanecido en silencio durante mucho tiempo se vuelven muy estúpidas, porque su silencio es sólo superficial. En el fondo hay agitación. En el fondo son las mismas personas, con codicia, celos, envidia, odio, violencia... inconscientes, con todo tipo de deseos.

Tal vez ahora estén deseosos del otro mundo, codiciosos del otro mundo, pensando más en el paraíso que en este mundo y en la tierra. Pero es lo mismo, proyectado en una pantalla más grande, proyectado en la eternidad. De hecho, la codicia se ha multiplicado por mil. Primero fue por cosas pequeñas: dinero, poder, prestigio. Ahora es por dios, samadhi, nirvana. Se ha vuelto más condensada y más peligrosa.

Entonces, ¿qué hay que hacer? Si el silencio no puede hacer de un tonto un maestro, ¿qué puede hacer de uno un maestro? La conciencia.

Y el milagro es que, si te vuelves consciente, el silencio te sigue como una sombra.

Pero entonces ese silencio no se practica; surge por sí mismo. Y cuando el silencio surge por sí mismo, tiene una belleza tremenda. Está vivo, tiene una canción en su núcleo más íntimo. Es amoroso, es dichoso. No está vacío; al contrario, es una plenitud. Está tan llena que puede bendecir al mundo entero y, sin embargo, sus fuentes siguen siendo inagotables; puede seguir dando y no podrá agotar la fuente. Ya has tropezado con Dios, pero es a través de la conciencia.

Ésa es la contribución más significativa de Buda, su énfasis en la conciencia.

El silencio se convierte en algo secundario, en un subproducto. No hay que hacer del silencio un objetivo, el objetivo es la conciencia. Si cuidas del rosal, si le das la cantidad adecuada de agua, sol y sombra, las rosas llegarán a su debido tiempo. No tienes que preocuparte por las rosas. El silencio es una rosa, la conciencia es el rosal. Cuida del rosal, no te preocupes demasiado por la rosa. Si te preocupas demasiado por la rosa sin pensar en el rosal, es muy posible que compres rosas de plástico. Un silencio practicado es un fenómeno de plástico, es falso, pseudo, engaña a los demás y se engaña a sí mismo.

EL SILENCIO NO PUEDE HACER DE UN TONTO UN MAESTRO. ¿Y qué entiende Buda por tonto? ¿Quién es tonto? No se refiere a la persona ignorante, no se refiere a la persona inculta, inculta. El tonto puede ser muy culto. El tonto puede tener un doctorado, el tonto puede haber acumulado gran conocimiento, aprendizaje. De hecho, los tontos son conocidos por hacer tales cosas, por la simple razón de que tienen miedo de su propia tontería y quieren encubrirla. Un doctorado, un D.Litt. se convierte en una buena tapadera.

El tonto se convierte en un gran filósofo, un gran erudito. En lugar de saber se convierte en conocedor. En vez de ver la luz sabe más sobre la luz. Y poco a poco, se convence a sí mismo de que saber sobre la luz es conocer la luz, saber sobre Dios es conocer a Dios, saber sobre el amor es conocer el amor. No es así. Permanece confinado a las palabras vacías. Será verborrágico, puede que conozca palabras bonitas. Puede usar el lenguaje con habilidad, puede usar la lógica para probar su ideología, puede ser un hábil lógico. Pero nada de esto cambia su necedad, sigue siendo un necio.

Entonces, ¿qué es la necedad? La palabra que usa Buda, la palabra original, es MULHA, que se ha traducido como el "necio". En realidad debería traducirse como "el que vive en la inconsciencia", el que vive como un sonámbulo, el que vive mecánicamente, el que va de un lado a otro haciendo muchas cosas, pero todos sus gestos son vacíos. Vive sin saber por qué, va deprisa sin saber adónde. Ni siquiera es consciente de quién es, no ha saboreado su propia conciencia. Y como su ser interior está en tinieblas, sigue siendo necio en todo lo que intenta hacer. Su conocimiento, su aprendizaje, su erudición, no sirven de nada.

Quien vive inconscientemente, como un sonámbulo, es un necio; quien vive conscientemente empieza a cambiar de la necedad hacia la sabiduría. Permítanme recordarles una vez más: la sabiduría no es conocimiento. La sabiduría es conciencia, y el hombre que alcanza la perfección de la sabiduría, la perfección de la conciencia, es llamado maestro por Buda. EL SILENCIO NO PUEDE HACER MAESTRO A UN NECIO.

En su luna de miel, Abe estaba tan lleno de gratitud hacia Becky que quiso darle algo. Como no tenía nada más a mano, buscó en su cartera y le dio veinte dólares. A partir de entonces se convirtió en un ritual familiar. Cada vez que Abe hacía el amor con Becky, le daba algo de dinero, la cantidad variaba en función de cómo fueran sus negocios.

Pasaron los años, llegó la Depresión y el negocio se puso muy mal. Durante semanas y meses Abe no hizo el amor con Becky. Finalmente, desesperada, ella le preguntó: "Abe, ¿qué te pasa? ¿Ya no me quieres?"

Abe le dijo la verdad, que estaba casi en bancarrota. "No te preocupes, cariño", respondió ella, y levantando el colchón, reveló miles y miles de dólares. "Todo el dinero que me diste, lo puse en la cama", dijo ella.

"Ah", gritó golpeándose la frente, "debería haberte dado todos mis asuntos".

Un hombre inconsciente no puede estar siempre en guardia. Hay momentos en que el secreto sale a la luz. Puedes engañar, pero sólo por un tiempo - no puedes engañar para siempre, al menos no a tu mujer.

¿Y cómo se puede engañar a Dios mismo? ¿Cómo engañar a la existencia? Con la existencia tienes que ser absolutamente verdadero, porque ante la existencia estás completamente desnudo.

La existencia te conoce hasta la médula, eres transparente. Es mejor no esconderse, porque si no nos escondemos, existe la posibilidad de que empecemos a cambiar nuestros patrones de vida, nuestras maneras, nuestros estilos.

Y sólo hay dos estilos:

Un estilo es el de la inconsciencia - yo lo llamo el estilo mundano. Y el otro estilo es el de la conciencia - mi nombre para ese estilo es sannyas. Sannyas significa simplemente un esfuerzo comprometido para vivir conscientemente.

PERO AQUEL QUE SÓLO PESA PUREZA EN SU BALANZA, QUE VE LA NATURALEZA DE LOS DOS MUNDOS, ÉL ES UN MAESTRO.

¿Quién es un maestro según Buda? ... AQUEL QUE SÓLO TIENE PUREZA EN SUS ESCALAS.

Recuerda siempre, con Buda la pureza nunca es un concepto moral. No es un sacerdote, no es un político. Es un hombre que ha ido más allá de todas las dualidades, incluida la dualidad de lo bueno y lo malo. Entonces, ¿qué puede entender por pureza? Por pureza siempre entiende inocencia, como un niño pequeño que no sabe nada de lo que es bueno y lo que es malo.

El sabio también vuelve a ser niño, pero va más allá. El niño está por debajo de la dualidad, y el sabio está más allá de la dualidad. Una cosa es similar, que ambos no forman parte del mundo de la dualidad, del mundo donde todo se divide en polos opuestos: el bien y el mal, la noche y el día, el amor y el odio, la vida y la muerte, este mundo y aquel mundo, el pecador y el santo.

El pecador es aquel que sabe lo que es bueno y lo que es malo, pero sigue lo malo. El santo es aquel que sabe lo que es bueno y lo que es malo, pero sigue lo bueno. Y el sabio es aquel que sabe lo que es bueno y lo que es malo, pero ha ido más allá de ambos y ya no le interesan esas divisiones. Vive en una conciencia sin elección. Eso es la pureza.

Vivir sin elección significa dejar que Dios viva a través de ti. Si eliges, no permites que Dios viva a través de ti. Cuando dejas de elegir, cuando simplemente te entregas al todo, cuando dices: "Hágase tu voluntad", ya no eres un elegidor, ya no eres un hacedor, te conviertes en un médium. Entonces Dios vive a través de ti, entonces todo lo que sucede es divino; no es ni bueno ni malo, es simplemente divino. A partir de la conciencia sin elección, las acciones se vuelven divinas.

PERO EL QUE SÓLO PESA PUREZA EN SU BALANZA, EL QUE VE LA NATURALEZA DE LOS DOS MUNDOS.... Los religiosos no paran de hablar de este mundo y del otro. Condenan este mundo: esto es momentáneo, esto es un flujo, nada permanece, todo cambia, todo se convierte en polvo. Condenan este mundo de todas las formas posibles y alaban el otro mundo. Pero Buda dice que este mundo y ese mundo son partes de tu proyección; has proyectado el otro mundo contra este mundo. Como ves que este mundo es impermanente, proyectas un mundo permanente. Eso es un deseo tuyo, no tiene nada que ver con la realidad.

Te gustaría tener un mundo permanente donde las cosas permanezcan, donde todo siga como está. Tienes miedo al cambio, por eso creas un mundo inmutable. Lo llamas paraíso, cielo; allí nada cambia, el tiempo no existe. Este mundo es temporal, ese mundo es no temporal. Este mundo está hecho de polvo, y aquel mundo está hecho de oro.

Pero polvo u oro son todas sus proyecciones.

Es a partir de la miseria de este mundo que habéis creado vuestros paraísos; y si buscáis en las escrituras de todas las religiones, podréis detectar fácilmente la proyección.

Lo que falta aquí, lo has puesto allí. Lo que no te gusta aquí, no lo has puesto en el otro mundo. Lo que te gusta aquí, pero tienes miedo de que te lo quite la muerte o las circunstancias, lo has hecho absolutamente eterno allí.

Por ejemplo, en el cielo nadie envejece, todos permanecen jóvenes. ¿Has visto alguna vez un ángel viejo en alguna foto? Todos tienen aspecto juvenil. En la mitología hindú las mujeres celestiales nunca crecen más allá de los dieciséis años; eso es un deseo. En la mitología hindú las APSARAS, las mujeres celestiales, no transpiran, no necesitan desodorantes, no necesitan perfumes. Sus cuerpos son de oro. Pero, ¿qué clase de mujer es si su cuerpo es de oro? ¿Serías capaz de amar a una mujer cuyo cuerpo es de oro? - un deseo cumplido.

En la mitología hindú hay árboles en el cielo, árboles que cumplen deseos. Te sientas debajo del árbol, pides un deseo y se cumple inmediatamente, al instante. Son deseos, deseos incumplidos, sueños incumplidos. Estamos tan frustrados aquí que proyectamos un mundo.

Karl Marx tiene razón en ese sentido cuando dice que la religión es el opio del pueblo.

Sí, las llamadas religiones han funcionado como el opio. Mantienen a la gente intoxicada con el otro mundo, les ayudan de alguna manera a tolerar el sufrimiento que está presente en este mundo. Es sólo cuestión de unos pocos días, luego viene la muerte y la liberación.

Y entonces vivirás en la presencia de Dios por los siglos de los siglos, en gozo eterno.

Buda nunca habla del otro mundo; dice que tanto este mundo como el otro son proyecciones de nuestra mente. Hay que deshacerse de ambos, hay que volverse hacia dentro en lugar de mirar hacia fuera. Este mundo está fuera, ese mundo está fuera; ambos son exteriores a ti, y ambos son objetos de deseo. Y cualquier objeto de deseo está abocado a la frustración. Cualquier expectativa está destinada a convertirse en frustración. La expectativa es el principio de la frustración, la semilla misma. Ten cuidado con ella.

Buda dice que el que sabe esto es un maestro, y el que vive en la conciencia sin elección, sin elegir esto ni aquello, es un maestro. Es realmente un rey; de lo contrario, todo el mundo es un mendigo. Si tienes deseos eres un mendigo. Desear significa mendigar; estás constantemente mendigando esto y aquello.

Mira tu mente, la mente es un mendigo. Suelta la mente y te sorprenderás:

tu conciencia es la maestra. Pero la mente vive a través de la división, siempre vive a través de los polos opuestos: pone eso contra esto, y luego sigue eligiendo. Mente significa elección, elección significa inconsciencia. Conciencia significa no elección, y no elección es estar libre de todo deseo, es estar libre de toda proyección, es estar libre de toda imaginación, es estar libre de futuro.

Y en el momento en que te liberas del futuro, el presente irrumpe de repente en todo su esplendor ante ti; su gloria es infinita, su alegría no tiene límites, su éxtasis es inexpresable. Transforma a tu mendigo en maestro.

NO DAÑA A NINGÚN SER VIVO.

El maestro no puede ser violento, sólo puede ser amor, amor puro; no puede hacer daño, es imposible. ¿Por qué? Muchas religiones han enseñado la no violencia. Buda no enseña la no violencia; de nuevo, es un subproducto, una consecuencia de ser un maestro. No dice: "Sé no violento para que puedas ser un maestro". El dice: Se un maestro, para que puedas ser no-violento. En eso difiere del pensamiento religioso ordinario. Aporta una visión extraordinaria de tremenda importancia.

Si comprendes su perspicacia, habrás comprendido el núcleo esencial de la verdadera religión. Si practicas la no violencia, seguirás siendo violento; como mucho, tu superficie se volverá no violenta. La pintarás con hermosos colores, pero detrás de ella, detrás de todos esos colores del arco iris, seguirás siendo la misma persona, la misma persona violenta.

¿Por qué existe la violencia en el hombre? Porque no podemos vernos como parte de un universo, nos vemos separados. En esa separación está la violencia. Si estoy separado de todos los demás, por supuesto que tengo que luchar por mi propia supervivencia.

Charles Darwin dice: La vida es una lucha - una lucha por sobrevivir, y sólo los más aptos sobreviven. Así que tienes que luchar con uñas y dientes, tienes que luchar con toda tu energía, sólo entonces podrás sobrevivir; de lo contrario, te comerán, te destruirán. Y si miras fuera, eso parece.

La política es la prueba de Charles Darwin. Todo el mundo está peleando con todo el mundo; ¿y cómo puedes ser no violento si estás continuamente peleando? El hombre es tan astuto que puede cambiar, transformar su no violencia también en un arma. Puede convertirla en un arma, puede empezar a luchar sin violencia.

He oído una historia:

Un joven, gandhiano, seguidor de Mahatma Gandhi, estaba enamorado de una mujer.

El padre estaba muy en contra de él, la propia mujer estaba muy en contra del hombre, odiaba incluso verle la cara. Pero él estaba decidido, era un hombre con fuerza de voluntad y muy poco violento. Así que hizo un truco no violento.

Fue a casa de la mujer, se sentó a la puerta y declaró que ayunaría hasta la muerte, a menos que ella se casara con él. Un método muy poco violento: ayunar hasta la muerte. No haces daño a nadie. Eso es lo que Mahatma Gandhi estuvo haciendo toda su vida: ayunar hasta la muerte. ¿Pero es no violencia? Es violencia, pura violencia. Por supuesto, no estás destruyendo al otro, te estás destruyendo a ti mismo; pero la amenaza de "me destruiré a mí mismo" es una amenaza de violencia. Y dejas al otro absolutamente indefenso.

La mujer estaba muy turbada, perturbada, ¿qué hacer? Si este hombre muere, ella se sentirá culpable toda su vida por haber sido la causa de la muerte de un joven. El padre también estaba muy perturbado. Y los periódicos escribían y elogiaban al joven: lo no violento que es, lo gandhiano que es. El padre se estaba volviendo loco: ¿qué hacer, qué no hacer? Alguien sugirió: "Pregunta a algún Gandhiano mayor, algún método debe haber, algún antídoto".

Acudió a un viejo gandhiano que le dijo: "No, no te preocupes. Ya lo sé. Haz una cosa, una cosa muy sencilla". Le susurró un secreto al oído y el padre se puso muy contento, y el truco funcionó. El viejo gandhiano le dijo: "Ve a ver a una vieja prostituta que conozco, dile que vaya a tu casa, siéntate al lado del joven y que declare: 'Ayuno hasta la muerte si este joven no se casa conmigo'" Y esa misma noche el joven escapó y nunca más se le volvió a ver.

La no violencia en manos de los políticos está destinada a convertirse en violencia. Es sólo un nombre bonito para un fenómeno feo. Este no es el enfoque de Buda, aunque los gandhianos sigan declarando que Gandhi es el hombre no violento más grande después de Gautam Buda. No lo es; no comprende a Buda ni su perspicacia. Es pura y simplemente un político. Su política es también muy sutil, muy astuta y tortuosa. Pero no es religioso en absoluto. Todo su enfoque es político.

Si practicas la no violencia -y él la practicó toda su vida-, la no violencia será falsa. No se puede practicar. Todo, la no violencia, la sabiduría, el silencio, el amor, la compasión, la alegría, ninguna de estas hermosas cualidades puede practicarse. Si las practicas, las falsificas. Llegan por sí solas; todo lo que tienes que hacer es ser cada vez más consciente.

En el árbol de la conciencia florecen muchas flores: la flor del amor, la flor de la verdad, la flor de la compasión, la flor de la no violencia. ¿Por qué? - Porque cuanto más te haces consciente, menos puedes creer en la separación. Cuanto más consciente te vuelves, menos ego eres. Cuando te vuelves totalmente consciente, desapareces, te conviertes en parte del todo. Entonces, ¿cómo puedes ser violento? ¿Con quién? No hay nadie más, ¿con quién vas a luchar?

La cuestión no es la violencia o la no violencia. No hay nadie más con quien luchar. Todo es unidad, todo este universo es un Dios y nosotros formamos parte de él. Viéndolo, conociéndolo, dándonos cuenta de ello, la compasión y el amor empiezan a fluir. NO DAÑA A NINGÚN SER VIVO.

Y SIN EMBARGO NO ES BUENA CONDUCTA....

Recuerda estas palabras, su importancia, su significado. Están muy cargadas. Y SIN EMBARGO NO ES BUENA CONDUCTA.... "Recuerda", está diciendo Buda, "no estoy hablando de buena conducta".

QUE TE AYUDE EN EL CAMINO.

La buena conducta sólo puede darte respetabilidad. La buena conducta puede ayudarte a alcanzar un ego piadoso, la buena conducta hará que la gente te alabe. Te llamarán santo, tu ego estará muy satisfecho; pero la buena conducta no puede ayudarte en el camino. De hecho, te va a obstaculizar.

Cuanto más respetable te vuelves, menos rebelde eres. Cuanto más respetable te vuelves, más miedo tienes de ir contra la tradición, contra la conformidad, contra la convención. Cuanto más respetable eres, más esclavo eres; esclavo de la sociedad y de la iglesia, esclavo del Estado, esclavo de los demás, porque empiezan a dominarte. Empiezan a decirte de forma sutil lo que tienes que hacer y lo que no. Luego te recompensan con respeto. Eso es soborno. Al recompensarte, te están diciendo: "Mira, si sigues haciendo lo mismo, te recompensaremos más. Si no haces lo mismo, si te desvías, te retiraremos nuestro respeto. Te condenaremos".

Te respetan por la sencilla razón de que cumples sus deseos y sus expectativas, de que te conviertes en una parte más de la tradición muerta, en un ejemplo de todo lo que lleva muerto mucho tiempo. Te conviertes en un esclavo del pasado.

Y SIN EMBARGO, dice Buda, NO ES LA BUENA CONDUCTA LA QUE TE AYUDA EN EL CAMINO... porque tu buena conducta sólo la practicas tú; no ha surgido de tu propio núcleo más íntimo, estás siguiendo el condicionamiento. Sigues lo que te han impuesto. Si eres hindú, seguirás cierta conducta que los hindúes esperan de ti. Si eres mahometano, seguirás cierta conducta que te han impuesto.

El Ayatolá Jomeini, cuyo verdadero nombre es Ayatolá Jomeiniac, sigue diciendo a sus seguidores: Sed mártires, nosotros somos mártires: si morís luchando por la religión, naceréis en el paraíso. La JIHAD, la guerra religiosa, es el camino más seguro y más fácil para llegar a Dios; cualquier otro camino es muy largo. Morir en una guerra religiosa es un atajo.

Ahora mucha gente, gente loca, sigue a este lunático. Sí, es jomeiniano. Pero esto siempre ha sido así. Estos maníacos, estos lunáticos, fanáticos, han dominado a la humanidad. Siguen prometiéndote un hermoso futuro después de la muerte. Es un hermoso negocio, porque nadie vuelve para decir si realmente sucede o no. Se trata de bienes invisibles.

Puedes tener una buena conducta según una determinada sociedad, pero seguirás siendo tan inconsciente como antes. Por ser mahometano, hindú o cristiano no te vuelves consciente. Si te vuelves consciente NO PUEDES ser un hindú o un mahometano o un cristiano. ¿Cómo puedes ser tan tonto como para ser hindú, budista o jaina? - ¡Imposible! No tendrás ningún adjetivo. Serás simplemente un ser humano, un ser divino. Eso es más que suficiente, ¿qué más se necesita?

Pero siguiendo la llamada buena conducta, seguirás siendo la misma persona inconsciente.

Joe estuvo fuera toda la noche con una rubia deslumbrante. Llegó a casa al amanecer y trató de aparentar una tranquila sobriedad, mientras su mujer lo miraba con recelo.

"Joe, ¿dónde está tu ropa interior?", dijo ella mientras él se desvestía.

"Dios mío", gritó con agraviada dignidad, "me han robado".

Toda tu vida se vive de una manera tan inconsciente. Puedes practicar cosas buenas, puedes hacer cosas buenas, dar servicio a la gente, puedes donar a la caridad. Incluso puedes convertirte en la Madre Teresa de Calcuta, pero tu vida será la misma. Sí, recibirás un Premio Nobel y serás honrado en todo el mundo. El mundo se compone de tontos y sólo los tontos son honrados.

No hay más que ver la ironía: Jesús es crucificado y la Madre Teresa recibe un Premio Nobel.

Sócrates es envenenado y la Madre Teresa recibe el Premio Nobel. Maharshi Raman no recibió el Premio Nobel. J. Krishnamurti ha trabajado toda su vida como nadie lo ha hecho nunca, por un ser humano mejor, por un mundo mejor y consciente. Pero no le han dado un Premio Nobel, su nombre ni siquiera ha sido considerado para él.

George Gurdjieff, uno de los más grandes maestros, que transformó la vida de las personas en luz, no recibió el Premio Nobel. La Madre Teresa no es un Raman Maharshi, no es una J.

Krishnamurti, ella no es un George Gurdjieff. ¿Pero por qué es honrada? Porque cumple tus requisitos: sirve a mendigos, huérfanos y viudas. Y esa es tu idea de un santo - que debe servir. Debe servir a todo tipo de tontos, entonces es un santo.

Entonces otros tontos le respetarán.

Eres inconsciente, tus expectativas son inconscientes y hay personas que las cumplirán. Las respetarás, las llamarás santas. Ahora bien, la Madre Teresa no saborea la conciencia, no experimenta el éxtasis, pero eso no es lo importante para la gente. Lo importante es cuántos hospitales dirige, cuántos huérfanos ha criado, como si el mundo no estuviera ya demasiado superpoblado. ¿A cuántos ancianos atiende, cuántos ancianos han sobrevivido gracias a sus esfuerzos?

Estas cosas no tienen nada que ver con la religión real; son servicios sociales. En realidad está al servicio del statu quo, por eso se la respeta.

El Premio Nobel no se le concedió porque sea religiosa o mística. El Premio Nobel se le concedió porque sirve al sistema capitalista, sirve al statu quo, sirve a los intereses creados. No es una revolucionaria, sino una reformista. No es una rebelde.

A menos que seas capaz de ver la belleza de la rebelión, la belleza de un Jesús, un Sócrates, un Buda, no entenderás lo que es la verdadera religión.

Las tensiones de la vida amenazaban con ahogar a Bill, así que, después de una buena cena, se relajó sin pensar en un mullido sillón junto al equipo de música, con una bebida fuerte en la mano. Su mujer no sabía nada de su estado de nerviosismo, y se subió a su regazo con la idea de intentar sonsacarle un abrigo de piel..... Se acurrucó, murmuró y acarició.

"Santo cielo, Ethel", explotó. "Bájate. Ya tengo bastante en la oficina".

Obsérvate a ti mismo: lo que dices, lo que haces, lo que oyes, lo que ves, y te sorprenderás: siempre estás rodeado de humo. Un humo sutil te rodea, y ves a través de ese humo, y todo se distorsiona.

El sencillo mensaje de Buda es: primero sé consciente. El dice: Y SIN EMBARGO NO ES LA BUENA CONDUCTA LA QUE TE AYUDA EN EL CAMINO....

NOR RITUAL....

Ir a la iglesia cada domingo, hacer tu PUJA, tu adoración cada mañana, decir tu oración cada noche antes de acostarte... todo eso son rituales, rituales muertos que vas repitiendo; te has habituado a ellos, son sólo hábitos. Si no los haces, sientes que te falta algo. Si los haces, no ganas nada.

Un hombre le dijo a un psiquiatra: "Mire, tengo todo lo que necesito: una buena casa, una hermosa esposa, hijos exitosos, un trabajo encantador, pero aun así mi vida es monótona".

"Bueno", dijo el psiquiatra, "sufres de demasiada rutina. Debe introducir novedades en su vida. ¿Cuándo sueles hacer el amor con tu mujer?".

"Siempre a la hora de acostarse", respondió el hombre.

"Ese es el problema. Estás demasiado acomodado. Intenta agarrar a tu mujer apasionadamente en algún momento inusual. Quítate la ropa cuando entres en casa y agárrala. Luego vuelve la semana que viene e informa de lo ocurrido".

"Entonces", dijo el psiquiatra a la semana siguiente, "¿cómo fue?".

"Bueno", respondió el cliente, "al club de bridge le encantaba, pero seguía siendo monótono".

Sólo por cambiar tu rutina exterior no se cambia nada. Vas a la iglesia, puedes cambiar - puedes empezar a ir a un templo. Estabas repitiendo un mantra, puedes cambiar - puedes empezar a repetir otro mantra. Eras miembro del Club de Leones, puedes convertirte en miembro del Rotary Club. Los cristianos se hacen hindúes, los hindúes se hacen cristianos con la esperanza de que con sólo cambiar las formas externas algo va a cambiar en su vida. Pero el interior sigue siendo el mismo.

A menos que el interior cambie, tu vida seguirá siendo monótona. Y una vida monótona nunca podrá conocer el sabor de lo divino, nunca podrá conocer el sabor del vino de Dios.

NI RITUAL, dice Buda....

NI APRENDIZAJE DE LIBROS....

Puedes aprender todo lo que quieras. Los psicólogos dicen que cada cerebro humano es tan capaz de aprender que puede acumular todo el conocimiento contenido en todas las bibliotecas del mundo; una sola mente humana es capaz de almacenar todo el conocimiento posible. Puedes convertirte en una ENCICLOPAEDIA BRITÁNICA andante, pero eso no te servirá de nada. Conocerás las palabras, pero las palabras son palabras. La palabra "fuego" no es fuego; no intentes cocinar tu comida en la palabra "fuego". La palabra "amor" tampoco es amor, y la palabra "Dios" no es Dios.

Pero la gente se obsesiona tanto con las palabras - se obsesionan tanto que si alguien dice algo en contra de la Biblia, estás listo para ser asesinado o matar. Y la Biblia es sólo una palabra; la palabra "Biblia" significa simplemente "el libro". No significa otra cosa.

Si alguien dice algo en contra de los Vedas, los hindúes se vuelven locos. Las palabras se han vuelto tan importantes, más importantes que tu vida. Toda la historia está llena de sangre y derramamiento de sangre sólo por las palabras. Buda dice: Cuidado, no te enredes demasiado con las palabras.

Una madre judía era muy infeliz porque a su hijo no le gustaban los BLINTZES. Desesperada, consultó a un psiquiatra que le sugirió que si le enseñaba a Sammy, paso a paso, cómo se hacían los blintzes, podría llegar a quererlos y entenderlos. Ansiosa por probar la sugerencia, llevó a Sammy a la cocina al día siguiente.

"Mira, Sammy", dijo, mezclando la masa. "Huevos, leche, harina. Te gustan los huevos, la leche y la harina, ¿verdad, Sammy? Prueba un poco".

El niño, con expresión agria, probó a regañadientes un poco de cada. Extendió la masa y la frió en tortas.

"Prueba un poco", le instó, y de nuevo probó un poco. Animada, siguió mezclando el queso, la canela y el azúcar.

"Mira, Sammy, queso, canela, azúcar. Te gustan, ¿verdad Sammy?"

"Sí, mamá", respondió.

Muy animada ahora, colocó la mezcla de queso en el centro de una tarta.

Con cautela, dobló una esquina.

"¿De acuerdo, Sammy?"

"Vale, mamá".

Ella dobló una segunda esquina.

"¿De acuerdo?"

"De acuerdo".

Luego dobló la tercera esquina y finalmente la cuarta.

"¡¡¡Blintzes!!! Yech!!!" gritó Sammy, y salió corriendo de la cocina.

Y no ocurre sólo con los niños. Es así con sus grandes teólogos, filósofos, pensadores - sólo palabras.

Buda dice: NI RITUAL, NI LIBRO APRENDIENDO....

NI EL REPLIEGUE SOBRE UNO MISMO.

Buda debe ser el primer maestro iluminado que ha dicho esto tan claramente. Ahora la psicología moderna lo ha redescubierto. Digo redescubierto porque no son conscientes de la declaración de Buda. Piensan que la introversión es una especie de enfermedad. Buda está diciendo exactamente lo mismo. Está diciendo: NI RETRAERSE EN EL YO.

La introversión es una enfermedad, al igual que la extroversión. El verdadero hombre consciente no es ni extrovertido ni introvertido, simplemente es. Cuando es necesario sale, cuando es necesario entra; es fluido, flexible. No está centrado ni obsesionado. Hay extrovertidos que no pueden entrar y hay introvertidos que no pueden salir. Ambos están enfermos, ambos son patológicos. NI LA RETIRADA HACIA DENTRO DEL YO te va a ayudar en el camino....

NI LA MEDITACIÓN PROFUNDA.

Permítanme repetir.... Te sorprenderás, porque Buda es uno de los más grandes meditadores del mundo. Y Buda es responsable de la mayor corriente de meditación que ha fluido hasta ahora. Él es la fuente misma, pero aún así es un hombre tan sincero que dice:

NI LA MEDITACIÓN PROFUNDA.

NINGUNA DE ELLAS CONFIERE DOMINIO NI ALEGRÍA.

¿Por qué ni siquiera la meditación? - Porque la meditación es un método. La meditación puede causar un cierto estado de la mente, pero no puede ponerte a disposición de lo no causado. Puede preparar el terreno, puede limpiar el terreno, pero no puede traer las flores. Es como si prepararas el terreno para un jardín: quitas todas las piedras, todas las malas hierbas, todas las raíces, toda la hierba. Preparas el terreno, pero no es suficiente. Si preparas el terreno y luego te sientas bajo un árbol y esperas a que vengan las rosas, no vendrán.

La meditación es sólo un método negativo; te ayuda a preparar el terreno. Elimina las barreras, pero luego tienes que sembrar las semillas; sólo entonces vendrán las flores.

La meditación está creando el terreno, la conciencia está sembrando las semillas. Sólo la meditación con conciencia puede ayudarte en el camino; y entonces hay maestría, y entonces hay alegría.

¡OH, BUSCADOR!

CONFIAR EN NADA....

Para que estés absolutamente seguro de que no dependes de nada, ha dicho: Y SIN EMBARGO NO ES LA BUENA CONDUCTA LA QUE TE AYUDA EN EL CAMINO, NI EL RITUAL, NI EL APRENDIZAJE DE LIBROS, NI EL REPLIEGUE SOBRE UNO

MISMO, NI LA MEDITACIÓN PROFUNDA. NADA DE ESTO CONFIERE MAESTRIA O ALEGRIA.

Pero, ¿quién sabe? - puede que encuentres algo más. Por eso, para dejarlo absolutamente claro, categóricamente claro, dice: ¡OH BUSCADOR! NO CONFÍES EN NADA.

Depender de cualquier cosa trae dependencia, la dependencia trae esclavitud, la esclavitud es miseria.

No dependas, ni siquiera de la meditación. Un día, incluso la meditación tiene que ser trascendida.

No dependas ni siquiera del maestro, porque el maestro sólo puede indicarte el camino, TÚ tienes que seguir el camino. El maestro no puede ir contigo.

Se dice que Buda dijo: Si me encuentras en el camino, mátame; si me interpongo en tu camino como un obstáculo, mátame inmediatamente. No tengas ninguna duda... de que soy tu maestro.

¿Cómo puedes matarme?... Está diciendo algo muy metafórico. Está diciendo: "En lo profundo de la meditación, lo último que hay que dejar es al maestro". Todo se puede dejar facilmente, pero cuanto mas te ayuda el maestro a dejar las cosas, mas te apegas al maestro mismo; y el amor por el maestro es tan puro, y tan extasiante, trae tanta alegria, que es muy dificil dejar al maestro en el ultimo momento. Y el ultimo momento es la ultima barrera. El maestro tiene que ser abandonado, tienes que ir solo - absolutamente solo hacia lo desconocido. CONFIAR EN NADA....

HASTA QUE NO QUIERAS NADA.

Continúa abandonando tus deseos, incluso el deseo de ser un maestro, el deseo de ser dichoso, el deseo de conocer a Dios, el deseo del nirvana. Hay que abandonar todos los deseos.

La mente es muy astuta: puedes abandonar un deseo e inmediatamente te proporciona otro. Y puede proporcionarte un deseo más sutil. El deseo burdo puede ser comprendido por todos, el deseo sutil es más difícil de comprender. Por ejemplo, el deseo de Dios no se considera un deseo que merezca la pena abandonar. Ningún cristiano dirá, ningún judío dirá, ningún mahometano dirá: "Abandona el deseo de Dios". Abandona todo deseo de Dios, pero no abandones el deseo de Dios.

Sólo Buda, el único hombre en toda la historia de la conciencia humana, ha dicho toda la verdad: la verdad en su pureza absoluta, la verdad y nada más. Él insiste tanto en la verdad, que dice que tendrás que abandonar al maestro, y tendrás que abandonar todo tipo de deseos. De lo contrario, la mente es muy innovadora, muy creativa, imaginativa. Sueltas una cosa e inmediatamente dice: "Bien. Ahora busca esto, busca la verdad, busca a Dios".

Ahora nadie puede poner objeciones a buscar a Dios - Buda también pone objeciones a eso.

Tras numerosas quejas de los vecinos, Harry accedió tristemente a que un veterinario dejara a su gato en condiciones de vigilar el harén de un sultán.

"Apostaría", dijo un vecino, "a que ese ex-tío tuyo ahora sólo se tumba en la chimenea y engorda".

"No, todavía sale por la noche. Pero ahora va como asesor".

Si no puedes hacer nada, al menos puedes ejercer de asesor; pero la marcha continúa. Nada ha cambiado, la operación ha fracasado.

Recuerda, si eres un verdadero buscador... y esto es una extraña paradoja: si eres un verdadero buscador, tendrás que abandonar toda búsqueda como tal. De lo contrario, seguirás buscando una cosa tras otra, y eso no tiene fin.

Cuando cesa toda búsqueda, te encuentras de repente en el centro mismo de tu ser. Buscar te lleva fuera, buscar te aleja de ti mismo. Jesús dice: Buscad y encontraréis. Llamad y se os abrirán las puertas. Pedid y se os dará.

Buda no dirá eso. Buda dirá: "Busca y no encontrarás. Llama y no se te abrirán las puertas. Pide y no se te dará".

Entonces, ¿por qué lo dice Jesús? ¿Acaso Jesús no es un buda? Jesús también es un buda, pero la diferencia de sus afirmaciones se debe a la audiencia. Jesús se dirige a la gente corriente, y Buda se dirige a discípulos muy evolucionados. Jesús se dirige a las multitudes.

Si les hubiera dicho: "Buscad y nunca encontraréis", no le habrían entendido. Le habrían tomado por loco, absolutamente loco.

¿Buscáis y no encontráis? ¿Pedid y no se os dará? Llamad y no se os abrirán las puertas? Hablaba a la gente corriente, por eso tiene que utilizar expresiones muy corrientes.

Buda se dirige a los adeptos, a los iniciados. Jesús no fue tan afortunado como Buda. Jesús

los discípulos eran muy ordinarios, incluso esos doce apóstoles eran personas muy ordinarias, inconscientes. Buda tenía miles de BODHISATTVAS, miles de discípulos que estaban a punto de convertirse en budas en cualquier momento. Miles estaban a punto de estallar en una llama de luz eterna. El podia hablar sin temor a ser malinterpretado; por eso dice: NO CONFÍES EN NADA HASTA QUE NO QUIERAS NADA.

El mejor momento de la vida es cuando no queda ningún deseo dentro de ti, cuando se instala la ausencia de deseo, la ausencia absoluta de deseo. En ese preciso momento se alcanza todo, porque todo ha estado siempre ahí dentro de ti. Era a causa de los deseos que corrías de aquí para allá, sin mirar dentro. Cuando todo el correr se ha detenido, de repente tu propia verdad explota con toda su belleza, con toda su bendición sobre ti.

Escucha a Buda, medita sobre su sutra. Te proporcionará una gran comprensión del deseo y de su futilidad. Te ayudará a abandonar todos los deseos. Y en el momento en que estés libre de deseos habrás llegado a casa.

Suficiente por hoy.

Estar en ello, no ser de ello

La primera pregunta:

Pregunta 1:

AMADO MAESTRO,

EN LA DARSHAN DE TU CUMPLEAÑOS TE MIRÉ, UN ESTANQUE INMÓVIL DE SERENIDAD, Y TODO LO DEMÁS QUE OCURRÍA A TU ALREDEDOR ERA IRRELEVANTE. DE REPENTE ESTABA TAN CLARO QUE ESTO -SENTARSE EN SILENCIO EN MEDIO DEL CAOS Y EL FERVOR- ERAN TUS ENSEÑANZAS; QUE TÚ ERES EL CAMINO.

Prem Pramod, así que por fin un rayo de luz ha entrado en tu oscuridad - una visión, un atisbo. ¡Ahora no lo pierdas de vista! Es muy difícil conseguirlo y muy fácil perderlo. De hecho, la mente y sus maneras son tan viejas que pronto usted comienza a sospechar si el vislumbre era verdadero o usted lo había imaginado solamente.

Y la mente intenta convencerte de que fue pura imaginación, que tú lo proyectaste, que sólo era una idea. Tal vez la situación te hipnotizó. Tal vez te sentiste abrumado por tanta gente en tal alegría, en tal éxtasis. Tal vez te conmovió el torrente de energía que te rodeaba. Pronto la mente empezará a crear dudas.

Sigue recordando. Estas percepciones son raras.

Sí, Pramod, esa es exactamente mi enseñanza: estar en el mundo, en todos sus absurdos, en todas sus tonterías, ruido, y sin embargo permanecer frío, distante, desapegado. Estar en él, pero no ser de él.

Deja que suceda a tu alrededor, no hay necesidad de escapar de ello, no hay ningún lugar al que escapar. E incluso si escapas a algún lugar, eso no va a transformar tu ser; tu mente seguirá siendo la misma. La mejor manera es aprovechar la oportunidad del mundo.

El mundo es una oportunidad, una gran oportunidad, un regalo de Dios tremendamente valioso.

Es un dispositivo de enseñanza. Estar en ella y, sin embargo, tan lejos, tan trascendental, que nada de ella llega al núcleo de tu ser. Sólo tu circunferencia es tocada por ella, pero tu centro permanece distante.

Sé el centro del ciclón: ésa es exactamente mi enseñanza. El mundo ES un cuento contado por un idiota, lleno de furia y ruido, que no significa nada. Pero es muy fácil quedar atrapado en la red, porque el idiota no sólo está fuera, el idiota también está dentro. Tu mente es parte del cuento contado por un idiota y a tu mente le gustaría encontrarle algún significado - mientras que no existe ninguno. La mente no puede permanecer sin encontrar algún significado; si no lo encuentra, lo inventa. Si no, se siente vacía, siente que le falta algo.

No hay sentido en el mundo; todo el sentido está en el centro mismo de tu ser. El mundo es simplemente ruido, no hay música. La música está en lo más profundo de tu ser, y esa música tiene que oírse entre todo el ruido del mundo. Entonces el ruido del mundo funciona como telón de fondo, se convierte en un contexto. Puedes oír la música interior con más claridad gracias al ruido. Entonces el ruido ya no es una perturbación, sino una ayuda.

Por eso no enseño la renuncia: Enseño regocijo.

La segunda pregunta:

Pregunta 2:

AMADO MAESTRO,

HE OÍDO QUE SWAMI PREM CHINMAYA ESTÁ TAN ENFERMO, TAN DÉBIL, QUE LE ESTÁN DONANDO SANGRE. ¿NO ES CORRECTO QUE NUESTROS SANNYASINS DONEN SANGRE EN ESTOS CASOS?

Avinash, ¡no te preocupes! La sangre de un no-sannyasin no va a perturbar a Prem Chinmaya. La sangre es sangre; no es ni sannyasin ni nonsannyasin - y no es más espesa que el agua.

Sí, hay historias que crean preocupación....

Debido a su raro grupo sanguíneo, Gaffney fue seleccionado para ser el donante de un rey inglés gravemente enfermo.

La primera transfusión ayudó enormemente. Una segunda transfusión devolvió la consciencia al monarca.

El tercero estaba en marcha cuando el rey saltó en la cama y gritó: "¡Al diablo con el rey de Inglaterra!".

Pero sólo son historias, ¡la sangre no puede hacer eso!

Y Prem Chinmaya va bien: va muy firme en su conciencia. El cuerpo es débil, pero el espíritu no es débil. La carne es débil, pero el espíritu es muy fuerte.

De hecho, su enfermedad ha sido una gran bendición para él. Ha aprendido más de su enfermedad que de cualquier otra cosa. Se ha vuelto cada vez más silencioso, tolerante, sin miedo. Incluso si la muerte llega ahora será capaz de recibirla, de acogerla como a un invitado.

Estoy tremendamente contento con él. Cuando hace siete u ocho años vino a verme, padecía la misma enfermedad, pero su miedo era mayor que la enfermedad.

El cuerpo tiene que irse algún día; nadie puede vivir aquí para siempre. La excusa que uno elija para irse es un asunto privado. Uno puede elegir el cáncer, puede elegir la tuberculosis, puede elegir el ataque al corazón; y hay mil y una alternativas disponibles. Pero todo eso son excusas. Lo fundamental es que uno no puede vivir aquí mucho tiempo; no es nuestro hogar.

Tenemos que ir en busca del hogar, y sólo aquellos que pueden ir en silencio, con alegría, pueden encontrarlo; de lo contrario, te encontrarás inmediatamente en otro vientre, de vuelta al mundo. A menos que aprendas la lección, volverás una y otra vez al mundo.

Hace ocho años, cuando acudió a mí, lo más inquietante no era la enfermedad, sino su miedo a la muerte. Todos estos ocho años ha vivido con la muerte... puede ocurrir en cualquier momento. Pero poco a poco, a medida que su meditación ha ido profundizando, a medida que su amor se ha hecho más profundo, a medida que ha comprendido más y más que la muerte forma parte de la vida -no puedes negarla, y al negarla estarás negando la vida misma-, se ha ido aceptando más. Una gran semejanza ha descendido sobre él, y eso es significativo, más significativo que la vida, más significativo que la muerte.

Algún día morirá, pero ahora no me preocupa su muerte. Ahora sabe cómo morir, ha aprendido a hacerlo. La muerte no será sólo un final, sino un gran comienzo para él. No le ahogará la muerte; cabalgará sobre ella, saldrá victorioso.

Por lo tanto, no hay necesidad de preocuparse por él. Y cualquier sangre servirá. La sangre es sangre; sólo entra en el cuerpo, no afecta a tu alma.

Pero estas ideas existen desde hace siglos: tu comida afecta a tu alma, tu ropa afecta a tu alma.... Son ideas sin sentido. Sólo te afectan si estás identificado, pero entonces cualquier cosa te afectará. Si no estás identificado, nada te afecta; permaneces intacto. Y esa es la gran experiencia: sentirse intacto en medio de toda la confusión.

Y estoy tremendamente contento con Prem Chinmaya: se ha probado a sí mismo. Y es posible que, gracias a su comprensión, su vida se haya alargado. Incluso los médicos están un poco desconcertados de cómo continúa; según todas las reglas ordinarias ya no debería estar aquí.

Amritam, nuestro médico, también ha hecho una pregunta: ¿Cómo sigue Chinmaya tirando de sí mismo?

La razón es que ya no le interesa tirar, por eso sigue tirando de sí mismo. Si la muerte llega en este momento, la aceptará. Debido a esto, la muerte se ha vuelto irrelevante. Se ha liberado absolutamente de la ansiedad. Es la ansiedad la que mata más; es la ansiedad profunda la que se vuelve destructiva. Como ya no está angustiado, puede vivir unos años más, puede vivir mucho tiempo.

Pero que viva o no ya no tiene ninguna importancia. Lo importante ha sucedido. Si vive, vivirá con el corazón tranquilo; si muere, morirá con el corazón tranquilo. Ha aprendido la lección.

Alégrate con él. Aprende de él, porque todo el mundo tiene que encontrarse con la muerte tarde o temprano. Y uno nunca puede estar seguro: puedes estar perfectamente sano, y mañana la muerte puede llevárselo. Así que la salud no es ninguna garantía.

De hecho, ocurre más a menudo que una persona perfectamente sana muera más rápidamente que una persona enferma. Como la persona sana no tiene forma de hacer frente a la enfermedad, cualquier enfermedad puede resultar fatal. Pero una persona que ha vivido mucho tiempo con la enfermedad se adapta a ella, puede hacerle frente; conoce los caminos de la muerte. La persona sana no sabe nada, por lo que a menudo sucede que la persona sana morirá con el primer ataque y la persona enferma puede vivir mucho tiempo. Su cuerpo se ha curtido, se ha vuelto más tolerante a las enfermedades.

Pero recuerda, esa no es la cuestión en absoluto. Que Chinmaya viva unos años o no, ya no tiene sentido. Si vive, bien; si se va, puede irse con alegría en su corazón, porque su vida no ha sido sin sentido, su vida no ha sido inútil.

Las primeras flores han empezado a brotar.

La tercera pregunta:

Pregunta 3:

AMADO MAESTRO,

¿PUEDE CONVENCERME DE LA EXISTENCIA DE DIOS?

Sargam, ¿por qué estás preocupado por Dios? ¿Qué mal te ha hecho? ¿Por qué no puedes perdonarlo y olvidarlo? ¿Por qué sigues tan preocupado por Dios? Preocúpate más por la vida, por la existencia, ¡y conocerás a Dios! En su momento, la vida misma se vuelve luminosa, la existencia misma se vuelve divina. Todo depende de tu claridad interior.

Si lo ves claro, SÓLO Dios lo es. No se necesitan pruebas. Si no puedes ver claramente, entonces ninguna prueba va a ser de ninguna ayuda.

Ha habido filósofos discutiendo a favor y en contra de Dios durante siglos, al menos durante cinco mil años, sin ninguna conclusión a la vista. No han sido capaces de llegar a ninguna conclusión. Cinco mil años de constante especulación, pensamiento, argumento, lógica, ¿y cuál es el resultado? ¿Cuál es el resultado? Todo ha sido un ejercicio inútil. Y tú sigues preguntando por pruebas.

Se han aportado pruebas, pero pueden rebatirse, pueden refutarse.

Se les pueden encontrar fallos por la sencilla razón de que Dios no es un objeto que se pueda demostrar con la lógica. Dios es su subjetividad que está más allá de la lógica, más allá del pensamiento, más allá de la mente.

Dios no es una cosa, sino una experiencia. ¿Y cómo se puede probar la experiencia? ¿Puedes probar la experiencia del amor? Nadie ha podido probar que el amor existe, nadie puede probar que la belleza existe. Nadie puede probar nada realmente valioso. Puede ser la verdad, puede ser el amor, puede ser la dicha, puede ser la belleza; todas ellas están más allá de pruebas o refutaciones. Nadie puede refutar ni lo uno ni lo otro.

Y Dios es la culminación de todos los grandes valores, el núcleo esencial de la belleza, el amor, la verdad, la dicha. Dios es el núcleo esencial de todos estos valores; estos valores no pueden probarse.

¿Cómo puedes probar su esencia? No es más que un perfume, ni siquiera la flor, sino sólo la fragancia.

Pero, ¿por qué surge este deseo? El deseo surge porque tu mente dice: "A menos que Dios esté probado no hay necesidad de perder el tiempo por Dios o en la meditación o en la oración". Es la estrategia de la mente para mantenerte alejado de la meditación, de la oración.

Dios no es necesario. Si quieres meditar, puedes meditar sin Dios.

Buda meditó sin Dios; no creía en Dios. Mahavira meditó y se iluminó sin ninguna idea de Dios. Dios no es una necesidad, ¡se puede prescindir de Dios! Pero cuando Buda alcanzó la meditación se convirtió en un dios. Mahavira se convirtió él mismo en un dios.

Así es como sucede: meditas y TÚ te convertirás en un dios, descubrirás la piedad en tu propio ser. Y ese es el principio del descubrimiento. Luego empiezas a descubrirla en los demás. Luego, poco a poco, toda la existencia está llena de Dios, inundada de Dios.

Pero pide primero la prueba y te perderás todo el viaje. Entonces la mente dice: "Primero prueba, luego medita". La mente te ha jugado una mala pasada, la mente te ha engañado. Y parece lógico: antes de empezar cualquier indagación, que se pruebe. Si Dios es, entonces la meditación es significativa; de lo contrario, ¿por qué estás meditando? Si Dios existe, entonces la oración es significativa; si no existe Dios, entonces la oración es inútil.

Yo te digo: exista Dios o no, la oración es importante. La oración no cambia a Dios: ¡la oración te cambia a ti! La oración no tiene nada que ver con Dios; tiene todo que ver contigo. La persona que reza se convierte en una persona totalmente diferente. La meditación no tiene nada que ver con Dios, pero la meditación te transforma.

Son formas alquímicas de transformar tu interioridad. Y cuando tu interioridad haya cambiado, esté llena de luz y claridad, podrás ver.

Dios se puede ver, pero no se puede demostrar. Sólo las cosas pequeñas pueden ser probadas, sólo las cosas que no tienen valor pueden ser probadas. Libérate de este deseo de prueba. Es un deseo estúpido.

Mary y Bob iban en la litera superior del tren a las cataratas del Niágara, y ella no paraba de repetir: "¡Bobby, no puedo creer que estemos casados de verdad!".

Desde la litera inferior bramó una voz somnolienta: "¡Por Dios, Bobby, convéncela, queremos dormir!".

Sí, de tales cosas puedes estar convencido, pero nada más elevado, nada más profundo, nada realmente valioso.

Me preguntas, Sargam: "¿Puedes convencerme de la existencia de Dios?".

¿Y qué más crees que estoy haciendo aquí? No estoy argumentando a favor de Dios, no estoy tratando directamente de probar la existencia de Dios; pero de una manera indirecta estoy creando la situación correcta, el ambiente correcto, el contexto correcto, donde Dios puede estar disponible para ti. Eso es lo que ocurre aquí. No hablo mucho de Dios porque no es necesario.

Hablo de amor, de meditación, de conciencia, de atención plena, y hablo de mil y una cosas. Todas ellas son significativas en el sentido de que crearán la atmósfera adecuada, el clima adecuado para que Dios suceda.

Intento crear un campo búdico: un espacio determinado en el que uno pueda convertirse en dios.

Mi esfuerzo no es darte una creencia en Dios; mi esfuerzo es darte una experiencia de Dios. Y la creencia no tiene ningún valor porque detrás de la creencia siempre se esconde la duda. Sólo la experiencia es de verdadera ayuda, porque en la experiencia no queda ninguna duda.

Cuando TÚ lo sepas, sólo entonces lo sabrás. Puedo silenciarte a través de la lógica, puedo hacer que te convenzas a través de la argumentación lógica, pero esa convicción será sólo intelectual - alguien más puede destruirla. Si alguien puede argumentar mejor contra Dios, estarás perdido; todo tu sistema de creencias se derrumbará. Pero nadie puede argumentar en contra de tu experiencia. Si lo has sabido, todo el mundo puede decir que Dios no existe, pero aún así tú sabes que Dios existe. Y sólo esa convicción existencial tiene algún valor.

Las creencias son para los tontos; los sabios buscan la experiencia. Por eso, por favor, no me pidas que te convenza, que te dé pruebas de la existencia de Dios. Esa no es mi función. No estoy aquí para convertirte a una ideología concreta. Estoy aquí para transformarte a una existencia totalmente nueva, a una nueva forma de vida, a una nueva forma de visión.

Dios no está ahí, en algún lugar fuera de ti; por lo tanto, la ciencia nunca va a descubrir a Dios.

Dios es tu naturaleza interior. Tendrás que bucear en tu interior. Tendrás que encontrarte contigo mismo. Tendrás que seguir buscando y buscando en tu conciencia. Y cuando hayas llegado al centro de tu conciencia... ¡la revelación!

La cuarta pregunta:

Pregunta 4:

AMADO MAESTRO,

AH RARÍSIMO, ¿CÓMO ES QUE DAS TANTO?

Chaitanya Kabir, ¡me gustaría darte mucho más! Pero lo real no se puede dar con palabras. Lo real sólo puede transmitirse mediante gestos, mediante el silencio, mediante la presencia. Y a veces ni siquiera el silencio es suficiente; incluso la presencia, en las cumbres últimas, falla. Lo último no puede darse de ninguna manera posible.

Sigo hablándote, pero no es lo que me gustaría decirte. Lo que me gustaría decirte no se puede decir, y lo que se puede decir no es realmente lo que me gustaría decirte. Es el antiguo dilema, el dilema del místico. Lo sabe, pero no puede decirlo; y lo que dice no es lo que sabe.

Lao Tzu dice: El tao no puede ser dicho, y si lo dices, ya no es tao. Lee en lugar de tao, "dhamma", y se convierte en la afirmación de Buda. En lugar de tao, léase "verdad", y se convierte en una afirmación de Sócrates. La verdad no se puede decir -¡es tan vasta! -, pero hay que esforzarse. En esos mismos esfuerzos, unas pocas personas que sean vulnerables, abiertas, inteligentes, podrán tener un pequeño atisbo -un atisbo lejano, por supuesto-, pero ese atisbo se convertirá en una semilla en ellos y empezará a crecer.

Y lo que tengo que deciros es inagotable, por eso puedo seguir hablando. Llevo cinco años hablando sin parar y no he dicho nada, ¡ni una sola palabra! Por eso puedo seguir hablando, porque no se puede decir nunca.

Uno puede preguntarse: "Entonces, ¿para qué hablar?". Hay una razón para ello: He atrapado a muchos de ustedes hablando. Si estuviera aquí sentado en silencio, sí, habría venido alguna gente, pero muy poca, porque el silencio es un fenómeno difícil, el más difícil de comprender. Necesita una inteligencia tremenda; no sólo inteligencia, también necesita un cierto silencio en ti. Sólo entonces, dos silencios pueden comulgar. Y el mundo no te enseña a estar en silencio; te enseña palabras, lenguaje.

Tengo que utilizar las palabras y el lenguaje para que quedes atrapado en la red. Una vez que estés atrapado y no puedas escapar, entonces tendrás que escuchar también mi silencio. Y una vez que hayas comprendido mis palabras, empezarás a sentir el silencio que rodea a esas palabras. Esas palabras nacen del silencio; llevan algo de silencio en ellas, algo de fragancia a su alrededor.

Pero lo que te he estado diciendo es sólo lo más rudimentario; es para los principiantes.

A medida que crezcas en comprensión, a medida que tu silencio se profundice, mi contacto contigo será cada vez más de silencio. Incluso mientras hablo, escucharás los intervalos entre las palabras y leerás entre líneas. No te preocuparás tanto por las palabras, sino por lo que no tiene palabras. Te preocupará más el origen de todo.

Dos hippies cruzaban el Atlántico en un barco de vapor. Estaban en cubierta, mirando el océano, y uno dijo: "¡Hombre, mira toda esa agua ahí fuera!".

"Sí, tío", contestó el segundo gato, más alejado. "Y sólo piensa, como que eso es sólo la parte superior de la misma."

Sólo se puede hablar de lo superficial, de la superficie; las profundidades permanecen ocultas. Pero la superficie puede convertirse en una invitación.

Chaitanya Kabir, mis palabras son solo invitaciones - invitaciones hacia mi ser, invitaciones hacia mi presencia. Por lo tanto, aquellos que vienen aquí y permanecen como no-sannyasins están destinados a irse con las manos vacías. Acumularán algunas palabras, se volverán un poco más conocedores; filosóficamente se enriquecerán un poco, pero su ser seguirá siendo el mismo. Sabrán más, pero no serán más. A menos que te comprometas, a menos que te involucres, a menos que arriesgues todo lo que tienes, seguirás preocupado sólo por las palabras.

Cuanto más profundo sea tu compromiso, mayor será la posibilidad de avanzar hacia las profundidades, porque avanzar hacia las profundidades sólo es posible cuando estás dispuesto a morir: morir como ego, morir como persona.

Y eso es exactamente lo que ocurre entre el maestro y el discípulo: el maestro ya no es un ego; el discípulo también se convierte poco a poco en un no-ego, en una no-entidad, en un don nadie... y entonces se funden y se encuentran, entonces se funden el uno en el otro.

He elegido una bandera para la nueva comuna. La bandera es de dos colores: blanco y naranja.

El blanco representa al maestro, el naranja al discípulo. Y la bandera tiene una luna llena como símbolo. La luna llena representa la iluminación. La iluminación es luz, pero no como el sol; no es caliente, es fresca, es como la luna.

La iluminación no es masculina sino femenina, porque la iluminación es un don de Dios.

No puedes ser agresivo, tienes que estar receptivo, disponible, abierto, como un útero; de ahí la luna. Y la luna es mitad roja y mitad blanca; eso representa el encuentro y la fusión del maestro y el discípulo. El maestro está en el discípulo, de ahí que la luna sea medio roja; y el discípulo está en el maestro.

El maestro y el discípulo no son dos. Cuando se convierten en uno, cuando ya no es un diálogo, cuando no hay cuestión de yo y tú, cuando el yo y tú desaparecen en una unidad, entonces se comprende el silencio, entonces se comprende la presencia. Y entonces se abren para ti fuentes inagotables. Entonces entras en el océano, el río cae en el océano.

Estas palabras son sólo invitaciones. Acompáñame. Estas palabras son sólo para prepararte para que puedas dar un salto al océano. Se necesitan agallas, se necesita audacia, porque saltar al océano significa desaparecer tal y como te conocías hasta ahora, perder tu antigua identidad. Al principio es una pérdida, pero en realidad no, porque el río se pierde a sí mismo como río y se convierte en océano. Es una ganancia.

El discípulo que se pierde en el maestro se convierte en maestro; alcanza su verdadera identidad. Y el maestro es sólo una puerta: del maestro pasa a Dios mismo.

Por eso en Oriente, el maestro es concebido como un dios. Eso es muy difícil de entender para los no orientales, por qué el maestro es concebido como un dios... porque él es la puerta hacia lo divino.

Chaitanya Kabir, puedo entender tu asombro. Dices, "Ah rarísimo, ¿cómo es que das tanto?"

Pero por mi parte no te doy tanto, por dos razones. Una es que tienes que estar preparado antes de que se te pueda dar. Sólo se te puede dar tanto como puedas aceptar, digerir. Sólo se te puede dar la cantidad que pueda convertirse en tu sangre, huesos y médula; más que eso causará indigestión, que no será útil para ti, sino que será perjudicial.

Y me gustaría darte mucho más, pero en la propia naturaleza de las cosas no se puede dar. Soy totalmente impotente. Puedo gritar, puedo seguir llamándote: "¡Acércate!"...

porque si te acercas, poco a poco, mi campo energético empezará a vibrar con TU campo energético. Y cuando mi corazón y tu corazón estén pulsando con el mismo latido, al mismo ritmo, entonces habrá comenzado la verdadera comunión.

Pero está sucediendo, lentamente. Algunos de ustedes se están acercando, dejando caer sus egos.

Algunos de ustedes están cada vez más silenciosos. Unos pocos os estáis atreviendo con lo último, os estáis preparando para dar un salto al océano desde donde no hay retorno posible. Las cosas están sucediendo, pero llevan su tiempo.

Y tal campo de energía no ha existido durante siglos; así que muchas cosas tienen que ser elaboradas desde el ABC. Tal campo de energía existía mientras Buda estaba aquí. Tal campo de energía existió con

Bodhidharma en China. Tal campo de energía existió con Zaratustra en Irán. Tal campo de energía existió con Jesús en Jerusalén. Pero durante siglos este fenómeno ha desaparecido del mundo, y el hombre se ha vuelto demasiado mundano, demasiado interesado en trivialidades, en lo superficial, en lo sin sentido. Incluso si acude a Dios, lo hace por cosas sin sentido. No acude para transformarse interiormente, no acude para morir y renacer.

Estás aquí para morir y renacer. Mucho está sucediendo... mucho más va a suceder. A medida que te prepares más y más, te bañaré más y más.

Y es inagotable porque no es mío, no tiene nada que ver conmigo. Sólo soy un vehículo, un bambú hueco. Simplemente estoy a disposición de la existencia: cualquier canción que quiera cantar a través de mí, estoy dispuesto a cantarla. Sólo soy un medio.

Aprovecha esta oportunidad todo lo que puedas, porque estas puertas sólo se abren de vez en cuando y es muy fácil pasarlas por alto. Por estupideces se pueden pasar por alto, y puedes racionalizar tu estupidez fácilmente.

Cuidado, estén atentos....

La quinta pregunta:

Pregunta 5:

AMADO MAESTRO,

EXISTEN INVESTIGACIONES EN OCCIDENTE QUE SUGIEREN QUE LOS HOMBRES SON MÁS FELICES ESTANDO CASADOS QUE SIN ESTARLO, Y QUE LA TASA DE SUICIDIOS ES MENOR ENTRE LOS HOMBRES CASADOS. Y QUE LO CONTRARIO ES CIERTO PARA LAS MUJERES. POR FAVOR COMENTE.

Prabhudasi, hay una diferencia entre la mente masculina y la mente femenina; su funcionamiento es diferente. Son polos opuestos, nunca lo olvides. Espiritualmente son exactamente iguales, pero fisiológicamente son polos opuestos; funcionan de manera diferente.

Por ejemplo, el hombre es más físico que la mujer, el hombre es más extrovertido que la mujer.

La mujer es más psicológica y más introvertida. Por eso hay tantas revistas como PLAYBOY con mujeres desnudas en la portada y fotos de mujeres desnudas en el interior, y se venden millones de ejemplares. Hay mucha pornografía en todo el mundo, pero es una idea masculina. A la mujer no le interesa tanto el hombre desnudo como al hombre la mujer desnuda.

Cuando un hombre y una mujer se abrazan profundamente, la mujer cierra los ojos inmediatamente. Besa a una mujer, y ella cierra los ojos. Pero el hombre se observa a sí mismo besando a la mujer, observa a la mujer besada, observa sus reacciones, observa continuamente si ella consigue un orgasmo o no. Sigue siendo más o menos un extraño, un espectador. Le interesa más mirar que participar.

La mujer simplemente cierra los ojos. Está menos preocupada por el hombre y por lo que le ocurre a él; está más preocupada por su ser interior, por lo que ocurre allí.

De ahí que a las mujeres no les interese la pornografía; su verdadero interés está en sus procesos internos. Estas diferencias son tan grandes que dan lugar a estilos de vida diferentes.

Prabhudasi, tienes razón: la investigación moderna ha encontrado ciertamente un hecho de aspecto muy extraño. Pero no es realmente extraño. Los hombres son más felices estando casados que sin estarlo, porque cuando no están casados simplemente se sienten solos. Cuando están casados, aunque el matrimonio sea miserable, es mejor que estar solo; al menos hay algo que te mantiene ocupado. La miseria también te mantiene ocupado y el hombre siempre quiere permanecer ocupado: algo en el exterior para no tener que entrar, para poder mantener los ojos abiertos.

La mujer no está tan interesada en el exterior, así que cuando una mujer está soltera se siente más sola que sola. Y puede disfrutar de su soledad mejor que un hombre porque está más orientada hacia el interior: es más egoísta, en cierto modo. Utilizo la palabra en un sentido muy positivo: es egoísta, está centrada en sí misma. El hombre está centrado en los demás, piensa constantemente en los demás.

La mujer piensa más en sí misma. Como mucho, sigue interesada en el vecindario: quién tontea con quién. No le preocupa mucho Vietnam o Irán. Simplemente se siente un poco desconcertada sobre por qué los hombres están tan interesados en Vietnam. ¿Qué tienes que ver tú con Vietnam? Está tan lejos, ¿para qué preocuparse?

No me he encontrado con una sola mujer que me haya preguntado por pruebas de Dios. ¡Está tan lejos! Ninguna mujer me ha preguntado si el cielo existe realmente, si el infierno es una realidad. A ella no le preocupan esas cosas. Está más preocupada por las cosas que le son cercanas; está más preocupada por su ropa que por Dios.

Y el hombre piensa que todos estos intereses femeninos son estúpidos: cuando hay temas tan importantes, ¡la mujer se preocupa por su ropa! No hablará de comunismo ni de Karl Marx, ni de Mao, ni de Mahatma Gandhi. Ella, como mucho, puede escuchar todas estas cosas por cortesía. Lo que le interesa es de dónde has sacado tu sari, la textura de tu ropa y quién está guapa. Le preocupa lo cercano; su preocupación es ella misma.

Por lo tanto, ella puede permanecer sola de una forma más sana que el hombre; él se siente muy solo. Si no puede conseguir su periódico matutino, ¡empieza a enloquecer! Tiene que saber lo que pasa en el mundo entero. No puede estar solo. Incluso en su soledad creará seres imaginarios -Dios, ángeles- y problemas imaginarios: ¿Cuántos ángeles caben en la punta de una aguja? Y se meterá de lleno en el problema; se pasará toda la vida contando los ángeles, ¡y discutirá hasta la saciedad! La mujer se ríe. En el fondo, la mujer sabe que los niños no son más que niños: ¡que digan tonterías!

Lo llaman filosofía, teología... son muy hábiles dando grandes nombres a cosas estúpidas.

Por eso el hombre se suicida si se siente solo. El matrimonio es imprescindible para él; necesita a una mujer para muchas cosas. En primer lugar, ella le da una base: la mujer es muy terrenal, está ligada a la tierra. En todas las mitologías del mundo está representada por la tierra. La mujer le da raíces en la tierra; de lo contrario, sin una mujer, estaría sin tierra, sin raíces, colgado en el aire. La mujer le da un nido, se convierte en su hogar. Sin la mujer, no tiene hogar, es un vagabundo, madera a la deriva.

Aun así, va a haber conflicto, va a haber miseria, va a haber quejas constantes... es inevitable porque son polos opuestos; sus intereses nunca coinciden. Por lo tanto, la mujer tiene que regañar, de lo contrario el hombre nunca cumplirá SUS deseos, y el hombre tiene que ceder. Poco a poco, si el hombre es lo bastante inteligente, se convierte en un calzonazos.

Sólo las personas muy estúpidas y testarudas no llegan a ser calzonazos. Un poco de inteligencia y el hombre lo entiende: que es mejor escuchar lo que ella diga y seguirlo. De lo contrario, te perseguirá las veinticuatro horas del día. No te dejará descansar. Es mejor hacer lo que ella dice y terminar con ello, ¡así podrás leer tu periódico!

Todo ese fastidio y toda esa miseria se pueden tolerar porque la mujer satisface cierta necesidad muy profunda: te pone los pies en la tierra y cuida de tu cuerpo.

No se preocupa mucho por tu alma -eso te lo deja a ti para que lo pienses-, pero alimenta tu cuerpo. Te nutre, te cuida, te ama, te hace sentir amado, necesitado, te da una profunda satisfacción. Sin ella, no sabes quién eres. Sin ella, siempre eres un niño perdido. Ella es tu madre.

De ahí que los hombres casados sean más felices que los solteros. No debería ser así, porque el hombre soltero no tiene problemas. El hombre casado tiene problemas, así que lógicamente parece muy extraño que la persona casada sea más feliz que la soltera. Pero la vida no sigue la lógica; la vida tiene sus propios caminos extraños. El soltero está sin raíces, sin alimento, sin calor. Tiene frío, vive en un mundo frío; sigue encogiéndose y muriendo. La mujer le da calor, le da vida, le hace sentirse en casa, le ayuda a permanecer unido. Sin la mujer, empieza a desmoronarse.

Pero la mujer puede ser más feliz sola que casada, porque puede arraigarse sin el hombre; el hombre no es una necesidad tan grande. Ella puede ser más independiente que el hombre - ella ES más independiente.

Sólo porque la mujer es más independiente, a lo largo de los siglos el hombre ha intentado hacerla dependiente de otras formas: económica, socialmente. Naturalmente, ella es más independiente y eso hiere al hombre y a su ego, así que él ha intentado hacerla dependiente de alguna manera; se le ha creado una dependencia artificial. Económicamente ha quedado paralizada, tiene que depender del hombre. Esto es un consuelo para el hombre: si él depende de ella, ella también depende de él. Es una compensación y un consuelo.

Política, socialmente, se la ha expulsado de la sociedad; se la ha obligado a permanecer en el hogar para que el hombre pueda sentir que "no soy el único dependiente, ella también depende de mí". Esta es una estrategia psicológica del ego, del ego masculino.

De lo contrario, si a la mujer se le da total libertad -económica, social, política- el hombre parecerá realmente pobre comparado con ella.

En las sociedades matriarcales, el hombre ES pobre. Todavía existen en la Tierra algunas tribus matriarcales, en las que gobierna la mujer; las mujeres son más fuertes, más seguras de sí mismas, y los hombres son débiles.

Ciertamente, la mujer es más fuerte que el hombre en muchos aspectos. Vive más que el hombre, cinco años más que él. Si la vida media del hombre es de setenta años, la de la mujer será de setenta y cinco. Vive cinco años más que el hombre, ¿por qué? Debe tener más resistencia. Y después de dar a luz a diez, doce hijos.... Sólo piensa en un hombre dando a luz a diez, doce niños - ¡estará acabado mucho antes! Lleva un niño en tu vientre durante nueve meses y te suicidarás. O si te resulta difícil, intenta criar a un niño, y o lo matas o te suicidas.

La mujer tiene una gran resistencia, una gran tolerancia a las cosas. La mujer está más equilibrada; fisiológicamente, químicamente, está más equilibrada. Por eso tiene un aspecto más bello: su belleza tiene raíces en su equilibrio fisiológico.

Es así: si las personas son creadas a partir de dos células, una de la madre y otra del padre -cada célula consta de veinticuatro partes más pequeñas-, entonces el hombre tiene dos células, una que consta de las veinticuatro completas mientras que la otra contiene menos. Y la mujer tiene dos células, ambas compuestas de las veinticuatro completas, por igual. La mujer está más equilibrada.

El hombre tiene un desequilibrio interior, de ahí que enloquezca más fácilmente, que se vuelva loco con mucha facilidad. Cualquier mujer puede volver loco a cualquier hombre, ¡es un fenómeno tan simple! Las mujeres enferman menos que los hombres; los hombres enferman más, sufren más enfermedades. Nacen ciento quince niños por cada cien niñas, y cuando llegan a la edad de casarse, quince niños han desaparecido. Al llegar a la edad de casarse hay cien chicas por cada cien chicos. La naturaleza también da a luz a quince chicos más sabiendo perfectamente que quince van a morir tarde o temprano. Así que cuando los chicos y las chicas llegan a la edad de casarse, la proporción será la misma.

Las mujeres solteras están más a gusto consigo mismas. Si política y económicamente no se lo impidieran, les gustaría, les encantaría seguir solteras.

Quizá esa sea una de las razones por las que el hombre las ha hecho tan indefensas política, social y económicamente, para que TENGAN que decidirse por el matrimonio; de lo contrario, a muchas mujeres les gustaría seguir solteras. Incluso si quisieran ser madres, querrían serlo sin casarse. Sí, hay una gran necesidad de ser madre en una mujer, pero no hay una gran necesidad de ser esposa.

Las necesidades del hombre son más fisiológicas; las de la mujer, más psicológicas. De ahí que la mujer siempre se sienta explotada en el matrimonio. Y su sensación es cierta, porque el interés del hombre es sexual y el de la mujer es mucho más total; no es sólo sexual.

El sexo puede ser una parte en esa totalidad. Pero el interés del hombre es básicamente sexual; todo lo demás es sólo decorativo, no es esencial. Está continuamente interesado en el sexo.... La sencilla razón es que sus sexualidades son muy diferentes.

El hombre tiene una sexualidad local; su sexo se limita a los órganos genitales, no se extiende por todo su cuerpo. La mujer es totalmente sexual, todo su cuerpo es sexual; no es genital.

De ahí que la mujer necesite unos preliminares más largos antes de lanzarse de lleno a hacer el amor.

Y el hombre siempre tiene prisa; ¡su amor no es más que un asunto de golpe y fuga! La mujer ni siquiera se ha calentado, ¡y el hombre se viste y se va! El hombre está acabado. Su sexualidad es genital. La mujer es más total; todo su cuerpo tiene una sexualidad profunda. A menos que todo su cuerpo se involucre, ella no puede tener una experiencia orgásmica. Y si no puede tener experiencias orgasmicas se desinteresa por el sexo. Así que las esposas están desinteresadas en el sexo. Todo el interes del hombre esta en el sexo.

El joven ejecutivo saludó cordialmente a su atractiva secretaria al entrar en el despacho.

"Buenos días, Marge", dijo, dejando su maletín sobre el escritorio. "Anoche soñé contigo".

Halagada, pero deseosa de parecer distante, preguntó despreocupadamente: "Ah, ¿sí?".

"No", respondió su jefe. "Me desperté demasiado pronto".

Su comprensión es diferente. La mujer siempre se siente engañada, utilizada, como si fuera una máquina. Se siente utilizada como un medio; es humillante. De ahí que el matrimonio sea muy humillante para la mujer. Parece sólo una especie de prostitución permanente, nada más.

Se siente como si la hubieran vendido para siempre. ¿Y qué obtiene a cambio? Una vida repetitiva, sin creatividad, sin alegría, sin exploración; una esclavitud, una esclavitud constante y la humillación constante de ser utilizada como medio.

Por supuesto, si se suicidan más mujeres casadas, es natural; si se vuelven locas más mujeres casadas, es natural.

Lester estaba continuamente nervioso y tenso, así que fue a ver a su médico. Le recibió la encantadora enfermera pelirroja y le contó su problema.

Ella dijo: "Eso es fácil de arreglar". Y le llevó a una pequeña habitación, le alivió la tensión y le dijo: "Serán diez dólares, por favor".

Unas semanas más tarde estaba nervioso y tenso de nuevo, volvió al médico, y éste le examinó y le dio una receta de tranquilizantes y le dijo: "Serán cinco dólares".

"Si a usted le da lo mismo, doctor, prefiero el tratamiento de diez dólares".

Para los hombres, el sexo no es un fenómeno espiritual, sino sólo una liberación fisiológica. Para la mujer es un fenómeno espiritual. De ahí que la mujer siempre se sienta ofendida; a menos que el amor se produzca como parte de una gran experiencia espiritual, es incapaz de cooperar en él. Sí, puede participar en él de una manera fría. Es debido a esta situación que millones de mujeres han olvidado completamente lo que significa el orgasmo; se han congelado. Esto se debe a que el hombre no comprende la diferencia.

Cada hombre y cada mujer necesitan una gran educación al respecto: que son diferentes; sus fisiologías son diferentes, sus psicologías son diferentes. Y tienen que entender la psicología del otro, la fisiología del otro. Hay que enseñarles.

Cada universidad debería ayudar a los estudiantes a comprender la biología, la espiritualidad de los demás. Pero no se enseña nada.

El sexo es tabú: no hables de él. La gente actúa como si naciéramos con todos los conocimientos necesarios. Eso no tiene sentido. Es posible tener hijos, pero eso no basta.

El sexo tiene un significado mucho más profundo. No es sólo para reproducirse; tiene una cualidad multidimensional. También es diversión, es juego, es oración, es meditación, es religión, es espiritualidad. El sexo tiene todo el espectro; es todo el arco iris, todos los colores, desde el más bajo hasta el más alto.

Es necesaria una gran educación para que el hombre pueda entender a la mujer y pueda ayudarla a avanzar hacia cimas orgásmicas, y la mujer pueda entender al hombre y pueda ayudarle.

El matrimonio actual se basa en la ignorancia, y así ha sido durante siglos. Todo conocimiento sobre el sexo ha sido reprimido. Se ha descubierto una y otra vez, pero ha sido reprimido una y otra vez por los moralistas, por los puritanos, por los curas, por los políticos, porque no quieren que te vuelvas orgásmicamente dichoso.

Existe un peligro para los políticos y los sacerdotes: si la gente es orgásmicamente feliz no irá a las iglesias ni a los templos porque conocerá una forma de oración mucho más elevada y profunda en su propia vida. Y si la gente es orgásmicamente dichosa no seguirá a líderes estúpidos a la guerra. Amarán la vida tan profundamente que no estarán tan dispuestos a ser asesinados o a matar. Su respeto por la vida será tan tremendo, su alegría de vivir será tal, que se sentirán agradecidos a Dios. No tendrán tanta prisa por desperdiciar la vida con cualquier estúpida excusa: mahometanos luchando contra hindúes, hindúes luchando contra mahometanos, matándose unos a otros.

Tanto los políticos como los sacerdotes están de acuerdo en una cosa: no permitas que la gente tenga gozo orgásmico; de lo contrario, dejarán de ser esclavos. Será imposible manipularlos, será imposible reducirlos a personas subhumanas y mecánicas. Tendrán una espiritualidad propia y tendrán una vida tan rica que no estarán dispuestos a perderla tan fácilmente.

Estos curas y políticos han creado una sociedad tan represiva y un hombre tan reprimido que la humanidad entera está enferma y es anormal.

Charlie entró en la oficina de venta de billetes de avión, y la chica que había detrás del mostrador estaba tan magníficamente dotada de equipamiento femenino como ninguna otra que él recordara haber visto jamás. Llevaba un vestido escotado y se inclinaba sobre las anotaciones que estaba haciendo. Se quedó mirándola.

Levantó la vista y dijo: "¿Qué puedo hacer por usted, señor?".

Charlie oyó su propio aliento silbar en sus oídos como vapor, pero intentó dominar la situación. Después de todo, necesitaba dos billetes para Pittsburgh.

Finalmente habló. "Oh, dame dos piquetes a ....".

La humanidad entera hierve por dentro. La gente tiene tanto miedo que, de alguna manera, se las apaña para mantener la compostura. La declaración de Charlie: "Denme dos piquetes para..." no está realmente completa. La frase completa sería: "Denme dos piquetes a Tittsburgh".

Eso se omite porque el chiste ha sido compilado por un hombre que debe haber tenido miedo él mismo. No es un chiste completo. "Billetes a Pittsburgh" se convierte en "piquetes a Tittsburgh" - y esto le pasa a casi todo el mundo.

Una situación tan anormal es el resultado de siglos de represión. La gente no habla de sexo con claridad, no habla de sexo en absoluto. Incluso si hablan, lo hacen con rodeos, con diplomacia.

El Sr. Ginsburg volvía a casa de la tienda cuando se cruzó con la Sra. Cohen, que le dijo: "Sr. Ginsburg, su negocio está abierto".

Me dijo: "Debes estar equivocado. Acabo de cerrarlo".

Entonces se encontró con la Sra. Goldberg, que también le dijo: "Sr. Ginsburg, su negocio está abierto".

De nuevo lo negó.

Cuando llegó a casa su mujer le dijo que su bragueta estaba abierta y entonces lo entendió. Así que llamó a la Sra. Cohen por teléfono y le dijo: "Sra. Cohen, cuando me dijo que mi negocio estaba abierto, dígame, ¿el vendedor estaba dentro o fuera?".

Suficiente por hoy.

La ausencia del hombre es su libertad

EL CAMINO ES ÓCTUPLE.

HAY CUATRO VERDADES.

TODA VIRTUD RESIDE EN EL DESAPEGO.

EL MAESTRO TIENE LOS OJOS ABIERTOS.

ESTE ES EL ÚNICO CAMINO, EL ÚNICO CAMINO HACIA LA APERTURA DEL OJO.

SÍGUELO.

FUERA EL DESEO.

SÍGUELO HASTA EL FINAL DE LA PENA.

CUANDO SAQUÉ EL EJE DE LAS PENAS TE MOSTRÉ EL CAMINO.

ERES TÚ QUIEN DEBE HACER EL ESFUERZO.

LOS MAESTROS SÓLO SEÑALAN EL CAMINO.

PERO SI MEDITAS Y SIGUES LA LEY TE LIBERARÁS DEL DESEO.

Gautama el Buda trabajó duro durante seis años en todo tipo de disciplinas para llegar a casa, para conocer la verdad de su ser, para darse cuenta del significado de la vida. Pero fracasó rotundamente, no porque le faltara esfuerzo, no porque no estuviera comprometido con los métodos que practicaba, sino porque no estaba meditando en ellos. Sus esfuerzos eran, en cierto modo, superficiales; no surgían de su propio núcleo más íntimo. Al contrario, venían impuestos desde fuera por otros: por la tradición, por los maestros, por las escrituras.

Tras seis años de arduos esfuerzos y frustraciones, se dio cuenta de lo siguiente: "Sólo puedo transformarme cuando algo se convierte en mi propia intuición, cuando algo surge de mi propia visión. Las visiones prestadas no servirán, los métodos prestados no ayudarán. Las escrituras me convertirán en un loro, pero no pueden convertirme en un iluminado".

Al cabo de seis años cambió por completo su forma de vida: empezó a vivir desde dentro. Y ese fue el punto de inflexión. Eso se convirtió en el comienzo del viaje sin fin hacia la verdad. Eso se convirtió en el comienzo de la alegría eterna, la celebración.

Era natural. Al principio, todo el mundo sigue a los demás; eso es fácil. Uno mismo no sabe adónde ir, qué hacer, cómo hacerlo. Empiezas a preguntar a los expertos.

Y el problema es que en la indagación espiritual no hay expertos; no puede haberlos, porque cada individuo es tan único que no es posible la pericia.

La pericia es posible si no hay individualidad. Sobre la materia se puede llegar a conclusiones -la materia es predecible-, pero sobre el hombre no se puede llegar a conclusiones de la misma manera.

Hay algo en el hombre que sigue siendo impredecible, y esa cualidad impredecible es su esencia misma. Eso es lo que le hace hombre; esa es su libertad. No está sujeto a la ley de causa y efecto, sino que funciona bajo una ley totalmente distinta. Él puede comportarse de tal manera que habría sido inconcebible para ti, viendo la situación, dada la situación, imaginarlo. Si lo hubieras predicho, tu predicción habría parecido un absurdo. Pero el hombre puede funcionar al margen de la ley de causa y efecto.

Entonces, ¿cómo ayudar al hombre? - ¿cómo se supone que un maestro debe ayudar a los demás? No ayuda dando información detallada, instrucciones; sólo ayuda indicando. Insinúa, no guía. Esa es una de las cosas más esenciales que hay que entender sobre Buda: no es un guía. No te da todo el mapa del viaje, sino sólo una indicación, un indicio vago y sutil. No necesitas seguirle en todos los detalles. Puedes comprenderle y luego tendrás que elaborar tu propio estilo de vida.

Y estoy perfectamente de acuerdo con él. Él lo aprendió por las malas; yo también lo he aprendido por las malas.

Escúchame: escucha con el corazón abierto. Intenta comprender lo que se te transmite, pero no lo sigas mecánicamente. Deja que primero se convierta en una comprensión en ti, luego sigue tu comprensión, no mis instrucciones. Mis instrucciones sólo pueden ayudarte a elevar tus ojos hacia el cielo. No puede darte un patrón fijo de vida; no puede darte una disciplina, pero puede darte la dirección. Y la diferencia es grande: una dirección es un fenómeno totalmente diferente; una descripción, una descripción detallada, te convierte en un esclavo.

Sólo una apertura... los dedos que apuntan a la luna son de inmensa ayuda. No hay que aferrarse a los dedos, no hay que adorarlos. De hecho, cuando empieces a mirar a la luna tienes que olvidarte por completo de los dedos. Te sentirás agradecido, pero no serás un imitador. Serás un individuo por derecho propio. Serás una conciencia libre. Ese es el mensaje fundamental de Buda.

Dice:

EL CAMINO ES ÓCTUPLE.

Recuerda que es sólo una pista. "El óctuple sendero" es simplemente una forma de expresar su experiencia, de darte una dirección determinada. La esencia del óctuple sendero está en la palabra "rectitud". Buda utiliza la palabra "rectitud" para todo. Divide la vida en ocho partes y utiliza la palabra "rectitud" para cada una de ellas: alimento correcto, esfuerzo correcto, atención correcta, samadhi correcto, etcétera, etcétera. Y no es sólo una cuestión de ocho cosas; si lo entiendes, entonces hay que utilizarlo como una dirección.

Cualquier cosa que hagas puede ser correcta o incorrecta; ambas alternativas están siempre ahí. Así que tienes que entender lo que él quiere decir con "rectitud", su esencia. Tienes que probar el sabor de la rectitud, entonces podrás aplicarla en todo lo que hagas. Cuando caminas, puedes hacerlo bien o mal. Hablas: puedes hablar bien y puedes hablar mal. Escuchas: puedes escuchar bien y puedes escuchar mal.

Si escuchas con todo tipo de prejuicios, esa es una forma equivocada de escuchar; en realidad es una forma de no escuchar. Parece que estás escuchando, pero sólo estás oyendo, no escuchando. Escuchar correctamente significa que has dejado a un lado tu mente. No significa que te vuelvas crédulo, que empieces a creer cualquier cosa que te digan. No tiene nada que ver con creer o no creer. Escuchar correctamente significa: "Ahora mismo no me preocupa si creer o no creer". No hay cuestión de acuerdo o desacuerdo en este momento. Simplemente intento escuchar lo que sea. Más adelante podré decidir qué está bien y qué está mal. Más tarde puedo decidir si seguir o no seguir".

Y la belleza de escuchar correctamente es ésta: que la verdad tiene una música propia. Si puedes escuchar sin prejuicios, tu corazón te dirá que es verdad. Si es verdad, una campana empieza a sonar en tu corazón. Si no es verdad, permaneces distante, despreocupado, indiferente; no suena ninguna campana en tu corazón, no se produce ninguna sincronicidad. Esa es la cualidad de la verdad: si la escuchas con el corazón abierto, crea inmediatamente una respuesta en tu ser: tu centro mismo se eleva. Te empiezan a crecer alas; de repente todo el cielo se abre.

No se trata de decidir lógicamente si lo que se dice es verdad o mentira. Al contrario, es una cuestión de amor, no de lógica. La verdad crea inmediatamente un amor en tu corazón; algo se desencadena en ti de una manera muy misteriosa.

Pero si escuchas mal -es decir, lleno de tu mente, lleno de tu basura, lleno de tu conocimiento- entonces no permitirás que tu corazón responda a la verdad. Te perderás la tremenda posibilidad, te perderás la sincronicidad. Tu corazón estaba preparado para responder a la verdad.... Sólo responde a la verdad, recuerda, nunca responde a lo falso.

Con la falsedad permanece totalmente silenciosa, insensible, inafectada, insensible. Con la verdad empieza a bailar, empieza a cantar, como si de repente hubiera salido un sol y la noche oscura ya no existiera, y los pájaros cantaran y los lotos se abrieran, y toda la tierra despertara.

Exactamente así, cuando escuchas la verdad de verdad, totalmente, inmediatamente algo despierta en ti. La verdad tiene ese inmenso impacto. Por eso Buda dirá: Escucha correcta, esfuerzo correcto....

Puedes esforzarte al extremo, y entonces fallarás. Puedes esforzarte demasiado y fallarás, o puedes esforzarte demasiado poco y fallarás. Sólo puedes iluminarte cuando el esfuerzo está exactamente equilibrado, en equilibrio.

La palabra de Buda es SAMYAKTVA; es difícil de traducir. Sólo uno de sus significados es rectitud. Otro significado es equilibrio, y también tiene otras cualidades.

El tercer significado es ecuanimidad. El cuarto significado es, mirar las cosas con ojos similares, sin juicio; mirar las cosas por igual, sin ningún juicio o conclusión a priori - mirar las cosas sin conclusión alguna. Porque si ya tienes una conclusión, no puedes mirar las cosas tal y como son; tu conclusión interferirá. Pero el significado más importante es la rectitud.

Esfuerzo correcto significará ni inclinarse demasiado hacia la izquierda ni inclinarse demasiado hacia la derecha. El esfuerzo correcto significará exactamente como caminar sobre la cuerda floja. ¿Has visto al equilibrista? Se balancea continuamente entre la derecha y la izquierda. Si se inclina demasiado hacia la izquierda, se caerá; inmediatamente se equilibra moviéndose hacia el lado opuesto. Pero si se inclina demasiado hacia la derecha, también se caerá; entonces vuelve a equilibrarse moviéndose hacia la izquierda. Se mueve continuamente entre la derecha y la izquierda. El equilibrio no es algo estático, sino un proceso dinámico.

Por lo tanto, no puedes decidir tu carácter de una vez por todas. Y los que deciden su carácter de una vez por todas son gente muerta. Simplemente siguen una rutina muerta; no son transformados por esta rutina muerta.

La vida es un proceso continuo, un movimiento, es un río. Tienes que adaptarte a las situaciones; de lo contrario, te quedas fijo y la vida sigue cambiando a tu alrededor. El único resultado será que surgirá una brecha entre tú y tu vida, y esa brecha creará miseria, tristeza.

Siempre pierdes el tren. O llegas demasiado pronto o demasiado tarde, pero nunca estás en el punto exacto. O vas delante o vas detrás.

O estás en el pasado o estás en el futuro. Algunas personas viven en sus recuerdos y otras en su imaginación.

Y vivir correctamente significa estar en el presente, estar exactamente en el medio - en el medio del pasado y el futuro, en el medio de la imaginación y la memoria, en el medio de lo que ya no es y lo que todavía no es. En esa exacta medianía está la rectitud: samyaktva.

Y Buda aplica esto a todas las facetas de la vida, a todos los aspectos. Puedes comer demasiado y luego un día te cansas de comer demasiado; sufres, tu cuerpo sufre.

Entonces empiezas a ayunar, lo que supone llegar a otro extremo. De nuevo tu cuerpo sufre, primero por comer demasiado y luego por no comer nada. ¿Cuándo vas a estar exactamente en el medio?

Y recuerda, permíteme repetirlo una vez más: el punto medio no es un punto fijo. No puedes decidir de una vez para siempre que éste es el punto medio, que "comeré sólo tanto", porque tus necesidades cambian. Un día que has caminado diez millas, puedes necesitar un poco más de comida. Un día que has descansado, que no has trabajado nada, que estabas de vacaciones, necesitarás un poco menos de comida. Un día has estado cortando leña; necesitarás más comida, tu cuerpo necesita más alimento. Y un día ha estado lloviendo y simplemente has estado jugando a las cartas; necesitarás poca comida.

Y de vez en cuando puede que tu cuerpo no necesite alimento en absoluto. Si estás enfermo será bueno darle al cuerpo un descanso completo, porque comer significa trabajo para el cuerpo. El cuerpo tiene que digerirlo, el cuerpo tiene que trabajar continuamente con la comida. De vez en cuando es bueno; si sientes que el cuerpo no está en buena forma, es bueno no comer. Pero no tiene nada de religioso; es un enfoque muy científico.

Una cosa es cierta: que nada puede convertirse en un fenómeno estático. Hay que seguir moviéndose.

Cuando seas joven necesitarás ocho horas de sueño. Cuando seas viejo necesitarás cuatro horas de sueño, tres horas de sueño, y eso será suficiente. Cuando eras niño necesitabas diez horas de sueño. En el vientre de la madre el niño necesita veinticuatro horas de sueño; después del nacimiento, veintidós horas, luego veinte horas, luego dieciocho horas, y poco a poco... al final, cuando una persona llega a la muerte, sólo necesita dos horas de sueño y eso es suficiente.

En el vientre de la madre el niño está creciendo; esos nueve meses se crece tanto que no se crecerá tanto dentro de noventa años. ¡A pasos agigantados! El ritmo es tan rápido y tan veloz que el niño necesita reposo absoluto. Pero el anciano, hace tiempo que ha dejado de crecer. Ahora el cuerpo no necesita tanto descanso. El cuerpo ya no se reanima; se está preparando para morir, el proceso de reanimación se ha detenido. Ahora mueren las células que mueren; no se reproducen de nuevo. Por lo tanto, cada vez se necesita dormir menos. No se puede arreglar para siempre.

Hay tontos que lo arreglan, que dicen: "He hecho voto de dormir sólo cinco horas por noche". Sufrirán cuando sean jóvenes, sufrirán cuando sean viejos; su sufrimiento no acabará nunca. Cuando sean jóvenes sufrirán porque el cuerpo puede necesitar diez horas de sueño, nueve horas de sueño, al menos ocho horas de sueño, y ellos han decidido dormir sólo cinco horas. Les faltarán continuamente esas tres horas.

Parecerán un poco tristes, cansados, sus rostros sin brillo, sus ojos siempre somnolientos. No mostrarán inteligencia, porque tanto el cuerpo como la mente necesitan un descanso profundo. Simplemente se moverán por la vida como un sonámbulo, medio dormidos.

Y sus escrituras dicen que si sientes sueño durante el día significa que eres un pecador, TAMASIK, que estás sufriendo de letargo. ¡Y de lo único que realmente estás sufriendo es de necedad! Has decidido que dormirás sólo cinco horas cuando la necesidad es de ocho horas. Y en la vejez intentarás dormir cinco horas y no podrás dormir, entonces sufrirás porque sólo puedes dormir tres horas. Entonces toda la noche estarás dando vueltas en la cama y maldiciendo al mundo entero, y no podrás concebir por qué no puedes dormir al menos cinco horas. Y tratar de dormir cinco horas cuando sólo puedes dormir tres horas será una perturbación; te mantendrá en la desesperación. Pensarás continuamente que se te escapa algo.

Nunca decidas así. Buda dice: Deja que tu vida sea dinámica. Tiene que corresponder a la realidad, a la situación en la que te encuentras. No sigas reglas muertas; responde a la realidad, a lo que es. En esa responsabilidad creces, te vuelves maduro. Ser responsable es tener razón.

Y afirma que esta rectitud debe aplicarse a todos los aspectos de la vida. Incluso sobre la conciencia, la meditación, dice que es necesaria la "atención correcta", porque uno puede obsesionarse demasiado con la meditación. Uno puede llegar a estar tan fascinado por la meditación que puede empezar a escapar de la vida.

Ha ocurrido a lo largo de los tiempos. Millones de personas han escapado de la vida por la sencilla razón de que querían meditar y la vida es una perturbación. No pueden meditar en el mercado, no pueden meditar en la familia, no pueden meditar con los niños alrededor. Tienen que ir a las cuevas del Himalaya; sólo entonces pueden meditar. Esa es una meditación equivocada. Si la meditación es tan pobre, tan impotente que no puedes meditar en tu propia casa, entonces tu meditación no vale nada. Si necesita el Himalaya, entonces no es tu meditación la que te hace callar; es el silencio del Himalaya.

Después de treinta años de meditar en los Himalayas, vuelves al mundo, y entonces todo el esfuerzo, todo ese arduo viaje, todos esos treinta años de trabajo sobre ti mismo, simplemente desaparecerán, se evaporarán. El mundo te molestará más que antes, porque ahora has vivido fuera del mundo durante treinta años. Te has desacostumbrado a él, a su ruido, a su gente, a sus costumbres. Esto no es meditación correcta.

La meditación correcta tiene que convertirse en tu fuerza, no en tu debilidad. Tiene que hacerte más fuerte, tan fuerte que puedas sentarte en el mercado y, sin embargo, meditar.

Y Buda incluso utiliza la palabra "correcto" para samadhi. Eso hay que entenderlo. Él dice: "realización correcta de la verdad". Uno se pregunta, ¿puede haber realización correcta de la verdad?

Buda dice que sí. Samadhi es el estado último cuando todos los deseos desaparecen, todos los pensamientos desaparecen, toda la mente desaparece. Estás en un estado de no-mente. Pero esto puede suceder de dos maneras.

Puedes caer en un sueño profundo, tan profundo que ya ni siquiera hay sueños: la mente ha desaparecido. En el sueño profundo no hay deseo, no hay mente, no hay pensamiento. Pero esto no es samadhi, ¡es coma!

Y muchas personas, especialmente en la India, entran en coma y creen que están en samadhi. Durante horas quedan inconscientes. Es una especie de ataque de histeria.

Puedes ver sus caras, sus bocas espumosas. Puedes ver la calidad de su ser.

Están tumbados como cadáveres; no irradian nada. No verás ninguna alegría a su alrededor, sólo una especie de vacío negativo. Pero se cree que son grandes santos.

Buda dice que este es un tipo equivocado de meditación y un tipo equivocado de samadhi. El samadhi correcto significa que tienes que estar sin mente, completamente despierto; en la vigilia, los pensamientos tienen que desaparecer. Es fácil quedarse dormido, caer en un coma profundo, en una especie de ataque histérico y estar sin mente; pero eso es caer por debajo de la mente, no trascender la mente. El samadhi correcto es una trascendencia: vas más allá de la mente, pero estás completamente alerta, consciente. Sólo entonces el samadhi es correcto: cuando crece en la consciencia y cuando la consciencia crece a través de él. Cuando te iluminas tienes que estar absolutamente despierto; de lo contrario has fallado en el último paso.

Así Buda divide la vida en ocho partes y llama a su camino "el óctuple camino".

EL CAMINO ES ÓCTUPLE. Pero tienes que mirar tu vida, tendrás que decidir sobre tu vida. No te limites a seguir las palabras de Buda. Sigue su ESPÍRITU, porque las cosas han cambiado. En veinticinco siglos tenía que ser así. Vives en una sociedad diferente, vives con una mentalidad diferente. Tu vida ya no es la misma que en tiempos de Buda. Así que el núcleo esencial seguirá siendo el mismo, pero muchas cosas tendrán que cambiar.

Recuerda que tienes que estar siempre alerta, vigilante, equilibrado; siempre en el medio, sin moverte nunca al extremo, sin excederte nunca en nada. Cada persona tendrá que elaborar planes diferentes para su propia vida.

Si te limitas a seguir las palabras de Buda, como hacen los budistas de todo el mundo....

No entienden nada; siguen haciendo lo mismo. Buda caminaba, ellos siguen caminando, porque hay que caminar por el camino correcto....

Te lo diré: no es necesario caminar para practicar la manera correcta de caminar.

Puedes sentarte en un avión de la manera correcta. Tienes que aplicar la esencia de su enseñanza a TU situación. Él no podría haber dicho -obviamente- que debes sentarte en el avión de una manera correcta. Ahora bien, no puedes ir andando de Chicago a Poona, tendrás que venir en avión; pero puedes sentarte en el avión de manera correcta. Y si el piloto te informa de que un motor ha fallado y el otro está a punto de fallar, tienes que permanecer tranquilo, quieto, equilibrado. Aunque el avión se incendie y estés cayendo y tarde o temprano -es cuestión de momentos- estarás muerto, tienes que mantener la conciencia, tienes que mantener la calma. No debes alterarte.

Tienes que aplicar la esencia a tu vida; de lo contrario, las cosas siguen siendo superficiales. Uno las practica, pero en el fondo permanece inmutable.

Una italiana y una judía estaban tomando el sol una al lado de la otra en un buen hotel de Miami. La judía empezó a presumir de marido. "Mi marido es muy generoso: ¡le pedí un Cadillac y me regaló un Rolls Royce!".

"¡Qué bonito!", dijo la italiana.

"Es tan maravilloso. Si le pido un abrigo, me compra un visón".

"¡Es bonito!", respondió.

"Si digo que estoy cansado, me manda inmediatamente a Miami".

"¡Es bonito!"

"¿Y tu marido?"

Mi marido", dijo la mujer italiana, "es tan bueno que me ha mandado a la escuela de posgrado, donde me enseñan a decir "Qué bonito" en vez de "Estás lleno de mierda"". Puedes seguir diciendo "¡Qué bonito!" y en el fondo sigues diciendo lo mismo. En el fondo no has cambiado nada. Terminar los estudios no te ayudará. Te vuelves culto, sofisticado, religioso. Meditas, rezas, haces todo tipo de rituales, pero siguen siendo rituales, ni siquiera a flor de piel. Sólo tienes que rascar un poco y encontrarás al hombre real, y es tan animal como los demás animales, o a veces incluso más. Porque ningún animal puede caer tan bajo como el hombre, y ningún animal puede elevarse tan alto como el hombre. La caída del hombre es grande, el ascenso del hombre es grande.

El hombre es una escalera entre el cielo y el infierno, entre el animal y Dios. Caer hacia ser un animal es un proceso inconsciente; elevarse hacia ser un Dios es un esfuerzo consciente.

Buda dice:

EL CAMINO ES ÓCTUPLE.

HAY CUATRO VERDADES.

Estas son las cuatro verdades, insiste una y otra vez. Primero: la vida tal como la conoces es tristeza.

Quiere hacerte consciente del fenómeno de que tu vida no es más que miseria. Es una larga tragedia, es trágica. No quieres escuchar esas cosas; quieres seguir creyendo que ya estás en el paraíso.

No quieres ver tus heridas, y Buda las abre una y otra vez. Te obliga a ver todo el pus que llevas dentro. De ahí que la gente se enfadara con él. Antes de Buda, otros sacerdotes y supuestos maestros religiosos les contaban cosas hermosas sobre sí mismos.

Buda es el primer maestro que quiere que seas absolutamente auténtico contigo mismo. Quiere que tomes conciencia de la situación real. No le interesa cantarte una nana, sino despertarte. No es un sedante, es un despertador.

La primera verdad para el verdadero buscador, dice, es saber que la vida es dolor. La segunda verdad es que tiene una causa. Su enfoque es muy científico. Dice: primero sé consciente de que tu vida es tristeza. Pero no te preocupes, no te pongas triste por este hecho. Hay una causa para ello. Y si hay una causa, la tercera verdad es: hay una manera de eliminarla. Si hay una causa para ello, puede ser sin causa. Si no hay causa para tu miseria, entonces no es removible; entonces hay realmente desesperación, entonces no hay esperanza.

Ahí es exactamente donde se encuentran los existencialistas modernos. Han comprendido la primera verdad -que la vida es triste, sin sentido, absurda- pero no han ido más allá. Sartre, Heidegger, Jaspers, Marcel, todos ellos están dando vueltas alrededor de la primera verdad. De ahí que hayan creado una gran desesperación en la intelectualidad de todo el mundo. Si la vida es tristeza y no hay forma de salir de ella, naturalmente crea desesperanza.

Naturalmente, parece que el suicidio es lo correcto; seguir viviendo es de cobardes. ¿Por qué? Si sólo es pena, ¿por qué seguir viviendo? ¿Por qué no devolver el billete? ¿Y qué hay que agradecer a Dios?

Buda dice: "La vida es tristeza" es sólo la primera verdad. La segunda es: hay una causa para ello, así que no te preocupes. El dolor está ahí, pero como tiene una causa, hay esperanza. Y hay un camino para eliminarla. El óctuple sendero es la forma de eliminarla.

¿Y cuál es la causa? El deseo - TANHA - es la causa de ello.

Y la cuarta verdad es la verdad última: existe un estado en el que el dolor ya no existe: el estado de iluminación, liberación, nirvana.

En estas cuatro simples verdades ha reducido toda la investigación espiritual, todo el esfuerzo espiritual. Y lo ha reducido de una manera tan hermosa y tan simple que a cualquiera que sea un poco inteligente no le resultará difícil de entender.

HAY CUATRO VERDADES....

Esta vida que estás viviendo es triste, pero no es la única vida. Esta es la vida que has elegido. Puedes vivir otro tipo de vida: Buda la vivió, yo la estoy viviendo, tú puedes vivirla. Puedes vivir de una manera totalmente diferente: puedes vivir sin deseos, puedes vivir meditativamente, puedes vivir con conciencia sin elección. Puedes vivir tan centrado y arraigado en tu ser que no puede quedar ninguna pena. Ni la tristeza, ni la miseria, ni la muerte siguen siendo posibles; todas ellas desaparecen. A medida que te llenas de luz, tu vida experimenta una transformación. Esta no es la clase de vida correcta que estás viviendo.

El viajante de comercio le pidió al granjero que le alojara durante la noche. El granjero le dijo: "Claro, pero tendrás que dormir con mi hijo".

"¡Dios santo!", dijo el vendedor, "¡me he equivocado de broma!".

Sí, estás en la broma equivocada - estás en la vida equivocada. Pero como TÚ la has elegido, hay una gran esperanza: puedes dejar de elegirla. Y tienes que elegirla continuamente, constantemente, sólo entonces podrás estar en ella. Recuerda, para estar en el mal tienes que hacer grandes esfuerzos - y estás haciendo grandes esfuerzos.

Mira a los políticos, cuánto se esfuerzan por mantenerse en el poder. Mira a los ricos, cuánto se esfuerzan por seguir siendo ricos. Y su riqueza sólo trae miseria, y sus viajes de poder sólo traen miseria. Cuanto más poder tienen, más codiciosos son; cuantas más riquezas tienen, más codiciosos son. Se obsesionan cada vez más con lo mismo. Siguen y siguen malgastando sus vidas...

y al final mueren con las manos vacías.

Estás alimentando tu vida equivocada. Sigues regando la cizaña y sigues esperando que un día florezcan rosas. Sigues esperando que "llegará la primavera y habrá rosas y rosas en mi jardín". Pero las malas hierbas no pueden producir rosas. Tienes que arrancar las malas hierbas de raíz y tienes que dejar de alimentarlas y nutrirlas. Tienes que limpiar el jardín de las raíces, de las piedras, de las malas hierbas, y sólo entonces podrás plantar rosas.

Hay una causa para tu miseria: TÚ eres la causa. Tu somnolencia es la causa, tu inconsciencia es la causa. Y en tu inconsciencia sigues soñando y deseando estupideces, con tanto fervor, con tanto entusiasmo. Es extraño ver a la gente poner tanto esfuerzo en crear su propio infierno; con el mismo esfuerzo pueden crear mil y un paraísos. El esfuerzo que pones en crear un infierno es suficiente para crear mil y un paraísos.

Buda dice: Hay una causa para ello - tu deseo constante. Y hay una forma de eliminarlo: ser consciente de tu deseo, verlo de principio a fin. Y entonces llega el estado último de libertad, cuando el deseo cesa, desaparece. Te quedas sin ningún deseo, sin ningún sueño, sin ningún sueño, alerta, consciente. Entonces conoces la vida real.

Puedes llamarlo Dios; esa no es la palabra de Buda. Él desconfía de la palabra 'Dios'.

Debido a esta palabra 'Dios', los sacerdotes han explotado al hombre durante tanto tiempo que Buda nunca la utiliza. También desconfía de la palabra "alma", porque ha habido muchos que no han utilizado la palabra "Dios", sino que han sustituido "Dios" por "alma". Y han utilizado la misma explotación con la palabra 'alma', han hecho lo mismo con la humanidad.

Buda evita Dios, el alma, el cielo, todo. Él crea una nueva palabra, una palabra muy extraña. Ahora no suena tan extraña, pero cuando la usó por primera vez fue realmente extraño, particularmente en este país donde por miles de años la gente había estado hablando de religión.

Nadie sabía que se podía utilizar una palabra así para designar el estado último. Buda utiliza la palabra "nirvana". Nirvana significa literalmente cesación, desaparición, disolución; ya no eres más. No parece muy atractivo. ¿Ya no eres nada? ¿Ese es el objetivo? Dejar de ser, ¿y para eso hay que hacer un arduo esfuerzo? ¿Y uno tiene que meditar y volverse sin elección y dejar todos los deseos? ¿Para qué? ¿Simplemente para no ser?

Shakespeare dice: Ser o no ser, esa es la cuestión. Él decidirá por "ser"; Buda decide por "no ser". Él dice: "Sí, ésa es la cuestión. Ser es miseria, no ser es alegría".

Pero la gente estaba muy desconcertada: "¿Cómo puede haber gozo si yo no estoy? Si he dejado completamente de ser, ¿quién va a gozar?".

Y Buda dijo: "Ese es todo el punto a entender: si TÚ estás, la miseria es - la miseria es tu sombra; cuando no estás, por supuesto no hay nadie para disfrutar, pero hay alegría."

Una forma muy extraña de expresarlo, pero puedo entender su dificultad. Utiliza cualquier palabra que pueda darte alguna idea del ego y te aferras a ella. "Alma" se convierte sólo en ego magnificado, ego purificado. Y recuerde: un veneno purificado es más venenoso. La palabra "alma" simplemente no significa otra cosa que un ego muy grande, superior, santo, sagrado, divino; pero es el mismo ego, ahora tremendamente decorado, coronado, adornado con guirnaldas. Primero era temporal, ahora es inmortal. Primero era momentáneo, ahora es eterno... ¡pero es el mismo ego!

Cada vez que te consideras iluminado, ¿qué estás haciendo? ¿Cuál es tu idea de la iluminación? Sigues ahí tal como eres; sólo se te añade una cosa:

la iluminación. Tú sigues siendo el mismo MÁS la iluminación. Buda dice que eso no es posible; o TÚ eres, o la ILUMINACIÓN es; ambos no pueden estar juntos. Tienes que desaparecer. Y tiene razón, tiene toda la razón.

El ego tiene que irse, en todas sus formas, y entonces explota la auténtica realidad. Y esa explosión es una alegría tremenda, es dicha. No hay nadie que lo experimente, no hay nadie que lo observe. No eres un observador de esta dicha, eres la dicha misma; no hay observador separado de ella. El observado es el observador, el experimentado es el experimentador, el conocedor es lo conocido. La vieja dualidad ya no es relevante.

La palabra de Buda es significativa: nirvana, cesación, dejar de ser. TODA VIRTUD RESIDE EN EL DESAPEGO.

Por lo tanto, despréndete de tu ego, despréndete de tus posesiones. Despréndete simplemente de toda posible fuente de apego.

El olvidadizo profesor salió de su habitación de hotel y descubrió que se había dejado el paraguas. Volvió a buscarlo y se encontró con que la habitación ya estaba alquilada.

A través de la puerta oyó ruidos.

"¿De quién eres bebé?"

"Tu pequeño bebé".

"¿Y de quién son estas manitas?"

"Tus manitas".

"¿Y de quién son los piececitos... y las rodillitas... y las...?".

"Cuando llegas a un paraguas", dijo el profesor, a través de la puerta, "es mío".

El 'yo' existe a través de 'mí', 'mío'; de ahí tanto deseo de posesiones. Sigues acumulando y cuanto más acumulas, más puedes sentir que eres. Cuanto mayores son tus posesiones, cuanto más dinero tienes, más puedes sentir que eres. El ego está vacío; necesita llenarse continuamente de cosas para poder seguir permaneciendo en el engaño, en la ilusión de que está lleno. Pero en realidad nunca se llena; es un pozo sin fondo. Vas introduciendo cosas en él y éstas van desapareciendo; permanece vacío. Nunca está lleno, no puede estarlo por la propia naturaleza de las cosas. Es una entidad falsa, ¿cómo puede estar llena?

TÚ estás lleno. Pero cuando digo "tú", no me refiero al ego; no me refiero a nada que entiendas por ti mismo. Todo eso tiene que desaparecer, entonces se descubre el verdadero tú. Y ese tú real no está separado de mí, y ese tú real no está separado de los árboles, y ese tú real no está separado de las nubes. Ese tú real es parte del todo.

Por eso Buda dice que te conviertes en parte de la ley universal, dhamma, tao. Desapareces como entidad separada. Eres simplemente una ola en el océano. Esto es la liberación:

liberarse de uno mismo es liberarse, liberarse de uno mismo es liberarse.

TODA VIRTUD RESIDE EN EL DESAPEGO.

EL MAESTRO TIENE LOS OJOS ABIERTOS.

Tus ojos están cerrados porque sólo ves el exterior. Interiormente, estás completamente ciego.

Y ahí está el verdadero tesoro y ahí está la verdad de tu vida - y sobre eso estás ciego. Ves cosas sin sentido, ves todo tipo de basura. Sigues sin encontrar tu propio centro, tu propia fuente de conciencia. Buda dice: Para verlo hay que ser vidente; de lo contrario estás ciego.

EL MAESTRO TIENE LOS OJOS ABIERTOS - y tú también tienes esos ojos interiores, pero los mantienes cerrados. Has olvidado completamente que tienes esos ojos. Los métodos de meditación no son más que métodos para abrir los ojos interiores. Están ahí; tienes que aprender a abrirlos.

ESTE ES EL ÚNICO CAMINO, EL ÚNICO CAMINO HACIA LA APERTURA DEL OJO.

SÍGUELO.

FUERA EL DESEO.

La única manera de abrir los ojos interiores es dejar de desear. ¿Qué es el deseo? Deseo significa:

"Me siento vacío y me gustaría estar lleno". El vacío duele. "Necesito dinero, necesito poder, necesito prestigio, para poder sentirme lleno" - aunque los que tienen mucho dinero y poder y prestigio están tan vacíos como tú. Sólo míralos, ¡sólo observa! Mira a tu alrededor. ¿Ves a la persona rica? - ¿es realmente rico? Rodeado de riquezas, por supuesto, pero ¿es rico? ¿Hay alguna riqueza interior? ¿Es más sensible a la verdad? ¿Es más consciente de la belleza? ¿Es más capaz de amar? ¿Ha experimentado quién es? ¿Conoce el significado de la vida? ¿Tiene sentido de lo último?

Estas son las cosas que le hacen a uno rico. Sí, tiene un gran saldo bancario, pero ¿cómo puede eso hacerle rico? Puede que sea famoso, que todo el mundo le conozca, pero ¿se conoce a sí mismo? Y si no se conoce a sí mismo, ¿qué importa cuánta gente le conozca? En el fondo, ni siquiera es consciente de su propio ser. Hay una gran oscuridad en su interior, y hay luz a su alrededor, pero ¿de qué sirve tener tanta luz si no hay luz en su interior? Sí, fuera hay soles y estrellas y lunas, pero dentro ¡ni siquiera una pequeña vela! ¿Y a eso le llamas riqueza?

No, Buda es rico porque la luz interior está ahí. Jesús es rico porque la luz interior está ahí. Eres rico si tu ser interior está impregnado de luz, bañado en luz. Eres rico si sabes que la existencia es divina. Eres rico si has experimentado la exquisita belleza que rodea, que impregna el todo. Eres rico si has saboreado el néctar de tu propia conciencia. Eres rico si eres capaz de compartir tu amor incondicionalmente. De lo contrario, eres un mendigo.

Buda dice: EL ÚNICO CAMINO PARA LA APERTURA DEL OJO es volverse sin deseos.

SÍGUELO HASTA EL FINAL DE LA PENA.

Y sigue desarraigando un deseo tras otro, porque la mente es muy astuta. Si desarraigas un deseo, inmediatamente empieza a crecer otro deseo. Es tan astuta que incluso puede desear a Dios. Es tan astuta que incluso puede desear el nirvana. Puede desear no ser. Ese deseo es absurdo, pero la mente es tan astuta. ¡Cuidado con la astucia de la mente!

Los transeúntes del metro de Nueva York se quedaron intrigados al ver a un irlandés de aspecto desaliñado ante un gran cartel en el que se leía: ¡VEA EL ÚNICO GATO PARLANTE DEL MUNDO POR SÓLO 10 DÓLARES!

Cuando se congregó una gran multitud y los bolsillos del hombre rebosaban de dinero, sacó de una caja un animal de aspecto sarnoso y, sosteniéndolo en el aire, susurró al oído del espectador más cercano.

Bastante avergonzado, el pobre espectador miró a los ojos del desconcertado gato y le dijo: "¿Quién fue el último presidente de China?".

Rápidamente, el irlandés tiró de la cola del gato y la bestia gimió con fuerza: "¡Mao...!".

La mente es muy astuta. Puede encontrar formas de explotar a otros y también puede encontrar formas de explotarte a ti. Y sigue recogiendo todo tipo de astucias del mundo.

Eso es lo que se llama experiencia.

Cuanto más viejo te haces, más astuto te vuelves, aunque finjas que te has vuelto más sabio. Nadie se vuelve sabio por el mero hecho de envejecer; de lo contrario, todos los ancianos se convertirían en budas. Sólo por envejecer te vuelves ciertamente astuto. Por supuesto, las experiencias de toda tu vida de ser engañado te enseñan algunas lecciones: empiezas a engañar a los demás, empiezas a aprender los caminos del mundo. Un niño es inocente; es muy difícil encontrar a un anciano que siga siendo inocente. Te conviertes en un gran experto en conocimientos prestados.

Un hombre que padecía dolor de espalda acudió a un especialista muy caro que le recomendó compresas calientes. Después de usar compresas calientes toda la noche se sintió peor que nunca.

Su criada, al verlo agonizante, le preguntó cuál era el problema. Cuando él le contó la historia, ella le dijo: "Compresas calientes no. Compresas frías".

Lo probó y se alivió enseguida. Irritado, volvió al especialista y le contó toda la historia.

"Hmm", musitó el doctor, "compresas frías. Mi criada dice que compresas calientes".

El especialista y el no especialista no son muy diferentes. El experto y el no experto están en el mismo barco.

¡Cuidado con los que saben! No saben nada y, sin embargo, fingen que saben. No sólo eso, sino que enseñan a los demás. Ellos mismos han desperdiciado sus vidas e inconscientemente están destruyendo las vidas de otras personas.

En este mundo, si todos deciden una cosa: "Diré a los demás sólo lo que he conocido", el mundo puede convertirse inmediatamente en un lugar mucho más hermoso y mejor de lo que es. Una sola decisión por parte de todos: "No seguiré transmitiendo conocimientos prestados. Diré sólo lo que he experimentado"... inmediatamente, el noventa y nueve por ciento de la basura simplemente desaparecerá del mundo.

Pero con ella desaparecerán sus eruditos, sus expertos, sus sacerdotes, sus líderes políticos... y ellos no quieren desaparecer. Han invertido tanto en sus conocimientos prestados que incluso decirles que "vuestros conocimientos son prestados" les enfurece.

El verdadero conocimiento sólo ocurre cuando el deseo ha desaparecido. Entonces tus ojos están limpios de todo humo, de todas las nubes. Entonces puedes ver. Y cuando puedes ver, puedes ver tanto dentro como fuera.

Una joven encantadora entró en la consulta de un médico a la hora de comer y se dirigió a un apuesto joven con bata blanca. "Hace una semana que me duele el hombro.

¿Puedes ayudarme?", preguntó.

"Túmbate en esta mesa", me dijo, "y te daré un masaje".

Al cabo de unos minutos, la bella paciente exclamó: "¡Doctor, ése no es mi hombro!".

El joven sonrió y contestó: "¡No, y tampoco soy médico!".

Vigila a quién escuchas. Fíjate en quién lees. He conocido tantos libros sobre meditación escritos por personas que no saben nada de meditación. Han venido a preguntarme sobre la meditación, y cuando vinieron a preguntarme me quedé perplejo. He leído su libro. Has escrito un libro tan hermoso sobre la meditación".

Dijeron: "Sí, se ha vendido bien y hemos ganado mucho, pero en lo que respecta a la meditación, no lo hemos hecho en absoluto".

Les pregunté: "¿Cómo habéis escrito libros tan bonitos?".

Dijeron: "Leyendo otros libros".

Todo lo que necesitas son unas buenas tijeras y pegamento, ¡y podrás escribir un libro sobre cualquier tema! Basta con reunir cincuenta libros, ir cortando los trozos pertinentes y pegándolos, y se crea un nuevo libro. Así es como surgen todo tipo de absurdos. Siguen apareciendo nuevos libros sobre cada tema. Hay tantos libros sobre meditación que si tanta gente meditara, este mundo sería un paraíso. ¡Tantos libros sobre yoga, tantos libros sobre Dios, tantos libros sobre Cristo, Buda, Mahavira!

Si la gente conociera tan bien a Buda, Mahavira, Cristo, Mahoma, este mundo no podría estar en tan fea forma. Pero no lo saben. Tienen conocimiento, ciertamente, pero su conocimiento es mecánico. Han leído, porque pueden entender el lenguaje, pero no han experimentado nada.

Y la religión es básicamente experiencia. Es un experimento con tu propia subjetividad. Es un viaje hacia el interior. Es una penetración en tu propia interioridad. Buda dice:

CUANDO SAQUÉ EL EJE DE LAS PENAS TE MOSTRÉ EL CAMINO.

Dice: "No soy un erudito, no soy un experto, pero una cosa es cierta: ya no me siento miserable. Mi pena ha desaparecido. Y en el momento en que mi pena desapareció, te mostré el camino". Esa es la forma correcta de mostrar el camino a los demás. Sé lo que te gustaría que los demás fueran. Excepto eso, todo lo que la gente sigue diciendo son tonterías.

He conocido a muchos monjes budistas que son grandes eruditos sobre Buda, que han leído todas las escrituras budistas, pero que no han meditado en absoluto; que no han probado ni una sola gota de la experiencia de Buda, pero siguen creyendo que son budistas.

Y no sólo eso, siguen convirtiendo a otros al budismo.

¡Cuidado con esa gente! Ya sean budistas, hindúes, mahometanos, jainas, judíos, no importa, ten cuidado con esa gente. Evita a esas personas. Mira a un hombre a los ojos, siente su presencia. Si puedes ver algo que no es prestado, si puedes sentir algo que le ha sucedido al hombre, entonces y sólo entonces -si tu corazón está conmovido y agitado- escúchale y sigue su perspicacia: de lo contrario, no. No es una cuestión de libros, es una cuestión de experiencia existencial. CUANDO SAQUÉ EL ASTA DEL DOLOR TE MOSTRÉ EL CAMINO.

ERES TÚ QUIEN DEBE HACER EL ESFUERZO.

LOS MAESTROS SÓLO SEÑALAN EL CAMINO.

Buda dice: "Aún así, sólo puedo señalar el camino. Tú tendrás que hacer todo el esfuerzo. Yo no puedo hacerlo por ti. No puedo ser tu salvación".

¡Mira la belleza de este hombre! Dice: "Yo no puedo ser vuestra salvación. Si me fuera posible ser vuestra salvación, ya lo habría hecho. Ni siquiera te habría pedido permiso".

Los cristianos siguen diciendo que Jesús es la salvación, pero eso es una tontería porque si Jesús es la salvación, entonces ¿por qué el mundo sigue en la miseria? ¡Jesús ha sucedido! Habría resuelto los problemas de todo el mundo. No ha resuelto los problemas de nadie, ni siquiera de los cristianos, ¡no puede! Nadie puede hacerlo, y es bueno que nadie pueda hacerlo, porque si otros pueden hacerlo entonces también pueden deshacerlo. Y si tu libertad te la pueden dar otros, no será mucha libertad; será otro tipo de esclavitud.

La libertad hay que conseguirla con tu propio esfuerzo. Nadie puede dártela; por tanto, nadie puede quitártela. Es absolutamente tuya.

Buda dice: ERES TÚ QUIEN DEBE HACER EL ESFUERZO. LOS MAESTROS SÓLO INDICAN EL CAMINO.

PERO SI MEDITAS Y SIGUES LA LEY TE LIBERARÁS DEL DESEO.

Sólo haz dos cosas: medita, observa tus procesos de pensamiento; conviértete en un simple espectador de tu mente. Eso es meditación, convertirse en testigo. Y segundo: sigue la ley, sigue el curso natural. No seas antinatural, no intentes luchar con la naturaleza, deja de ser un luchador. Aprende a relajarte con la naturaleza, aprende a dejarte llevar. Fluye con la naturaleza, permite que la naturaleza te posea totalmente. Por "naturaleza" entiende dhamma, tao, la naturaleza última de las cosas, la ley universal.

Haz estas dos cosas, y te liberarás del deseo y el deseo desaparecerá.

Medita y déjate llevar. Este es el camino, el único camino... y el deseo desaparece por sí solo.

Es el deseo lo que te mantiene en la esclavitud, es la causa de la miseria. Y debido al deseo tienes que hacer muchas cosas estúpidas; tienes que comportarte como un tonto. Correr tras el dinero es estúpido, correr tras el poder es estúpido. Estás haciendo el ridículo, pero nunca te das cuenta de ello porque los demás también hacen lo mismo. Como la mayoría hace lo mismo, nadie se da cuenta; si no, te tomarían por loco.

Conozco a gente rica que tiene tanto que no sabe qué hacer con ello, pero aun así sigue y sigue. Han olvidado cómo parar, como si sus mentes no tuvieran frenos, sólo aceleradores. Así que siguen acelerando; no saben cómo parar. Ahora no tiene sentido ganar más dinero porque tienen todo lo que el dinero puede comprar. Tienen más dinero del que necesitarán las próximas diez generaciones, pero no pueden vivir. De la mañana a la noche están poseídos por la manía, por esa locura de ganar más y más y más.

Si les preguntas por qué, no saben responder. Y no se considera educado hacer preguntas tan embarazosas.

Mirad: vuestros deseos os vuelven estúpidos, embotan vuestra inteligencia. Os hacen comportaros como bufones.

La Sra. Nusbaum le dice a su marido que siempre va desaliñado y que debería comprarse ropa nueva. A la hora de comer, el Sr. Nusbaum vio que había rebajas en una zapatería y se compró unos zapatos nuevos. Cuando llegó a casa dijo expectante: "¿Qué te parece, Becky?".

"No veo nada", dijo.

Así que fue al baño y se quitó todo menos sus zapatos nuevos y volvió a salir. "¿Y?", dijo.

"Entonces", replicó, "¡a mí me parece igual!".

"¡No, mira! Está apuntando a mis zapatos".

"¡Hmm! Entonces mejor que te compres un sombrero nuevo".

El deseo pone en ridículo a todo el mundo. Pero como todos los demás están también en el mismo barco, nunca te das cuenta de ello. Y si, de vez en cuando, aparece un Buda en tu barca, lo echas de la barca porque se convierte en una perturbación, una molestia. Empieza a decirte: "¡Esto no tiene sentido! Esto es una estupidez!" Es intolerable.

Es un fenómeno muy extraño que los verdaderos benefactores de la humanidad parezcan peligrosos y las personas realmente peligrosas -que siguen envenenando vuestras mentes y vuestros seres- parezcan benefactores. Los políticos, los sacerdotes y los expertos son los envenenadores, pero son grandes líderes, grandes guías. Os guían, os guían hacia zanjas cada vez más grandes, ¡os guían hacia más y más oscuridad! Puedes mirar al mundo y te convencerás de ello.

Siempre que aparece un buda te sientes muy molesto por él, por su presencia.

porque empieza a hablar de la luz. Empieza a hablar de abrir tus ojos interiores.

Empieza a hablar de tu subjetividad, de tu conciencia. Y estas son cosas de las que no has oído hablar. Son cosas que no te interesan, porque nadie más parece estar interesado en ellas. A ti te interesa el dinero, y un buda habla de meditación.

A veces viene gente y me dice: "Si meditamos, ¿nos haremos ricos?".

Y hay fraudes que dicen "Sí". Maharishi Mahesh Yogi dice a la gente: "Si meditas te volverás rico, te harás rico - porque un meditador atrae el dinero".

No es de extrañar que tenga tanto atractivo en América, porque ¿a quién no le gustaría sentarse sólo quince minutos por la mañana y por la noche y atraer el dinero? Un secreto mágico para llegar a ser más rico, más poderoso - usted puede llegar a ser el presidente, el primer ministro, con sólo hacer Meditación Trascendental, mañana y tarde. Veinte o treinta minutos no parecen un desperdicio; parecen valer la pena.

La gente también viene a preguntarme: "¿Nos ayudará a hacernos ricos, a ser más poderosos?". Incluso si te interesas por la meditación, lo haces por razones equivocadas. Tu meditación también es una meditación equivocada, no una meditación correcta.

Si te interesas por el samadhi, te preguntas: "¿Cuál será la ganancia? ¿Qué obtendremos de ello? ¿Qué clase de paraíso estará disponible para los que han alcanzado el samadhi?".

Y hay religiones que siguen dándote ideas sobre el paraíso, que tendrás esto y tendrás lo otro: ríos de vino, mujeres hermosas, árboles dorados, caminos tachonados de diamantes y esmeraldas. Todo lo que deseas, ellos están dispuestos a proporcionártelo. Y entonces te interesas por el samadhi. Ese es un samadhi equivocado. Ese no es un enfoque correcto hacia la religión.

Buda tiene razón. Dice: "TÚ no estarás allí, tu mente no estará allí. Ninguno de tus deseos se cumplirá. Todos tus deseos se evaporarán, desaparecerán. No hay manera de decirte nada acerca de ese estado final porque estás destinado a malinterpretarlo. Será discontinuo contigo. Cesará, cesará totalmente, y habrá un tipo de vida totalmente nuevo sobre el que no se puede decir nada en tu lenguaje, en el lenguaje que puedes comprender."

Los que siguieron a Buda debieron de ser gente realmente valiente, gente con agallas. Siempre ha sido así y siempre será así.

Los que están conmigo son gente valiente, gente que está dispuesta a arriesgarlo todo: sus deseos, sus egos, su propia existencia. Pero si puedes arriesgarlo todo, todo se vuelve disponible para ti.

Sólo dos pequeñas cosas: meditación y let-go. Recuerda estas dos palabras clave:

meditación y entrega. La meditación te llevará dentro, y la entrega te llevará al todo. Y este es el todo de la religión. En estas dos palabras Buda ha condensado toda la esencia de la religión.

Suficiente por hoy.

La perfección es la muerte

La primera pregunta:
Pregunta 1:
AMADO MAESTRO,
¿PODRÍA HABLARNOS DEL DESEO DE AYUDAR A LA GENTE, DE SUS DIFERENCIAS Y SIMILITUDES CON OTRAS FORMAS DE DESEO?

Veet Aikagro, el deseo es deseo; no hay ninguna diferencia. Tanto si quieres ayudar a la gente como si quieres perjudicarla, la naturaleza del deseo sigue siendo la misma.

Un buda no desea ayudar a la gente. Ayuda a la gente, pero no hay deseo en ello; es espontáneo. Es sólo la fragancia de una flor que ha florecido. La flor no desea que la fragancia se libere, que llegue a los vientos, a la gente.

Que llegue o no llegue no es en absoluto asunto de la flor. Si llega, es accidental; si no llega, también es accidental. La flor libera espontáneamente su fragancia.

Sale el sol: no hay deseo de despertar a la gente, ni de abrir las flores, ni de ayudar a los pájaros a cantar. Todo sucede por sí mismo.

Un buda ayuda no porque desee ayudar; la compasión es su naturaleza. Todo meditador se vuelve compasivo, pero no un siervo del pueblo. Los siervos del pueblo son traviesos; el mundo ha sufrido demasiado por culpa de estos siervos, porque es deseo disfrazado de compasión. Y el deseo nunca puede ser compasivo; el deseo es siempre explotación.

Ahora explotarán en nombre de la compasión; explotarán con bellos nombres. Hablarán de servicio a la humanidad y hablarán de hermandad y hablarán de religión y de Dios y de la verdad. Y toda su hermosa palabrería sólo traerá más y más guerras, más y más derramamiento de sangre - más y más gente será crucificada, quemada viva.

Eso es lo que ha estado ocurriendo hasta ahora. Y si no traes un nuevo entendimiento al mundo, va a continuar de la misma manera.

Así que hay que recordar dos cosas. Una: desear es lo mismo, tanto si se desea ayudar como perjudicar. No se trata del objeto del deseo, sino de la NATURALEZA del deseo. La naturaleza del deseo te lleva al futuro, te trae el mañana. Y con el mañana vienen todas las tensiones, todas las ansiedades, "si voy a lograrlo o no, si voy a tener éxito o no".

El miedo al fracaso y la ambición de tener éxito estarán ahí, tanto si deseas dinero como si deseas la victoria en el mundo o si deseas ser compasivo con la gente o si deseas traer la salvación a la gente. Todo es el mismo juego, sólo cambian los nombres. Es fundamental comprender esto.

Un hombre preguntó a Buda: "Me gustaría ayudar a la gente. Instrúyeme".

Buda le miró y se puso muy triste. El hombre se quedó perplejo, confuso. Le dijo: "¿Por qué te has puesto triste? ¿He dicho algo malo?".

Buda dijo: "¿Cómo puedes ayudar a la gente? ¡Ni siquiera te has ayudado a ti mismo! Sólo les harás daño en nombre de la ayuda".

Primero trae la luz dentro de tu ser. Deja que la llama se encienda en tu conciencia... y entonces nunca te harás esta pregunta. Entonces, naturalmente, tu propia presencia y todo lo que hagas será de gran ayuda.

Aikagro, el deseo es el deseo: no hay ni deseo material ni deseo espiritual. Es un viaje del ego, ayudar a la gente, y te vuelves más santo que los demás, y te vuelves más sabio que los demás - tú sabes y ellos no saben. Quieres ayudar porque has llegado y todos son ignorantes tropezando en la oscuridad, y quieres convertirte en una luz para ellos. Quieres convertirte en un maestro y quieres reducirlos a discípulos.

Si este deseo está ahí, entonces este deseo no les va a ayudar, tampoco te va a ayudar a ti. Hará un doble daño; es una espada de doble filo. Cortará a los demás, te cortará a ti también. Es destructivo, no puede ser creativo.

Luego hay otro tipo de ayuda que no surge del deseo, que no surge de ninguna proyección del ego. Ese tipo de ayuda, ese tipo de compasión, sólo ocurre en la cima última de la meditación, nunca antes. Cuando la primavera ha llegado a tu conciencia, cuando eres todo flores por dentro, la fragancia empieza a llegar a los demás. No necesitas desearlo, de hecho no puedes evitarlo. Aunque quieras evitarlo no puedes impedirlo. Es inevitable, llegará a los demás. Se convertirá en una luz en sus vidas, se convertirá en un heraldo de nuevos comienzos, no porque lo estés deseando sino porque estás transformado.

La segunda pregunta:

Pregunta 2:

AMADO MAESTRO,

QUIERO SER SANNYASIN, PERO NO QUIERO VESTIR DE NARANJA NI MALA Y NO QUIERO CAMBIARME EL NOMBRE. ¿PUEDO SER SANNYASIN TAMBIÉN?

Rupesh, entonces ¿por qué molestarse? Entonces cree que eres un sannyasin. ¿Quién puede impedirte creer? ¡Puedes creer cualquier cosa!

Sucedió en Bagdad:

El califa de Bagdad estaba muy enfadado con un hombre que fue llevado a su corte. El hombre estaba declarando que él era un nuevo profeta, el nuevo mesías. Dios lo ha enviado después de Mahoma, porque ya han pasado catorce siglos y el mensaje de Mahoma ha envejecido. Se necesita una nueva dispensación; "por eso me ha enviado a entregar el mensaje".

¡Los mahometanos no pueden tolerar tales cosas! El califa dijo: "¡Entrad en razón, si no, tendréis problemas!".

Y ordenó que este hombre fuera azotado, puesto en la cárcel - sin comida, sin agua durante siete días, y golpeado tanto como fuera posible. "No le permitan dormir, ni descansar."

Durante siete días el hombre fue torturado. Entonces el califa llegó a la cárcel. El hombre estaba encadenado a una columna; tenía un aspecto muy pálido, cansado, todo el cuerpo hinchado, ensangrentado. Ni siquiera le habían dado agua, ni comida, ni sueño, y le golpeaban continuamente.

El califa le preguntó: "¿Qué piensas ahora?".

Me dijo: "¿Qué pienso ahora? Estoy más convencido que nunca de que soy el mesías, porque cuando venía, Dios me dijo: '¡Escucha! Mis mensajeros siempre han sido muy maltratados; Jesús fue crucificado, Mahoma fue perseguido continuamente por asesinos, Sócrates fue envenenado, Mansoor fue asesinado. Así que te ocurrirán muchas torturas'. Así que te agradezco", dijo el hombre al califa, "¡que hayas demostrado hasta la saciedad que yo soy el profeta!".

En ese momento, un hombre que estaba encadenado a otro pilar empezó a reírse a carcajadas.

El califa preguntó: "¿Por qué te ríes?".

El hombre dijo: "Este hombre simplemente miente - ¡porque yo mismo soy Dios y no he enviado a este hombre en absoluto!".

Puedes creer en todo. Nadie puede perturbar tu creencia; incluso las perturbaciones pueden convertirse en pruebas de que tienes razón. Pero, ¿por qué molestarse?

Si ni siquiera puedes cambiar el color de tu ropa, ¿podrás cambiar tu alma?

Si ni siquiera puedes cambiar tu nombre, que no es más que una ficción.... Todos los nombres son ficciones: vienes al mundo sin nombres y luego te dan nombres. Si estás tan identificado, Rupesh, con tu nombre, ¿cómo vas a cambiar tu mundo interior, tu identidad con el cuerpo, con la mente? Si no puedes abandonar la identidad con un nombre ficticio, el cuerpo es demasiado real, la mente es demasiado real; te será imposible cambiar eso.

Un pobre hombre llegó a casa y le preguntó a su mujer: "¿Por qué nunca comemos blintzes?".

"Bueno", respondió la esposa, "los blintzes son caros. Requieren queso".

"¿No podrías omitir el queso?"

"Quizá", dijo, "pero siguen necesitando huevos".

"Así que deja fuera los huevos."

"Sí", dijo, "pero necesitan mantequilla, canela y azúcar".

"Así que déjalos fuera", dijo.

Algún tiempo después le sirvió unas tortas planas hechas prácticamente con harina y agua.

Tomando un bocado dijo: "No veo qué les gusta a los ricos de los blintzes".

La tercera pregunta:

Pregunta 3:

AMADO MAESTRO,

EL OTRO DÍA QUISE HACERTE UNA PREGUNTA, PERO SIN QUE YO TE LA HICIERA ME LA RESPONDISTE. ¿CÓMO CONSIGUES TALES MILAGROS?

Suriyo, si buscas milagros, los encontrarás en abundancia, pero los milagros no ocurren. La ley universal siempre es la misma, no hay excepciones. Pero en casi todo el mundo hay un estúpido deseo de milagros. Aún no hemos superado los días de la magia. Sólo en los libros de historia se dice que los días de la magia han terminado.

La religión nació de la magia, la filosofía nació de la religión, la ciencia nació de la filosofía. Pero esto no son más que palabras. De hecho, hay millones de personas que siguen viviendo en el mundo de la magia, que tienen un enfoque infantil de la realidad. Por eso se lanzan a cualquier cosa.

Debió de ser una coincidencia. Ahora hay aquí tres mil personas y todo el mundo tiene preguntas. Tres mil personas deben tener al menos treinta mil preguntas. Y yo sigo hablando año tras año. Deja un poco de espacio para las coincidencias.

Un viejo granjero tenía tres hijas. Cuando la mayor se casó, se trasladó a Twin Cities, Minnesota, y pronto dio a luz a un hermoso par de gemelos. Su hermana se casó poco después, y ella y su marido fijaron su residencia en Three Rivers, Ontario.

Muy pronto dio a luz a trillizos. La hermana menor se comprometió, pero al cabo de casi un año seguía negándose a fijar la fecha de la boda.

Su padre se preocupó y finalmente le exigió que dejara de posponer las cosas y fijara la fecha. "¡Si amas a ese chico, te casarás con él esta primavera o no te casarás!".

"Pero papá", se lamentó, "realmente amo a Fred, ¡pero él sigue hablando de mudarse a las Mil Islas!".

Suriyo, fue sólo una coincidencia que tú tuvieras la pregunta y yo hablara de ello. No estaba al tanto de tu pregunta, ¡ni siquiera sabía que estabas aquí! Es tan difícil recordar ahora a los sannyasins, ¡cien mil sannyasins! Si trato de recordarlos a todos, ¡me volveré loco! De alguna manera me las arreglo.... Mukta me pregunta todas las noches quién va a venir... y aún así a veces me hago un lío.

Ella dice: "Acaba de llegar", y yo le pregunto: "¿Cuándo te vas?". O alguien se va y le pregunto: "¿Cuándo has venido?".

¿Qué milagro?

La cuarta pregunta:

Pregunta 4:

AMADO MAESTRO,

LLEVO AÑOS REZANDO, PERO NINGUNA DE MIS ORACIONES HA SIDO ESCUCHADA. ¿QUÉ PASA CONMIGO Y CON MIS ORACIONES?

Govind, la oración significa simplemente gratitud, agradecimiento. No es una demanda, no es un deseo. Y si deseas algo, entonces no es oración. Entonces no lo llames oración. Y eso es lo que debes haber estado haciendo: desear algo, pedirle a Dios: "Haz esto, haz aquello por mí". Y como Él no lo hace, te sientes frustrado. Y en lugar de pensar que algo está fundamentalmente mal en la idea misma de oración que llevas dentro, puedes estar incluso sospechando si Dios existe o no.

La oración no es una exigencia a Dios, no es un deseo de algo. Si lo es, nunca llegará a Él. Los deseos son cosas pesadas. Gravitan hacia la tierra, no pueden volar hacia el cielo.

Cuando tienes una gratitud pura, cuando no estás pidiendo nada sino simplemente sintiéndote agradecido por todo lo que él ya ha hecho por ti... y él ha hecho más de lo que tú mereces, él ha hecho más de lo que tú mereces. ¡Sólo mira lo que ha hecho por ti!

Te ha dado vida, amor y alegría. Te ha dado una tremenda sensibilidad para la belleza. Te ha dado conciencia. Te ha dado la posibilidad de convertirte en un buda. ¿Qué más quieres?

Siéntete agradecido, y entonces las oraciones tienen alas, pueden volar; llegan hasta lo último.

Entonces la tierra no puede tirar de ellos hacia abajo. Entonces empiezan a elevarse, a elevarse hacia arriba, levitan. Con el deseo la oración gravita hacia abajo; no puede levitar.

Pero millones de personas siguen rezando con esta actitud equivocada: rezan sólo cuando necesitan algo.

El tejano estaba de rodillas en la iglesia dando gracias por todas sus bendiciones.

"Por supuesto", añadió, "estoy agradecido por mis seis casas, aunque me vendrían bien dos o tres más. Estoy agradecido por mis Rolls y mis seis Cadillacs, pero me vendrían bien un par de yates más para añadir a mi colección. Y sé que debería estar agradecido por los bancos que poseo, pero ¿podría ver la manera de darme cinco más para que sean una docena?".

Un hombrecillo se arrodilló a su lado y habló a Dios: "Necesito pan y un trabajo, estaría muy agradecido".

El tejano sacó un billete de cien dólares y se lo dio al hombre. "¿Quieres dejar de molestar a Dios con esas pequeñeces?".

Pero tanto si la cosa es pequeña como grande, tanto si pides pan como si pides bancos, es lo mismo, ¡exactamente lo mismo! No le pidas nada. Dale las gracias por todo lo que ya ha hecho. Inclínate. En el agradecimiento no hacen falta palabras. Sólo inclínate en profunda gratitud, en silencio.

Una verdadera oración no es verbal; las palabras son inadecuadas. Están hechas para otras cosas, no para rezar. Sí, de vez en cuando puede que se te salten las lágrimas de los ojos, y son mucho más significativas que todas las palabras que puedas utilizar. Sí, de vez en cuando te gustaría bailar como un místico baul, sin ninguna razón, ¡por el puro placer de ser!

Esa danza será la oración. Sí, de vez en cuando te gustará tocar la flauta. Y créeme, ¡a Dios le encanta la música! ¡Está cansado de tus palabras! Canta, baila, llora o simplemente guarda silencio.

Y te sorprenderás: una gran luz comienza a llover sobre ti. Estás bañado en dicha, en bendición.

La quinta pregunta:

Pregunta 5:

AMADO MAESTRO,

HABIENDO TENIDO LA AVENTURA DE HOJEAR ANTIGUAS ESCRITURAS TUYAS, ME HE DADO CUENTA DE QUE DURANTE AL MENOS DIEZ AÑOS HAS SEGUIDO REPITIENDO ESTA LEYENDA: "HAY CUATRO VECES MÁS

DISCÍPULAS QUE DISCÍPULOS. LO MISMO OCURRÍA CON BUDA, LO MISMO CONMIGO TAMBIÉN".

SOBRE BUDA NO SÉ -NO ESTUVE ALLÍ- PERO SOBRE USTED, TRAS UNA DOCUMENTADA Y METICULOSA INVESTIGACIÓN, ME COMPLACE INFORMARLE DE QUE TIENE CINCUENTA Y DOS MIL TRESCIENTAS OCHENTA Y SIETE DISCÍPULAS Y CINCUENTA Y TRES MIL NOVECIENTOS CUARENTA Y SEIS DISCÍPULOS.

COMO DECÍA EL VIEJO BOB DYLAN: "THE TIMES THEY ARE A-CHANGING" - ¡AFORTUNADAMENTE! ¿PODRÍA DECIR ALGO AL RESPECTO? UN DISCÍPULO NO VIVE SÓLO DE LEYENDAS.

Sarjano, tendrás que hacer una investigación un poco más meticulosa. Basta con que investigues a esos cincuenta y tres mil novecientos cuarenta y seis discípulos varones... ¿cuántos de ellos son realmente varones? Y entonces comprenderás que mi leyenda sigue siendo exactamente cierta; no puede ser de otro modo. ¡Los budas no mienten! Si los hechos no encajan con la leyenda, ¡hay que cambiar los hechos!

Ser hombre o ser mujer es más una cuestión de psicología que de fisiología. Se puede ser hombre fisiológicamente y no serlo psicológicamente, y viceversa.

Hay mujeres agresivas -y desgraciadamente están creciendo en el mundo-, mujeres muy agresivas. Todo el movimiento de liberación de la mujer tiene sus raíces en la mente de estas mujeres agresivas. Cuando una mujer es agresiva no es femenina.

Juana de Arco no es una mujer y Jesucristo es una mujer. Juana de Arco psicológicamente es un hombre; básicamente su enfoque es el de la agresión. Jesucristo no es agresivo en absoluto.

Dice: Si alguien te pega en una mejilla, ponle la otra. Ponle también la otra mejilla. Eso es no agresividad psicológica. Jesús dice: No te resistas al mal. Ni siquiera hay que resistirse al mal. La no resistencia es la esencia de la gracia femenina.

Recuerda que si un hombre es totalmente receptivo, físicamente sigue siendo un hombre, pero su interioridad se convierte más bien en un útero. Y sólo esos hombres cuya interioridad se vuelve femenina son capaces de recibir a Dios. Para ser receptivo, totalmente receptivo, tendrás que aprender a ser mujer. Cada buscador de la verdad tiene que aprender a ser mujer.

La ciencia es masculina, la religión es femenina. La ciencia es un esfuerzo por conquistar la naturaleza; la religión es un dejarse llevar, disolverse en la naturaleza. La mujer sabe cómo fundirse, cómo hacerse una.

Y cada buscador de la verdad tiene que saber cómo disolverse en la naturaleza, cómo hacerse uno con la naturaleza, cómo ir con la corriente, sin resistirse, sin luchar. Y entonces verás: la proporción será siempre la misma.

Aquí también verán que se está produciendo ese cambio. Muchas mujeres me han informado, quejándose de que: "¿Qué está pasando aquí con los hombres? Se están volviendo cada vez más femeninos". Eso es verdad - eso es lo que tiene que pasar. A medida que te vuelves más y más meditativo, tus energías se vuelven no agresivas. Tu violencia desaparece; surge el amor.

Ya no te interesa dominar, sino que cada vez te intriga más el arte de rendirte. Eso es lo que hace una psicología femenina.

Comprender la psicología femenina es comprender la psicología religiosa. Todavía no se ha hecho el esfuerzo, y todo lo que existe en nombre de la psicología es psicología masculina. Por eso siguen estudiando a las ratas, y a través de las ratas siguen sacando conclusiones sobre el hombre.

Si quieres estudiar la psicología femenina, entonces los mejores ejemplos serán los místicos, los ejemplos más puros serán los místicos. Entonces tendrás que aprender sobre Basho, Rinzai, Buda, Jesús, Lao Tzu. Tendrás que aprender sobre estas personas, porque sólo a través de su comprensión serás capaz de entender la cima, el crescendo más alto de la expresión femenina.

Como la mujer ha sido dominada durante siglos, la religión ha desaparecido de la tierra. Si la religión vuelve, la mujer volverá a ser respetada. Y porque la mujer ha sido dominada, torturada y reducida a una nulidad, se ha vuelto fea.

Siempre que a tu naturaleza no se le permite ir de acuerdo con sus necesidades internas, se agria, se envenena; se lisia, se paraliza - se pervierte. La mujer que encuentras en el mundo tampoco es una verdadera mujer, porque ha sido corrompida durante siglos.

Y cuando la mujer se corrompe, el hombre tampoco puede seguir siendo natural, porque al fin y al cabo, la mujer da a luz al hombre. Si ella no es natural, sus hijos tampoco lo serán.

Si no es natural -va a ser madre del niño, varón o mujer-, esos niños naturalmente se verán afectados por la madre.

La mujer necesita ciertamente una gran liberación, pero lo que está ocurriendo en nombre de la liberación es estúpido. Es imitación, no es liberación.

Aquí hay muchas mujeres que han estado en el movimiento de Liberación, y cuando vienen por primera vez son muy agresivas. Y puedo entender su agresividad: siglos y siglos de dominación las han vuelto violentas. Es una simple venganza. Se han vuelto locos, y nadie es responsable excepto el hombre. Pero, poco a poco, se ablandan, se vuelven gráciles; su agresividad desaparece. Se vuelven, por primera vez, femeninas.

La verdadera liberación hará que la mujer sea auténticamente mujer, no una imitación del hombre.

Ahora mismo eso es lo que está pasando: las mujeres intentan ser como los hombres. Si los hombres fuman cigarrillos, la mujer tiene que fumar cigarrillos. Si ellos llevan pantalones, la mujer tiene que llevar pantalones. Si hacen algo, la mujer tiene que hacerlo. Se está convirtiendo en un hombre de segunda categoría.

Esto no es liberación, es una esclavitud mucho más profunda, mucho más profunda porque la primera esclavitud la impusieron los hombres; esta segunda esclavitud es más profunda porque la crean las propias mujeres. Y cuando otra persona te impone una esclavitud, puedes rebelarte contra ella, pero si te impones una esclavitud a ti misma en nombre de la liberación, no hay posibilidad de rebelión jamás.

Me gustaría que la mujer llegara a ser realmente mujer, porque de ella dependen muchas cosas. Ella es mucho más importante que el hombre porque lleva en su vientre tanto a la mujer como al hombre, y es madre de ambos, del niño y de la niña; alimenta a ambos. Si se envenena, se envenena su leche, se envenenan sus formas de criar a los niños.

Si la mujer no es libre para ser realmente mujer, el hombre tampoco será nunca libre para ser realmente hombre. La libertad de la mujer es imprescindible para la libertad del hombre; es más fundamental que la libertad del hombre.

Y si la mujer es esclava -como lo ha sido durante siglos- también hará esclavo al hombre, de maneras muy sutiles; sus maneras son sutiles. No luchará contigo directamente; su lucha será indirecta, será femenina. Llorará y llorará. No te golpeará, se golpeará a sí misma, y golpeándose a sí misma, llorando y llorando, utilizando estos métodos de Gandhi, te dominará.

Incluso el hombre más fuerte se convierte en un calzonazos. Una mujer muy delgada y débil puede dominar a un hombre muy fuerte simplemente utilizando los métodos de Gandhi. Gandhi no es el inventor de esos métodos; han sido utilizados durante siglos por las mujeres. Él simplemente los redescubrió y los utilizó políticamente. La mujer lleva siglos utilizándolos, pero sólo en un contexto familiar.

La mujer necesita libertad total para poder dar libertad también al hombre.

Este es uno de los fundamentos que hay que recordar: si conviertes a alguien en esclavo, al final te verás reducido a la esclavitud; no puedes seguir siendo libre. Si quieres seguir siendo libre, da la libertad a los demás; esa es la única forma de ser libre.

La sexta pregunta:

Pregunta 6:

AMADO MAESTRO,

¿ES IMPOSIBLE ENCONTRAR UNA PAREJA PERFECTA EN EL MATRIMONIO?

Sagaro, la gente perfecta no existe. Y las personas perfectas, si existieran, serían muy aburridas. Es la imperfección lo que hace que la vida sea interesante. Piensa en un marido perfecto, en una mujer perfecta: ¡se aburrirían muchísimo!

Se dice que Bertrand Russell dijo: No quiero ir al cielo, por la sencilla razón de que habrá sabios y sabios, todos perfectos. El cielo será muy aburrido.

Piensa en todas las personas perfectas: ¿qué vida puede haber? Bertrand Russell tiene razón: en el infierno hay mucha más vida que en el cielo. El cielo será sin duda aburrido y muerto.

La perfección es la muerte; la perfección no se encuentra en el mundo. El mundo vive a través de la imperfección, porque en la imperfección hay crecimiento, evolución. La perfección significa que has llegado a un callejón sin salida; ahora no hay forma de seguir adelante. Estás atascado.

Usted me pregunta: "¿No se puede encontrar nunca una pareja perfecta en el matrimonio?". Muy difícil, ¡casi imposible!

He oído hablar de un hombre que buscó toda su vida una mujer perfecta y, naturalmente, tuvo que morir soltero. Cuando se estaba muriendo, alguien le preguntó: "Toda tu vida estuviste buscando una esposa perfecta. ¿No encontraste ni una sola mujer que fuera perfecta?".

Dijo: "¿Quién dijo que no la encontré? Muchas veces me encontré con una mujer perfecta".

Entonces el interrogador preguntó: "¿Entonces qué pasó? ¿Por qué no te casaste?".

Dijo: "¡Porque también buscaba un marido perfecto!".

En primer lugar, encontrar a una persona perfecta es muy difícil, y tú intentas encontrar a dos. Imposible. No ha ocurrido hasta ahora; no puede ocurrir.

¿Y qué hará que un matrimonio sea perfecto? Si la mujer es realmente una mujer y el hombre es realmente un hombre, es inevitable que haya cierta tensión, y esa tensión es hermosa. De hecho, eso es lo que aporta belleza al matrimonio. Un poco de conflicto es natural; sin ese conflicto no habrá sal. Tu comida no tendrá sal, no sabrá bien. No habrá especias en tu vida. Si la mujer es realmente una mujer y el hombre un hombre de verdad, serán polos opuestos, y ese es su atractivo.

Sí, de vez en cuando se acercarán y esa cercanía les dará una gran alegría, y luego volverán a alejarse. Y éste será un proceso constante de acercamiento y alejamiento. Cada vez que se alejen se pelearán, porque así es como pueden alejarse el uno del otro.

La lucha no es más que un artificio. Si entiendes las cosas, la lucha es un dispositivo para la separación. Y cada separación es hermosa porque te da de nuevo la oportunidad de una mini-luna de miel. Entonces podéis volver a encontraros. Pelearse y luego persuadirse mutuamente, pelearse y luego hacer que las cosas vuelvan a estar bien, es hermoso. Si no hay pelea, esas dos personas no serán personas de verdad.

Era la noche anterior a la boda.

"Cariño", dijo el joven, "tengo que confesarte algo. Si cambias de opinión sobre casarte conmigo está bien, pero tienes que saber que soy un sádico".

"¡Ah, nena!", gritó la chica. "¡Me alegro de que me lo hayas dicho! Te lo he estado ocultando: ¡soy masoquista!".

... Ahora bien, este es un matrimonio perfecto: el matrimonio entre un sádico y un masoquista. No se puede mejorar.

Los dos se casaron y se fueron de luna de miel. Esa noche, en el hotel, la ansiosa novia se quitó la ropa, se tumbó en la cama y con voz gutural dijo: "¡Golpéame! Pégame".

El novio se puso a su lado, se cruzó de brazos y contestó: "¡Esperanza!".

Es un VERDADERO sádico, porque si le pega no la está torturando, simplemente le está dando una alegría: ella quería que le pegaran y él le pega. En cambio él dice: "¡Esperanza!" y se queda ahí con las manos cruzadas... ¡así que hasta este matrimonio perfecto fracasó!

Nunca he oído hablar de ningún matrimonio perfecto. Dicen que los matrimonios perfectos se hacen en el cielo. Nadie vuelve de allí, así que tal vez sea cierto, pero ¿qué clase de matrimonio serán esos matrimonios perfectos? No habrá tensión, no habrá individualidad ni en el hombre ni en la mujer. Nunca chocarán, nunca pelearán. Serán muy dulces el uno con el otro.

Además, ¡demasiado dulce provoca diabetes!

La séptima pregunta:

Pregunta 7:

AMADO MAESTRO,

¿EL MOTIVO DE HABLAR TANTO A FAVOR DE LAS MUJERES AQUÍ ES PORQUE TAMBIÉN PUEDE QUE LES TENGAS UN POCO DE MIEDO?

Anand Toshen, ¡es verdad! Incluso Buda tenía miedo, así que esto no es nada nuevo. Durante diez años seguidos rechazó a las mujeres. No las aceptaba como discípulas, no las iniciaba... durante diez años seguidos. Miles de mujeres querían ser iniciadas como sus sannyasins y él decía que no. Era muy inflexible. Finalmente tuvo que relajarse por una razón de cortesía.

Cuando nació, su madre murió inmediatamente después de su nacimiento y fue criado por una madrastra. Y la madrastra le había servido tanto que cuando su madrastra vino y le pidió que se iniciara como sannyasin, él no pudo negarse, sólo por cortesía. Era la mujer más valiosa de su vida; sin ella, no habría vivido. No podía decirle que no. Y como le dijo que sí, se le abrieron las puertas. Luego vinieron otras mujeres y no pudo decir que no a nadie más.

Pero una cosa dijo: "Mi religión iba a durar cinco mil años; ahora durará sólo quinientos, porque estas mujeres van a perturbarlo todo".

No tengo tanto miedo. De hecho, mis primeros discípulos, las primeras personas a las que inicié, eran mujeres, ¡para poner las cuentas en orden! Buda fue demasiado inflexible, y no tiene buena pinta.

Pero, Toshen, hay una verdad en ella....

La máxima de Murphy: Puedes engañar a toda la gente algunas veces y a alguna gente todo el tiempo, pero no puedes engañar a tu propia mujer.

Eso es imposible, ella lo descubrirá. Nadie puede engañar a una mujer por la sencilla razón de que no funciona con la lógica, sino con el amor, con el corazón. Su proceso es ilógico, simplemente llega a las conclusiones. No puede discutir, pero llega inmediatamente a las conclusiones. Su proceso es como un salto cuántico: ella entiende inmediatamente, ella puede ver a través y a través. Cuanto más intentes ocultárselo, más fácil le resultará descubrirlo.

Las mujeres son personas poderosas, no en el sentido muscular, sino en cuanto a su resistencia, en cuanto a su energía vital, en cuanto a su tolerancia.

Y estoy obligado a tener un poco de miedo porque todo mi trabajo depende de ellos.

Es la primera vez que una comuna está dirigida por mujeres, la primera vez en toda la historia del hombre. He dado más poder a las mujeres a sabiendas, porque entiendo que su funcionamiento es elegante, perspicaz, cariñoso, compasivo. No es grosero. Y cuando las he convertido en los pilares de mi templo, ¡ciertamente no puedo hablar en su contra!

Así que todo lo que diga sobre las mujeres, ¡escúchenlo con mucha cautela! En muchos aspectos son más poderosas que los hombres. La investigación moderna dice que son más poderosas sexualmente. Y si son más poderosas sexualmente, entonces, como corolario, recuerden, espiritualmente están destinadas a ser más poderosas, porque es la energía sexual la que se transforma en energía espiritual.

El otro día te decía: el orgasmo del hombre es local, el de la mujer es total. Todo su cuerpo está implicado en él; cada fibra de su ser palpita de gozo. Y el hombre se asustó tanto de su alegría que ha reprimido, durante siglos, las cualidades orgásmicas de la mujer. Y puedo entender por qué tuvo tanto miedo, porque cuando la mujer llega REALMENTE al orgasmo grita, chilla, entra en una especie de LATIHAN. Empezará a decir sonidos, palabras - sin sentido, galimatías, lo que los místicos cristianos llaman glossolalia.

Hay cierta secta cristiana que entra en un estado orgásmico; es una especie de meditación, meditación profunda. He utilizado la glosolalia con muchos de mis sannyasins. Tuve que pararlo, porque tres mil personas entrando en glossolalia ¡alborotarían a toda Poona! Y los vecinos empezaron a quejarse a la policía. Pero en los antiguos campamentos utilicé mucho el método; es tremendamente poderoso.

Simplemente te relajas, te dejas llevar. Empiezas a balancearte, a moverte. Y entonces permites que cualquier cosa que venga a tu mente, empieces a decirla - palabras sin sentido o sonidos o cualquier cosa. Y pronto estás poseído por ello. Los místicos cristianos dicen que es Dios hablando a través de ti. Es exactamente así. Los sufis lo llaman galimatías.

Gibberish procede del nombre de un místico sufí, Jabbar. Jabbar lo utilizó por primera vez en la tradición sufí. Igual que yo hablo todos los días, él también hablaba, ¡pero en galimatías! A veces pienso que cuando te cansas de las palabras -¡porque yo nunca me voy a cansar! - cuando digas: "¡Querido Maestro, ya basta!", entonces empezaré a farfullar. Entonces simplemente me sentaré aquí y diré cualquier cosa. Puedes darle cualquier sentido; será griego, latín, árabe, chino, sánscrito, cualquier idioma que quieras darle. El sentido que le des dependerá de ti.

Jabbar ayudó a mucha gente, porque cuando decía estas cosas entraba en una alegría tan orgásmica que sus discípulos también empezaban. ¡Y entonces se producía el caos! Es por su nombre en la palabra 'gibberish' que todavía recuerdan a Jabbar, no a sabiendas. La palabra inglesa 'gibberish' viene de Jabbar.

Si una mujer entra realmente en gozo orgásmico, empezará a decir cosas que no tendrán sentido. Pura alegría, expresiones de alegría, como ¡Aleluya! No significa nada; el significado queda muy atrás. Tiene una tremenda intensidad y pasión.

El hombre se asustó, porque todo el vecindario sabría que estás haciendo el amor con tu mujer. Y vendría la policía y los perros empezarían a ladrar, ¡y pasarían todo tipo de cosas! Y la gente solía vivir en familias conjuntas. En una casa había cien o más personas, ¡y una mujer entrando en un orgasmo de gozo creaba tal caos!

Y más dificultades por delante.... Cuando una mujer entra en gozo orgásmico tiene la capacidad de orgasmos múltiples, que el hombre es incapaz de cumplir. El hombre sólo puede tener un orgasmo y la mujer puede tener orgasmos múltiples: doce, quince, veinte. Entonces, ¿cómo va a satisfacerla el hombre? O se sentirá derrotado, avergonzado, pobre, humillado, ¡o tendrá que llamar a sus amigos! Y eso también iba en contra de su ego.

Sheila y George pasaban la primera noche de su luna de miel en una pintoresca ciudad medieval de Francia. Sheila le propuso tímidamente que hicieran el amor cada vez que el viejo vigilante tocara la campana. George sonrió encantado ante esta perspectiva, pero cuatro campanadas más tarde fingió que tenía que salir a por tabaco y se dirigió tambaleándose a la torre del vigilante.

"Escucha, viejo", resolló, "hazme un favor y durante el resto de la noche toca esa campana a intervalos de dos horas en lugar de cada hora. Toma, te daré algo de dinero".

"Estaría encantado de complacerle", dijo el vigilante, "pero no puedo. Una bella joven ya me ha sobornado para que toque la campana cada media hora".

Es por ese miedo que el hombre ha reprimido todas las capacidades orgásmicas de la mujer.

Millones de mujeres han vivido y muerto sin saber que tienen la capacidad de experimentar el orgasmo. Y sin saber que pueden tener grandes explosiones orgásmicas, no podrán comprender nada de la espiritualidad; les será casi imposible. La mujer es más poderosa sexualmente. Es por su mayor poder que ha sido reprimida; es por miedo que el hombre la ha reprimido.

Tienes razón, Toshen, tengo un poco de miedo, sabiendo perfectamente que estoy haciendo algo que nunca se ha hecho antes. Tengo que actuar con mucha cautela. Es un experimento nuevo, pero de él saldrán grandes posibilidades. Si este experimento tiene éxito a pequeña escala, también puede tenerlo a gran escala.

Mi propia visión es que la era venidera será la era de la mujer. El hombre lo ha intentado durante cinco mil años y ha fracasado. Ahora hay que dar una oportunidad a la mujer. Ahora se le deben dar todas las riendas del poder. Se le debe dar la oportunidad de permitir que sus energías femeninas funcionen.

El hombre ha fracasado totalmente. En tres mil años, cinco mil guerras, éste es el historial del hombre. El hombre simplemente ha masacrado, matado, asesinado; ha vivido como si sólo fuera para la guerra.

Hay unos días entre dos guerras que llamamos días de paz. No son días de paz; son sólo días de preparación para la nueva guerra. Sí, se necesitan algunos años para prepararse... y otra vez la guerra, otra vez seguimos matándonos. ¡Ya basta!

El hombre ya ha tenido suficientes oportunidades. Ahora hay que liberar las energías femeninas.

Mi comuna va a estar enraizada en la energía femenina, en las energías de la madre. Para mí Dios es más un "ella" que un "él". "Él" es más pobre; no puede incluir a "ella".

La última pregunta:

Pregunta 8:

AMADO MAESTRO,

¿POR QUÉ ESTÁS TAN EN CONTRA DE LA INTELIGENCIA? ¿NO COMPENSA EN LA VIDA SER INTELIGENTE?

Ageha, la astucia es sólo un hermoso nombre para la astucia. Por eso estoy en contra de ella. No estoy en contra de ser inteligente, pero una persona inteligente no necesita ser astuta. Es sólo la persona no inteligente la que tiene que ser inteligente; porque le falta inteligencia tiene que reemplazarla con otra cosa.

La astucia es inteligencia plástica, inteligencia cultivada. Es un pobre sustituto. Y sé que en la vida, al menos a corto plazo, es rentable, pero nunca a largo plazo. Y la persona sabia tiene que pensar en el largo plazo. Puedes ser astuto, y por el momento puede ser rentable, pero tarde o temprano tendrás que pagar por ello.

Estás sembrando semillas equivocadas y tendrás que recoger la cosecha... ¿o es "recoger la cosecha"? No puedes evitar las consecuencias; las consecuencias llegarán.

Homer y su guapa esposa estaban a punto de abandonar el hotel cuando Homer discutió sobre el importe de la factura. El director del hotel le dijo que era la tarifa normal por una habitación doble con baño y televisión.

Homer dijo que no usaban la televisión.

"Lo siento, señor", dijo el encargado. "Estaba allí para que lo usara si lo hubiera querido".

"De acuerdo", dijo Homer, "pero en ese caso te voy a cobrar por hacerle el amor a mi bella esposa".

El encargado lo negó y Homer dijo: "No pasa nada. Estaba allí para que la usaras si querías".

El encargado se puso tan nervioso que redujo la cuenta de Homer y éste decidió volver a intentarlo la próxima vez que salieran de viaje.

"Señor, esa es nuestra tarifa normal", dijo el joven empleado.

"Pero no usamos la televisión".

"Lo siento, pero estaba ahí para que lo usaras si querías".

"En ese caso, tendré que cobrarte por hacerle el amor a mi bella esposa".

Para disgusto de Homer, el joven balbuceó: "Vale, vale, te pagaré. Pero baja la voz, ¿quieres? Soy nuevo en este hotel y puedes hacer que me despidan".

La astucia puede ser rentable a corto plazo, pero tarde o temprano quedarás atrapado en tu propia red. Caerás en la zanja que has cavado para los demás. Ten cuidado.

No estoy en contra de ser inteligente -estoy totalmente a favor de ser inteligente- pero la inteligencia es una cualidad totalmente diferente. La inteligencia es del corazón y la astucia es de la mente.

La inteligencia es algo embriagador. Incluso un ordenador puede ser listo, pero no inteligente.

¡Sé inteligente! Pero para ser inteligente necesitas grandes cambios en tu vida, en tus patrones de vida.

La inteligencia es un subproducto de la meditación. Si te vuelves silencioso, si te vuelves inocente, entonces serás inteligente. Inteligencia significa responder a la situación inmediatamente, sin ninguna preparación, sin el pasado, sin ningún ensayo... simplemente responder como un espejo refleja inmediatamente lo que se le enfrenta.

Cuando empiezas a reflejar lo que la vida te pone delante y actúas según el momento, eres inteligente. Pero si eres inteligente y astuto estás utilizando tu pasado, tus experiencias pasadas, y estás respondiendo de acuerdo con tus experiencias pasadas. Eso no es respuesta, es reacción. Y eso lo puede hacer un ordenador. No eres realmente humano cuando traes tu pasado al presente y actúas a partir de él.

Sé sabio, meditativo e inteligente. Evita ser astuto. Eso es feo, no es espiritual y te reduce a una máquina.

Y tú no eres una máquina, eres un hombre. Lo que puede hacer una máquina no vale la pena hacerlo. Haz lo que sólo un hombre puede hacer. Entonces tu gloria es grande y entonces liberarás gran esplendor en tu vida.

Suficiente por hoy.

El descontento es divino

"TODO SURGE Y PASA". CUANDO VEAS ESTO, ESTARÁS POR ENCIMA DE LA TRISTEZA. ESTE ES EL CAMINO LUMINOSO.

"LA EXISTENCIA ES TRISTEZA". COMPRÉNDELO Y VE MÁS ALLÁ DE LA TRISTEZA. ESTE ES EL CAMINO DE LA LUMINOSIDAD.

"LA EXISTENCIA ES ILUSION". COMPRENDE, VE MAS ALLA. ESTE ES EL CAMINO DE LA CLARIDAD.

ERES FUERTE, ERES JOVEN. ES HORA DE LEVANTARSE. ¡ASÍ QUE LEVÁNTATE! NO SEA QUE POR IRRESOLUCIÓN Y OCIOSIDAD PIERDAS EL CAMINO.

DOMINA TUS PALABRAS. DOMINA TUS PENSAMIENTOS. NUNCA PERMITAS QUE TU CUERPO HAGA DAÑO. SIGUE ESTOS TRES CAMINOS CON PUREZA Y TE ENCONTRARÁS EN EL ÚNICO CAMINO, EL CAMINO DE LA SABIDURÍA.

SIÉNTATE EN EL MUNDO, SIÉNTATE EN LA OSCURIDAD. SIÉNTATE EN MEDITACIÓN, SIÉNTATE EN LA LUZ. ELIGE TU ASIENTO. DEJA QUE CREZCA LA SABIDURÍA.

TALA EL BOSQUE, NO EL ÁRBOL. PORQUE DEL BOSQUE SALE EL PELIGRO.

TALA EL BOSQUE. DERRIBA EL DESEO. Y LIBÉRATE.

El camino de Gautama el Buda es el camino de la inteligencia, la comprensión, la conciencia, la meditación. No es el camino de la creencia; es el camino de ver la verdad misma. La creencia simplemente cubre tu ignorancia; no te libera de la ignorancia. La creencia es un engaño que te haces a ti mismo; no es transformación.

Y las personas que se creen religiosas son sólo creyentes, no religiosas. No tienen claridad, ni comprensión, ni entendimiento de la naturaleza de las cosas. No saben lo que hacen, no saben lo que piensan. Se limitan a repetir convenciones, tradiciones, palabras muertas pronunciadas hace mucho tiempo. No pueden estar seguros de si esas palabras son ciertas o no. Nadie puede estar seguro a menos que uno se dé cuenta de sí mismo.

Sólo hay una certeza en la existencia y es tu propia realización, tu propia visión. A menos que eso suceda, no te contentes; permanece descontento.

El descontento es divino; el contentamiento a través de las creencias es estúpido. Es a través del descontento divino como se crece, pero es el camino el que es arduo. El camino de la creencia es simple, conveniente, cómodo. No hay que hacer nada. Sólo tienes que decir sí a las autoridades: las autoridades de la iglesia, del estado. Sólo tienes que ser esclavo de la gente que está en el poder.

Pero para seguir el camino de Buda hay que ser rebelde. La rebelión es su sabor esencial; es sólo para el espíritu rebelde. Pero sólo las personas rebeldes tienen espíritu, sólo ellas tienen alma. Los demás son huecos, vacíos.

Estos sutras de hoy son de inmensa belleza, verdad. Medita sobre ellos. El primer sutra:

"TODO SURGE Y PASA". CUANDO VEAS ESTO, ESTARÁS POR ENCIMA DE LA TRISTEZA. ESTE ES EL CAMINO LUMINOSO.

La vida es un flujo, nada permanece. Aun así, somos tan tontos que seguimos aferrándonos. Si el cambio es la naturaleza de la vida, entonces aferrarse es una estupidez, porque tu aferramiento no va a cambiar la ley de la vida. Tu aferramiento sólo te hará miserable. Las cosas están destinadas a cambiar; no importa si te aferras o no. Si te aferras te vuelves miserable:

Si te aferras y cambian, te sientes frustrado. Si no te aferras, cambian igualmente, pero entonces no hay frustración porque eras perfectamente consciente de que iban a cambiar. Así son las cosas, así es la vida.

Recuerda la ley de Haldane, según la cual el universo no sólo es más asombroso de lo que imaginamos, sino más asombroso de lo que podemos imaginar. Y recuerda que no estás solo. El mundo es realmente así.

Es un mundo muy extraño. Todo es momentáneo, pero cada cosa momentánea te da la ilusión de ser permanente. Todo es sólo una pompa de jabón, que brilla maravillosamente bajo los rayos del sol, tal vez rodeada de un arco iris, una hermosa aura de luz... ¡pero una pompa de jabón es una pompa de jabón! En cualquier momento desaparecerá para siempre.

Pero de momento puede engañarte.

Y lo más extraño es que miles de veces te han engañado y sin embargo no te das cuenta. Otra vez otra pompa de jabón y creerás. Tu falta de inteligencia parece ser ilimitada. ¿Cuántas veces necesitas que te machaquen?

¿Cuántas veces tienen que aplastar y hacer añicos tus sueños? ¿Cuántas veces tiene la vida que demostrar que aferrarse no tiene sentido? Deja de aferrarte y entonces irás más allá del dolor. El aferramiento es la raíz del dolor.

El mundo está dominado por dos tipos de personas: las que comprenden lo que no gestionan y las que gestionan lo que no comprenden. Observa tu propia vida y verás que lo mismo ocurre en tu mente. Comprendes cosas que no manejas; es fácil comprender cosas que no manejas.

Alguien preguntó a George Bernard Shaw: "¿Cree usted que nada es imposible?".

Se dice que Bernard Shaw dijo: "Sí, yo CREO que nada es imposible, siempre que alguien lo haga".

Es fácil entender lo que no se gestiona. Lo que TÚ gestionas no lo entiendes en absoluto. ¿Entiendes tu vida? Entiendes sobre Dios y no entiendes sobre tu energía vital. Entiendes sobre el cielo y el infierno. Hay gente que sabe cuantos cielos hay y cuantos infiernos.

Un hombre se me acercó y me dijo: "En nuestra religión creemos que hay catorce cielos. Mahavira sólo ha llegado hasta el quinto; Buda, hasta el sexto; Jesús, Mahoma, etcétera, sólo hasta el cuarto; Kabir, Nanak, hasta el séptimo. Y mi gurú", dijo el hombre -pertenecía a la secta Radhaswami-, "MI gurú ha llegado hasta el decimocuarto".

Le dije al hombre: "Sí, lo sé. Le he visto en el catorce, porque he llegado hasta el quince. Conozco al tipo".

Dijo: "¿Quince? Pero en nuestras escrituras sólo hay catorce cielos, no quince".

Le dije: "¿Cómo puede haber quince en tus escrituras? - porque tu maestro sólo ha llegado hasta la decimocuarta".

¡Insensatos! Pero siguen sabiendo cuántos cielos hay y cuántos infiernos existen. Los jainas creen en siete infiernos. Han arrojado a Krishna al séptimo porque fue el causante de la gran guerra, Mahabharata. Persuadió a Arjuna, su discípulo, a luchar y matar gente. Él fue la causa de la gran violencia, así que lo han arrojado al séptimo, al último. Pero en tiempos de Mahavira, uno de sus discípulos, Makkhali Gosal, se rebeló contra el maestro y declaró que no hay siete infiernos, sino setecientos.

La gente sigue diciendo tonterías - setecientas y setecientas - y no son conscientes de su propia vida interior, de dónde viene este aliento, a dónde va este aliento.

No son conscientes de la verdad más cercana de su ser, y siguen hablando de cosas últimas. Estas conversaciones sobre las cosas últimas son simplemente para evitar los problemas reales de la vida. Son estrategias de la mente para mantenerte ocupado con tonterías. ¡Cuidado con la mente y sus astutos caminos!

Buda dice: "TODO SURGE Y PASA". CUANDO VEAS ESTO....

No está diciendo: "Cree esto". No está diciendo: "Me he convertido en el iluminado, así que todo lo que diga tenéis que creerlo". No está diciendo, "Porque las escrituras están a mi favor tienes que creerme". No está diciendo, "Porque puedo probarlo lógicamente tienes que creer en mí".

Mira la belleza del hombre. Él dice: CUANDO VEAS ESTO, ESTARÁS POR ENCIMA DEL DOLOR. En ese mismo momento cuando hayas visto esto - que todo es momentáneo y todo es un flujo y todo está LIGADO a cambiar.... Haz lo que quieras, pero nada será permanente en esta vida.

Cuando has visto esto con tus propios ojos, y lo has comprendido a través de tu propia inteligencia, de repente estás más allá del dolor.

¿Qué es lo que ocurre? Ocurre una gran revolución en ese ver; ese mismo ver es la revolución. Entonces no te aferras. En el momento en que ves que esto es una pompa de jabón, no te aferras a ella. De hecho, aferrarte a ella hará que explote antes; si no te aferras a ella, puede que se quede bailando en el viento durante un tiempo. El que no se aferra puede disfrutar de la vida; el que se aferra no puede disfrutar de la vida.

Gussie había vivido una buena vida, habiéndose casado cuatro veces. Ahora estaba ante las Puertas del Paraíso.

El padre Abraham le dijo: "Me he dado cuenta de que primero te casaste con un banquero, luego con un actor, después con un rabino y por último con un enterrador. ¿Qué clase de sistema es ese para una mujer judía respetable?".

"Un sistema muy bueno", respondió Gussie. "¡Uno para el dinero, dos para el espectáculo, tres para prepararse y cuatro para irse!".

Si ves, puedes disfrutar; entonces es sólo un juego. Entonces todo es totalmente diferente; entonces es un gran drama. Entonces la tierra entera se convierte en un escenario y todo el mundo actúa en su papel. Pero si no ves, te obsesionas; empiezas a aferrarte a las cosas, y en el fondo sabes que se te escapan de las manos.

"Tenía todo lo que un hombre puede desear", gemía un amigo nuestro de ojos tristes. "Dinero, una casa bonita, el amor de una mujer hermosa y rica. Y entonces, ¡pum! Una mañana entró mi mujer".

No se puede permanecer mucho tiempo en el mismo estado. La vida cambia como los sueños. De ahí que los místicos hayan venido llamando a la vida nada más que un sueño; un sueño visto con los ojos abiertos, un sueño compartido también por los demás. Por la noche, el sueño es privado; nadie puede compartirlo. De día, el sueño es público: todo el mundo puede compartirlo. De noche, el sueño es subjetivo; de día, objetivo. Pero la calidad de ambos es la misma: escritos sobre el agua. Ni siquiera has terminado de escribir y empiezan a desaparecer. Ni siquiera las escrituras sobre la arena... porque sobre la arena la escritura puede permanecer un poco más. Tendrá que esperar a que venga el viento o a que alguien pase por encima. Es la escritura en el agua.

Sigues escribiendo y sigue desapareciendo.

Al verlo, ESTÁS POR ENCIMA DE LA MUERTE - inmediatamente. Entonces no hay nada más que hacer. En el momento en que lo has visto, ¿dónde está el dolor? La causa ha desaparecido; has eliminado la causa misma. Te aferras y creas la causa. No aferrarse es la liberación.

De ahí que Buda diga: ESTE ES EL CAMINO BRILLANTE - tan simple, tan luminoso, que a menos que estés completamente ciego, espiritualmente ciego, no puedes perdértelo. No está hablando de grandes verdades metafísicas. No está filosofando. No utiliza palabras complejas, ni sistemas, ni teorías. Simplemente está afirmando un hecho que él ha visto - y TÚ puedes verlo.

No tiene nada que ver con Buda, no es una invención suya, no es una idea suya. Es la facticidad de la vida.

Mira a tu alrededor. Todo está cambiando. Es como un río que se mueve y se mueve, ¿y quieres agarrarte a él? Es mercurio. Si intentas agarrarte a él, lo perderás antes que antes. No intentes atraparlo. Observa con alegría, en silencio. Sé testigo del juego, del sueño... y ESTÁS POR ENCIMA DE LA PERDIDA. Buda no está diciendo que irás más allá de la tristeza. Dice que estás por encima de la tristeza.

"LA EXISTENCIA ES TRISTEZA". COMPRÉNDELO Y VE MÁS ALLÁ DE LA TRISTEZA. ESTE ES EL CAMINO DE LA LUMINOSIDAD.

"LA EXISTENCIA ES DOLOR". Primero dice: El dolor surge de aferrarse a cosas momentáneas que no puedes hacer permanentes. No está en la naturaleza de las cosas. Va contra la ley universal. Va contra el dhamma, va contra el tao. No puedes ganar. Si luchas contra la ley universal, estás librando una batalla perdida; simplemente malgastarás tus energías. Lo que va a ocurrir está destinado a ocurrir; no se puede hacer nada al respecto.

Todo lo que puedes hacer tiene que ver con tu conciencia. Puedes cambiar tu visión. Puedes ver las cosas bajo una luz diferente, con un contexto diferente, en un espacio nuevo, pero no puedes cambiar las cosas. Si piensas en el mundo como algo muy real sufrirás; si ves el mundo como un sueño extraño no sufrirás. Si piensas en términos de entidades estáticas, sufrirás. Si piensas en términos de sustantivos, sufrirás. Pero si piensas en términos de verbos, no sufrirás.

Los sustantivos no existen; sólo existen en las lenguas. En la realidad no hay sustantivos.

Todo es un verbo porque todo está cambiando y todo está en proceso. Nunca es estático, siempre es dinámico.

La segunda cosa que Buda dice es: "LA EXISTENCIA ES TRISTEZA". Ser es tristeza. El ego es tristeza. Primero dice: Ve el mundo como un sueño, fluctuante, cambiante, momento a momento nuevo. Disfrútalo, disfruta de su novedad, disfruta de todas las sorpresas que te trae. Es hermoso que esté cambiando, no hay nada malo en ello; simplemente no te aferres a ello. ¿Por qué te aferras? Te aferras porque tienes otra falacia: que TÚ eres.

La primera falacia es que las cosas son estáticas. Y la segunda falacia es que TÚ lo eres, que tienes un ego estático. Ambas van juntas. Si quieres aferrarte necesitas un aferrador; si no tienes necesidad de aferrarte, no hay necesidad de un aferrador. Profundiza en ello. Si no necesitas aferrarte, el ego no es necesario en absoluto, no tendrá sentido. De hecho, no puede existir sin aferrarse.

El bailarín sólo puede existir si baila. Si el baile desaparece, ¿dónde está el bailarín? El cantante sólo existe cantando. El caminante sólo existe caminando. Lo mismo ocurre con el ego: el ego sólo existe aferrándose, poseyendo cosas, dominando cosas. Cuando no hay dominación, no hay deseo de dominar, no hay deseo de aferrarse, no hay deseo de poseer, el ego empieza a evaporarse. En el exterior empiezas a aferrarte y en el interior empieza a surgir una nueva claridad. El ego con todo su humo desaparece, el ego con todas sus nubes desaparece. No puede existir porque ya no puede ser alimentado. Para existir tiene que aferrarse. Tiene que crear "lo mío" y "lo mío", y sigue creando "lo mío" y "lo mío" de todas las formas posibles e imposibles.

El ego dice: "Este es MI país", como si lo hubieras traído con tu nacimiento, como si la tierra estuviera realmente dividida en países. La Tierra no está dividida, es una. Pero el ego dice: "Éste es MI país", y no sólo que éste es mi país, "éste es el país más grande del mundo. Esta es la tierra más sagrada".

Pregunten a los indios. "Este es el país más espiritual del mundo. Todos los demás son materialistas y nosotros somos espiritualistas". Y todos los demás tienen sus propias ideas. Son geniales. Pregúntale a los alemanes. Nadie es de sangre pura, sólo ellos lo son - sangre aria, sangre nórdica, la sangre más pura. Dios los ha creado para gobernar el mundo entero. Y pregúntenle a los japoneses. Descienden directamente del dios sol; no son mortales ordinarios. El sol es su fuente, y el sol es la fuente de toda vida. Y pregúntale a cualquiera. Todo el mundo tiene sus propias ideas de cómo SU país es grande, de cómo SU religión es grande. La religión también se convierte en tu posesión: "MI religión, MI cristianismo, MI hinduismo".

¿Quién puede reivindicar la religión? ¿Quién puede afirmar que la religión es una posesión? Puedes ser religioso, pero no puedes afirmar que el cristianismo es tuyo, no puedes afirmar que el hinduismo es tuyo. Pero el ego es tan estúpido. Sigue afirmando todo tipo de cosas.

El Sr. Ginsberg llegó un día a casa desde el distrito de la confección, donde tenía una empresa, y dijo que debía conseguirse una amante.

"¿Por qué?", jadeó la Sra. Ginsberg.

"Bueno", respondió su marido, "todos los propietarios las tienen y queda mal para mi negocio que yo no las tenga".

"Bueno, si es por negocios, de acuerdo", dijo la Sra. Ginsberg.

Algún tiempo después, el Sr. y la Sra. Ginsberg disfrutaban de una velada en la ópera cuando, de repente, el Sr. Ginsberg dijo: "Mira, Miriam, ahí están el Sr. Pincus y su amante sentados frente a nosotros en un palco".

La Sra. Ginsberg estudió la pareja durante largo rato con sus gafas de ópera y luego dijo: "¡La nuestra es mejor!".

Cualquier cosa y todo será reclamado por el ego. Y "lo nuestro siempre es mejor", sea lo que sea. El ego sólo existe a través de tales reivindicaciones. El "yo" sólo existe como una isla en el océano de "mi" y "mío". Si dejas de reclamar las cosas como "mías" y "mías", el ego desaparecerá por sí mismo.

Ni la mujer es tuya, ni el marido, ni los hijos. Todo pertenece al todo.

Tu afirmación es una tontería. Venimos al mundo con las manos vacías y nos vamos del mundo con las manos vacías. Pero nadie quiere saber la verdad: duele. Con las manos vacías venimos y con las manos vacías nos vamos. Uno empieza a sentirse tembloroso, uno empieza a sentirse asustado. Uno quiere estar lleno, no vacío. Es mejor estar lleno de cualquier cosa -cualquier basura- que estar vacío. El vacío se parece a la muerte, y no queremos la verdad. Todo nuestro esfuerzo consiste en vivir en la comodidad, aunque esa comodidad se base en ilusiones.

"¡Exijo una explicación y quiero la verdad!", gritó el iracundo marido al descubrir a su mujer en la cama con su mejor amigo.

"Decídete, George", respondió ella con calma. "No puedes tener las dos cosas".

O se tiene la explicación o se tiene la verdad. Y la gente está más interesada en la explicación que en la verdad, de ahí tantas filosofías. Todas son explicaciones, explicaciones para explicar las cosas, no para darte la verdad; explicaciones para crear un gran humo para que no tengas que ver la verdad. Y la insistencia de Buda es: ¡VÉANLA! -porque sin verla no puedes ir más allá del dolor.

James, a su mujer: "¡Estoy de humor y tú eres tan hermosa!"

Katherine: "¿Qué te hace pensar que soy hermosa?"

James: "¡Cuando estoy de humor, todo el mundo es hermoso!"

Todo depende de tu estado de ánimo. Si estás en el estado de ánimo de un viaje del ego, entonces no escucharás a los budas, o escucharás de tal manera que puedas manejar, distorsionar, interpretar esas verdades de acuerdo a ti mismo, para apoyarte. Si sigues interesado en el ego, no podrás comprender estos sutras.

Si te has hartado del ego, si estás cansado de sus juegos, si has visto que sólo trae sufrimiento y nada más, entonces estas verdades son tan sencillas de comprender que, de hecho, no necesitan explicación. Y no te las estoy explicando.

No hago más que martillearte la cabeza, desde este lado y desde aquel otro. Intentas esquivar, intentas escapar, intentas cerrar los ojos, pero yo sigo gritando en tus oídos, esperando que tarde o temprano seas capaz de comprender, porque sin esta comprensión, tu vida será una pesadilla. Y has malgastado muchas vidas en pesadillas. Es hora de despertar.

"LA EXISTENCIA ES TRISTEZA". COMPRENDE, Y VE MÁS ALLÁ DE LA PENA. ESTE ES EL CAMINO DE LA

LUMINOSIDAD. Buda dice: Este es el camino de la inteligencia. Esto no es para mentes aburridas, poco inteligentes, mediocres.

El camino del Buda es para aquellos que son inteligentes. ¿Y quién no es inteligente? Si decides ser inteligente, eres inteligente. Naces con una gran inteligencia, pero la mantienes reprimida. Tienes miedo de tu propia inteligencia porque perturbaría tu rutina de vida. De algún modo, has conseguido asentarte, y tu propia inteligencia te mantendrá en movimiento. Seguirá diciéndote: "Esto no es verdad. Otra vez has sido víctima de un sueño. Sigue adelante. Si no alcanzas la verdad, no podrás descansar en paz. Sigue adelante". Como la inteligencia te incita a seguir adelante, la reprimes.

Todo el mundo nace inteligente. Nunca me he encontrado con un niño que no sea inteligente, pero es muy raro encontrar después personas inteligentes. ¿Qué ocurre mientras tanto?

Todos los niños resultan ser estúpidos más tarde. Cuando llegas de la universidad, ya estás completamente establecido en tus estupideces. La universidad es una garantía de que ahora eres a prueba de inteligencia. Nadie puede volverte inteligente: te han sellado.

Sócrates dice: Conócete a ti mismo. Buda también dice: Conócete a ti mismo. Y ambos han sido malinterpretados, Sócrates más que Buda. Cuando Sócrates dice: Conócete a ti mismo, la gente piensa que hay alguien dentro que tiene que ser conocido. No hay nadie dentro. Cuando Sócrates dice: Conócete a ti mismo, está diciendo simplemente: "Entra y mira lo que hay ahí". No está diciendo que haya alguien a quien llegarás a conocer; simplemente está diciendo que entres. Pero no te asusta tanto.

Buda dice claramente que no hay nadie: Entra y ve. Sólo existe el ver, pero no un vidente. Hay comprensión pero nadie que comprenda, conocimiento pero no un conocedor.

Esto hay que entenderlo. Este es el mensaje enfático de Buda: que hay procesos, ciertamente, pero no hay un centro para esos procesos. Sí, hay amor pero no hay amante, y hay meditación pero no hay meditador, y hay liberación, pero nadie se libera. Parece muy extraño, pero ahora la ciencia moderna está de acuerdo con ello.

En lo que respecta a la realidad objetiva, la ciencia moderna está más de acuerdo con Buda que con cualquier otra persona. De ahí que Buda tenga un gran futuro, porque la ciencia se acercará cada día más a Buda. La ciencia va a hablar en el mismo idioma que Buda. La ciencia dice que hay energía pero no materia. Eso es lo que dice Buda para el mundo interior: Hay energía, movimiento, procesos, pero no hay entidad, no hay ego.

"Conócete a ti mismo" significa: saber que no eres. Se necesita un gran valor para saberlo.

La gente quiere saber que son almas inmortales. Entonces son muy felices: "Somos almas inmortales". Y Buda dice: "¡No digas tonterías! Sencillamente no lo sois.

La inmortalidad está ahí, pero tú no eres inmortal. Cuando TU desapareces completamente, lo que queda detrás... esa limpieza, esa pureza, esa inocencia, esa nadidad, esa nada, ese SHUNYA - eso es inmortal. No tiene principio ni fin, ni nacimiento ni muerte".

Pero en lugar de entrar y encontrar la ilusión básica del ego, en lugar de entrar y encontrar la causa raíz de toda tu miseria, sigues echando la responsabilidad a los demás.

La famosa máxima de Murphy: El hombre que puede sonreír cuando las cosas van mal ha pensado en alguien a quien echarle la culpa.

Todo el mundo intenta culpar de su miseria a otra persona. Y así es como permanecemos en la miseria, porque culpar a los demás no sirve de nada. En primer lugar, es un error: nadie más es la causa de tu miseria; la causa está dentro de ti. Vives con una falacia. Pero aunque vivas con una falacia, la mente disfruta con la idea de que otro es el responsable: "Yo no soy el responsable".

"Doctor, tiene que hacer algo con mi marido".

"¿Cuál parece ser el problema?"

"Está convencido de que es un frigorífico".

"¡Eso es terrible!"

"¡Y que lo digas!", espetó la esposa. "Duerme con la boca abierta y la luz no me deja dormir en toda la noche".

Una mujer llamó por teléfono a un psiquiatra y le gritó: "Doctor, tiene que ayudarme.

Mi marido me está volviendo loca. Sigue insistiendo en que él es Moisés".

"Parece grave", respondió el psiquiatra. "Creo que debería traerlo mañana a mi consulta".

"Ah, lo haré", respondió ella, "pero mientras tanto, ¿cómo evito que separe el agua cada vez que intento bañarme?".

Incluso si estás loco, a la mente le gustaría creer que alguien más es responsable, que alguien más está loco. La gente está dispuesta a creer que todo el mundo está loco, pero no ellos mismos. De hecho, un loco nunca acepta que está loco. Puedes ir a un manicomio y preguntar a todos los locos, y te sorprenderás: ni un solo loco aceptará que está loco. Todo el mundo está loco, él está perfectamente cuerdo.

De hecho, los que entienden a los locos, dicen que una vez que un loco acepta que está loco ya no lo está; la cordura ha empezado a entrar en su ser.

Eso es lo que han estado diciendo todos los budas: en el momento en que comprendes que "soy ignorante", se ha producido el primer atisbo de conocimiento. En el momento en que dices que "no soy", por primera vez ha penetrado en ti la existencia real. La primera vez que dices que "no poseo nada", el mundo entero es tuyo. La primera vez que dices que "no estoy separado", que "soy uno con el todo", te conviertes en el todo. La gota de rocío no desaparece realmente; se convierte en el océano. Al conocer la propia vacuidad, la propia falta de ego, no pierdes nada, lo ganas todo.

Y el tercer sutra:

"LA EXISTENCIA ES ILUSION". COMPRENDE, VE MAS ALLA. ESTE ES EL CAMINO DE LA CLARIDAD.

Buda no te da doctrinas, no te da dogmas. No está interesado en darte filosofías de vida. Toda su preocupación es una: cómo aclarar tu mente, cómo impartirte claridad para que puedas ver sin obstáculos, para que tus ojos ya no lleven polvo, para que tus ojos no tengan polvo y puedas ver a través y a través de las cosas como son.

Normalmente todo lo que ves es tu proyección. Eso es lo que llamas existencia: proyectas. La existencia funciona sólo como una pantalla y el proyector está dentro de ti, y tú sigues proyectando tus deseos, tu imaginación, tus esperanzas, tus sueños, y sigues viendo cosas que no existen.

La gente sigue hasta el final proyectando. Incluso si te encuentras con ellos después de su muerte los encontrarás en el mismo lío.

El negocio había sido terrible para Blum y redujo su ayuda. Al cabo de un mes tuvo que reducirla aún más, y todo el mundo decía que esta terrible tensión se convirtió en una fijación que aceleró su muerte pocas semanas después.

Mientras llevaban su cuerpo por el pasillo de la capilla, Blum se sentó de repente en el ataúd y preguntó: "¿Cuántos hombres me llevan?".

"Hay ocho portadores del féretro, Sr. Blum", dijo el enterrador.

"Será mejor dejar dos", dijo Blum, tumbándose de nuevo.

Incluso después de la muerte, ¡la vieja obsesión continúa! Y no te lo tomes a broma: las cosas son así. La gente sigue creyendo en las mismas cosas después de la muerte; siguen con los mismos deseos. Así es como vuelven una y otra vez a la tierra para cumplir los mismos deseos insatisfechos. Y esos deseos son insatisfechos, por lo que siguen viniendo una y otra vez, millones de veces.

Buda lo llama un círculo vicioso, una rueda que sigue moviéndose. Tú eres como un radio en la rueda. A veces subes y a veces bajas. Pero la rueda sigue moviéndose arriba y abajo, arriba y abajo; vida y muerte, vida y muerte; un momento de éxito, otro momento de fracaso; un momento de esperanza, otro momento de desesperación. Sigue y sigue, y ha estado así durante toda la eternidad. Y todo esto es tu propia proyección, no es la realidad.

La realidad sólo puede conocerse cuando no tienes nada que proyectar. Ese estado de no-proyección Buda lo llama claridad. Claridad significa que no tienes ningún deseo, que no quieres que las cosas sean de una determinada manera, que estás dispuesto a verlas tal y como son. Eres simplemente un espejo, no un proyector.

Cuando eres un espejo, esto es samadhi, esto es satori. Simplemente reflejas como el agua silenciosa, clara y fresca de un lago refleja la luna llena y las estrellas. Cuando eres absolutamente claro, sin sueños, sin deseos, sin imaginaciones, sin recuerdos, con toda la mente a un lado -la mente es un mecanismo para proyectar-, entonces hay claridad y las cosas se reflejan tal como son. Y por primera vez sabes lo que es; de lo contrario: "LA EXISTENCIA ES ILUSIÓN".

Comprende esto: que todo lo que consideras existencia es ilusión. Compréndelo y ve más allá. ESTE ES EL CAMINO DE LA CLARIDAD.

ERES FUERTE, ERES JOVEN. ES HORA DE LEVANTARSE. ¡ASÍ QUE LEVÁNTATE! NO SEA QUE POR IRRESOLUCIÓN Y OCIOSIDAD PIERDAS EL CAMINO.

En la antigua India, cuando Buda estaba entregando estos sutras a sus discípulos, esta era la tradición aceptada, que un hombre debe convertirse en un buscador sólo en la última etapa de su vida. Si suponemos que la vida dura cien años, la idea hindú es dividirla en cuatro partes de veinticinco años cada una.

Los primeros veinticinco años son para la educación, BRAHMACHARYA. Vas a la universidad, vives con un maestro para aprender las habilidades del mundo, las artes, la artesanía, la ciencia. Y después de veinticinco años vuelves al mundo, te casas.

Y desde hace veinticinco años -la segunda etapa- vives como cabeza de familia, como marido, como padre, cumpliendo los deberes de la vida.

Y luego viene la tercera etapa, veinticinco años de nuevo: te preparas para renunciar al mundo. La tercera etapa se llama VANPRASTHA. Primero es brahmacharya - celibato - para que puedas dedicar toda tu mente a tus estudios, sin distracciones. Toda tu energía sexual tiene que estar concentrada en los estudios. La segunda etapa se llama GARHASTHYA, la etapa del cabeza de familia. Dedicas todas tus energías a la vida familiar: construir una casa, crear un gran negocio, ganar dinero, criar hijos. Y la tercera se llama vanprastha. Vanprastha significa "mirando hacia el bosque". Ahora prepárate para dejar el mundo: ¡prepárate para veinticinco años! Vive aún en la casa, pero vuélvete hacia el bosque. Poco a poco, desconéctate. Sigue dando tus responsabilidades a tus hijos, que ahora volverán de la universidad.

Y la cuarta etapa -después de setenta y cinco años-, los últimos veinticinco años, te conviertes en sannyasin. Esto era lo rutinario, lo aceptado, lo convencional en la India.

En primer lugar, la gente no vive cien años, y sobre todo en aquella época, en absoluto. Toda la investigación científica que se ha llevado a cabo demuestra que la gente de la época de Buda vivía como mucho una media de cuarenta años; cuarenta años era la vida media. Y no parece tan malo porque incluso ahora en la India, treinta y seis años es la vida media.

Con toda la nueva medicina, la ayuda médica, los hospitales, si India tiene sólo treinta y seis años como edad media, entonces en aquellos días, sin ciencia, sin instalaciones médicas, si la gente vivía cuarenta años de media ¡lo hacían perfectamente bien! Así que la gente no vivía cien años. Para cuando uno tenía setenta y cinco, ya se había ido. Asi que para la mayoria de la gente, el tiempo para sannyas nunca llegara.

Parece que fue sólo un esfuerzo para posponerlo. E incluso si alguien viviera después de los setenta y cinco -pocas personas vivieron, Buda mismo vivió ochenta años-, si algunas personas vivieran después de los setenta y cinco, su vida será casi sin energía. Estarán muertos, serán cadáveres andantes. No tendrán energía suficiente para meditar, para elevarse a las más altas cumbres de la conciencia. No serán capaces tú transformar su ser en buda; eso les resultará imposible.

Buda trajo una gran revolución y la India nunca se lo ha perdonado. Destruyó toda la absurda idea de las etapas. Es una tontería, porque hay unas pocas personas inteligentes que pueden ser sannyasins incluso siendo jóvenes, y hay unas pocas personas superinteligentes que pueden ser sannyasins incluso siendo niños pequeños.

Shankaracharya se hizo sannyasin cuando sólo tenía nueve años. Buda se hizo sannyasin cuando tenía veintinueve años. Así que es una tontería posponerlo.

¿Y por qué seguir posponiendo la verdad hasta el final, cuando serás casi un cadáver, no te quedará energía? ¿Y entonces intentarás elevarte hacia el cielo? Cuando lleguen los días de ir a la tumba, ¿intentarás alzar el vuelo hacia el sol? Es imposible.

Buda fue el primero en la India en introducir la idea de un sannyasin joven. Su énfasis era que la juventud es el mejor momento para ser un sannyasin porque es una gran energía la que se necesitará para la transformación interior, para el trabajo interior. No se puede posponer. ¿Y quién sabe sobre el futuro? ¿Quién sabe incluso sobre el mañana o incluso sobre el momento siguiente? Él dice: TÚ ERES JOVEN, TÚ ERES FUERTE - entonces éste es el momento. ES EL MOMENTO DE LEVANTARSE. No lo pospongas. No hay necesidad de posponerlo.

No digas: "Me levantaré sólo después de los setenta y cinco años". A una persona que ha estado soñando durante setenta y cinco años le resultará muy difícil despertar después de setenta y cinco años soñando. Soñar se habrá convertido casi en una segunda naturaleza para él.

A medida que envejeces te vuelves cada vez más terco, menos flexible. A medida que envejeces te vuelves más y más mecánico, menos y menos vivo. Tus modos de vida se vuelven tan establecidos, tus modos de pensar se vuelven tan fijos, que se vuelve imposible cambiarlos. Por eso es tan difícil para un anciano aprender algo nuevo. Dicen: A perro viejo no se le enseñan trucos nuevos. Los niños aprenden muy fácilmente; a los ancianos les resulta muy difícil aprender porque ya creen que saben. Su experiencia de toda la vida está ahí, y su experiencia de toda la vida empieza a dominarles; sigue dominándoles hasta el final.

Zeb y su mujer, Addie, tenían fama de ser la pareja más tacaña de las colinas.

Zeb murió hace unos años, y sus parientes se avergonzaban de la forma en que Addie hablaba del coste del funeral. Incluso insistió en cerrar el ataúd para no tener que pagar a la funeraria una sala para el velatorio.

Unos años más tarde, Addie enfermó y parecía que iba a encontrarse con Zeb en el más allá. Addie llamó a su lado a su única amiga y le hizo prometer que asistiría al funeral.

"Prométeme que me enterrarás con mi vestido de seda negra", dijo débilmente. "Pero también puedes cortar el material de la parte de atrás de la falda. Es un buen material y sin duda es un pecado desperdiciarlo".

"Addie", respondió su amiga, "no podría. Cuando tú y Zeb caminen a través de esas Puertas Perladas, seguramente no querrás ir sin espalda en tu vestido".

"No le des más vueltas", respondió Addie. "Todos estarán mirando a Zeb de todos modos".

"¿Por qué dices eso?"

"Porque lo enterré sin pantalones".

Toda la vida, si eres avaro... incluso en la muerte serás igual. A medida que envejeces te vuelves más y más asentado.

La juventud es la mejor época para la transformación interior porque es la época más flexible.

Los niños son más flexibles que los jóvenes, pero no son tan comprensivos. Necesitan un poco de experiencia. La juventud es exactamente el punto medio; ya no eres un niño, ya no ignoras la vida y sus caminos y aún no te has asentado como un anciano. Estás en un estado de transición, y el estado de transición es el mejor momento en el que puedes saltar de la rueda de la vida y la muerte. La juventud es el momento más significativo para dar cualquier salto, porque el salto necesita valor, necesita energía, necesita riesgo, necesita audacia.

Buda dice: ERES FUERTE, ERES JOVEN. ES HORA DE LEVANTARSE.

Ser joven, estar fresco, es una gran bendición. Es el momento de la rebelión.

Y si echas de menos tu juventud, más adelante te resultará cada vez más difícil. No es que sea imposible -puede ocurrir incluso siendo viejo-, pero requerirá un esfuerzo más arduo y las cosas no serán tan fáciles. Es como escalar una montaña: cuando eres joven es más fácil, cuando te haces viejo se vuelve difícil. Respirar es duro, subir es agotador, transpiras, te sientes exhausto muy pronto, necesitarás más descanso y el viaje te parecerá muy largo. Cuando eres joven puedes correr hacia arriba; puedes correr hasta la cima y cada paso liberará más energía en ti, porque ser joven es ser un depósito de energía.

Mucha gente viene a mí y me pregunta por qué doy sannyas a los jóvenes. ... Por esto: la juventud es el momento para sannyas, porque sannyas es la mayor rebelión; ninguna otra rebelión es tan grande. No malgastes tu juventud en otras revoluciones ordinarias: políticas, sociales, económicas. No malgastes la energía de tu vida en esos estúpidos juegos. Pon tu energía total, enfoca tu energía total, en un solo punto - la revolución espiritual - porque ese es un cambio radical, y otros cambios pueden seguir a ese cambio.

Si tu ser interior cambia, toda tu vida exterior será totalmente diferente. Tendrá una fragancia diferente, una belleza diferente, una gracia diferente. Y cuando tu ser interior cambie y se convierta en una llama de luz, tú también te convertirás en una luz para los demás. Te convertirás en una luz que llama, un gran heraldo de un nuevo amanecer. Tu sola presencia desencadenará revoluciones en la vida de los demás.

Buda dice: ¡LEVÁNTATE! ¡No desperdicies ni un solo momento! - NO SEA QUE POR IRRESOLUCIÓN Y OCIOSIDAD PIERDAS EL CAMINO.

El único peligro es la irresolución. Una vida sin compromiso, sin implicación, no merece llamarse vida. Sólo a través del compromiso, de la implicación, tu vida adquiere agudeza, tu inteligencia se convierte en una espada. Con la ociosidad acumulas óxido; tu agudeza desaparece. Te haces viejo incluso siendo joven. Y si te mantienes afilado y rebelde, incluso cuando seas viejo no serás viejo. Sólo físicamente serás viejo, pero tu ser interior seguirá siendo joven.

Y esa es una de las mayores experiencias de la vida: cuando tu cuerpo envejece, pero tu ser interior mantiene su juventud. Eso significa que no has perdido la noción de la vida, que te mantienes al ritmo de la vida. No te has quedado atrás, no te has quedado atrás.

El Buda dice:

DOMINA TUS PALABRAS.

Dice que, normalmente, una mente está llena de palabras: relevantes, irrelevantes, basura; todo tipo de palabras se van acumulando en tu interior. Dos personas están hablando; tú simplemente oyes, y esas palabras se convierten en parte de tu mente - sin ninguna otra razón, accidentalmente. Has oído hablar a dos personas. Te has agobiado. Vas y lees los carteles, y esas palabras pasan a formar parte de tu ser. Lees anuncios innecesarios. En las revistas, la gente lee los anuncios más que cualquier otra cosa. O sigues chismorreando con la gente, sabiendo perfectamente que eso es inútil, una pura pérdida de tiempo y energía. Pero las palabras se acumulan dentro de ti como el polvo, capas sobre capas, y tu espejo quedará cubierto por ellas dice Buda: DOMINA TUS PALABRAS. Sé telegráfico. Escucha sólo lo que sea significativo, lee sólo lo que tenga sentido. Evita lo innecesario, lo irrelevante.

Habla sólo lo que vaya al grano. Haz de cada palabra tu corazón. No sigas diciendo cosas como si fueras un disco de gramófono.

Mary estaba sentada sola en el sofá cuando su madre entró y encendió la luz.

"¿Qué te pasa, cariño?", preguntó su madre. "¿Por qué estás sentada aquí a oscuras? ¿Os habéis peleado John y tú?"

"Oh, no, nada de eso", respondió Mary. "De hecho, John me pidió que me casara con él".

"Bueno, ¿entonces por qué pareces tan triste?"

"Oh, madre, es que no sé si podría casarme con un ejecutivo de publicidad".

"¿Pero qué hay de malo en casarse con un hombre que se dedica a la publicidad?".

"Bueno, ¿cómo te sentirías si un hombre que te está proponiendo matrimonio te dijera que es una oferta especial que se hace una vez en la vida y que nunca se repetirá?".

Como un disco de gramófono. Puede que no sea consciente en absoluto de lo que está diciendo, puede que esté repitiendo su hábito. Es hábil en eso, se ha convertido en parte de su mente. Puede estar repitiéndose a sí mismo; puede no ser consciente en absoluto de lo que está haciendo.

Cuando Buda dice: DOMINA TUS PALABRAS, quiere decir, sé consciente. ¿Por qué dices algo? ¿A quién? ¿Y cuál es el propósito? Sé claro, si no, guarda silencio. Es mejor no cargar a los demás con tu basura. Si puedes iluminar, bien; si puedes desahogar, bien; si no, mejor callarse.

DOMINA TUS PENSAMIENTOS.

Cualquier pensamiento pasa por tu mente. Observa durante unos minutos y te sorprenderás: ¡la mente parece estar loca! Salta de un pensamiento a otro sin motivo alguno. Simplemente un perro empieza a ladrar en el vecindario y tu mente toma la pista de ello... y recuerdas el perro que solías tener en tu infancia, y el perro murió... y empiezas a sentirte triste. Y debido a la muerte del perro empiezas a pensar en la muerte, y en la muerte de tu madre y en la muerte de tu padre.

Y te enfadas porque nunca estuviste a gusto con tu madre; siempre hubo conflicto. El perro sigue ladrando, completamente inconsciente de lo que ha hecho. Y tú has viajado tanto.

Cualquier cosa puede desencadenar un proceso en ti. Es una especie de esclavitud: estás a merced de los accidentes. Esto no es maestría. Y un sannyasin, un buscador, debe ser un maestro. Piensa sólo si quiere; si no quiere pensar, simplemente apaga su mente. Sabe cómo activarla y cómo desactivarla.

No sabes cómo ponértela, no sabes cómo quitártela; sigue y sigue. Empieza a trabajar en la infancia y sigue trabajando hasta que mueres. Setenta años, ochenta años, trabajando continuamente - tanto trabajo, y entonces no puedes esperar nada grande de él porque está completamente cansado. No le queda mucha energía; está goteando por todas partes. Si puedes aplazarla... en eso consiste la meditación: en aplazar la mente, el arte de aplazar la mente. Si puedes aplazarla, reunirá energía.

Si durante unas horas cada día estás sin la mente, acumularás tanta energía que esa energía te mantendrá joven, fresco, creativo. Esa energía te permitirá ver la realidad, la belleza de la existencia, la alegría de vivir, la celebración. Pero para eso necesitas energía, y tu mente tiene muy poca energía. Sólo de alguna manera manejas tu vida.

Vives una vida pobre por la pura razón de que no sabes cómo acumular tu energía mental, cómo hacer un depósito de tu ser interior. Sigue y sigue goteando y no sabes cómo detener esas fugas.

NUNCA PERMITAS QUE TU CUERPO HAGA DAÑO.

Tres cosas dice Buda: Ten cuidado con las palabras, sé dueño de tus pensamientos, NUNCA PERMITAS QUE TU CUERPO TE HAGA DAÑO. Porque el cuerpo viene de los animales, el cuerpo ES animal. Disfruta haciendo daño, es violento. Sé consciente de ello. No permitas que sea violento. No permitas que dañe a nadie, porque si dañas a otros el daño volverá a ti tarde o temprano.

Esa es toda la teoría del karma: todo lo que hagas a los demás te será hecho a ti. Así que haz a los demás sólo lo que te gustaría que te hicieran a ti.

SIGUE ESTOS TRES CAMINOS CON PUREZA Y TE ENCONTRARÁS EN EL ÚNICO CAMINO, EL CAMINO DE LA SABIDURÍA.

El último consejo que da Buda es: No sigas estos tres caminos por cálculo.

Síguelos inocentemente, de forma infantil, explorando, preguntando. Haz que sea una aventura, pero no seas calculador, no te comportes como un hombre de negocios. Todos somos comerciales, y ésa es una de las razones básicas por las que nos perdemos la alegría de vivir. Un hombre de negocios nunca puede saber lo que es la alegría; siempre está pensando en los beneficios.

La gente viene a verme y me pregunta: "Si meditamos, ¿qué ganaremos con ello? ¿Qué vamos a ganar con ello?". Si les digo: "Meditar por meditar", se quedan perplejos. Dicen: "Entonces, ¿qué sentido tiene?". No pueden entender que, en la vida, algunas cosas deban hacerse sin ningún cálculo.

El amor por el amor, el arte por el arte, la meditación por la meditación. Todo lo que es bello y grande nunca puede reducirse a un medio para otra cosa. Y el hombre de negocios sólo sabe eso. La mente empresarial siempre reduce todo a un medio para algún fin. Y estos son fines. La meditación es un fin en sí misma, no un medio para otra cosa. Por lo tanto, sé infantil, inocente, no calculador. Sé puro... Y TE ENCONTRARÁS EN EL ÚNICO CAMINO... el único camino, el verdadero camino, EL CAMINO DE LA SABIDURÍA.

SENTARSE EN EL MUNDO, SENTARSE EN LA OSCURIDAD: estas palabras son tremendamente pregnantes:

SIÉNTATE EN EL MUNDO, SIÉNTATE EN LA OSCURIDAD. SIÉNTATE EN MEDITACIÓN, SIÉNTATE EN LA LUZ. ELIGE TU ASIENTO. DEJA QUE CREZCA LA SABIDURÍA.

Sentarse en el mundo significa estar en la mente y sentarse en meditación significa estar en la no-mente. Estar en la mente es estar en la oscuridad y estar en la no-mente es estar en la luz. Si has comprendido los sutras anteriores sabrás cómo estar en la no-mente... y entonces hay luz y sólo luz. Te inundas de luz, te vuelves luminoso.

Y así es como crece la sabiduría.

TALA EL BOSQUE, NO EL ÁRBOL. PORQUE DEL BOSQUE SALE EL PELIGRO.

CORTAR EL BOSQUE significa cortar la raíz, la fuente misma de todo - NO EL ÁRBOL, porque el árbol es sólo un síntoma. Si cortas un árbol, crecerá otro. No luches con los síntomas; mira en la raíz y destruye la raíz.

La raíz es el ego. La raíz es el deseo del ego. La raíz es el aferramiento del ego.

Corta todo el bosque: el ego, el deseo, el aferramiento, la astucia, la inteligencia, el cálculo, la política... córtalo todo. No sigas luchando con cosas pequeñas.

Alguien viene y dice: "¿Cómo puedo librarme de la ira?". Ahora bien, sin deshacerte del ego no puedes deshacerte de la ira, y si lo intentas sólo estarás reprimiéndola. La gente viene y me pregunta: "¿Cómo podemos deshacernos de la sexualidad?". No puedes deshacerte de la sexualidad si no te deshaces del ego y de su continuo anhelo de más y más. No puedes librarte de la sexualidad si no ves la nada interior. En ese ver, la sexualidad se transforma en espiritualidad. Ve a la raíz, a la fuente.

Pero la gente sigue podando los árboles, pensando que así va a transformar su vida. Sí, pueden volverse más sofisticados, más cultos, más civilizados, en apariencia más pulidos, pero eso será sólo la superficie. En el fondo seguirán siendo la misma persona, tan fea como antes o incluso más fea, porque todo lo reprimido les hará cada vez más pervertidos.

TALA EL BOSQUE. DERRIBA EL DESEO. Y LIBÉRATE.

Si quieres cortar el bosque, DESEO FÚTIL. Ver el punto, que el deseo es inútil. Vive el momento y no intentes vivir en el futuro. Nadie puede vivir en el futuro. ¿Cómo puedes vivir en el futuro que aún no es? Y el deseo te da la ilusión de vivir en el futuro. Sentado, empiezas a pensar que te has convertido en el presidente de un país. Empiezas a vivir un sueño, una ensoñación, pensando que has encontrado mucho dinero, que se ha abierto una lotería a tu nombre. Y empiezas a pensar y te quedas muy perturbado, realmente perturbado: "¿Qué hacer con ello?".

Tenía un amigo médico que estaba obsesionado con los crucigramas. Todos los meses rellenaba los crucigramas, y todos los meses esperaba que esta vez le tocaran cinco lakh rupias, diez lakh rupias. Llevaba años observándolo. Y pasaba el mes y no pasaba nada, y empezaba a prepararse para otro crucigrama.

Un día estaba sentado en su dispensario y le dije: "Mira, no parece que tengas un gran destino".

Me dijo: "¿Qué quieres decir?".

Le dije: "Te he estado observando durante tantos días, durante tantos años, y no pasa nada. Únete a mí y este mes conseguirás diez lakh de rupias".

Estaba extasiado. Me dijo: "¿Por qué no lo has dicho antes?".

Le dije: "Pero hay una condición. La biblioteca de esta ciudad necesita cinco lakh de rupias. Tendrás que dar cinco lakh a la biblioteca. Entonces podré unirme a vosotros. Entonces mi destino estará con tu destino - ¡y tú conoces mi destino!"

Él dijo: "¡Eso lo sé!" Pero él dijo: "Cinco lakhs es demasiado." Empezó a regatear:

Todavía no había pasado nada, ¡pero estaba tan perturbado! Empezó a regatear: "Cinco lakhs es demasiado, y yo soy un médico pobre, y usted sabe lo difícil que es y la gran competencia que hay: veinte médicos en esta pequeña ciudad y yo soy el más pobre. Me pides cinco mil rupias. Que sea un lakh".

Le dije: "Vale, está acordado: yo me quedo con un lakh para la biblioteca y tú con nueve lakhs".

Dijo: "Sí". Pero dijo que sí de una manera tan triste: "¡Un lakh de rupias, yéndose así!"

A las doce de la noche llamó a mi puerta. Era verano y yo dormía en la terraza, así que pregunté desde la terraza: "¿Qué pasa? ¿Quién está ahí?"

Me dijo: "Soy tu amigo. No podía dormir, tuve que venir. ¡Un lakh es demasiado! Esta vez sólo cincuenta mil. El mes que viene volveremos a unir fuerzas y entonces daré un lakh".

Le dije: "De acuerdo, porque no quiero perturbar mi sueño. Tú vete. Cincuenta mil está bien, ¡pero ahora no lo cambies!"

A la mañana siguiente lo cambió. Me dijo: "Ya conoces mi situación. Esta vez, déjame quedarme con toda la cantidad. El mes que viene, lo que tú digas lo daré a la biblioteca".

Le dije: "Entonces retiro mi mano. Entonces hazlo por tu cuenta".

Pasó el mes. No pasó nada. Vino a verme y estaba llorando, sólo lágrimas.

Y él dijo: "¡Qué tonto soy! Debería haber aceptado. Sólo pedías cincuenta mil rupias, pero no accedí. Este mes voy a aceptar".

Le dije: "Pero ahora no voy a hacer este negocio en absoluto, porque sé que volverá a ocurrir lo mismo: un gran regateo, y tus noches se verán perturbadas y tú perturbarás mi sueño. Hazlo por tu cuenta".

La gente incluso empieza a vivir en la imaginación.... Te observas a ti mismo. El deseo te mantiene ocupado en lo no existencial y va destruyendo lo presente. Y el presente es la única vida. Ahora y aquí es la única vida.

Vívelo en su totalidad, vívelo con todo tu ser. Pon tu mente a un lado y salta al ahora sin mente. Y todas las bendiciones de Dios se derramarán sobre ti.

Suficiente por hoy.

El quién detrás de todo quién

La primera pregunta:
Pregunta 1:
AMADO MAESTRO,
¿CUÁL ES LA REGLA DE ORO EN LA FILOSOFÍA DE GAUTAM BUDA?

Prabhat, una vez le preguntaron a George Bernard Shaw: "¿Hay una regla de oro en la vida?". Él respondió: "Sólo hay una regla de oro: que no hay reglas de oro".

La vida no es mecánica; por eso existe la posibilidad de la religión. Si la vida fuera mecánica, totalmente arraigada en reglas, en causa y efecto, en causalidad, entonces la ciencia habría sido suficiente. Y la ciencia no es suficiente.

La ciencia sólo toca la periferia de la vida; el núcleo más profundo permanece intacto.

La ciencia sólo conoce lo rudimentario; no conoce la cima más alta. Sólo conoce la parte corporal de la existencia, pero no su centro espiritual. Se ocupa de la circunferencia y desconoce por completo el centro.

Por eso no hay reglas de oro. La vida es libertad, es conciencia, es dicha, es amor... pero no ley.

Por eso soy muy reacio a traducir la palabra 'dhamma' de Buda como la "ley universal"; se pierde algo muy significativo. El dhamma contiene libertad; la libertad es el objetivo del dhamma. Y la ley carece absolutamente de libertad. La ley es como un tren de mercancías que circula sobre raíles, y el dhamma es como un río que desciende desde las cumbres del Himalaya, yendo en zigzag, en absoluta libertad, espontaneidad, sin rutina fija, impredecible, hacia el océano.

La vida puede vivirse según reglas, pero entonces la vida se vuelve superficial. No vivas la vida según las leyes, sino según la conciencia, el conocimiento. No vivas la vida según la mente.

La mente tiene reglas y normas, la mente tiene rituales. Vive la vida desde el punto de vista de la no-mente para que puedas florecer en flores impredecibles.

Buda no tiene una regla de oro en su filosofía.

Según el Principio de Peter, la regla de oro de la vida es: Quien tiene el oro hace las reglas.

Y Buda no tiene oro: no puede hacer la regla de oro. Y en segundo lugar, tampoco tiene filosofía. Tiene una visión, un DARSHAN, una FILOSOFÍA, pero no filosofía. Una philosia significa simplemente la capacidad de ver. Filosofía es pensar, philosia es ver.

Buda no se preocupa en absoluto por pensar; todo su énfasis está en ver. Ve la verdad, no creas en ella. No pienses en ella. Puedes seguir pensando en ella y sobre ella, pero nunca llegarás a ella pensando en ella.

Pensar en Dios no tiene nada que ver con Dios. Pensar en la luz no tiene nada que ver con la luz. De hecho, sólo un ciego piensa en la luz. El hombre que tiene ojos DISFRUTA de la luz, no piensa en ella. ¿Has pensado alguna vez en la luz? La disfrutas, la vives. Baila por todas partes entre los árboles... la sientes, la experimentas.

Buda no es un filósofo, en el sentido occidental de la palabra. Es un vidente que ha visto. Y porque ha visto se ha vuelto libre: libre de la mente. La mente sólo es necesaria si eres un pensador.

Platón, Kant, Hegel, Marx y Bertrand Russell son filósofos. Lao Tzu, Buda, Zaratustra, Jesús, Pitágoras, Heráclito, Eckhart, no son filósofos; son videntes. Son dos corrientes totalmente diferentes.

Pertenece a los videntes. Sé vidente, porque sin ver la verdad no hay liberación.

La segunda pregunta:

Pregunta 2:

AMADO MAESTRO,

EL OTRO DÍA COMPRENDÍ QUE NO NOS CONOCES A TODOS Y CADA UNO DE NOSOTROS. ¿PERO NO ES

REALMENTE IMPORTANTE QUE NOS CONOZCAS PERSONALMENTE?

EL MAESTRO LLEVA DE LA MANO AL DISCÍPULO HACIA EL ABISMO, PERO ¿CÓMO ES ESTO POSIBLE SI NO NOS CONOCES, Y QUIÉN ES QUIÉN?

Prem Jyoti, la personalidad es falsa; el maestro nunca conoce a sus discípulos por su personalidad. Nunca los conoce personalmente, los conoce esencialmente. Y hay una gran diferencia entre los dos. Conocerte personalmente no tiene sentido. ¿Qué es tu personalidad? - El accidente de tu nacimiento, el accidente de tu educación -como hindú, mahometano, cristiano-, tu nombre, tu cara, tu color, tu país. Todas estas cosas conforman tu personalidad; y todas estas cosas son falsas, todas estas cosas son accidentales.

Me preocupa el núcleo esencial de tu ser, y eso no es diferente. Es el mismo núcleo en todos. El rostro original es el mismo detrás de todos los rostros. No tiene color, no tiene forma, no tiene figura. No tiene nada que ver con tu padre y tu madre, con tu país. No tiene nada que ver con tu nombre. Me preocupa tu rostro original.

Vienes al mundo sin nombre. El nombre tiene cierta utilidad en el mundo.

El maestro no te conoce por tus accidentes; te conoce por tu esencia. No te conoce personalmente; te conoce espiritualmente.

Así que no sé quién es quién, pero conozco al "Quién" que hay detrás de todos los "quiénes": el esencial.

Me preguntas: "El maestro lleva de la mano al discípulo hacia el abismo....".

Sólo tengo dos manos, y si sigo llevando a los discípulos de la mano hacia el abismo, ¡tardaré mucho tiempo en acabar con todos mis discípulos! Eso no puede ser. Puede que Jesús lo hiciera -sólo tenía doce discípulos-, pero ¿cómo voy a conseguirlo yo?

Tengo que encontrar una manera diferente. No puedo agarraros por las manos. Agarro vuestras almas; para eso, las manos no son necesarias. Y os conozco perfectamente: tal como sois ante Dios, en vuestra total desnudez, en vuestra esencia desnuda.

Así que, Jyoti, no te preocupes. Si tengo que conocer a todo el mundo personalmente tendré que llevar un gran libro, quién es quién. Y entonces también será muy difícil de averiguar.

Cuanto más os convertís en meditadores, vuestras diferencias empiezan a desaparecer, os volvéis cada vez más parecidos. Vuestras caras, vuestros ojos, vuestro clima, se vuelven más y más similares.

En el momento en que te acercas al abismo para dar el salto definitivo, ya no eres una entidad separada. Eres uno con el todo. Tengo que persuadir a tu esencia para que dé el salto; y eso es lo que estoy haciendo. No debes preocuparte, no debes inquietarte.

Sí, te gustaría que te conocieran por tu nombre personal, te gustaría que te reconocieran. Eso no es más que un profundo deseo del ego. Y eso es lo que quiero destrozar por completo. Así que aunque te conozca, Jyoti, ¡fingiré no conocerte!

La tercera pregunta:

Pregunta 3:

AMADO MAESTRO,

¿CÓMO SE PUEDE ABANDONAR UNA OBSESIÓN? ¿O ES QUE NO HAY QUE ABANDONARLA, SINO DISFRUTARLA?

Satya, una obsesión significa simplemente una herida en tu ser, que sigue atrayéndote una y otra vez, que sigue declarándose, que quiere tu atención. No puedes abandonarla. ¿Cómo puedes soltar tu herida? Una obsesión es una herida psíquica, no puedes abandonarla. Compréndela. Obsérvala. Préstale atención. Medita con ella. Y cuanto más medites con ella, más se curará.

La meditación es una fuerza curativa. Las palabras "meditación" y "medicina" derivan de la misma raíz; ambas significan fuerzas curativas. La meditación es medicina, medicina para el alma.

Así que si tienes alguna obsesión, no la nombres. En el momento en que la llamas obsesión ya has empezado a condenarla. Y si condenas algo, no puedes observarlo: tienes prejuicios contra ello. ¿Cómo puedes observar al enemigo? No hace falta condenar; lo que es el caso, es el caso. Sólo condenándolo no puedes cambiarlo; condenándolo sólo puedes reprimirlo. Puedes evitar verlo, pero la herida continuará; se volverá cancerosa, seguirá creciendo en tu interior.

En lugar de condenarlo, en lugar de llamarlo por su nombre, de ponerle etiquetas, obsérvalo sin llegar a ninguna conclusión. Observa lo que es. Observa lo más profundamente posible, con gran amabilidad hacia ella, con intimidad. Es TU obsesión, TU herida. Dice algo de ti, forma parte de tu biografía. Ha surgido en ti, como las flores surgen en los árboles. Es esencial porque dice algo de tu pasado. Profundiza en ella, con cuidado, con amor, y te sorprenderás: cuanto más cuidado pongas en ella, menos te dolerá, menos te dominará, menos se impondrá a ti.

Sí, en cierto modo, ¡disfrútalo! Pero por disfrutar no quiero decir identificarse con ello. Si te identificas con ella, te vuelves loco. Si lo condenas, si lo reprimes, te vuelves loco otra vez. Evita ambos extremos. Mantente exactamente en el medio, ni condenando ni identificándote. Sólo sé un testigo puro.

Y lentamente lentamente, se curará. Lentamente, lentamente, perderá todo su veneno. Poco a poco, verás cómo se convierte en una energía positiva en lugar de una fuerza negativa. Se volverá útil. Cada obsesión es un nudo en tu ser. Una vez abierto, se libera una gran energía.

Y todo el mundo tiene obsesiones; toda nuestra sociedad es obsesiva. Algunas obsesiones son aceptadas por la gente; entonces no las llamas obsesiones. Si no son aceptadas, entonces se convierten en obsesiones. En una sociedad una cosa se considera obsesiva, en otra sociedad no es obsesiva. Incluso puede ser respetada, puede ser considerada santa, sagrada.

Para un monje jaina, bañarse es una obsesión. Las personas que se bañan todos los días una o dos veces son obsesivas; están demasiado preocupadas por su cuerpo, orientadas hacia el cuerpo. El monje jaina los condena. El monje Jaina no se baña. Los monjes Jaina solían venir a verme. Fue realmente un momento difícil para mí - ¡apestan! Pero ellos piensan que están haciendo una gran austeridad.

Tampoco se limpian los dientes: eso también es una obsesión. Por la mañana, por la noche y antes de acostarse... y algunas personas se limpian los dientes después de cada comida, así que cuatro, cinco, seis veces al día. ¡Esto ES una obsesión! Estás locamente preocupado por tus dientes. Y todos los argumentos que puedas darles son inútiles porque los monjes Jaina dirán: "Mira a los animales. Sin ninguna limpieza, sin ningún dentífrico, sin ningún cepillo de dientes, sus dientes están absolutamente limpios. La naturaleza se encarga, no hay necesidad de preocuparse por ello. Estás obsesionado".

Según ellos, estás demasiado preocupado por tu olor corporal, por tu aliento, por tus dientes. Y esto es materialismo, ¡y ellos son gente espiritual! Pero excepto un Jaina, nadie pensará que estas son cosas obsesivas.

Recuerde una cosa: que las obsesiones difieren de una sociedad a otra, de un país a otro, de una religión a otra. ¿Qué es realmente una obsesión? Cualquier cosa que se convierte en una fuerza dominante sobre ti, que te domina, que se hace dueña de tu ser.

Cualquier cosa que te reduzca a un esclavo, esa es mi definición de obsesión.

Obsérvalo, medita. Quédate en silencio con ella, porque así es como volverás a ser maestro. El silencio te hace maestro de todo. No luches y no te identifiques. Si te identificas, te vuelves loco. Si luchas, te volverás loco desde el otro extremo.

El director de un conocido hospital psiquiátrico decide dimitir de su cargo tras muchos años de servicio. Esta decisión atrajo a la prensa local para una entrevista.

"Díganos, doctor, ¿cuáles son sus planes? ¿Va a reanudar la práctica privada?"

"Bueno, lo he pensado", respondió el médico. "Puede que vuelva a la consulta privada, pero por otro lado puede que me convierta en una tetera".

Ahora, al vivir tanto tiempo con locos y con tantas teteras, también se ha quedado impresionado con la idea.

Si quieres convertirte en CUALQUIER cosa en tu vida, eso es obsesión. No se trata sólo de llegar a ser una tetera: si quieres llegar a ser el presidente de un país o el primer ministro, es lo mismo: ¡otros nombres para llegar a ser teteras! Hay personas que están obsesionadas con la idea de que no descansarán a menos que se conviertan en presidentes. Y cuando llegan a la presidencia están perdidos; no saben qué hacer ahora porque todo lo que saben es cómo llegar a la presidencia. Toda su vida la han dedicado a un único propósito: cómo llegar a ser presidente. Ahora que se han convertido en presidentes están perdidos, no saben qué hacer.

Hay gente que quiere hacerse rica; se hacen ricos. Si persistes puedes cumplir cualquier estupidez. El hombre tiene poderes inmensos. Sí, puedes convertirte en una tetera si persistes; nadie puede impedírtelo. ¿Pero entonces? Entonces de repente estás vacío. Entonces de repente te encuentras sin ninguna meta, perdido.

Todas las personas obsesivas, cuando sus obsesiones se cumplen, se sienten perdidas. Si te identificas con una obsesión, tarde o temprano te sentirás perdido. Si se cumple, tú serás el perdedor; si no se cumple, ciertamente tú eres el perdedor.

La otra forma es reprimirlo, arrojarlo al sótano de tu ser, en algún lugar profundo de la inconsciencia, para que no te topes con él. Pero sigue creciendo allí, y sigue afectándote a ti y a tu comportamiento; sigue tirando de tus hilos desde atrás. Y el enemigo es más poderoso cuando está oculto. No lo ves, pero aun así tienes que seguir sus dictados, se convierte en un dictador.

Hay que evitar ambos extremos, Satya. Eso es lo que Buda también habría sugerido: Estar exactamente en el medio, vigilante, vigilante sin elección. Ni elijas ser identificado ni elijas ser represivo. Simplemente observa. Es un hecho de tu vida psíquica, sea lo que sea. No digas bueno, malo, XYZ - sea lo que sea, obsérvalo. Y observa el tremendo poder de la observación: cómo transforma las heridas en flores, cómo libera los nudos energéticos enredados en grandes fuerzas, fuerzas positivas, fuerzas nutritivas.

La cuarta pregunta:

Pregunta 4:

AMADO MAESTRO,

¿PODRÍA EXPLICAR EL DESFASE ENTRE LOS RELOJES DE LA OFICINA PRINCIPAL Y LOS DE LA RECEPCIÓN DE LA PUERTA PRINCIPAL?

Anand Narayano, ¿has oído hablar de la famosa ley de Segal? Dice: Un hombre con un reloj sabe qué hora es. Un hombre con dos relojes nunca está seguro.

Los relojes no tienen por qué estar de acuerdo con los demás; no son conformistas. Los relojes son revolucionarios. ¿Y de qué estás hablando? ¿Crees que tienes un problema? Pregúntamelo a mí.

Tengo cinco relojes en mi habitación y me paso el día calculando qué hora es... ¡y por supuesto nunca acierto!

La quinta pregunta:

Pregunta 5:

AMADO MAESTRO,

DESDE QUE HABLASTE DE LA DIFERENCIA ENTRE UN DISCÍPULO Y UN DEVOTO, SIGO SINTIENDO QUE SOY UN PÉSIMO DEVOTO, PERO AL MISMO TIEMPO PARECE QUE NUNCA HE ESTADO TAN DEVOTO Y ENAMORADO DE TI COMO AHORA. ¿PODRÍA DECIRNOS ALGO MÁS SOBRE SER UN DEVOTO?

Heeren, incluso ser un pésimo devoto es algo tremendamente importante. Es mejor que ser un estudiante muy aplicado. Es mejor que ser un discípulo muy atento. Incluso ser un pésimo devoto es mejor que cualquier otra cosa. Y a medida que la devoción crezca, la pereza desaparecerá, porque el amor no puede permitir la pereza por mucho tiempo. El amor es fuego; quema todo lo que no es esencial, todo lo que es basura.

Lo sé, Heeren, está sucediendo, y estoy inmensamente complacido contigo. La pereza se irá. Cuando el sol ha empezado a salir por el este, ¿cuánto tiempo puede permanecer la oscuridad de la noche? Ya está desapareciendo. De hecho, por eso te has dado cuenta.

Te das cuenta de algunas cosas sólo cuando empiezan a abandonarte, porque cuando están ahí no te das cuenta de ellas; siempre han estado ahí. Si te estás dando cuenta de tu maldad, eso simplemente muestra que está desapareciendo, que se está yendo. Se está produciendo algún cambio; por eso te has dado cuenta de ello.

Se dice que muchas personas se dan cuenta de que estaban vivas sólo cuando están muertas.

Cuando se están muriendo, de repente surge en su mente la idea: "¡Caramba! Así que estaba vivo!"

De lo contrario, era imposible que supieran que estaban vivos; se necesita algún trasfondo, algún contraste. La muerte se convierte en el contraste.

Te estás dando cuenta de que eres un poco perezoso; es un buen indicio. La maldad está en marcha, despídete de ella. Y una vez que el amor entra en el corazón, la maldad no puede residir allí; es imposible. El amor nunca es piojoso. No pueden existir juntos. Son como la luz y la oscuridad.

La sexta pregunta:

Pregunta 6:

AMADO MAESTRO,

¿ES CIERTO QUE ALGUNAS PERSONAS SE DESPIERTAN Y SE ENCUENTRAN FAMOSAS?

Darshan, sí, es verdad. Algunas personas se despiertan y se encuentran famosas; otras se despiertan y se encuentran tarde para el discurso de la mañana.

La séptima pregunta:

Pregunta 7:

AMADO MAESTRO,

MI VIDA ANTERIOR CON MI MADRE, MI PADRE, MI HERMANA Y MI HERMANO FUE UN PERIODO LLENO DE INFELICIDAD. ¿POR QUÉ ELEGÍ NACER EN ESTA FAMILIA?

Prem Joshua, no has elegido, porque has muerto inconscientemente. ¿Cómo puedes elegir? Si usted hubiera elegido, que sin duda no habría elegido una familia así. Fue inconsciente. Usted se movió en el útero como un robot. Así es como sucede.

Normalmente, cuando un hombre muere, excepto los budas, lo hace en estado de inconsciencia.

Vive en la inconsciencia, ¿cómo puede morir en la consciencia? La muerte es la culminación de toda tu vida. Si has vivido en la inconsciencia, morirás en la inconsciencia. Es el momento condensado; toda tu vida se condensa.

Si has vivido en la inconsciencia, tu muerte va a ser de una inconsciencia tremendamente condensada. Morirás inconsciente; entonces no eliges. ¿Cómo puedes elegir?

Pero millones de estúpidos están haciendo el amor en todo el mundo; millones de úteros están listos para recibirte. También son tan inconscientes como tú. No saben por qué hacen el amor. No saben por qué cierto hombre está con cierta mujer.

No saben lo que ocurre. Algo se apodera de ellos, algo les empuja hacia ciertos actos. Están haciendo el amor no desde la conciencia, están haciendo el amor desde la inconsciencia. Y si una pareja tiene exactamente el mismo tipo de inconsciencia que tú, entonces inmediatamente entrarás en ese útero. Eso encaja contigo.

Dices: "Mi vida anterior con mi madre, mi padre, mi hermana y mi hermano fue un periodo lleno de infelicidad".

Te los habrás merecido. Sólo recibimos lo que merecemos. También es justo; no es injusto.

Ahora te preguntas: "¿Por qué elegí nacer en esta familia?".

No podías haber hecho otra cosa. ¡Y cuidado! Si no te pones alerta volverás a hacer lo mismo. Lo has hecho muchas veces; no es la primera vez. No has elegido el útero, no es tu elección en absoluto.

Un viudo rico y su hija viajaban a Europa en el S.S. UNITED STATES. La niña se cayó por la borda. Berman, de setenta y tres años, se lanzó al agua y la salvó. Cuando volvieron a subir a bordo, el viudo abrazó a Berman.

"¡Salvaste la vida de mi hija!", exclamó. "Soy un hombre rico. Te daré cualquier cosa. Pídeme lo que quieras".

"Sólo respóndeme una pregunta", dijo Berman. "¿Quién me empujó?"

No es tu elección. Toda tu vida te habrá empujado a un determinado útero. Sólo puedes elegir cuando eres consciente, y morir siendo consciente es la mayor experiencia de la vida. No hay nada más extático que eso.

En la vida, tres cosas son las más importantes: el nacimiento, el amor y la muerte. El nacimiento ya ha ocurrido; ahora no se puede hacer nada al respecto. Algo se puede hacer con respecto al amor: puedes convertirte en un amante consciente, y al convertirte en un amante consciente te estarás preparando para una muerte consciente, porque el amor y la muerte son muy similares. En el amor también mueres de cierta manera; tu ego muere.

La primera experiencia de la muerte es el amor. Y una vez que hayas conocido la belleza de morir enamorado, no tendrás ningún miedo a la muerte. De hecho, la esperarás y le darás la bienvenida cuando llegue. Cantarás una canción cuando llegue. Bailarás. La muerte no será tu enemiga sino una amiga, una gran amiga, porque conociste una pequeña muerte en el amor y fue tan hermosa. Ahora es una gran muerte; será mil veces más hermosa.

El amor prepara a un hombre para morir - pero sólo el amor consciente, porque sólo en el amor consciente se muere; en el amor inconsciente no se muere. Los amantes inconscientes riñen continuamente, se pelean. Intentan dominarse mutuamente.

Los amantes conscientes se rinden. De hecho, la entrega no es el uno al otro; la entrega es al dios del amor. Ambos amantes se entregan a una energía desconocida en la que disuelven sus egos y experimentan pequeñas muertes. Cada vez, cada orgasmo trae una muerte más profunda. A medida que el amor se profundiza, la muerte se profundiza, y se preparan para la muerte final. El día en que llega la muerte final es un día de júbilo. Van bailando hacia la muerte, cantando, con el corazón lleno de la emoción de la aventura.

Entonces pueden elegir. Entonces pueden trasladarse a un determinado útero de su propia elección.

Ahora tienen ojos: dónde ir, por qué puerta entrar.

El amor es el principio de la conciencia. La muerte te da la gran experiencia - pero todavía sólo queda el noventa y nueve por ciento, el uno por ciento. Ese uno por ciento se cumple con el nacimiento consciente. Un nacimiento consciente es una muerte al cien por cien. El ego simplemente desaparece, desaparece totalmente. El amor es uno por ciento muerte, la muerte es noventa y nueve por ciento muerte, el nacimiento es cien por cien muerte. Y una vez que naces conscientemente, entonces no hay más amor, no hay más muerte, no hay más nacimiento.

Este es el objetivo de todos los budas: liberarse de la rueda de la vida y la muerte.

La octava pregunta:

Pregunta 8:

AMADO MAESTRO,
LLEVO CASI CUARENTA AÑOS MEDITANDO, PERO ESTOY TAN LEJOS COMO SIEMPRE DEL OBJETIVO DE LA REALIZACIÓN DE DIOS. ¿QUÉ DEBO HACER?

Surendranath, hacer de Dios una meta es empezar en la dirección equivocada. Dios no es una meta; si piensas en términos de metas, Dios se convierte en tu deseo, en un objeto de deseo. Entonces la realización de Dios no es más que la glorificación última del ego. Por eso te has perdido.

No sé qué tipo de meditación has estado haciendo durante cuarenta años; debe ser un tipo equivocado. No puede ser la atención plena correcta, de la que habla Buda, debe ser una atención plena equivocada. Debes estar haciendo algún tipo de concentración y pensando que eso es meditación.

Esta es una de las mayores falacias, muy extendida en los llamados círculos religiosos del mundo, particularmente en la India. Se piensa que la concentración es meditación, y la concentración no es meditación; es justo lo contrario de la meditación. La concentración es un fenómeno de la mente. Concentrarse en algo significa enfocar la mente en algo. Tiene sus propios beneficios, pero esos beneficios son científicos, no religiosos. En la ciencia, la concentración es necesaria; la concentración es un método científico.

Y tus escuelas, colegios, universidades, todos te preparan para la concentración porque su preparación es para objetivos científicos, no para la experiencia religiosa. Concentración significa excluir todo de la mente excepto una cosa en la que te estás enfocando.

Meditar significa simplemente no concentrarse en nada, ni siquiera en Dios, no concentrarse en nada. Por lo tanto, no excluye nada, lo incluye todo. En la meditación te relajas, en la concentración te pones tenso. En la meditación estás en un profundo descanso, sólo atento a lo que sucede. Un pájaro empieza a cantar en el bosque, un perro ladra en el vecindario, un niño empieza a llorar; el ruido del tráfico en la carretera, deliciosos olores flotando en el aire desde la cocina... todo esto, todo lo que está presente, lo que te rodea - todos tus cinco sentidos están alerta, recibiendo.

La concentración puede verse perturbada porque estás intentando centrarte en una cosa; cualquier cosa puede perturbarla. Estás repitiendo "Rama, Rama, Rama" y un perro empieza a ladrar. Ahora te enfadarás con el perro. El perro se parecerá al enemigo que siempre te perturba; siempre que meditas empieza a ladrar. ¡Debe ser un agente del Diablo! O el niño empieza a llorar o la mujer empieza a gritar a los niños, o una cosa u otra... y miles de cosas suceden a tu alrededor. No puedes detener el mundo entero porque estás haciendo una tonta repetición: "Rama, Rama, Rama". No puedes detener el mundo entero por esto. El mundo continuará.

¿Y quién sabe? El perro también puede estar concentrándose a su manera. Ladrar puede ser su Meditación Trascendental. Disfrutan tanto ladrando y se sienten tan regocijados. ¿Has observado a los perros cuando ladran, por qué ladran? O ladran al policía o al cartero o al sannyasin. Están en contra de los uniformes - ¡un enfoque muy revolucionario! Cualquier uniforme... y el perro empieza a ladrar. Nunca está a gusto con el uniforme; siempre está en contra, desconfiado. O empiezan a ladrar a la luna.

Quizá sea su forma de apreciar la belleza. ¿Y quién eres tú para impedírselo?

Tienen tanto derecho a ladrar como tú.

Lo he oído:

En una exposición en París se exhibían todo tipo de perros. También habían venido un par de perros rusos y estaban hablando con los perros franceses. El perro francés dijo: "¿Cómo van las cosas en Rusia?".

Decían: "¡Las cosas son hermosas, simplemente hermosas! No os podéis imaginar lo bonitas que son las cosas. La comida es perfecta, la atención médica es perfecta; todo lo que los perros siempre habían imaginado se cumple. Hemos alcanzado la utopía".

Los perros franceses se sintieron muy celosos, pero cuando llegó el momento de que los perros rusos se marcharan preguntaron a los perros franceses: "¿Podemos renunciar a nuestra ciudadanía rusa? ¿Podemos quedarnos en Francia?".

El perro francés dijo: "¿Pero por qué? Estás disfrutando de la utopía. ¿Por qué quieres quedarte aquí? ¿Para qué?"

Dijeron: "Por una sola razón: de vez en cuando queremos ladrar, pero allí no se permite ladrar. No hay libertad de expresión. Y de vez en cuando nos gustaría ladrar, y estamos dispuestos a arriesgarlo todo por ello".

El perro ladra y tú cantas un mantra. No te está molestando, está haciendo lo SUYO. Pero te sentirás perturbado, no por sus ladridos, sino por tu esfuerzo por permanecer concentrado en una cosa. Es debido a tu esfuerzo por concentrarte que te sientes distraído.

Un meditador nunca está perturbado, nunca está distraído. No puedes distraerle porque él también empieza a observar la distracción. Es sólo un observador; lo observa todo, incluidas las distracciones. ¿Cómo puedes distraerle? Él transforma incluso las distracciones, las perturbaciones, en silencio profundo.

Surendranath, mi sensación es que debes haber estado haciendo algún tipo de concentración; de lo contrario... ¡cuarenta años es mucho tiempo! Debes haber seguido a algún estúpido pundit, algún erudito. Puede que tú mismo te hayas convertido en un erudito. Cuarenta años es mucho tiempo. Puede que hayas leído los YOGA SUTRAS de Patanjali y puede que hayas leído otros libros sobre meditación - y todos hablan de concentración.

Buda es la primera persona en la historia de la humanidad que no ha hablado de concentración, sino de meditación. Y él cambió todo el fenómeno de la meditación; le dio un color totalmente nuevo, una forma nueva, una vida nueva.

Debes estar leyendo a gente que no ha experimentado nada pero que sigue escribiendo.

Los consejos de Murphy te serán útiles. Murphy dice: Cuando todo lo demás falle, lee las instrucciones.

Creo que durante cuarenta años has estado haciendo meditación sin leer las instrucciones.

Intenta comprender qué es la atención plena.

En la India la gente sigue haciendo todo tipo de cosas. Se concentran, cantan mantras, ayunan, torturan sus cuerpos, y esperan que a través de todas estas prácticas masoquistas realizarán a Dios. ¡Como si Dios fuera un sádico! ¡Como si a Dios le gustara que te tortures! Como si exigiera que cuanto más te tortures, más digno serás. Dios no es un sádico; tú no tienes por qué ser un masoquista.

Me he encontrado con personas que piensan que sin un ayuno prolongado no hay posibilidad de meditar. Ahora bien, el ayuno no tiene nada que ver con la meditación. El ayuno sólo hará que te obsesiones con la comida. Y hay personas que piensan que el celibato les ayudará en la meditación. La meditación trae un tipo de celibato, pero no viceversa. Un celibato sin meditación no es más que represión sexual. Y tu mente se volverá más y más sexual, así que cada vez que te sientes a meditar tu mente se llenará de fantasías, fantasías sexuales.

Estas dos cosas han sido los mayores problemas para los llamados meditadores: el ayuno y el celibato. Piensan que estas dos cosas van a ayudar - ¡son las mayores perturbaciones!

Come en proporciones adecuadas. Buda lo llama "el camino del medio": ni mucho ni poco. Está en contra del ayuno, y lo sabe por dura experiencia. Durante seis años ayunó y no pudo conseguir nada. Así que cuando dice: "Estad en el término medio", lo dice en serio. Sobre el celibato también: no te lo impongas a ti mismo. Es un subproducto de la meditación, por lo que no se puede imponer antes de la meditación. Mantente en el medio, ni demasiada indulgencia ni demasiada renuncia. Mantén un equilibrio. Una persona equilibrada estará más sana, a gusto, en casa. Y cuando estás en casa, la meditación es más fácil.

¿Qué es entonces la meditación? Simplemente sentarse en silencio sin hacer nada, presenciando lo que sucede a su alrededor; simplemente observándolo sin prejuicios, sin conclusiones, sin tener idea de lo que está mal y lo que está bien.

Surendranath, empieza desde ABC. Olvídate de esos cuarenta años. Es bueno que hayas sobrevivido esos cuarenta años.

Un vendedor ambulante le dijo a un amigo que la comida para su caballo estaba agotando todas sus ganancias. El amigo le sugirió que, poco a poco, redujera la dieta del caballo una paja cada vez.

Algún tiempo después volvió a encontrarse con su amigo.

"Entonces, Abe, ¿cómo van las cosas?"

"¡Terrible!", exclamó Abe. "Conseguí que el caballo sólo comiera una paja al día y, de repente, ¡se murió!".

Surendranath, has sobrevivido - ¡bien! Dios es misericordioso. De lo contrario, cuarenta años de meditación equivocada, austeridades, pueden matar a cualquiera. Eres un hombre fuerte, has sobrevivido.

Y si has venido aquí, por favor, deja a un lado todo tu conocimiento. No ha funcionado, ahora no dejes que te perturbe. Ahora déjalo completamente a un lado. Empieza de nuevo conmigo. Todavía hay esperanza, siempre hay esperanza.

Mi meditación es sencilla; no requiere ninguna práctica compleja. Es muy sencilla. Es cantar, es bailar. Es sentarse en silencio. Es estar a gusto con la existencia. Es aceptar la existencia como tu hogar.

Olvídate de la realización de Dios. Por tu pensamiento nunca realizarás a Dios. Simplemente disfruta de la vida, celebra la vida. Y un día, cuando la celebración llega a su cima, de repente la cortina desaparece de tus ojos y toda la existencia no es más que divina. No hay Dios, pero toda la existencia está llena de divinidad. Eso es la realización de Dios, eso es el nirvana.

La novena pregunta:

Pregunta 9:

Amado Maestro,

¿ALGUNA MARCA PARA LA INCONSCIENCIA SIN ELECCIÓN?

Buda Anand, incluso si eres consciente de eso, eso servirá. ¿Eres consciente de la inconsciencia sin elección? Eso destruirá esa inconsciencia sin elección. Conviértelo en un objeto de consciencia y desaparecerá, se evaporará.

Y no se puede puntuar por ello, porque si hay que puntuarlo, todo el mundo lo conseguirá, todo el mundo, porque todo el mundo lo vive.

Un enorme matón entró en el salón poco iluminado. "¿Hay alguien aquí llamado Kilroy?"

gruñó. Nadie respondió. De nuevo se mofó: "¿Hay alguien aquí que se llame Kilroy?".

Hubo un momento de silencio y luego un pequeño irlandés dio un paso al frente. "Soy Kilroy", dijo.

El tipo duro lo levantó y lo lanzó al otro lado de la barra. Luego le dio un puñetazo en la mandíbula, una patada, una bofetada y se marchó.

Unos quince minutos después, el hombrecillo volvió en sí. "Vaya, le he engañado", dijo. "¡No soy Kilroy!"

Una bonita joven se estiró en el diván del psiquiatra. "No puedo evitarlo, doctor. Por mucho que intente resistirme, todas las noches traigo conmigo a cinco o seis hombres a mi dormitorio. Anoche fueron diez. Me siento tan miserable que no sé qué hacer".

En tono comprensivo, el médico retumbó: "Sí, lo sé, lo sé, querida".

"¡Ah!", exclamó la chica sorprendida. "¿Tú también estuviste allí anoche?"

La gente vive en la inconsciencia, haciendo todo tipo de cosas en la inconsciencia.

Todo el mundo es un robot inconsciente. Sólo fingimos que somos conscientes; no lo somos.

En el momento en que te vuelves consciente, todas las acciones inconscientes desaparecen de tu vida.

Tu vida comienza a moverse en una nueva dimensión. Cada uno de tus actos surge de la claridad interior; cada una de tus respuestas es virtuosa, es virtud. Vivir inconscientemente es vivir en pecado; vivir conscientemente es ser virtuoso, es ser religioso. Y vivir en total conciencia es ser un buda, es ser un cristo.

Será bueno que empecemos a llamar a Cristo "Josué el Buda". Su verdadero nombre era Josué; de Josué ha salido Jesús. Y "cristo" se ha vuelto feo por culpa de la iglesia cristiana; la palabra ha perdido su belleza. Será bueno que cambiemos, que empecemos a llamarle Josué el Buda -porque todos son budas, todos son personas despiertas. Viven en la luz interior. Tú sólo andas a tientas en la oscuridad interior.

Anand Buda, te he dado el nombre de Buda. Si sientes que vives en la inconsciencia sin elección, hazte el propósito de ser consciente de ello.

Un ladrón preguntó a un gran místico budista, Nagarjuna: "¿Puedo meditar y seguir siendo un ladrón?".

Nagarjuna dijo: "Sí. Sólo haz una cosa: mientras estés robando permanece alerta, consciente".

El ladrón estaba muy contento. Dijo: "¡Tú eres el maestro adecuado! Nagarjuna dijo: "Esos no son maestros, deben ser ex-ladrones. Yo soy un maestro. Me ocupo de la meditación, no de otras cosas. Lo que hagas es asunto TUYO; si robas o donas, es asunto tuyo. Mi asunto es decirte que estés alerta y hagas lo que quieras".

Por supuesto, el ladrón estaba muy contento, porque ahora podía tener los dos mundos.

Pero al cabo de quince días regresó, cayó a los pies de Nagarjuna y dijo: "¡Eres un tipo muy astuto! Has destruido toda mi profesión, porque si intento estar alerta no puedo robar; mis manos simplemente no se mueven. Anoche entré en el palacio del rey; era una oportunidad que sólo se presenta una vez en la vida. Fue muy difícil entrar -toda mi vida lo he intentado-, pero debe ser por tus bendiciones: con la última luz entré, y todos los guardias estaban profundamente dormidos. Abrí el tesoro y ¡qué diamantes tan preciosos no he visto en mi vida! Podría haberme convertido en el hombre más rico, y todo estaba a mi alcance, pero tú te interponías entre el tesoro y yo. Me decías: "¡Ten cuidado! Me gritabas: "Sé consciente". Y si intentaba ser consciente, esas piedras preciosas parecían piedras, no valía la pena preocuparse por ellas. Si me olvidaba de la conciencia, volvían a ser piedras preciosas, tremendamente valiosas.

"Cambió muchas veces. Me volví consciente y eran piedras ordinarias; me volví inconsciente y eran grandes riquezas. Pero finalmente TÚ saliste victorioso. He vuelto a ti. Ahora iniciame en sannyas".

Nagarjuna debe haber sido un hombre como yo; de lo contrario, los maestros ordinarios no pueden aceptar a un ladrón.

A veces viene un borracho y me dice: "Soy un borracho. ¿Puedo ser también un sannyasin?".

Yo digo: "No te preocupes por pequeñeces. Con Sannyas bastará. Primero sé un sannyasin, luego ya veremos".

Parece desconcertado, no lo entiende. Pero una vez que se convierte en sannyasin, las cosas empiezan a cambiar. Tarde o temprano viene e informa: "Has hecho el truco. Ya no puedo beber; cada vez me resulta más imposible. Es tan repulsivo, repugnante".

Un borracho me dijo -se ha convertido en sannyasin hace sólo unos meses-: "Se ha vuelto tan difícil. Ahora conozco la estrategia y el truco que hay detrás de esta ropa naranja, porque cuando voy al pub ¡la gente empieza a tocarme los pies! Me dicen: '¡Swamiji, esto es un bar! Habrás venido pensando que es otro sitio'. Y yo digo: "Sí, ¿esto es un bar?". ¡Y tengo que volver! Ni siquiera puedo entrar". Estaba muy enfadado conmigo; me dijo: "Ni siquiera puedo ir al cine, porque estando en la cola la gente empieza a tocarme los pies y me dicen: 'Swamiji, ¿qué haces aquí? Y me tengo que escapar".

Sólo un poco de consciencia y afectará a toda tu vida. Sólo un poco de consciencia y toda tu vida tal y como la has vivido hasta ahora se hará añicos, se derrumbará, y una nueva vida empezará a surgir alrededor de ese pequeño centro de consciencia.

La décima pregunta:

Pregunta 10:

AMADO MAESTRO,

ME PUSIERON ANESTESIA GENERAL. EL ESPACIO ERA TAN FAMILIAR - COMO ESTAR EN UNA CONFERENCIA O DARSHAN. ¿ES ESTO LO QUE HACE, ANESTESIARNOS PARA PODER OPERAR?

Deva Kanta, no uso anestesia, pero tengo mis propias formas de dejarte inconsciente para poder operarte.

En primer lugar, ya estás lo suficientemente inconsciente; sólo un poco de conciencia parpadeante a veces tienes. Tengo que evitarlo. Para eso no hace falta anestesia.

Un hombre que acababa de someterse a una operación muy complicada se quejaba de un chichón en la cabeza y de un terrible dolor de cabeza. Dado que se trataba de una operación intestinal, no había ninguna razón para que se quejara de dolor de cabeza. Finalmente, su enfermera, temiendo que el hombre pudiera estar sufriendo un shock postoperatorio, habló con el médico al respecto.

"No se preocupe por nada, enfermera", le aseguró el médico. "Realmente tiene un chichón en la cabeza. Hacia la mitad de la operación nos quedamos sin anestesia".

Y como no llevo anestesia, sigo con el mismo método: ¡un buen martillazo en la cabeza! Sí, durante unos días te dolerá un poco la cabeza y tendrás un chichón. No estás consciente, así que no necesitas anestesia, sólo un pequeño martillazo y caes rendido. Entonces se te puede hacer cualquier operación. Y esta operación no es física; esta cirugía es espiritual. Hay que quitar algunas malas hierbas de tu espíritu, arrancarlas de raíz. Y eso es lo que sucede en el discurso de la mañana, en el darshan de la tarde.

Así que puedo entender perfectamente, Deva Kanta, tu experiencia: que en la anestesia sintieras el mismo espacio, "como estar en una conferencia o darshan".

Estando aquí conmigo pierdes la noción de tu ego. Estando aquí conmigo pierdes el rastro de tu mente. Entras en un vasto espacio, una gran libertad, un tremendo silencio, un profundo éxtasis; por lo tanto, sólo aquellos que están profundamente enamorados de mí se beneficiarán. Aquellos que vienen como forasteros, espectadores, sí, recogerán unas pocas palabras y pensarán que han entendido el punto. No lo han entendido. A menos que empieces a sentir este espacio que soy, no lo habrás entendido, no puedes.

Mi mensaje no está en las palabras que utilizo, sino en el silencio del que proceden esas palabras. Mi mensaje no es verbal, filosófico. Es una comunión, una profunda comunión de los corazones, un encuentro, una fusión, una experiencia orgásmica. Es un orgasmo espiritual.

La última pregunta:

Pregunta 11:

AMADO MAESTRO,

HE VIVIDO TODA MI VIDA COMO CÉLIBE, PERO SIGO SUFRIENDO DE MALOS PENSAMIENTOS SEXUALES. ¿POR QUÉ?

Ravishankar, si no hubieras sufrido, ¡habría sido un milagro! Si has intentado vivir la vida de un célibe, ¿qué otra cosa puedes esperar?

¿Y por qué llamas malos a los pensamientos sexuales? Son neutros, ni buenos ni malos.

Los pensamientos sexuales son pensamientos sexuales. ¿Por qué introducir estos valores morales? Debido a estos valores morales permaneces en una lucha constante, en una guerra interior, una guerra civil. Sigues luchando con tu propia energía -la energía sexual- y esa es la única energía que tienes. No hay otra energía; es la única energía que debe transformarse en espiritualidad. Esta misma energía sexual, que estás llamando mala, se va a convertir en un gran perfume en ti.

Pero intentar vivir una vida célibe sin meditación es peligroso. Te mantiene obsesionado.

Te mantiene continuamente en fantasías sexuales. Y luego, naturalmente, lo llamas malo, porque veinticuatro horas viviendo con las mismas ideas es una tortura constante.

"¿Policía?", sonó la voz en el teléfono. "¡Quiero denunciar a un ladrón atrapado en el dormitorio de una solterona!".

Tras averiguar la dirección, el sargento de policía preguntó quién llamaba.

"Este", gritó la voz frenética, "¡es el ladrón!".

Tras entrar apresuradamente en una farmacia, el nervioso joven se sintió evidentemente avergonzado cuando una remilgada mujer de mediana edad le preguntó si podía atenderle.

"No-no", balbuceó, "prefiero ver al farmacéutico".

"Soy la farmacéutica", respondió alegremente. "¿Qué puedo hacer por usted?"

"Oh... bueno, eh, no es nada importante", dijo, y se dio la vuelta para marcharse.

"Joven", dijo la mujer, "mi hermana y yo llevamos casi treinta años regentando esta droguería. No hay nada que puedas decirnos que nos avergüence".

"Bueno, está bien", dijo. "Tengo esta horrible hambre sexual que nada aplacará. No importa cuántas veces haga el amor, sigo queriendo volver a hacerlo. ¿Hay algo que puedas darme para ello?"

"Un momento", dijo la señorita. "Tendré que hablar de esto con mi hermana".

Unos minutos más tarde regresó. "Lo mejor que podemos ofrecer", dijo, "son doscientos dólares a la semana y media participación en el negocio".

Suficiente por hoy.

La libertad hay que ganársela

MIENTRAS UN HOMBRE DESEA A UNA MUJER, SU MENTE ESTÁ LIGADA TAN ESTRECHAMENTE COMO UN TERNERO A SU MADRE.

COMO ARRANCARÍAS UN LIRIO DE OTOÑO, ARRANCA LA FLECHA DEL DESEO.

PUES EL QUE ESTÁ DESPIERTO TE HA MOSTRADO EL CAMINO DE LA PAZ. ENTRÉGATE AL VIAJE.

"AQUÍ HARÉ MI MORADA, EN VERANO Y EN INVIERNO, Y EN LA ESTACIÓN DE LAS LLUVIAS". ASÍ HACE SUS PLANES EL NECIO, SIN PENSAR EN SU MUERTE.

LA MUERTE ALCANZA AL HOMBRE QUE, MAREADO Y DISTRAÍDO POR EL MUNDO, SÓLO SE PREOCUPA DE SUS REBAÑOS Y DE SUS HIJOS. LA MUERTE SE LO LLEVA COMO UNA RIADA SE LLEVA A UN PUEBLO DORMIDO.

SU FAMILIA NO PUEDE SALVARLE, NI SU PADRE NI SUS HIJOS.

SABEDLO. BUSCAD LA SABIDURÍA Y LA PUREZA. DESPEJAD RÁPIDAMENTE EL CAMINO.

Niravo preguntó el otro día: "¿Volverá pronto Jesucristo a la Tierra como había prometido?". Tales preguntas sin sentido siguen en la mente de la gente, y no sólo en la mente de la gente común y corriente, sino que la llamada intelligentsia religiosa, teológica y filosófica también se mantiene involucrada en tales absurdos.

Cristo no es una persona, es una experiencia. Jesús la tuvo, tú puedes tenerla. Cristo es sinónimo de Buda. Lo que en Oriente llamamos el buda, el despierto, en Occidente lo han llamado el cristo, el coronado. Jesucristo no puede volver, pero tu puedes convertirte en cristo en cualquier momento. Cristo ya está oculto en ti como una semilla; todos sois bodhisattvas, budas en esencia, en semilla. Sólo un poco de esfuerzo, un poco de comprensión y podréis florecer, y vuestra fragancia podrá liberarse. Jesús floreció, Buda floreció, tú también puedes. ¿Por qué esperar la venida de Jesucristo? Eso es evitar la búsqueda fundamental. ¿Por qué no convertirse en uno? ¿Qué sentido tiene esperar a que venga otro a liberarte, y cómo puede liberarte otro?

La liberación que vendrá de alguien más no será una gran liberación.

La libertad hay que ganarla, no se puede dar; si se da, se puede quitar. Si te la dan, no es tuya, no es tu crecimiento. Y todo lo que se te da sigue siendo sólo una acumulación en el exterior. Nunca se convierte en parte de tu interioridad.

De ahí que Buda diga:

SABEDLO. BUSCAD LA SABIDURÍA Y LA PUREZA. DESPEJAD RÁPIDAMENTE EL CAMINO.

No pierdas el tiempo en cosas innecesarias.

Niravo, ¿estás loco o qué? ¿Por qué esperar a Jesucristo? ¿Qué mal te ha hecho? Ya está bien. El pobre hombre vino una vez y lo crucificasteis; ¿ahora estáis deseando crucificarlo otra vez o qué?

El Papa se presentó ante la asamblea de cardenales. Corrían rumores sobre el motivo de esta reunión extraordinaria.

"Queridos cardenales", comenzó el Papa. "He convocado esta sesión especial para anunciaros una noticia increíble. Son, sin embargo, buenas y malas noticias. En cuanto a las buenas: he recibido personalmente una llamada telefónica del Señor Jesucristo. Ha llegado a la tierra y ha vuelto para cumplir su palabra".

Los cardenales vitorearon y aplaudieron.

"La mala noticia", continuó el Papa, "es que llamó desde el 17 de Koregaon Park, Poona, India".

¿Por qué esperas a Jesucristo? Él ya está aquí, siempre ha estado aquí en los despiertos. Y el mundo nunca ha echado de menos a los despiertos. Sí, han sido pocos y distantes entre sí, pero es gracias a ellos que la tierra aún tiene significado. Gracias a ellos, la Tierra aún no ha muerto. Es gracias a esas pocas flores que la tierra tiene todavía el perfume del más allá, que la tierra tiene sal. De lo contrario, las multitudes estarían muertas. Si miras a las multitudes, la tierra es un gran cementerio.

Sólo estas pocas personas: un Zaratustra, un Jesús, un Lao Tzu, un Buda, un Kabir, un Nanak...

esas personas que se pueden contar con los dedos de la mano mantienen la llama encendida. Pero tú puedes convertirte en la llama en cualquier momento, tu corazón está listo para estallar en llamas. Pero en lugar de mirar hacia dentro, sigue mirando hacia fuera, esperando a Jesucristo. En lugar de buscar en tu interior, sigues buscando en las escrituras, en meras palabras. En lugar de transformar el estado en el que te encuentras, sigues esperando que ocurra algún milagro y todo vaya bien.

Estas esperanzas no te van a ayudar, estas esperanzas son engañosas, peligrosas, suicidas.

En el primer sutra, Buda dice:

MIENTRAS UN HOMBRE DESEA A UNA MUJER, SU MENTE ESTÁ LIGADA TAN ESTRECHAMENTE COMO UN TERNERO A SU MADRE.

Antes de entrar en este sutra, hay que comprender una cosa muy significativa. En sánscrito usamos la palabra KAMA tanto para el deseo como tal, como para el deseo sexual. Se utiliza la misma palabra para ambos, y hay una razón por la que se utiliza la misma palabra para ambos.

Desear a una mujer o a un hombre, o desear en absoluto, ambas cosas se expresan con la misma palabra, kama. La razón es muy psicológica, profunda. El sánscrito es una de las lenguas más profundas de la tierra, muy deliberadamente evolucionada. Ese es exactamente el significado de la palabra "sánscrito"; SANSKRIT significa conscientemente refinado, conscientemente evolucionado.

En la India han existido dos lenguas en el pasado. Una se llamaba Prakrit -PRAKRIT significa lo natural, no evolucionado, crudo, tosco, utilizado por el pueblo- y la otra se llamaba Sánscrito. Sánscrito significa refinado, culto, evolucionado, deliberado. Sólo lo utilizaban los intelectuales, los brahmanes. De ahí que el sánscrito tenga muchas claves significativas. Tiene sus raíces en grandes conocimientos.

Por ejemplo, esta misma palabra que se utiliza tanto para el deseo como tal, como para el deseo sexual, contiene un mensaje tremendamente importante. Todo deseo es básicamente deseo sexual; ése es su mensaje. El deseo como tal tiene el sabor de la sexualidad, y puedes observarlo.

Esta comprensión está basada, arraigada en una gran observación. Un hombre que está loco por el dinero - observa su comportamiento, su ser, mírale a los ojos, y te sorprenderás de que ama el dinero de la misma manera que otra persona ama a una mujer o a un hombre.

Los psicólogos han realizado algunos experimentos. Han hecho unas cuantas cartas, cien cartas, cartas de juego ordinarias. Sólo hay dos o tres cartas, dentro de toda la baraja, de mujeres desnudas. Te dan toda la baraja, barajada de tal manera que el propio psicólogo no sabe dónde están las cartas que contienen las imágenes de mujeres desnudas. Pero sigue observando los ojos de la persona que está mirando las cartas, que sigue mirando las cartas. Cuando llega a una mujer desnuda, de repente sus ojos cambian. Sus pupilas se agrandan; eso es automático. No es consciente de lo que ocurre, pero inmediatamente sus pupilas se agrandan tanto que quieren abarcar a la mujer desnuda tanto como sea posible. Abren todas las puertas.

Lo mismo ocurre con los locos por el dinero, los maníacos del dinero. Al ver un billete de cien rupias sus pupilas se agrandan inmediatamente. Puede que no se interesen por una mujer, y las mujeres son conscientes de ello, de ahí tantos adornos, hermosos saris y todo tipo de arreglos para estos insensatos. Puede que no miren la cara de la mujer, pero se interesarán inmediatamente por su collar. Si tiene un diamante, un gran diamante, se interesan por el diamante, y a través del diamante se interesan por la mujer.

Su sexualidad se ha pervertido, se ha centrado en el dinero. Y lo mismo ocurre con las personas ávidas de poder, las que buscan el poder político, las que quieren ser presidentes y primeros ministros y gobernadores. Les basta con ver la silla del primer ministro y todo su ser se encuentra en un estado de éxtasis, en un estado de gozo orgásmico. Sólo ver es suficiente. Ese es su objetivo.

Buda tiene razón al utilizar la misma palabra para ambas cosas. De ahí el malentendido en la traducción. El traductor ha pensado que se refiere a las mujeres, por lo que ha traducido kama como: MIENTRAS UN HOMBRE DESEA A UNA MUJER, SU MENTE ESTÁ LIGADA TAN ESTRECHAMENTE COMO UN TERNERO A SU MADRE. En realidad, Buda no menciona a las mujeres. Lo que intenta decir es MIENTRAS UN HOMBRE DESEA, SU MENTE ESTÁ ATADA TAN ESTRECHAMENTE COMO UN TERNERO A SU MADRE. Cualquier deseo es una esclavitud.

El deseo COMO TAL es una esclavitud, porque cuando deseas, te vuelves dependiente del otro, del objeto deseado. Ya sea una mujer, dinero, un hombre, poder, prestigio, no importa - es deseo, y el deseo trae esclavitud. ¿Por qué?

Es muy sencillo. Cuando deseas algo, tu alegría depende de ese algo. Si te lo quitan, te sientes miserable; si te lo dan, eres feliz, pero sólo por el momento. Eso también hay que entenderlo. Cuando se cumple tu deseo, sólo sientes alegría por un momento. Es fugaz, porque una vez que lo has conseguido, de nuevo la mente comienza a desear más, otra cosa. La mente existe en el deseo; por lo tanto, la mente nunca puede dejarte sin deseo. Si te quedas sin deseo, la mente muere inmediatamente. Ese es todo el secreto de la meditación.

Crea la ausencia de deseo y la mente desaparecerá para siempre, para no volver jamás. Si el deseo está ahí, la mente vendrá. El deseo es la raíz de donde surge la mente. El deseo es su alimento, su comida, su vida misma, su aliento. Así que la mente no puede dejarte sin deseo.

Si deseas a Dios -incluso a Dios- y te encuentras con Dios, será sólo por un momento que estarás extasiado. Entonces, de repente, la mente dirá: "¿Y ahora qué? Ahora este objetivo está conseguido. Proyecta metas futuras. Has terminado con Dios, ahora no hay más en ello".

El deseo satisfecho sólo por un momento te da un alivio, y ese alivio también hay que comprenderlo. En el momento del deseo satisfecho hay alivio. Hay alivio porque en ese pequeño momento no tienes deseos. La falta de deseo es alegría. Cuando se cumple un deseo y antes de que la mente proyecte otro deseo, entre los dos hay un pequeño intervalo en el que no hay deseo. Ese momento es de meditación.

Así es como se ha descubierto la meditación. No se ha especulado sobre ello, no lo han dado los filósofos, los grandes pensadores. Es una simple observación, una observación científica, que siempre que el deseo no está ahí.... Querías una casa bonita y ya la tienes. Cuando abres la puerta de la nueva casa, por un momento te transportas a otro mundo, por un momento no hay deseo. Se ha cumplido un deseo largamente acariciado. Llevará un poco de tiempo que la mente....

La mente necesita tiempo, recuerda. La mente no puede funcionar sin tiempo; por lo tanto, la mente crea el tiempo. Sin tiempo no hay espacio para que la mente funcione. La mente se tomará un poco de tiempo. De hecho, la mente está conmocionada. No esperaba que el deseo se cumpliera. El objetivo estaba tan lejos, la casa era tan grande, y era casi imposible, pero ahora que se ha cumplido la mente está en shock. La mente se recompone mientras abres la puerta de la nueva casa, entras en ella y surge en ti una profunda alegría. Dices: "¡Ajá!" El tiempo que pasa mientras dices "¡Ajá!" es suficiente, y la mente ha proyectado otro deseo.

La mente dice: "La casa es bonita, pero ¿dónde está la piscina? La casa es bonita, pero el jardín no está cuidado". Tendrás que crear un nuevo jardín, una hermosa piscina, y de nuevo todo el proceso se pone en marcha, de nuevo estás en la rueda de la mente. Pero por un momento, cuando no había deseo, había alegría. La alegría siempre está cuando no hay deseo. Cuando hay deseo, la alegría desaparece. El deseo te mantiene prisionero.

De ahí que Buda diga: MIENTRAS UN HOMBRE DESEA SU MENTE ESTÁ ATADA - y no hay mucha diferencia entre un deseo y otro deseo. Así que a la mente no le preocupa mucho lo que deseas. La preocupación de la mente es sólo una: que DEBES desear. ¡Desea cualquier cosa! Puedes empezar a coleccionar sellos postales, eso servirá, pero desea. Ahora, los sellos postales son inútiles, pero hay mucha gente que sigue coleccionándolos.

Conozco a un hombre que colecciona cajas de cigarrillos. Tiene tal colección... que está dispuesto a comprar a cualquier precio. Si se le puede dar un paquete de cigarrillos nuevo, está listo.... Colecciona etiquetas

BIDI, y va enseñándoselas a la gente con tanta alegría, como si hubiera conquistado el mundo.

Conozco a otro hombre que sigue escribiendo en los libros: "Rama, Rama, Rama". Lleva años haciéndolo -casi sesenta años-, porque ahora tiene ochenta años. Toda su casa está llena de libros en los que está escrita una sola palabra, "Rama", y no para de enseñársela a la gente y presumir: "Miren cuántos millones de veces he escrito 'Rama'".

Cuando fui huésped en su casa, también me lo enseñó. Le dije. "Debes ser un tonto. Desperdiciaste todos estos libros. Deberías haber dado estos libros a los niños, a los pobres niños.

Los habrían utilizado de una forma mucho mejor. Simplemente has malgastado tinta, papel, tu tiempo, tu vida. Y además, cada vez que te encuentres con Rama, te golpeará en la cabeza, porque debes estar continuamente acosándole: "Rama, Rama, Rama". Día sí, día también, no dejas de acosarle. Evítalo; si ves a Rama en alguna parte, escapa". Le pregunté: "¿Sabes por qué lleva siempre un arco consigo?

Es para devotos como tú. Siempre está listo con su arco y flecha, para que no puedas escapar".

Se quedó estupefacto. Me dijo: "¿Qué estás diciendo? ¿Estás de broma? He estado haciendo un acto religioso. Todo el mundo lo ha alabado, grandes santos han venido y lo han alabado".

Le dije: "Esa gente debía de ser tan tonta como tú".

La mente puede desear cualquier cosa. Ahora, no está recolectando dinero, sino más y más nombres de Rama.... Es el mismo juego.

Un hombre fue a ver a su abogado para divorciarse.

"¿Cuánto cobran por llevar un caso como el mío?", preguntó.

"La verdad es que no me gusta llevar casos de divorcio", respondió su abogado. "¿Por qué quieres divorciarte?".

"Porque quiero casarme con la hermana de mi esposa."

"Ahora, un caso como ese podría ser bastante complicado. Podría costarte hasta mil dólares. ¿Por qué no te vas a casa y lo piensas?"

El hombre se fue a casa y al día siguiente llamó a su abogado. "He hablado de todo con mi mejor amigo", le dijo. "He decidido no divorciarme después de todo".

"Eso está muy bien", dijo su abogado. "Dígame, ¿qué le dijo su amigo que le hizo cambiar de opinión?".

"Bueno, me dice que también ha salido con mi mujer y su hermana, y no hay ni cinco centavos de diferencia entre ellas".

Todos los deseos son iguales. Los objetos difieren, pero no la cualidad de desear. Tú deseas dinero, otra persona desea a Dios; tú deseas poder, otra persona desea el paraíso.

Todo es lo mismo. De ahí que no haya deseos religiosos, recuérdalo. No desear es religioso. El deseo es mundano, el deseo es el mundo. El no-deseo es trascendencia.

Pero cuando uno está bajo el impacto de un deseo, el impacto es hipnótico. Todo deseo te hipnotiza. Te vuelve ciego, por eso decimos... usamos frases como enamorarse. Eso es significativo. El amor que conoces es ciertamente una caída - una caída de la conciencia, una caída de la comprensión. Empiezas a arrastrarte por la tierra; ya no estás en tus sentidos, pierdes tu inteligencia, te vuelves estúpido.

Cuanto más lleno estés de deseo y lujuria, más estúpido serás.

La máxima de Murphy.... Murphy dice: Creo en el amor a primera vista porque ahorra tiempo.

Si vas a caer, ¿por qué esperar? Cae a la primera. Al menos se ahorra tiempo. Cuando una persona está enamorada de alguien, y por amor no me refiero al amor de los budas, su amor es totalmente diferente. Hablan de oración, hablan de compasión, hablan de una expresión sin deseos de su ser. Comparten su dicha.

Estoy hablando de TU amor. Es lujuria, es el fenómeno energético más bajo posible.

Estás casi en un estado hipnótico. Un hombre enamorado de una mujer, o una mujer enamorada de un hombre, ya no es capaz de ver con claridad. La mente se nubla, el deseo crea tanto humo, levanta tanto polvo que no puedes ver con claridad. Y todo lo que ves es tu propia proyección.

Un joven sargento del ejército fue destinado a los desiertos de Arabia por la Legión Extranjera francesa. Al cabo de unos días se inquietó y preguntó a su oficial qué tipo de diversión había en el campamento: dónde estaban las mujeres, los bares, etc.

El oficial respondió: "Ten paciencia y espera a que lleguen los camellos".

Así que el joven sargento esperó pacientemente varios días más y volvió a preguntar, a lo que el oficial respondió: "Por el amor de Dios, espere a que lleguen los camellos".

A la noche siguiente hubo un alboroto, todos los soldados salieron corriendo de sus tiendas gritando y chillando.

El joven sargento agarró al agente y le preguntó: "¿Qué está pasando?".

"¡Ya vienen los camellos!", respondió el oficial.

"Pero, ¿por qué tanta prisa?"

"Bueno, no querrás que te toque uno feo, ¿verdad?".

Si te mueres de hambre en un desierto, hasta los camellos empiezan a parecerte hermosos; de lo contrario, no puedes ver ninguna diferencia entre un camello y otro. Pero cuanto más hambrientos están tus deseos, más ciego te vuelves.

Así que recuerda, Buda no está diciendo que mates de hambre tus deseos. Ha sido malinterpretado por la gente, tanto por sus propios seguidores como por sus enemigos. Ese es el destino de los budas: ser incomprendidos tanto por sus amigos como por sus enemigos. Cuando dice que el deseo te ciega, no está diciendo que reprimas el deseo, porque un deseo reprimido es mucho más peligroso. Está diciendo: "Comprende el deseo, medita sobre todo su fenómeno y, mediante la comprensión, ve más allá de él, no mediante la represión".

A través de la meditación, trasciende el deseo. Viendo que el deseo es miseria, viendo que el deseo es esclavitud, viendo que el deseo te arrastra hacia el infierno, uno simplemente se libera sin ninguna represión."

Y liberarse del deseo es ser un buda, es ser un cristo.

El mayor misterio es que los que tienen deseos viven como mendigos. Viven esclavizados, están obligados a vivir como mendigos. Y los que han trascendido el deseo viven como emperadores. Parece que la existencia sigue una ley muy paradójica.

El viejo Murphy dice: Para obtener un préstamo primero debes demostrar que no lo necesitas.

Si quieres un préstamo de un banco, demuestra que no lo necesitas. Si el banco sospecha que lo necesitas, no te lo concederá.

Exactamente eso es lo que ocurre con el dhamma, con la ley eterna de la existencia. Cuando no necesitas nada, toda la existencia es tuya, todo el reino de Dios es tuyo. Y cuando necesitas algo, nada es tuyo - sólo la necesidad y la herida y el deseo y la esclavitud. Y los deseos saltan sobre ti desde todas las direcciones, hay deseos y deseos. No se trata de un deseo; desear es lo mismo, pero hay millones de deseos. Así que vives simultáneamente en millones de prisiones, y siguen destruyéndote, siguen forzándote a cosas que no habrías aceptado si hubiera habido un momento de percepción, de claridad. No habrías aceptado la humillación que aceptas a causa de los deseos. No habrías aceptado este estado rastrero. Estás destinado a volar hacia el cielo. Tienes alas, alas que pueden llevarte a lo último. Pero los deseos son pesados como rocas; te están aplastando.

¿Y cuántos deseos tienes? Un día simplemente escríbelos y cuéntalos, y te sorprenderás: siguen brotando uno tras otro. Y cada deseo cumplido hace brotar diez deseos más. Los deseos no creen en el control de natalidad; cada deseo da a luz a tantos deseos como sea posible. Los deseos nunca son estériles, nunca carecen de hijos.

Bobbie Jo, una chica realmente hogareña, volvió a casa del campus de Georgia para pasar las vacaciones de verano. Una noche confesó tranquilamente a su madre que había perdido la virginidad el semestre anterior.

"¿Cómo ha ocurrido?", jadeó el padre.

"Bueno, no fue fácil", admitió Bobbie Jo, "¡pero tres de mis hermanas de hermandad ayudaron a sujetarlo!".

Sólo mira a tu alrededor cuántos deseos te están sujetando y cómo estás siendo explotado, chupado. Y si te ves miserable, triste, deprimido, si te ves débil, si te ves como si la vida no tuviera significado, no es un accidente, es tu propia obra. No has comprendido cómo sigues creando tu propia angustia, cómo sigues creando, alimentando a tus propios enemigos.

Sí, Buda tiene razón: MIENTRAS UN HOMBRE DESEA, SU MENTE ESTÁ LIGADA TAN ESTRECHAMENTE COMO UN TERNERO A SU MADRE.

Un marciano aterrizó en un concurrido cruce de Nueva York y se pasó las dos horas siguientes cruzando la calle. No paraba de ir y venir entre las dos señales eléctricas que cambian de "Camine" a "No camine" y luego de nuevo a la inversa.

Finalmente, el cansado marcianito se detuvo ante uno de los postes y lo rodeó con los brazos. "Nena", le dijo, "de verdad que te quiero, pero tienes que dejar de ser tan gruñona".

Todos los deseos son un fastidio, siguen fastidiándote, siguen forzándote, siguen acosándote. No puedes tener un momento de descanso, no puedes estar relajado - todos esos deseos están ahí. El descanso, la relajación, sólo los conocen aquellos que han comprendido el arte de estar sin deseos. Eso es lo que señala Buda:

COMO ARRANCARÍAS UN LIRIO DE OTOÑO, ARRANCA LA FLECHA DEL DESEO.

Es una flecha, te hace daño, te hiere, es un gran dolor, no es más que miseria. Pero entonces, ¿por qué la gente sigue deseando? ¿Por qué no escuchan a los budas? - Por la sencilla razón de que los deseos son muy astutos. Siguen prometiéndote cosas. Los deseos son políticos; te prometen cosas hermosas. Por supuesto, esas cosas sucederán mañana, no hoy. Y parece lógico que se necesite tiempo: planes quinquenales.

Dentro de cinco años todo será perfectamente como te gustaría que fuera. ¡Espera! ¡Esperanza! ¡Deja que llegue el mañana! - y el mañana nunca llega. De nuevo mañana los mismos deseos estarán ahí, prometiéndote. Así ha sido durante tantas vidas.

Puede que no recuerdes tus vidas pasadas, pero al menos puedes recordar tu pasado en esta vida. Siempre ha sido así. El deseo sigue diciéndote: "Mañana, mañana, espera, ten paciencia". Y todas las promesas son sólo juguetes para mantenerte ocupado; los bienes nunca se entregan.

El día que te das cuenta de este astuto juego que te está haciendo tu propia mente, tiras todos esos juguetes. Dejas de escuchar las continuas promesas. Empiezas a reírte de tu propia estupidez, de tu propio ridículo, de cómo has sido tan tonto durante tanto tiempo. Y el deseo empieza a desaparecer, ya no puede engañarte.

Es un flechazo, duele, pero estás dispuesto a sufrir el dolor con la esperanza de que mañana te lo devuelvan, te recompensen. Y, por supuesto, hay que pagar por todo. El deseo es muy lógico, intenta convencerte.

PUES EL QUE ESTÁ DESPIERTO TE HA MOSTRADO EL CAMINO DE LA PAZ. ENTRÉGATE AL VIAJE.

Buda dice: Ya es suficiente. Has escuchado al deseo durante miles de vidas y has estado moviéndote en círculos, sufriendo. No habéis probado nada de la alegría, no habéis probado nada del más allá. Vuestras bocas están llenas de suciedad. No habéis probado el verdadero alimento, porque sólo Dios puede ser el verdadero alimento. Escuchad a los que están despiertos.

Incluso si escuchas, escuchas a personas que están tan dormidas como tú, o a veces incluso más dormidas que tú. Puedes entenderles porque hablan en el mismo idioma.

Una vez viajaba en un compartimento con aire acondicionado con otros tres pasajeros. Fue realmente una gran coincidencia. Llevo viajando al menos quince años seguidos y nunca me había ocurrido algo así. Fue simplemente raro, único. Los tres pasajeros roncaban mucho.

Primero empezó el de la litera inferior y luego el segundo empezó a responderle, casi a contestarle. Era como un dúo. Me quedé sorprendido. Y luego empezó el tercero y era algo... esos dos no eran nada, sólo aprendices, principiantes. Y todos roncaban de tal manera como si se estuvieran respondiendo el uno al otro. Fue una gran discusión. No pude dormir durante una o dos horas. Esperé, y no había manera.

Entonces empecé a actuar: roncaba tan fuerte, totalmente despierto, que los tres empezaron a pedirme: "Por favor, estás roncando muy fuerte".

Le dije: "Sí, lo sé, porque no estoy dormido. Si no paráis los tres, voy a hacer de esta noche un infierno para vosotros".

Pero la forma en que roncaban era algo digno de presenciar, casi como si se contestaran el uno al otro. Se estaban transmitiendo grandes mensajes, que seguían el formato general de un diálogo: cuando uno roncaba, los otros dos guardaban silencio. Entonces empezaba el segundo y los otros dos escuchaban, y luego empezaba el tercero, y los dos restantes callaban. Sabían conversar.

Es más fácil entender a las personas dormidas porque utilizan el mismo lenguaje, el lenguaje del sueño.

Florence y Emily, dos jóvenes y guapas amas de casa, quedaron para tomar un cóctel y comer juntas. Cuando se conocieron, Emily pudo ver que algo grave preocupaba a su amiga.

"Vamos, dilo. ¿Qué te deprime?"

"Me avergüenza admitirlo, pero pillé a mi marido haciendo el amor".

"¿Por qué dejar que eso te moleste? Yo conseguí la mía de la misma manera".

Intentad conseguirlo. No seáis todos alemanes, intentad conseguirlo. No... necesitas algo más.

Dos colegas discutían sobre un paciente. "Estaba teniendo mucho éxito con el Sr. Green", dijo el primer médico. "Cuando vino a verme por primera vez, sufría un enorme complejo de inferioridad. Pensaba que era demasiado pequeño, lo cual, por supuesto, era una tontería".

"¿Cómo trató a este paciente?", preguntó el segundo médico.

"Empecé con un análisis intensivo y luego con terapia de grupo. Le convencí de que muchos de los mayores líderes del mundo eran hombres de baja estatura física. Realmente odiaba perder al Sr. Green".

"¿Qué quieres decir?", preguntó su colega. "¿Cómo lo perdiste?"

"Un terrible accidente", respondió el médico. "Se lo comió un gatito".

Ahora, estos son tus consejeros - más dormidos que tú. Ahora los curas están siendo sustituidos por psicoanalistas. Los curas estaban profundamente dormidos; solían roncar, pero sus ronquidos han pasado de moda. Ahora es el psicoanálisis y las diferentes escuelas de psicoanálisis. Igual que había diferentes escuelas de teología, hay diferentes escuelas de psicoanálisis, y escuchas sus consejos. Son tus guías, los ciegos que guían a los ciegos.

Una hermosa chica hablaba con su psiquiatra sobre su problema. "Es el licor, doctor.

Siempre que me tomo unas copas tengo la compulsión de hacer el amor con quien sea".

"Ya veo", dijo el médico. "Bueno, suponga que preparo un par de cócteles, luego usted y yo nos sentamos, agradables y relajados, y discutimos esta neurosis compulsiva suya".

Escucha a los despiertos; de lo contrario, no hay camino para ti. Buda dice: EL DESPIERTO TE HA MOSTRADO EL CAMINO DE LA PAZ.

¿Cuál es el camino de la paz? Comprendiendo el deseo y trascendiendo el deseo a través de la comprensión, desciende una gran paz - porque el deseo es confusión. El deseo es enloquecedor, el deseo te mantiene neurótico.

Definición de Murphy de un neurótico: Una persona que se preocupa por cosas que no sucedieron en el pasado, en lugar de preocuparse por algo que no sucederá en el futuro, como la gente normal.

Así que hay dos tipos de neuróticos: los que se preocupan por el pasado y los que se preocupan por el futuro. El mundo está formado por estos dos tipos de neuróticos, y tu deseo es la causa de toda esta neurosis. Es el deseo lo que te mantiene ocupado con el pasado, que ya no existe. Es una completa tontería perder el tiempo en lo que ya no existe.

Mirar hacia atrás no tiene ningún sentido. No se puede volver atrás, no se puede retroceder en el tiempo; entonces, ¿qué sentido tiene malgastar el presente por aquello que no se puede recuperar?

Y luego hay gente que se preocupa demasiado por el futuro, que todavía no es. Futuro significa lo que no es. Preocuparse por lo que no es, ya sea pasado o futuro, es totalmente ridículo. Pero el deseo te mantiene - el deseo insatisfecho en el pasado te mantiene ocupado allí; las esperanzas de satisfacer el deseo mañana te mantienen ocupado en el futuro. Sólo una persona sin deseos vive en el presente, y sólo aquellos que viven en el presente están vivos; los demás están muertos.

PUES EL QUE ESTÁ DESPIERTO TE HA MOSTRADO EL CAMINO DE LA PAZ. ENTRÉGATE AL VIAJE.

Escucha a los despiertos. Te están señalando un viaje tremendo, un viaje hacia la verdad, un viaje hacia la consciencia, un viaje hacia la dicha, un viaje hacia la paz, un viaje hacia Dios, un viaje hacia el nirvana.

"AQUÍ HARÉ MI MORADA, EN VERANO Y EN INVIERNO, Y EN LA ESTACIÓN DE LAS LLUVIAS". ASÍ HACE SUS PLANES EL NECIO, SIN PENSAR EN SU MUERTE.

Es el deseo lo que te mantiene nublado y no te permite ver la muerte, que se acerca a cada momento más y más.

Buda dice: El necio sigue pensando: "AQUÍ HARÉ MI MORADA, EN EL VERANO Y EN EL INVIERNO, Y EN LA ESTACIÓN DE LLUVIA". Y no es consciente de que quizá al momento siguiente desaparezca como una pompa de jabón y ya no haya más verano, ni más invierno, ni más estación lluviosa. Pero está demasiado preocupado por hacer moradas, moradas en la tierra, hogares en la tierra. Quédate aquí, pero recuerda que estás en un caravasar, una pernoctación, y por la mañana nos vamos. No seas tonto.

Aunque puedas hacer una casa para el invierno, otra para el verano y otra para la estación de las lluvias.... Buda debió de recordar esto, porque su padre le había hecho tres palacios en distintos lugares, en distintos climas: para el verano, un palacio -debió de estar a mayor altitud, en algún lugar del Himalaya, para que pudiera vivir sin la tortura del verano- y otra casa para el invierno en algún clima cálido, y otra casa para la estación de las lluvias.

Debió recordarlo, pero renunció a todo eso por la búsqueda de lo que no tiene muerte. Pierdes el tiempo en estos palacios... y la muerte se acerca, y la muerte te llevará. Aunque consigas tener todo lo que puedas desear, la mente no estará satisfecha.

En primer lugar, no podrás lograrlo, porque la mente desea cosas imposibles. Pero aunque lo consigas, no estarás satisfecho.

La anciana Sra. Abramson estaba junto al Muro de las Lamentaciones llorando histéricamente y golpeando los ladrillos. Un turista se le acercó y le dijo: "Señora, no tiene por qué llorar.

Los judíos tienen ahora una patria, un lugar al que ir. Después de dos mil años, por fin tienen el país que siempre han deseado. Santo cielo, ¿por qué lloras?"

La anciana dijo: "¡Quiero ir a Miami Beach!".

Y cuando estaba en Miami Beach quería ir a Israel. Así es como funciona la mente. Nunca está satisfecha, no conoce la satisfacción.

Siempre encontrará alguna falla, siempre encontrará alguna causa para estar tensa.

Una vez, un equilibrista quiso montar un número que nadie había visto nunca. Tenía una cuerda tendida a través del Gran Cañón, rechazó una red, se vendó los ojos y luego anunció que caminaría por la cuerda tocando el vals Danubio Azul con un violín. Ni que decir tiene que se congregó una gran multitud para ver su actuación, pero cuando se acercaba al otro lado del cañón, escuchó esta conversación.

"Ahora, admítelo, Harry. ¿Has visto algo así en toda tu vida? ¿No es asombroso? ¿No es increíble?"

"Vale, lo admito", dijo Harry. "Es increíble. Es increíble. Pero te diré una cosa que no es".

"¿Y qué es eso?", preguntó su mujer.

"Heifetz, no lo es."

Así es la mente: no se la puede satisfacer. Es imposible satisfacerla; es una gran buscadora de fallos, es una gran inventora de la miseria. Así que tanto si tienes éxito como si fracasas, permanecerás en la miseria si permaneces con la mente. Y la manera de permanecer con la mente es el deseo. El deseo es el pegamento que te mantiene con la mente. Desengánchate de la mente, libérate del deseo.

Pero cuando digo: "Conviértete en una persona sin deseos", no estoy diciendo que dejes que esto se convierta en tu meta. No estoy diciendo que ahora tengas que hacer esfuerzos para volverte sin deseos; no estoy diciendo que hagas de esto tu deseo - convertirte en una persona sin deseos. No, en absoluto; de lo contrario habrías malinterpretado todo el asunto. Intenta comprender el deseo y todas sus miserias e inutilidades, y en esa misma comprensión está la trascendencia.

LA MUERTE ALCANZA AL HOMBRE QUE, VERTIGINOSO Y DISTRAÍDO POR EL MUNDO, SÓLO SE PREOCUPA DE SU REBAÑO Y DE SUS HIJOS. LA MUERTE SE LO LLEVA COMO UNA RIADA SE LLEVA A UN PUEBLO DORMIDO.

Recuerda la muerte. Recuerda siempre la muerte. Nunca olvides la muerte ni un solo momento.

¿Por qué? ¿Por qué Buda está tan interesado en la muerte? - Por la sencilla razón de que sólo la muerte puede mantenerte consciente. Si olvidas la muerte te volverás inmediatamente inconsciente. Es debido a la muerte que sólo el hombre puede iluminarse y ningún otro animal, porque ningún otro animal es consciente de la muerte. Sólo el hombre es consciente de la muerte.

Deja que esta conciencia sea cada vez más penetrante. Deja que se hunda en tu corazón, para que permanezca allí como una espina, recordándote continuamente que la vida es una arena movediza, que "No hagas tu casa aquí". Recuerda que la muerte se acerca y que todo lo que hagas será deshecho por la muerte, así que ¿qué sentido tiene preocuparse tanto, inquietarse tanto, permanecer en tal ansiedad cuando la muerte se lo va a llevar todo?".

A pesar de las advertencias de su guía, un judío estadounidense que esquiaba en Suiza se separó de su grupo y cayó, ileso, en una profunda grieta. Varias horas después, un grupo de rescate encontró la fosa bostezante y, para tranquilizar al esquiador varado, le gritó: "¡Somos de la Cruz Roja!".

"Lo siento", replicó el imperturbable judío, "¡ya he dado en la oficina!".

El judío es judío. Ha caído en un pozo profundo y el peligro de muerte le rodea, pero está más interesado en ahorrar un poco de dinero. Sólo con oír el nombre de "Cruz Roja" se acuerda de una cosa: deben de haber venido a por donativos.

T.S. Eliot escribió estas hermosas líneas:

¿DÓNDE ESTÁ LA VIDA QUE HEMOS PERDIDO AL VIVIR?

¿DÓNDE ESTÁ LA SABIDURÍA QUE HEMOS PERDIDO EN CONOCIMIENTO?

¿DÓNDE ESTÁ EL CONOCIMIENTO QUE HEMOS PERDIDO EN INFORMACIÓN?

LOS CICLOS DEL CIELO EN VEINTE SIGLOS NOS ALEJAN DE DIOS Y NOS ACERCAN AL POLVO.

¿Qué nos ha pasado? ¿Por qué hemos perdido de vista a Dios? No sólo hemos perdido de vista a Dios, sino que declaramos con Friedrich

Nietzsche que Dios ha muerto. ¿Por qué hay tanta gente en contra de Dios? E incluso los que no están en contra no están a favor, recuerden; son neutrales. Y los que están a favor sólo lo están formalmente, no están verdaderamente a favor. No pueden comprometer sus vidas en la búsqueda de Dios. ¿Qué le ha pasado al hombre moderno?

Ha ocurrido una cosa: hemos sido capaces de olvidarnos cada vez más de la muerte. El gran avance de las ciencias médicas nos ha dado una esperanza como si fuéramos a vivir eternamente. La ciencia médica nos ha ayudado ciertamente a vivir un poco más que antes, pero eso significa simplemente un poco más: la misma miseria, el mismo deseo, la misma lujuria, la misma esclavitud. La ciencia médica puede ser capaz....

Ahora parece muy posible que el hombre empiece a vivir más de cien años.

Hay gente que piensa que el hombre puede vivir al menos trescientos años muy fácilmente.

Pero, ¿qué sentido tiene? Tanto si vives setenta años como setecientos, serás el mismo estúpido. De hecho, en setecientos años tu estupidez crecerá mucho. Y si la muerte se pospone setecientos años, ¿a quién le importa? No va a ocurrir pronto... y el hombre no tiene tanta perspicacia para mirar tan lejos.

Vivimos rodeados de cosas pequeñas. Vemos sólo hasta cierto punto, sólo un poco más adelante, lo suficiente para caminar. Setecientos años... eso hará que la religión desaparezca de la tierra, porque el hombre no es tan inteligente como para ser consciente de la muerte si ésta se pospone setecientos años. Ni siquiera es lo suficientemente inteligente para verla después de setenta años, ni siquiera después de siete años.

He visto a personas que tienen setenta años y, sin embargo, no se interesan por la meditación. Extraño, muy extraño. No me lo puedo creer. ¿Un hombre de setenta años sigue sin interesarse por la meditación? Eso significa simplemente que aún no ha sido capaz de ver la muerte, y la muerte está muy cerca. En cualquier momento puede suceder.

Buda quiere que recuerdes la muerte continuamente. No pienses que es un pesimista.

No pienses que está obsesionado con la muerte, no, en absoluto. Simplemente quiere que recuerdes la muerte para que la espada de la muerte que pende de ti te mantenga consciente, alerta.

Sucedió una vez:

Un sannyasin fue enviado por su maestro a la corte del gran rey Janaka. El sannyasin estaba un poco desconcertado; dijo: "¿Por qué debo ir a la corte del rey?".

El maestro dijo: "Tienes que aprender una cosa, y puedes aprenderla más fácilmente allí que en cualquier otro sitio; por eso te envío. Ve y observa y estate muy alerta. Vas a enriquecerte enormemente".

El sannyasin no estaba convencido. Permaneciendo con un maestro tan grande, si no puede aprender algo, ¿cómo va a aprender en la corte del rey? Solía pensar que el rey era un tonto porque tenía tantas posesiones, un reino tan grande, y ÉL había renunciado a todo, así que siempre se había creído más santo que el rey. Ahora, al ir a ver al rey para aprender algo se sintió un poco insultado. Pero cuando el maestro lo decía él tenía que ir. Así que fue, de mala gana, en el fondo resistiéndose, pero fue.

Cuando llegó a la corte del rey, se quedó estupefacto. En cierto modo, sus dudas se confirmaron. El rey estaba sentado, bebiendo vino; hermosas mujeres casi desnudas bailaban alrededor, y todos los cortesanos estaban allí, completamente borrachos. El sannyasin pensó: "¿Qué clase de lección tengo que aprender de estos tontos?". Cuando pensó esto, Janaka se echó a reír. Le dijo: "¿Por qué te ríes?".

Janaka dijo: "Me río porque tu viejo sabe algo, entiende algo, pero tú no crees en él. No crees en tu maestro. Has venido, pero de mala gana".

Se sorprendió: ¿cómo había llegado Janaka a saber esto? Preguntó: "Parecía que estabas casi borracho y aún así puedes entender... - y yo no he dicho nada".

Janaka dijo: "Sobre este vino hablaremos más tarde. Ahora mismo haz una cosa; si no, voy a matarte". Ordenó a sus soldados que sacaran las espadas de sus vainas y rodearan el patio y le dieran al sannyasin una copa llena de aceite, tan llena que no pudiera contener ni una sola gota más. Y le dijo al sannyasin: "Ponte esta copa en la cabeza y da siete vueltas alrededor del patio. Si cae una sola gota del aceite, te cortarán la cabeza".

Ahora el sannyasin pensó: "Estoy entre lunáticos y ni siquiera puedo escapar". Esas espadas desnudas estaban allí alrededor.

Y el rey dijo: "Recuérdalo, hablo en serio. Cuando digo algo, lo hago. Así que ten cuidado".

Mirando la copa, tan llena, no podía creer que fuera a salvar su cabeza, pero no podía hacer otra cosa. Tuvo que ponerse la copa llena de aceite en la cabeza y dar siete vueltas al patio. Y el baile continuaba, y las mujeres hermosas continuaban, y por supuesto él era un viejo tipo de sannyasin, en el fondo muy interesado en las mujeres. Muchas veces le entraba el deseo sólo de echar un vistazo, pero el miedo a la muerte y esas espadas desnudas.... Consiguió hacer siete asaltos, aunque era casi imposible.

Entonces el rey preguntó: "¿Cómo lo has conseguido? Era imposible".

El sannyasin dijo: "Pude arreglármelas gracias a estas espadas desnudas alrededor. Nunca había sentido la muerte tan cerca, a un palmo de mi lado. Cualquier momento...."

Y el rey dijo: "¿Qué pasa con estas hermosas mujeres? Y conozco a los sannyasins; puede que no les interese nada más, pero seguro que les interesan las mujeres.

¿Y qué hay de esta hermosa y deliciosa comida? Y el aroma de la comida, y el vino... y estas son las cosas que has reprimido, así que están en lo profundo de tu ser, quieren salir a la superficie".

El sannyasin se rió. Dijo: "¿A quién le importan estas cosas cuando la muerte está tan cerca?".

El rey dijo: "Has aprendido la lección. Esta era la lección que el maestro te ha enviado a aprender".

Recuerda la muerte. Está más cerca que esas espadas, siempre está más cerca que cualquier otra cosa.

Vives rodeado de muerte, y si esto se puede recordar, puede convertirse en el mayor estímulo para la meditación, para la conciencia.

De ahí el énfasis. Buda dice: LA MUERTE ALCANZA AL HOMBRE QUE, MAREADO Y DISTRAÍDO POR EL MUNDO, SÓLO SE PREOCUPA DE SUS REBAÑOS Y DE SUS HIJOS. LA

MUERTE SE LO LLEVA COMO UNA RIADA SE LLEVA UN PUEBLO DORMIDO.

No seas un pueblo dormido; de lo contrario, la muerte llegará como una inundación y desaparecerás.

Mantente despierto, alerta y atento.

SU FAMILIA NO PUEDE SALVARLE, NI SU PADRE NI SUS HIJOS.

Nadie puede salvarte excepto tu propia conciencia. CONOCE ESTO... y no creas sólo en lo que dicen los despiertos. Conócelo por ti mismo, deja que se convierta en una experiencia existencial.

SEPAN ESTO. BUSQUEN LA SABIDURÍA Y LA PUREZA.

Busca la inocencia de un niño. Abandona todo tu conocimiento tonto. Todo conocimiento es tonto.

Vuelve a recordar a T.S. Eliot:

¿DÓNDE ESTÁ LA VIDA QUE HEMOS PERDIDO AL VIVIR?

¿DÓNDE ESTÁ LA SABIDURÍA QUE HEMOS PERDIDO EN CONOCIMIENTO?

¿DÓNDE ESTÁ EL CONOCIMIENTO QUE HEMOS PERDIDO EN INFORMACIÓN?

LOS CICLOS DEL CIELO EN VEINTE SIGLOS NOS ALEJAN DE DIOS Y NOS ACERCAN AL POLVO.

¿Dónde está la sabiduría que hemos perdido en el conocimiento? El conocimiento no es más que un sustituto de la sabiduría. Conocimiento significa prestado de otros. Abandona todo lo que has tomado de otros. La sabiduría es lo que crece en tu inocencia, cuando eres como un niño pequeño, lleno de asombro y admiración, desconcertado por la existencia, sin saber nada, y surge la sabiduría. La sabiduría brota en tu ser. La sabiduría no es algo que venga de fuera, es tu crecimiento interior.

CONOCE ESTO. BUSCA LA SABIDURÍA Y LA PUREZA.

DESPEJAR RÁPIDAMENTE EL CAMINO.

Y todo lo que obstaculice el camino para que surja la sabiduría, límpialo rápidamente.

Elimina el conocimiento, la información, elimina todos tus viajes egoístas. Elimina los deseos, elimina los recuerdos, las imaginaciones, elimina toda la mente.

Conviértete en una no-mente.

Eso es pureza, y en esa pureza florece la sabiduría.

En el lago de esa inocencia se abre el loto de la sabiduría, y ésa es la única forma posible de ser libre, de tener libertad: última, total.

"¿Qué estás leyendo?", preguntó el bibliotecario de la prisión.

"No mucho", respondió el preso. "Sólo la literatura de evasión habitual".

Suficiente por hoy.

Guía del loco

La primera pregunta:

Pregunta 1:

AMADO MAESTRO,

NO SÉ SI ESTOY PERDIENDO LA CABEZA O LA MEDITACIÓN, O AMBAS COSAS.

Prem Arup, la mayor bendición es cuando pierdes la mente y la meditación a la vez. Perder la mente es sólo la mitad del camino; no se alcanza la meta. Quien pierde la mente comienza a aferrarse a la meditación; la meditación se convierte en su mente. La meditación se convierte en su posesión, su tesoro, mucho más hermoso que la mente, ciertamente, mucho más gozoso, mucho más dichoso, digno de ser alcanzado.

Perder la mente es perder todas tus miserias. Entonces florecen grandes éxtasis, entonces brotan grandes alegrías dentro de tu ser. Pero incluso estar extasiado es estar perturbado. Incluso estar alegre es no estar totalmente en casa. Uno tiene que ir más allá del éxtasis, más allá de la alegría, más allá del regocijo. Hay que volverse totalmente pacífico. Por eso Buda nunca habla de dicha, sino de paz, de silencio. Ese es el objetivo final.

Trasciende la mente, utilizando el método de la meditación. Entonces no te aferres a la meditación, porque aferrarse es lo mismo; a lo que te aferres es irrelevante. En el momento en que desaparezca la mente, que desaparezca también la meditación. No seas una mente ni una no-mente. Este es el objetivo último, el objetivo de la budeidad. Entonces has llegado. Entonces hay paz.

Tú ya no existes, sólo existe la paz. No hay nadie que la posea.

La mitad de ti murió cuando abandonaste la mente, y la otra mitad murió cuando abandonaste la meditación. La parte mundana desapareció con la mente y la llamada espiritualidad desapareció con la meditación. Ahora no eres ni cuerpo ni alma. No eres nada. Existe una tremenda nada, una total incorpórea. Buda lo llama SHUNYA, nirvana. Todo ha cesado: la miseria y la alegría, el día y la noche, el verano y el invierno, la vida y la muerte, todo ha desaparecido. Se ha trascendido toda la dualidad.

Arup, siéntete dichoso. Siéntete inmensamente afortunado si ambos desaparecen - aunque en el aferramiento parecerá muy loco. Primero, dejar caer la mente parece muy loco. Pero entonces la meditación está ahí para darte un nuevo asentamiento, un nuevo orden, una nueva disciplina - más elevada, mejor, más sofisticada, más culta, más interior, más subjetiva.

Cuando abandonas la meditación, desaparece todo orden, toda disciplina, toda estructura. Te sumerges en lo totalmente desconocido, lo último desconocido.

Este es el momento del verdadero nacimiento, no de ti, sino de Dios. Ya no eres tú, ahora sólo es Dios. Y por "Dios" no me refiero a una persona; por "Dios" sólo me refiero a una experiencia.

La segunda pregunta:

Pregunta 2:

AMADO MAESTRO,

USTED NOS DICE QUE LA CONCIENCIA ES SUFICIENTE. ¿ENTONCES POR QUÉ DISCURSOS, GRUPOS, SANNYAS?

Rick Ferris, ¿cómo llegó a saber que la conciencia es suficiente? Tengo que repetirlo una y otra vez: que la conciencia es suficiente, que no hace falta ningún discurso. Pero incluso eso hay que decírtelo a ti: que no se necesita nada. Pero estás tan dormido que no llegarás a la verdad por ti mismo y no llegarás a la verdad aunque te lo repitan miles de veces.

Ahora mira el truco de tu mente: no es que hayas comprendido que la consciencia es suficiente. Al contrario, has comprendido que los discursos no son necesarios, los grupos no son necesarios, sannyas no es necesario. Mira la mente tramposa, la mente astuta... que sigue creando nuevos infiernos para ti. No has entendido nada y lo has malinterpretado todo.

Los discursos son para decirte que las palabras no sirven, pero incluso para decirte que las palabras no sirven, se necesitan palabras. No hay otra manera, porque sólo entiendes palabras.

Buda solía contar una parábola:

Un hombre había ido al mercado. Cuando volvió, su casa estaba en llamas. Sus hijos estaban jugando dentro de la casa, absolutamente ajenos al hecho de que la casa estaba en llamas. Era una casa grande y debían de estar en el interior.

Gritó desde fuera, porque tenía miedo de entrar en la casa, pero los niños no le hicieron caso. Se reunió una gran multitud. Entonces dijo a los niños: "¡Salid! Mirad lo que os he traído: muchos juguetes. Los juguetes que me habíais pedido, los he traído todos, ¡y juguetes preciosos!".

Los niños salieron corriendo de casa, ¡y él no había traído ni un juguete!

Empezaron a preguntar: "¿Dónde están los juguetes?".

Me dijo: "¡Mira el fuego! No he traído ningún juguete, pero era la única manera de sacarte de casa. ¡La casa está ardiendo! Yo gritaba: "¡La casa está ardiendo!", y vosotros reíais y os reíais. Pensabais que os estaba gastando una broma o algo así. Sí, os he mentido diciéndoos que os había traído juguetes, pero la mentira ha funcionado como estrategia: os ha ayudado a salir. Ha servido de mucho".

Las palabras no bastan, sino porque sólo entiendes palabras, Rick Ferris.... ¿Entiendes el silencio? Entonces no estarías aquí. No hay necesidad de estar aquí.

Podrías haberte sentado junto a una roca silenciosa o podrías haberte sentado bajo un árbol silencioso... y habrías comprendido a todos los budas. Entonces no leerías la Biblia ni el Corán ni el Gita. Habrías ido al desierto para sentir el silencio, el silencio eterno del desierto. Y habrías comprendido todas las Biblias, todos los Coranes, todos los Gitas. Pero has venido aquí.

Sólo puedes entender las palabras. Y sé que la verdad no puede ser comunicada a través de palabras, pero las palabras pueden ser usadas para sacarte de la casa que está en llamas. Las palabras pueden sacarte del mundo de palabras, sueños y deseos en el que vives. Las palabras pueden usarse de un modo tan hábil que pueden conducirte -o al menos apuntarte- hacia el silencio; de ahí los discursos.

Los grupos son un poco más duros. Si no me escuchas, si no entiendes las palabras, entonces serán necesarios verdaderos martillazos. Te martilleo, pero te martilleo con palabras. No te azoto, sólo te muestro la sombra del látigo. Si escuchas, bien; si no escuchas, entonces necesitarás grupos. Allí usan látigos de verdad. Para hacerte entrar en razón te golpean con fuerza. Con gran compasión son crueles. Hacen todo lo posible para que despiertes.

¿Y sannyas? ¡Sannyas es sólo para ponerte en ridículo! Estás demasiado en tu conocimiento, en tu cabeza. ¡Un poco de estupidez bastará! Tienes demasiados conocimientos, eres demasiado listo, demasiado astuto. Sannyas es una entrega de toda tu astucia, astucia, conocimiento.

Sannyas es el camino de un loco; ¡yo soy el guía de un loco! Pero antes de que puedas volverte realmente cuerdo tendrás que abandonar tu viejo tipo de cordura, que no es cordura.

Todos estos son dispositivos - sannyas, grupos, discursos - estrategias. No es que sólo a través de estas estrategias sabrás lo que es la verdad, pero éstas te ayudarán. Si eres inteligente, las utilizarás como una escalera, como un barco hacia la otra orilla. Cuando hayas llegado a la otra orilla, tendrás que dejar atrás la barca. No es que tengas que sentarte en la barca para siempre jamás o que incluso cuando hayas llegado a la otra orilla tengas que llevar la barca sobre tu cabeza, sólo por pura gratitud.

Eres totalmente inconsciente, y se necesita un gran esfuerzo para hacerte consciente.

Un tipo fue al hipódromo y ganó trescientos dólares. Pensando que su suerte se mantendría, volvió al día siguiente dispuesto a hacer su agosto.

Mientras examinaba los caballos que iban a correr en la última carrera, se fijó en un cura que hacía señas sobre uno de los jamelgos. Pensando que había tenido suerte, apostó todos los céntimos que había ganado y todos los que pudo reunir. Naturalmente, el caballo acabó último.

Al salir de la pista se encontró con el mismo sacerdote que había visto bendecir al caballo. "Padre", le dijo, "¡soy un hombre arruinado! Le vi bendecir a ese caballo y aposté todo lo que tenía por él".

El sacerdote se horrorizó. "Hijo mío", dijo, "no estaba bendiciendo ese caballo, ¡estaba administrando la extremaunción!".

Veo tu vida completamente arruinada. Has estado apostando a caballos muertos. Toda tu vida es un desastre, y arreglar tu vida desde fuera no te va a ayudar. Es necesaria una transformación radical de tu conciencia.

Los llamados religiosos han estado haciendo justo lo contrario. Y por eso vas a las iglesias, a los templos, a las sinagogas, no para que te despierten, sino para que te ayuden a dormir mejor. Vas allí para escuchar hermosas canciones de cuna. Vas allí para que te consuelen. Vas allí para que te consuelen.

Mi trabajo aquí no es confortarte, no es consolarte, no es cantarte una canción de cuna al lado de tu cama. Mi trabajo es despertarte.

Todo está organizado de tal manera: los discursos, las meditaciones, los grupos, los sannyas... es un ataque a tu sueño desde todas las direcciones posibles. En una sola palabra se puede decir: mi trabajo es deshipnotizarte.

Durante ocho días y ocho noches, Schlossberg, el fabricante de trajes, fue incapaz de conciliar el sueño. Ningún medicamento hacía efecto y, desesperados, los Schlossberg recurrieron a un famoso hipnotizador.

El hipnotizador miró fijamente a Schlossberg y canturreó: "Está usted dormido, señor Schlossberg. Las sombras se cierran a su alrededor. Una música suave le arrulla en un estado de agradable relajación.

Estás dormido, estás dormido...."

"Eres un hacedor de milagros", sollozó el hijo agradecido. Le dio al hipnotizador una gran gratificación y el hombre se marchó triunfante.

Al cerrarse la puerta exterior, Schlossberg abrió un ojo. "Dime", preguntó, "¿se ha ido ya ese imbécil?".

Pero estos imbéciles son tus rabinos, tus sacerdotes, tus papas, tus shankaracharyas, tus imanes, tus ayatolás Jomeiniacs.... Y como tú quieres un sueño más confortable y dulces sueños, sus negocios prosperan.

Sigmund Freud ha dicho que parece que el hombre no puede vivir sin ilusiones. En lo que respecta a la humanidad ordinaria, tiene razón. Antes que Sigmund Freud, Friedrich Nietzsche tuvo la misma visión. Dijo que las personas que destruyen las ilusiones de la gente son los verdaderos enemigos del pueblo, porque el hombre no puede vivir sin mentiras. "¡La verdad es peligrosa! ¿Quién quiere la verdad?", dice Friedrich Nietzsche. Queremos bellas mentiras e ilusiones, dulces sueños.

Esto es cierto para el noventa y nueve coma nueve por ciento de la humanidad. Sólo muy raramente una persona empieza a buscar la verdad, pero entonces tiene que arriesgar todo su sueño y los sueños y las inversiones que ha hecho en sus sueños.

Un Buda, un Jesús, un Moisés: estas personas no son para darte consuelo. Destrozan todas tus mentiras; por muy cómodas que sean, por muy acogedoras que parezcan, las destrozan. Quieren que conozcas la verdad. Al principio es amarga.

Buda ha dicho: Las mentiras son dulces al principio, amargas al final. Al principio parecen néctar, al final resultan fatales, venenosas. La verdad es amarga al principio, dulce al final. Al principio parece veneno, como si fuera a matarte; al final es elixir, es néctar. Te hace capaz de conocer lo eterno, lo inmortal.

La tercera pregunta:

Pregunta 3:

AMADO MAESTRO,

¿SE CONSIDERA USTED DIOS, EL REPRESENTANTE DE DIOS EN LA TIERRA, UN PROFETA, Y/O SIMPLEMENTE UN INDIVIDUO MUY CLARO? DESPUÉS DE HABERLE VISTO UN PAR DE VECES EN UN DISCURSO MATUTINO Y DE HABER ESCUCHADO CINTAS Y VÍDEOS SUYOS, NUNCA PARECE RESPONDER A ESTA PREGUNTA. ¿CÓMO Y POR QUÉ SABE O SIENTE ALGO QUE YO NO SÉ?

Harold Peltz, lo primero es que no hay Dios. Sí, hay piedad, pero no Dios.

La idea de Dios es antropocéntrica. La Biblia dice: Dios creó al hombre a su imagen y semejanza.

La verdad es justo la contraria: el hombre ha creado a Dios a SU propia imagen. Dios no es más que una proyección de los deseos, anhelos y deseos humanos. Dios no es más que la proyección de la mente humana.

Eso no significa que sea ateo, pero tampoco soy teísta. Mi posición es exactamente la de Gautama el Buda. No era ateo ni teísta. No creía en Dios, ni dejaba de creer en Dios. ¿Cuál era su postura?

Su posición es muy singular, su posición merece ser compartida. Merece la pena comulgar con su espacio. Y ese es el espacio de todos los meditadores: creen en la piedad.

Toda la existencia está repleta de espiritualidad, pero Dios no existe.

Me preguntas: "¿Te consideras Dios?".

¡No, señor, desde luego que no! Incluso si lo fuera, lo habría negado, porque ¿quién va a asumir la responsabilidad de este feo mundo? ¡No puedo asumir la responsabilidad de crearte! ¡Ese sería el verdadero pecado original!

Yo no soy Dios, pero he conocido la piedad: en mí, en ti, en todas partes. La piedad es una cualidad; es una fragancia que impregna toda la existencia. La única diferencia entre tú y yo es que yo soy consciente de ella y tú no; por lo demás, no hay diferencia. Yo estoy despierto, tú estás dormido. Somos exactamente iguales, participamos de la misma existencia, respiramos la misma piedad, vivimos en el mismo océano de piedad.

Somos peces del mismo océano, pero tú no eres consciente del océano y yo soy consciente del océano, dentro y fuera, ambos.

No sé más de lo que tú sabes; puede que tú sepas más que yo. Mis conocimientos son escasos; no soy una persona bien informada. Y todo lo que cito no es fiable. Puede que usted sepa más, puede que esté bien informado. Tienes una gran acumulación de hechos. En ese sentido, yo soy totalmente pobre, tan pobre como un niño. Pero ésa no es la verdadera diferencia; ésa no es la diferencia que marca la diferencia.

Lo único significativo es ser consciente de la realidad.

La lengua inglesa es muy pobre; sólo tiene una palabra, "Dios". El sánscrito es inmensamente rico, tiene muchas palabras para significar diferentes enfoques. Lo último, lo absoluto, se llama BRAHMAN. Es la divinidad más pura, incontaminada. Es una abstracción: toda la materia ha desaparecido, sólo queda la energía pura, sólo queda la conciencia pura.

La segunda palabra en sánscrito es ISHWAR; que se aproxima a "Dios". Ishwar significa "el creador", pero es inferior a Brahman. Es tan ilusorio como el mundo entero. Si la creación es ilusoria, ¿cómo puede ser el creador lo real? Ya lo ves: la creación y el creador son dos polaridades. El mundo entero es ilusorio, por lo tanto el creador también es ilusorio.

Te sorprenderá saber que tienes que ir más allá de Dios; sólo entonces puedes conocer lo último, no antes. Conocer a Dios es un estado inferior de comprensión.

La tercera palabra es BHAGWAN, que no puede traducirse como "Dios". Buda nunca creyó en Dios y sin embargo le llamamos Bhagwan. Mahavira nunca creyó en Dios, y sin embargo le hemos llamado Bhagwan.

H.G. Wells ha dicho: Gautama el Buda es el hombre en toda la historia de la humanidad que es el más impío y, sin embargo, el más piadoso.

¿Cómo se puede traducir esta palabra "bhagwan" al español? Simplemente significa "el bendito"; no tiene nada que ver con Dios. Literalmente significa "el que ha alcanzado", de ahí que se le llame "el bendito", el que ha llegado, el que se ha despertado, el iluminado.

Bhagwan no significa un representante. No existe Dios, así que ¿cómo puedes ser un representante de Dios? Buda no es un representante de Dios, ni yo tampoco. Es una idea muy pobre, ser un representante de alguien, ¡sólo un vendedor! Es muy humillante.

Y Buda no es un profeta, ni yo tampoco. Un profeta significa alguien que lleva el mensaje de Dios al mundo. No es más que un cartero, ¡y yo no quiero ser cartero! Un profeta no tiene mucho valor. No hay Dios; por tanto, no puede haber mensajeros, mesías ni profetas.

Y tú me preguntas: "... y/o simplemente un individuo muy claro".

Habrá que entender una cosa: si te vuelves claro, la individualidad desaparece; eres simplemente claridad. Si no eres claro, entonces la individualidad está ahí. Individualidad y claridad no van juntas. En el fondo, la individualidad no es más que un ego: sentirse separado, separado del todo.

Sólo soy claridad, no un individuo. Es muy difícil entender cómo puede haber claridad si no hay individuo. Nuestro lenguaje nos obliga a sacar conclusiones innecesarias.

Cuando la danza es total, el bailarín ya no está ahí; sólo está la danza. Y puedes preguntar a los grandes bailarines, a Nijinsky o a Gopi Krishna, y estarán de acuerdo: cuando la danza alcanza su punto álgido, el bailarín desaparece. Sólo hay danza, no hay nadie bailando. No hay dos entidades, el bailarín y la danza.

Cuando el pintor está realmente fundido en su pintura, absorbido, entonces no hay pintura Y el pintor, sólo hay pintura. No queda pintor; por unos instantes el pintor desaparece. Sólo cuando el pintor desaparece, la pintura alcanza su máxima belleza.

El bailarín, el pintor, el cantante, el músico, el poeta, todos conocen esos momentos, pero sólo son momentos en sus vidas. En la vida de los budas no son sólo momentos, sino que se han convertido en su realidad. El bailarín ha desaparecido para siempre.

Ya no soy un individuo, sino sólo claridad; no soy un bailarín, sino sólo danza. Si puedes comprender eso, sólo entonces serás capaz de tener alguna comunión con esta nadidad, con esta nada, con este estado de nirvana.

Usted me pregunta: "Después de haberle visto un par de veces en un discurso matutino y de haber escuchado cintas y vídeos suyos, nunca parece responder a esta pregunta. ¿Cómo y por qué sabes o sientes algo que yo no sé?".

Sólo sé una cosa: que no sé nada. Y ahí es donde puede estar la diferencia.

Tú sabes que sabes, yo sé que no sé. Sólo cuando llegas a ese estado de dichosa ignorancia, se produce la claridad. El conocimiento es una perturbación; el no-conocimiento te da claridad, transparencia.

El anciano Krestenfeld permaneció en su lecho de muerte durante meses y finalmente falleció.

Dos semanas después, los familiares se reunieron como buitres para escuchar la lectura del testamento.

El abogado abrió un sobre, sacó un papel y leyó: "Estando en mi sano juicio, gasté hasta el último centavo antes de morir".

Sólo quiero decir esto: que yo soy simplemente solidez, ni siquiera mente sana... claridad pura, un cielo sin nubes, completamente vacío. Tú también puedes ser eso. En lo más profundo de tu ser ya eres eso.

Y mi esfuerzo aquí es, Harold Peltz, ayudaros a convertiros en nadies como yo, ignorantes como yo. Y recuerden: hay un conocimiento que no sabe y hay una ignorancia que sabe.

La cuarta pregunta:

Pregunta 4:

AMADO MAESTRO,

SÍ, LA CASA ESTÁ ARDIENDO MIS LLAMAS DE CELOS, CODICIA Y VIOLENCIA ME ESTÁN QUEMANDO. TE VEO BRILLAR EN EL UMBRAL DE LA PUERTA, HACIENDOME SEÑAS PARA QUE SIMPLEMENTE SALGA, SIN EMBARGO ME CONTENGO, AFERRANDOME A MI MISERIA MIENTRAS MI MENTE SIGUE CORRIENDO CON DESEOS. ¿POR QUÉ NO PUEDO DEJARTE IR?

Deva Dwabha, para estar sin miseria se necesita un gran coraje. Ser miserable es muy barato, muy simple; no cuesta nada. Para ser miserable no necesitas ningún coraje, ninguna inteligencia. Ser miserable es muy fácil, pero salir de ello es difícil, arduo. Para salir de ella se necesita inteligencia, porque tú eres el creador de tu miseria, y tú creas tu miseria porque eres inconsciente. Sólo puedes dejar de crearla si te vuelves consciente, y volverse consciente requiere un gran esfuerzo.

Además, la miseria te mantiene ocupado para que puedas evitar tu vacío interior. Te mantiene ocupado. Si no eres desgraciado, tendrás que entrar, y tienes miedo porque hay un gran vacío. Entrar es una especie de muerte.

Los místicos la han llamado "la gran muerte" -mayor que la llamada muerte ordinaria, porque en la muerte ordinaria sólo muere el cuerpo. Si entras, tu mente muere. Y uno tiene miedo de morir -tu ego muere- y uno tiene miedo de perder su identidad. Y cuánto esfuerzo has puesto para alcanzar una determinada identidad. Uno es un actor famoso, otro es un político conocido. Alguien es muy rico, alguien tiene muchos conocimientos. Te has esforzado tanto... ¡y ahora te digo que salgas de eso! Eso significa que todo tu esfuerzo ha sido un puro desperdicio. Necesitarás agallas para salir de eso y necesitarás coraje para no tener identidad.

La gente Zen dice: Antes de meditar, las montañas son montañas y los ríos son ríos. Cuando profundizas en la meditación, las montañas dejan de ser montañas y los ríos dejan de ser ríos. Cuando se alcanza el satori, cuando se trasciende la meditación, entonces de nuevo las montañas son montañas y los ríos son ríos.

Esta es una forma Zen de decir que antes de la meditación tienes una cierta identidad. Tienes un nombre, una fama, una forma, una familia, una raza, una cultura, una religión, un país; todo esto te da una cierta idea de quién eres, aunque esa idea es absolutamente falsa, arbitraria, accidental. Es sólo accidental que hayas nacido cristiano, hindú o mahometano; no tiene ningún significado. Es sólo un accidente que hayas nacido alemán, indio o chino. No eres nada de eso.

Tu conciencia es simplemente conciencia, ni china ni coreana ni japonesa.

Tu conciencia es simplemente conciencia. No pertenece a ningún país, ni raza, ni color, ni religión; todo eso son condicionamientos. Te han hipnotizado y te han dicho que eres indio; esto es una hipnosis. Te han hipnotizado y te han dicho que eres mahometano, y la hipnosis se prolonga toda tu vida. Es tan profunda que incluso puedes estar dispuesto a morir por ella. La gente muere por la religión, por la patria, por las banderas; por muchas tonterías están dispuestos a morir. Parece como si su vida no tuviera ningún sentido, como si estuvieran dispuestos a morir por cualquier excusa; cualquier excusa les vale.

Tu identidad es arbitraria. Antes de la meditación estás un poco seguro de quién eres. A medida que entras en meditación tus miserias empiezan a desaparecer y con esas miserias tu identidad empieza a evaporarse. Caes en un estado de caos, y ese caos crea miedo.

Dwabha, te he dado este nombre.... DWABHA significa crepúsculo; significa ni día ni noche, justo en el medio. Y ahí es donde estás: temeroso de ir más profundo, parado en aguas poco profundas. Te sientes seguro, aunque te sientes miserable, pero la miseria es familiar, bien conocida; te has acostumbrado a ella. De hecho, ha surgido una especie de relación familiar entre tú y tu miseria.

Hay una parábola sufí:

Un hombre solía llamar cada noche a Dios y rezaba la misma oración. Una y otra vez pedía: "Hazme un favor, al menos un favor, y lo he estado pidiendo toda mi vida. Por lo que veo, soy el hombre más miserable de la tierra. ¿Por qué me has elegido para ser el más miserable? Estoy dispuesto a intercambiar mi miseria con cualquier otra persona, cualquiera lo hará, sólo déjame intercambiar mi miseria con otra persona. No pido la dicha. ¿No puedes darme sólo esta oportunidad de intercambiar mi miseria con otra persona? No es mucho pedir".

Una noche, en un sueño, vio que Dios había hablado. Una gran voz vino de los cielos diciendo: "Recoge todas tus miserias en fardos y tráelos a la sala del templo".

Así que todo el pueblo reúne sus miserias en grandes fardos y los traen. Este hombre es tremendamente feliz: "¡Así que ha llegado el momento! Parece que algo va a suceder!".

Corre con su fardo. Por el camino ve que otros también se apresuran. Cuando llega al templo tiene miedo, mucho miedo, porque ve que la gente lleva fardos más grandes que el suyo. Gente a la que siempre había visto sonreír - rotarios, leones - con ropa bonita y siempre diciéndose cosas bonitas, ¡y llevan fardos más grandes! Empieza a dudar un poco si ir o no ir, pero ha estado rezando toda su vida, así que dice: "Veamos qué pasa".

Entran en el templo. La voz dice: "Pongan sus fardos alrededor del vestíbulo". Ponen sus fardos, y la voz vuelve a decir: "Ahora podéis elegir el fardo que queráis".

Y ocurre el milagro de los milagros: ¡cada uno corre hacia su propio fardo! Este hombre también se apresura hacia su propio fardo, temeroso de que si otro lo escoge, se quedará sin nada. Todo el mundo ha elegido su propio fardo, con gran alivio, y todos están contentos, llevando sus fardos de vuelta a sus casas. Incluso este hombre está muy contento, por la sencilla razón de que "¿Quién sabe lo que hay en el fardo del otro? Al menos somos conscientes de nuestro propio fardo y de lo que contiene. Y nos hemos acostumbrado, nos hemos adaptado a nuestra miseria".

Dwabha, por eso te resulta muy difícil salir de tus miserias. Y también puede haber inversiones; tu miseria puede no ser sólo TU miseria. Puedes estar creando miseria para otros a través de tu miseria. Si estás interesado en crear miseria en otros, ¿cómo puedes dejar tu miseria?

El marido llega a casa y la mujer simplemente se tumba en la cama y dice que le duele la cabeza, y no digo que esté fingiendo. De hecho, ¡es casi imposible que cuando ves a tu marido no te duela la cabeza! Debe de tenerlo, confío....

Y entonces el marido se vuelve desgraciado. Ahora la mujer no puede dejar su dolor de cabeza, porque si lo deja, ¿qué pasa con el marido? Su dolor de cabeza crea tal miseria para el marido que ella está dispuesta a sufrir, a hacer sufrir a los demás.

"Me divorciaría de Milton en un minuto", le dijo la señora Cooper a la mujer que la peinaba.

"Entonces, ¿por qué no lo hace?", preguntó la esteticista.

"Porque me mataría verlo tan feliz".

Es difícil. Es difícil salir de tu miseria, porque no es sólo tu miseria; se ha enredado con las miserias de otros, se ha convertido en causa de las miserias de otros.

Y disfrutas torturando a los demás; te sientes poderoso siempre que puedes torturar. Uno está dispuesto a sacrificarse si puede crear miseria a los demás.

Hay sádicos y masoquistas. Es muy raro encontrar un sádico puro o un masoquista puro. Esos son sólo tipos que se encuentran en los libros de psicología. En realidad, todo el mundo es sádico y todo el mundo es masoquista. Las personas son sadomasoquistas: se torturan a sí mismas para torturar a los demás; torturan a los demás para torturarse a sí mismas.

Todo está entrelazado, es interdependiente. No puedes simplemente salirte de ello, es la inversión de toda tu vida. Si no, nadie te lo impide, Dwabha, puedes salir. Sólo tienes que entenderlo. Si ni siquiera puedes dejar tu miseria, ¿qué más puedes dejar?

Antiguamente, un sannyasin era aquel que renunciaba a la vida. Yo he cambiado la definición de sannyasin. Yo llamo sannyasin a un hombre que está dispuesto a renunciar a su miseria.

Pero en cierto modo tu vida y tu miseria son casi sinónimos.

¿Qué es tu vida? ¿Qué haces contigo mismo y con los demás? Te sientes poderoso siempre que puedes torturar a otros; la tortura te proporciona una gran liberación de poder. ¿Por qué estos Adolf Hitlers, Joseph Stalins y Mao Zedongs nacen una y otra vez? ¿De dónde vienen? Te representan a ti. Representan la locura esencial de la humanidad. Surgen una y otra vez y seguirán surgiendo, no puedes evitarlo, a menos que cambiemos los cimientos mismos de la existencia humana. Si cambiamos la conciencia humana de la miseria a la dicha, de las tensiones a la paz.... Si no, tendrás que sufrir. Te los mereces... de hecho, te los buscas. Alemania debió rezar lo suficiente para que Adolf Hitler sucediera. Y ahora hay de nuevo gente en Alemania que está iniciando el mismo movimiento fascista. ¡No puedes vivir sin estos dementes!

Algo en ti los necesita. Algo que no puedes hacerte a ti mismo, ellos pueden hacértelo a ti. Pueden liberar una gran miseria en el mundo.

¿Has visto, has observado que en tiempos de guerra la gente parece más feliz que nunca? Sus rostros están más iluminados, sonríen más. De repente, su vida tiene entusiasmo, energía. Ya no se arrastran; su vida tiene sentido. La guerra les da sentido.

La muerte y el peligro que les rodean les ayudan a cobrar vida.

Cada diez años es necesaria una gran guerra mundial. Si no está ocurriendo ahora no es por la humanidad y su cambio de conciencia. Ocurre por las bombas de hidrógeno, porque la tercera guerra mundial será la última, y eso es demasiado. Un poco de miseria de vez en cuando está bien, pero cometer un suicidio global parece demasiado. ¡Nadie estará allí ni siquiera para disfrutarlo!

Si se produce una guerra nuclear, en diez minutos todo el mundo habrá desaparecido. Ni siquiera los periódicos te habrían llegado. Usted sería absolutamente inconsciente de lo que está sucediendo. Será simplemente un caos. Y en diez minutos toda la vida habrá desaparecido de la tierra. Pájaros, animales, árboles, hombres, mujeres, todo habrá desaparecido.

¿Qué sentido tiene si no puedes disfrutar? La alegría es cuando ves evaporarse a la gente en las cámaras de gas.

En Alemania, las cámaras de gas se construyeron de forma que la gente pudiera entrar y verlas. Las personas que iban a morir no podían ver a los espectadores, pero los espectadores sí. Miles de personas venían a ver; pagaban entradas para ello. Era un gran espectáculo. Mil personas en la cámara de gas se evaporarán. En un instante, no quedará nada. Y estas personas -miles de personas- han venido a ver. ¿Qué alegría deben estar obteniendo de ello? Debe haber algo muy feo en el fondo....

Durante la Revolución Francesa, cuando la guillotina se utilizaba casi a todas horas, Slutsky vivía en un pequeño pueblo a las afueras de París. Una mañana se encontró con Flambeau, que acababa de regresar de la ciudad.

"¿Qué está pasando allí en París?", preguntó Slutsky.

"Las condiciones son absolutamente horribles", respondió el francés. "Están cortando cabezas por miles".

"Oy", gimió Slutsky, "¡y yo en el negocio de los sombreros!".

¡La fealdad del hombre! Se cortan miles de cabezas, pero el problema de Slutsky no es que mueran miles de personas. Su problema es: "¡Se cortan tantas cabezas, y yo en el negocio de los sombreros!".

Todo el mundo está preocupado por su propio ego pequeño, egoísta y feo. Por eso no puedes salir de tu miseria. Intenta salir del ego y podrás salir de la miseria. Intenta salir del yo.

Tus supuestos religiosos siguen enseñándote: "No seas egoísta". Buda dice: "No seas egoísta". Y yo también te digo: No seas egoísta. La enseñanza, "No seas egoísta," no ha ayudado. No puede ayudar porque deja la raíz sin tocar. El yo es la raíz, y vuestra gente religiosa sigue enseñando -vuestros supuestos santos y mahatmas-: "No seas egoísta". Eso significa simplemente dejar que el yo esté ahí, dejar que la raíz permanezca. Sigue cortando las ramas y podando las hojas. "No seas egoísta"... pero entonces la raíz está ahí, brotará de nuevo; de nuevo saldrán hojas.

Buda es el único maestro iluminado del mundo que ha ido a la raíz misma del problema. Él dice: No seas un yo. Esta es una gran intuición, una gran contribución, una de las más valiosas. Dice: "Si eres un yo, serás egoísta. Tu egoísmo puede volverse de otro mundo, espiritual, pero seguirá siendo egoísta. Un yo sólo puede ser egoísta; un yo sólo puede existir en el clima del egoísmo. Si intentas no ser egoísta con el yo intacto, sólo serás un hipócrita".

La palabra "hipocresía" viene de una raíz que significa actuar. Estarás actuando, jugando, fingiendo. No puedes ser egoísta si el yo no está ahí.

¿Y cómo se puede dejar caer el yo? De hecho, no está ahí si miras hacia dentro, así que no hay necesidad de abandonarlo. Todo lo que se necesita es una visión profunda de tu propia interioridad. Mira en tu interioridad -en eso consiste la meditación-, mira dentro, y no encontrarás ningún yo allí. Y cuando no lo encuentras, desaparece como una sombra en la luz, todo egoísmo desaparece por sí mismo.

Entonces una cualidad totalmente nueva llega a tu existencia. Ya no estás preocupado por crear miseria para los demás; por lo tanto, puedes salir de TU miseria. Y en el momento en que ves hacia dentro, se libera una gran inteligencia, una gran creatividad. Esa inteligencia trae dicha y, en última instancia, incluso te lleva más allá de la dicha, más allá de la mente y más allá de la meditación. Te lleva al núcleo último de la existencia: paz, tranquilidad, silencio, quietud.

Cesáis totalmente y sólo entonces llegáis. Entras en el mundo de Dios, o de la piedad, sólo cuando ya no eres.

Pero antes de que puedas entrar tendrás que abandonar muchas ideas estúpidas que has estado cargando todo el tiempo. Tendrás que abandonar todo lo que te han dicho y enseñado. Tendrás que dejar todo aquello para lo que has sido educado.

Toda tu sociedad está arraigada, basada, en la idea de hacer tu vida cómoda. No es cierto, pero sólo cómoda, conveniente, para que puedas vivir cómodamente y puedas morir cómodamente. Toda tu sociedad se basa en proporcionarte tranquilizantes. Tu religión funciona como un tranquilizante. Siempre que tienes problemas acudes al rabino, al sacerdote, al imán, y ellos te consuelan. Tu hijo ha muerto. Vas al rabino, al cura, y te dicen: "No te preocupes. Dios sólo se lleva a los que ama". ¡Te está consolando! Tu hijo ha sido elegido por Dios; tu hijo es uno de esos pocos elegidos.

Si vas al sacerdote hindú te dirá: "No te preocupes. El alma es inmortal, nada muere. El niño sólo ha cambiado de casa y tendrá una casa mejor, una casa nueva. Es como cambiar un coche viejo por un modelo nuevo. Así que no te preocupes". Te consuela. No te ayuda con un cambio radical. Se esfuerza por hacerte la vida lo más cómoda posible. Y tú pagas por ello, naturalmente.

Él te sirve y tú pagas por ello.

Jacobs y Lipkin, dos comandos israelíes, estaban a punto de ser fusilados por los árabes.

Jacobs dijo: "Creo que voy a pedir una venda".

Lipkin dijo: "Jake, no causes problemas".

La gente vive sólo con esta idea: No causes problemas. Incluso cuando te van a fusilar - - al menos en ese momento puedes causar un poco de problemas; no perderás nada más. Pero esta es nuestra filosofía, nuestra filosofía básica de vida: No causes problemas. Así que sigue la tradición, sigue lo convencional. Sé conformista. Sé hindú, mahometano, cristiano. Ve a la iglesia. No causes problemas. No agites las aguas. Sólo mantente vivo de alguna manera, y muere sin causar ningún problema. Entonces no podrás salir de tu miseria.

Para salir de la miseria tendrás que ser un revolucionario. La mayor revolución del mundo es salir de los patrones miserables de la vida. Tendrás que cambiar toda tu psicología y arriesgar muchas cosas. No serás aceptado por la sociedad. Si no, ¿por qué no aceptaron a Sócrates? ¿Por qué no aceptaron a Jesús?

La multitud no te respetará. La multitud sólo te respeta cuando formas parte de ella. Si quieres que te respeten, tienes que formar parte de la multitud.

Entonces tienes que ser sólo una oveja y no un hombre.

Dwabha, puedes salir de esto. ¡Sé un león!

Buda solía decir a sus discípulos: "¡Sé un león! Ruge como un león y sal de todo tipo de esclavitud". Y sea cual sea el riesgo, merece la pena.

La última pregunta:

Pregunta 5:

AMADO MAESTRO,

EL OTRO DÍA EN EL DISCURSO TE BURLABAS DE LOS MILAGROS, SIN EMBARGO TRES MIL PERSONAS SENTADAS EN SILENCIO SINTIENDO TU PRESENCIA, ESCUCHANDO TU CANTO Y LOS PÁJAROS Y EL VIENTO - ¿NO ES ESTO

UN MILAGRO EN SÍ MISMO? ¿O ES QUE REALMENTE NO EXISTEN LOS MILAGROS?

Anand Prakash, escucharme a mí, escuchar a los pájaros y al viento, estar en absoluto silencio aquí en una profunda y amorosa comunión... no es un milagro en el sentido en que se usa la palabra. De hecho, es lo más natural. El hombre se ha vuelto antinatural; por eso parece un milagro.

Es debido a que el hombre se ha vuelto antinatural que una cosa tan sencilla parece un milagro; por lo demás, es natural, es espontánea.

Tú no estás haciendo nada, yo no estoy haciendo nada. Estamos juntos aquí; algo está sucediendo. Algo está ocurriendo entre tú y yo. Nadie lo hace, ni tú ni yo; sucede por sí mismo. En ese sentido es sencillo, natural; pero en otro sentido, puedes utilizar la palabra "milagro". Parece un milagro porque el hombre se ha vuelto tan antinatural que guardar silencio incluso durante unos minutos parece un milagro.

Es como si un hombre que ha vivido en la oscuridad toda su vida saliera a la luz y viera por primera vez el color de las flores y los rayos del sol atravesando los árboles y el arco iris en las nubes, y empezara a gritar: "¡Milagros, milagros, milagros!".

Dirás: "Son cosas sencillas, naturales. Es sólo porque siempre has vivido en la oscuridad. Por eso estos colores, estas mariposas, estas flores, el verde y el rojo y el dorado de los árboles, parecen un milagro". Pero para él es un milagro.

Para mí es algo natural; para ti puede ser un milagro. Depende del punto de vista desde el que se mire.

Pero cuando me burlaba de los milagros, me refería a milagros como los que hace Satya Sai Baba:

producir relojes suizos. Al menos producir relojes hechos en la India, ¡eso sería un milagro! ¿Qué hay de milagroso en un reloj suizo? Me reía de estos trucos, y decía que no hay milagros en el sentido de que la ley universal, el dhamma, no acepta excepciones. Todo es natural y conforme al tao, conforme al dhamma, conforme a la naturaleza universal de las cosas. Nada se opone a ello; de ahí que no haya milagros. Todo eso son juegos de manos. No son más que magia.

Si encuentras a un mago en la esquina fabricando relojes suizos no lo llamarás milagro. Pero el mismo hombre viene como un hombre santo, como un mahatma, y entonces inmediatamente se convierte en un milagro. Esos milagros no ocurren.

Pero algunos milagros ocurren de verdad. Por ejemplo, pocos días antes, ¡un polaco se había convertido en Papa! Esto sí que es un milagro.

Me gustaría sugerir a Buda que haga algunas excepciones en su ley universal. ¡Un polaco y un papa! - ¿Quién ha oído jamás algo semejante?

Una vez le preguntaron al viejo Murphy: "¿Cómo se reconoce a un polaco en una pelea de gallos?".

Dijo: "Es el del pato".

Entonces le preguntaron: "¿Cómo sabes que los italianos están allí?".

Dijo: "Apostaron por el pato".

Y entonces le preguntaron: "¿Y cómo sabes que la mafia está allí?".

Dijo: "El pato gana".

Estar en el mundo y ser santo

HAY PLACER Y HAY DICHA. RENUNCIA AL PRIMERO PARA POSEER EL SEGUNDO.

SI ERES FELIZ A COSTA DE LA FELICIDAD DE OTRO HOMBRE, ESTÁS ATADO PARA SIEMPRE.

NO HACES LO QUE DEBES. HACES LO QUE NO DEBES. ERES IMPRUDENTE, Y EL DESEO CRECE.

PERO EL MAESTRO ESTA DESPIERTO. OBSERVA SU CUERPO. EN TODAS SUS ACCIONES DISCRIMINA, Y SE VUELVE PURO.

ESTÁ LIBRE DE CULPA AUNQUE UNA VEZ HAYA ASESINADO A SU MADRE Y A SU PADRE, A DOS REYES, A UN REINO Y A TODOS SUS SÚBDITOS.

AUNQUE LOS REYES FUERAN SANTOS Y SUS SÚBDITOS ESTUVIERAN ENTRE LOS VIRTUOSOS, ÉL ES IRREPROCHABLE.

El primer sutra:

HAY PLACER Y HAY DICHA.

RENUNCIAR A LO PRIMERO PARA POSEER LO SEGUNDO.

Medita sobre ella lo más profundamente posible, porque contiene una de las verdades más fundamentales. Estas cuatro palabras deberán ser comprendidas, meditadas. La primera es placer; la segunda, felicidad; la tercera, alegría, y la cuarta, dicha.

El placer es físico, fisiológico. El placer es lo más superficial de la vida; es excitación. Puede ser sexual, puede ser de otros sentidos, puede convertirse en una obsesión por la comida, pero tiene sus raíces en el cuerpo. El cuerpo es tu periferia, tu circunferencia; no es tu centro. Y vivir en la circunferencia es vivir a merced de todo tipo de cosas que suceden a tu alrededor. El hombre que busca el placer permanece a merced de los accidentes.

Es como las olas del océano: están a merced de los vientos. Cuando vienen vientos fuertes, están ahí; cuando los vientos desaparecen, desaparecen. No tienen una existencia independiente; son dependientes, y todo lo que es dependiente del otro trae esclavitud.

El placer depende del otro. Si amas a una mujer, si ese es tu placer, entonces esa mujer se convierte en tu amo. Si amas a un hombre, si ese es tu placer y te sientes infeliz, desesperado, triste, sin él, entonces te has creado una esclavitud. Has creado una prisión, ya no eres libre.

Si buscas dinero y poder, entonces dependerás del dinero y del poder. El hombre que sigue acumulando dinero, si su placer es tener más y más dinero, se volverá más y más miserable - porque cuanto más tiene, más quiere, y cuanto más tiene, más teme perderlo. Una espada de doble filo: cuanto más quiere... el primer filo de la espada. De ahí que sea cada vez más desgraciado.

Cuanto más exijas, desees, cuanto más sientas que te falta algo, más hueco, vacío, te parecerás a ti mismo. Por otro lado, el otro filo de la espada es que cuanto más tienes, más temes que te lo quiten, que te lo roben. El banco puede quebrar, la situación política del país puede cambiar, el país puede volverse comunista. Hay mil y una cosas de las que depende tu dinero. Tu dinero no te convierte en amo, te convierte en esclavo.

El placer es periférico, por lo que depende de las circunstancias externas. Y no es más que excitación.

Si la comida es placer, ¿qué es lo que realmente se disfruta? - Sólo el sabor. Por un momento, cuando el alimento pasa por tus papilas gustativas en la lengua, sientes una sensación que interpretas como placer. Es tu interpretación. Hoy puede parecer placer y mañana puede no parecerlo. Si sigues comiendo lo mismo todos los días, tus papilas gustativas dejarán de reaccionar. Pronto te hartarás de ella, así es como la gente se harta.

Un día estás corriendo detrás de un hombre o una mujer y al día siguiente estás intentando encontrar una excusa para deshacerte del otro.

La misma persona, ¡nada ha cambiado! ¿Qué ha pasado mientras tanto? Te aburres del otro, porque todo el placer estaba en conocer lo nuevo. Ahora el otro ya no es nuevo; conoces el territorio del otro. Conoces el cuerpo del otro, las curvas del cuerpo, la sensación del cuerpo. Ahora la mente anhela algo nuevo.

La mente siempre anhela algo nuevo. Así es como la mente te mantiene siempre atado a algún lugar del futuro. Te mantiene esperanzado, pero nunca te entrega los bienes, no puede. Sólo puede crear nuevas esperanzas, nuevos deseos.

Igual que las hojas crecen en los árboles, los deseos y las esperanzas crecen en la mente. Querías una casa nueva y ya la tienes, ¿y dónde está el placer? Sólo en el momento en que conseguiste tu objetivo. Una vez que has conseguido tu objetivo, tu mente ya no está interesada en él; ya ha empezado a tejer nuevas redes de deseo. Ya ha empezado a pensar en otras casas más grandes. Y lo mismo ocurre con todo.

El placer te mantiene en un estado neurótico, inquieto, siempre agitado. Tantos deseos, y cada deseo insaciable, clamando por atención. Sigues siendo víctima de una multitud de deseos locos - locos porque son insatisfactorios - y siguen arrastrándote en diferentes direcciones. Te conviertes en una contradicción.

Un deseo te lleva hacia la izquierda, otro hacia la derecha, y simultáneamente sigues alimentando ambos deseos. Y entonces sientes una ruptura, entonces te sientes dividido, entonces te sientes desgarrado, entonces sientes que te estás cayendo en pedazos. Nadie es responsable.

Es toda la estupidez de desear placer lo que crea esto.

Y es un fenómeno complejo. No eres el único que busca el placer; millones de personas como tú buscan los mismos placeres. De ahí que haya una gran lucha, competencia, violencia, guerra. Todos se han convertido en enemigos entre sí porque todos buscan el mismo objetivo, y todos no pueden tenerlo; de ahí que la lucha tenga que ser total. Hay que arriesgarlo todo, por nada, porque cuando se gana, no se gana nada, y toda la vida se desperdicia en esta lucha. Una vida que podría haber sido una celebración se convierte en una lucha larga, prolongada e innecesaria.

Cuando se busca tanto el placer no se puede amar, porque el hombre que busca el placer utiliza al otro como medio. Y utilizar al otro como medio es uno de los actos más inmorales posibles, porque cada ser es un fin en sí mismo, no puedes utilizar al otro como medio. Pero en la búsqueda del placer tienes que utilizar al otro como medio. Te vuelves astuto porque es una lucha. Si no eres astuto te engañarán, y antes de que otros te engañen a ti, tú tienes que engañarlos a ellos.

Maquiavelo ha aconsejado a los buscadores de placeres que la mejor manera de defenderse es atacar.

Nunca esperes a que el otro te ataque; puede ser demasiado tarde. Antes de que el otro te ataque, ¡atácale tú! Esa es la mejor forma de defensa. Y esto se sigue, conozcas o no a Maquiavelo.

Esto es algo muy extraño: la gente sabe de Cristo, de Buda, de Mahoma, de Krishna; nadie los sigue. La gente no sabe mucho sobre Chanakya y Maquiavelo, pero la gente los sigue, ¡como si Maquiavelo y Chanakya estuvieran muy cerca de tu corazón! No necesitas leerlos, ya los estás siguiendo.

Toda tu sociedad se basa en principios maquiavélicos; en eso consiste todo el juego político. Antes de que alguien te arrebate algo, arrebatáselo al otro. Mantente siempre en guardia. Naturalmente, si estás siempre en guardia estarás tenso, ansioso, preocupado. Y la lucha ES tal y es constante. Tú eres uno y los enemigos son millones.

Por ejemplo, si en India quieres ser primer ministro, millones de personas que también quieren serlo son tus enemigos. ¿Y quién no quiere ser primer ministro? Se puede decir, se puede no decir. Así que todo el mundo está contra ti y tú estás contra todos los demás. Esta pequeña vida de setenta, ochenta años, se desperdiciará en un esfuerzo completamente inútil. El placer no es y no puede ser el objetivo de la vida.

La segunda palabra que hay que entender es felicidad. La felicidad es psicológica, el placer es fisiológico. La felicidad es un poco mejor, un poco más refinada, un poco más elevada, pero no muy diferente del placer. Se puede decir que el placer es un tipo inferior de felicidad y que la felicidad es un tipo superior de placer, dos caras de la misma moneda.

El placer es un poco primitivo, animal; la felicidad es un poco más culta, un poco más humana, pero es el mismo juego que se juega en el mundo de la mente. No te preocupan tanto las sensaciones fisiológicas; te preocupan mucho más las sensaciones psicológicas. Pero básicamente no son diferentes; de ahí que Buda no haya hablado de cuatro palabras, sino sólo de dos.

La tercera es la alegría; la alegría es espiritual. Es diferente, totalmente diferente del placer, de la felicidad.

No tiene nada que ver con el otro; es interior. No depende de las circunstancias, es algo propio. No es una excitación producida por las cosas; es un estado de paz, de silencio, un estado meditativo. Es espiritual.

Pero Buda tampoco ha hablado de la alegría, porque todavía hay una cosa que va más allá de la alegría. Él la llama dicha. La dicha es total. No es ni fisiológica, ni psicológica, ni espiritual. No conoce divisiones, es indivisible. Es total en un sentido y trascendental en otro. Buda sólo habla de dos palabras. La primera es placer; incluye la felicidad. La segunda es dicha; incluye alegría.

La dicha significa que has llegado a lo más profundo de tu ser. Pertenece a la profundidad última de tu ser, donde incluso el ego ya no existe, donde sólo prevalece el silencio; has desaparecido. En la alegría eres un poco, pero en la dicha no lo eres. El ego se ha disuelto; es un estado de no-ser.

Buda lo llama nirvana. Nirvana significa que has dejado de ser; sólo eres un vacío infinito como el cielo. Y en el momento en que eres ese infinito, te llenas de estrellas y comienza una vida totalmente nueva. Renaces.

El placer es momentáneo, del tiempo, por el momento; la dicha es no temporal, intemporal.

El placer comienza y termina; la dicha permanece para siempre. El placer va y viene; la dicha nunca viene, nunca se va, ya está ahí en lo más profundo de tu ser. El placer hay que arrebatárselo al otro; te conviertes en un mendigo o en un ladrón. La dicha te convierte en maestro. La felicidad no es algo que se inventa, sino algo que se descubre.

La dicha es tu naturaleza más íntima. Ha estado ahí desde el principio, sólo que no la has mirado, la has dado por sentada. No miras hacia adentro.

Esta es la única miseria del hombre: que sigue mirando hacia fuera, buscando y buscando. Y no puede encontrarlo en el exterior porque no está ahí.

Una tarde, Rabiya buscaba algo en la calle, frente a su pequeña choza.

El sol se ponía; poco a poco descendía la oscuridad. Se reunieron unas cuantas personas.

Preguntaron a la anciana -era una famosa mística sufí-: "¿Qué haces? ¿Qué has perdido? ¿Qué buscas?"

Ella dijo: "He perdido mi aguja".

La gente dijo: "Ahora se está poniendo el sol y será muy difícil encontrar la aguja, pero te ayudaremos. ¿Dónde ha caído exactamente? - porque el camino es grande y la aguja muy pequeña. Si sabemos el lugar exacto será más fácil encontrarla".

Rabiya dijo: "Si no me haces esa pregunta, será mejor, ¡porque de hecho no ha caído en la carretera en absoluto! Ha caído dentro de mi casa".

La gente se echó a reír y dijeron: "¡Siempre habíamos pensado que estabas un poco loco! Si la aguja ha caído dentro de casa, ¿por qué buscáis por el camino?".

Rabiya dijo: "Por una razón simple y lógica: dentro de la casa no hay luz y en el exterior todavía hay un poco de luz".

La gente se rió y empezó a dispersarse.

Rabiya los llamó y les dijo: "¡Escuchad! Eso es exactamente lo que estáis haciendo; yo sólo seguía vuestro ejemplo. Seguís buscando la dicha en el mundo exterior sin haceros la primera y principal pregunta: ¿Dónde la habéis perdido? Y yo te digo que la has perdido en tu interior. La buscas en el exterior, por la sencilla y lógica razón de que tus sentidos se abren hacia fuera, hay un poco más de luz. Tus ojos miran hacia fuera, tus oídos oyen hacia fuera, tus manos se extienden hacia fuera; ésa es la sencilla razón por la que buscas ahí. De lo contrario, te digo, no lo has perdido fuera - y te lo digo con mi propia autoridad. Yo también he buscado fuera durante muchísimas vidas, y el día que miré dentro me sorprendí. No había necesidad de buscar y rebuscar; siempre ha estado ahí".

La dicha es tu núcleo más íntimo. El placer tienes que pedírselo a los demás; naturalmente te vuelves dependiente. La dicha te convierte en un maestro. El gozo no es algo que ocurre; ya es así.

Buda dice: EXISTE EL PLACER Y EXISTE LA DICHA. RENUNCIA AL PRIMERO PARA POSEER LA SEGUNDA. Deja de buscar en el exterior. Mira hacia dentro, hacia tu interior. Empieza a buscar y rebuscar en tu propia interioridad, en tu propia subjetividad. La dicha no es un objeto que se encuentre en otro lugar; es tu conciencia.

En Oriente siempre hemos definido la verdad última como SAT-CHIT-ANAND. SAT significa verdad, CHIT significa conciencia, ANAND significa bienaventuranza. Son las tres caras de la misma realidad. Esta es la verdadera trinidad - no Dios Padre, y el Hijo, Jesucristo, y el Espíritu Santo; esa no es la verdadera trinidad. La verdadera trinidad es la verdad, la conciencia, la dicha. Y no son fenómenos separados, sino una energía que se expresa de tres maneras, una energía que tiene tres caras. De ahí que en Oriente digamos que Dios es TRIMURTI - Dios tiene tres caras. Estas son las caras reales, no Brahma, Vishnu, Mahesh. Esos son para los niños - espiritualmente, metafísicamente, para los inmaduros.

Brahma, Vishnu, Mahesh: esos nombres son para los principiantes.

Verdad, consciencia, bienaventuranza: éstas son las verdades últimas. Primero viene la verdad; a medida que entras, te haces consciente de tu realidad eterna: sat, verdad. A medida que profundizas en tu realidad, en tu sat, en tu verdad, te haces consciente de la consciencia, una consciencia tremenda. Todo es luz, nada es oscuridad. Todo es consciencia, nada es inconsciencia. No eres más que una llama de consciencia, ni siquiera una sombra de inconsciencia en ninguna parte. Y cuando entras aún más profundamente, entonces el núcleo último es la dicha - anand.

Buda dice: Renuncia a todo lo que hasta ahora has considerado significativo. Sacrifícalo todo por esto último, porque esto es lo único que te hará feliz, que te hará pleno, que traerá primavera a tu ser...

y florecerás en mil y una flores.

El placer te mantendrá como un tronco a la deriva. El placer te hará más y más astuto; no te dará sabiduría. Y te hará más y más esclavo; no te dará el reino de Dios. Te hará cada vez más calculador, te hará cada vez más explotador. Te hará más y más político, diplomático. Empezarás a chupar a la gente; eso es lo que la gente está haciendo.

El marido le dice a la mujer: "Te quiero", pero en realidad simplemente la utiliza. La esposa dice que ama al marido, pero simplemente lo está utilizando. El marido puede estar utilizándola como objeto sexual y la mujer puede estar utilizándolo a él como seguridad económica.

El placer hace a todo el mundo astuto, engañoso. Y ser astuto es perderse la dicha de ser inocente, es perderse la dicha de ser un niño.

En Lockheed, se necesitaba una pieza para un nuevo avión y se envió un anuncio a todo el mundo para conseguir la oferta más baja. Polonia presentó una oferta de tres mil dólares. Inglaterra ofreció fabricar la pieza por seis mil. El precio ofrecido por Israel era de nueve mil. Richardson, el ingeniero encargado de construir el nuevo avión, decidió visitar cada país para averiguar la razón de la disparidad de las ofertas.

En Polonia, el fabricante explicó: "Mil para los materiales necesarios, mil para la mano de obra y mil para gastos generales y un beneficio ínfimo".

En Inglaterra, Richardson inspeccionó la pieza y comprobó que era casi tan buena como la fabricada en Polonia. "¿Por qué pide seis mil?", preguntó el ingeniero.

"Dos mil para material", explicó el inglés, "dos mil para mano de obra, y dos mil para gastos y un pequeño beneficio".

En Israel, el representante de Lockheed entró en una pequeña tienda por un callejón y se encontró con un anciano que había presentado una oferta de nueve mil dólares.

"¿Por qué pides tanto?", preguntó.

"Bueno", dijo el viejo judío, "¡tres mil para ti, tres mil para mí y tres mil para el imbécil de Polonia!".

Dinero, poder, prestigio... todo te hace astuto.

Busca el placer y perderás la inocencia; y perder la inocencia es perderlo todo.

Jesús dice: sé como un niño pequeño, sólo así podrás entrar en mi reino de Dios. Y tiene razón. Pero el que busca el placer no puede ser tan inocente como un niño. Tiene que ser muy listo, muy astuto, muy político; sólo así podrá tener éxito en esta competencia feroz que existe por todas partes. Todo el mundo está en la garganta de los demás. No vives entre amigos. El mundo no puede ser amistoso a menos que abandonemos esta idea de competitividad.

Pero traemos a cada niño.... Desde el principio empezamos a envenenar a cada niño con este veneno de la competitividad. Cuando salga de la universidad estará completamente envenenado. Le hemos hipnotizado con la idea de que tiene que luchar con los demás, de que la vida es la supervivencia del más fuerte. Entonces la vida nunca puede ser una celebración.

Entonces la vida no puede tener ningún tipo de religiosidad. Entonces no puede ser piadosa, santa.

Entonces no puede tener ninguna cualidad de sacralidad. Entonces todo es mezquino, feo.

Buda dice: RENUNCIA A LO PRIMERO PARA POSEER LO SEGUNDO.

SI ERES FELIZ A COSTA DE LA FELICIDAD DE OTRO HOMBRE, ESTÁS ATADO PARA SIEMPRE.

Naturalmente. Si eres feliz a costa de la felicidad de otro hombre, así es como puedes ser feliz, no hay otra manera. Si encuentras a una mujer hermosa y consigues poseerla de algún modo, se la has arrebatado de las manos a otros. Hacemos que las cosas parezcan lo más bellas posible, pero eso es sólo la apariencia. Ahora los otros que han perdido en el juego, están enfadados, están furiosos. Esperarán su oportunidad para vengarse, y tarde o temprano la oportunidad llegará.

Todo lo que posees en este mundo lo posees a costa de otro, a costa del placer de otro. No hay otra manera. Si realmente quieres no ser hostil a nadie en el mundo, tienes que abandonar toda la idea de la posesividad.

Utiliza lo que tengas en ese momento, pero no seas posesivo. No intentes decir que es tuyo. Nada es tuyo, todo es de Dios.

Venimos con las manos vacías y nos iremos con las manos vacías, así que ¿qué sentido tiene reclamar tanto mientras tanto?

Pero esto es lo que conocemos, lo que es el mundo: poseer, dominar, tener más de lo que tienen los demás. Y puede ser dinero o puede ser virtud; no importa con qué tipo de monedas trates: pueden ser mundanas, pueden ser de otro mundo. Pero sé muy astuto, de lo contrario serás explotado. Explota y no seas explotado - ese es el sutil mensaje que se te ha dado con la leche de tu madre. Y toda escuela, colegio, universidad, se basa en la idea: compite.

Una verdadera educación no te enseñará a competir; te enseñará a cooperar. No te enseñará a luchar y a ser el primero. Te enseñará a ser creativo, a amar, a ser feliz, sin compararte con los demás. No te enseñará que sólo puedes ser feliz cuando eres el primero. Eso no tiene sentido. No puedes ser feliz sólo por ser el primero. Y al tratar de ser el primero pasas por tal miseria que te habitúas a la miseria en el momento en que te conviertes en el primero.

Cuando te conviertes en presidente o primer ministro de un país, has pasado por tanta miseria que ahora la miseria es tu segunda naturaleza. Ya no conoces otra forma de existir; sigues siendo desgraciado. La tensión se ha arraigado, la ansiedad se ha convertido en tu modo de vida. No conoces otra manera; este es tu estilo. Así que aunque te hayas convertido en el primero sigues siendo cauteloso, ansioso, temeroso. Eso no cambia en absoluto tu cualidad interior.

Una verdadera educación no te enseñará a ser el primero. Te dirá que disfrutes de lo que haces, no por el resultado, sino por el acto en sí. Como un pintor, un bailarín o un músico....

Se puede pintar de dos maneras. Puedes pintar para competir con otros pintores; quieres ser el mejor pintor del mundo, quieres ser un Picasso o un Van Gogh. Entonces tu pintura será de segunda categoría, porque tu mente no está interesada en la pintura en sí misma; está interesada en ser el primero, el mayor pintor del mundo. No estás profundizando en el arte de la pintura. No lo disfrutas, sólo lo utilizas como un trampolín. Estás en un viaje de ego.

Y el problema es: para ser realmente pintor, hay que dejar de lado el ego por completo. Para ser realmente un pintor, hay que dejar de lado el ego. Sólo entonces Dios puede fluir a través de ti.

Sólo entonces podrá utilizar tus manos, tus dedos y tu pincel. Sólo entonces puede nacer algo de soberbia belleza.

Nunca es POR ti, sino A TRAVÉS de ti. La existencia fluye; tú te conviertes sólo en un pasaje. Tú permites que suceda, eso es todo; no lo obstaculizas, eso es todo.

Pero si estás demasiado interesado en el resultado, el resultado final -que tienes que hacerte famoso, que tienes que ganar el Premio Nobel, que tienes que ser el primer pintor del mundo, que tienes que derrotar a todos los demás pintores hasta ahora-, entonces tu interés no está en la pintura; la pintura es secundaria. Y, por supuesto, con un interés secundario en la pintura no puedes pintar algo original; será ordinario.

El ego no puede traer nada extraordinario al mundo; lo extraordinario sólo llega a través de la falta de ego. Y lo mismo ocurre con el músico, el poeta y el bailarín.

Y lo mismo ocurre con todo el mundo.

En el Gita, Krishna dice: No pienses en el resultado en absoluto. Es un mensaje de tremenda belleza, significado y verdad. No pienses en el resultado en absoluto. Sólo haz lo que estás haciendo con tu totalidad. Piérdete en ello. Pierde al hacedor en el hacer. No seas - deja que tus energías creativas fluyan sin obstáculos.

Por eso le dijo a Arjuna: "No escapes de la guerra... porque puedo ver que esto es sólo un viaje del ego, esta huida. La forma en que hablas simplemente muestra que eres calculador:

que estás pensando que escapando de la guerra te convertirás en un gran mahatma.

En lugar de entregarte a Dios, al todo, te estás tomando demasiado en serio: como si, si tú no estás, no hubiera guerra".

Krishna le dice a Arjuna: "Escúchame. Mantente en un estado de let-go. Dile a Dios: 'Úsame de la manera que quieras. ¡Úsame! Estoy disponible, incondicionalmente disponible".

Entonces, todo lo que ocurra a través de ti tendrá una gran autenticidad. Tendrá intensidad, tendrá profundidad. Tendrá el impacto de lo eterno. Estará firmado por Dios, no por ti. Y te alegrarás porque Dios te ha elegido para ser un vehículo".

Buda dice: Si eres feliz a costa de la felicidad de otro hombre, estarás atado para siempre.

Y la felicidad, el placer, dependen de la explotación. Siempre estás a expensas de los demás. Tú eres el primero en la universidad, ¿qué pasa con los otros miles de estudiantes que también luchaban por ser los primeros? Es a expensas de ellos que has llegado el primero.

Jesús dice: Recordad que los primeros en este mundo serán los últimos en mi reino de Dios, y los últimos serán los primeros. Él te ha dado la ley fundamental - AES DHAMMO SANANTANO - te ha dado la ley inagotable, eterna: Deja de intentar ser el primero.

Pero recuerda una cosa que es muy posible, porque la mente es tan astuta que puede distorsionar toda verdad. Puedes empezar a intentar ser el último, pero entonces pierdes todo el sentido. Entonces empieza otra competición: que yo debo ser el último, y si otro dice: "Yo soy el último", entonces la lucha, entonces el conflicto.

He oído una parábola sufí:

Un gran emperador, Nadirshah, estaba rezando. Era temprano por la mañana; el sol aún no había salido, todavía estaba oscuro. Nadirshah iba a iniciar ese día una nueva conquista de un nuevo país. Por supuesto, estaba rezando a Dios para que sus bendiciones le dieran la victoria. Le decía a Dios: "No soy nadie, sólo soy un siervo, un siervo de tus siervos. Bendíceme.

Voy a hacer TU trabajo, esta es tu victoria. Y yo no soy nadie, recuérdalo. Sólo soy un siervo de tus siervos".

El sacerdote también estaba a su lado, ayudándole en la oración, actuando como mediador entre él y Dios.

Y de pronto oyeron en la oscuridad otra voz. Un mendigo de la ciudad estaba también orando, y decía a Dios: "Yo tampoco soy nadie, siervo de tus siervos."

El rey dijo al sacerdote: "¡Mira a este mendigo! ¡Es un mendigo y le dice a Dios que 'no soy nadie'! ¡Déjate de tonterías! ¿Quién eres tú para decir que no eres nadie ante mí? Yo no soy nadie, y nadie más puede afirmarlo. Yo soy el siervo de sus siervos, ¿y quién eres tú para decir que eres el siervo de los siervos?".

Ahora ya ves, la competencia sigue ahí, la misma competencia, la misma estupidez.

Nada ha cambiado. El mismo cálculo: "Tengo que ser el último. Nadie más puede ser el último".

La mente puede seguir jugando contigo si no eres muy comprensivo, si no eres muy inteligente.

Una cosa que Buda quiere que recuerdes es: nunca trates de ser feliz a expensas de la felicidad de otro. Eso es feo, inhumano. Eso es violencia en el verdadero sentido. Si eres santo por condenar a otros como pecadores, tu santidad no es más que un nuevo viaje del ego. Si eres santo porque intentas demostrar que los demás son impíos... y eso es lo que hacen tus santos. Se jactan de su santidad.

Ve a tus supuestos santos y mírales a los ojos. Os condenan tanto. Están diciendo que todos ustedes están destinados al infierno. Siguen condenando.

Escucha sus sermones; todos sus sermones son condenatorios. Y por supuesto escuchas en silencio sus condenas porque sabes también que has cometido muchos errores en tu vida, errores en tu vida. Y ellos lo han condenado todo, así que es imposible sentir que puedes ser bueno, imposible. Te encanta la comida, eres un pecador.

Si amas a tus hijos, eres un pecador. Si amas a tu esposa, eres un pecador. Si no te levantas temprano por la mañana, eres un pecador. Si no te acuestas temprano por la noche, eres un pecador. Lo han organizado todo de tal manera que es muy difícil no ser un pecador.

Sí, ELLOS no son pecadores - se acuestan temprano y se levantan temprano por la mañana.

De hecho, ¡no tienen nada más que hacer! Y nunca cometen errores porque nunca hacen nada. Están ahí sentados, casi muertos. Son momias, cadáveres, ¡llenos de basura! Pero como no hacen nada son santos. Y si haces algo, por supuesto, ¿cómo puedes ser santo? De ahí que durante siglos el hombre santo haya renunciado al mundo y escapado de él, porque estar en el mundo y ser santo parece imposible.

Mi planteamiento es el siguiente: si no ESTÁS en el mundo, tu santidad no tiene ningún valor.

¡Estar en el mundo y ser santo! Entonces tenemos que definir la santidad de una manera totalmente diferente.

No vivas a expensas de los placeres de los demás: eso es santidad. No destruyas la felicidad de los demás: eso no es santidad. Ayuda a los demás a ser felices. Crea un clima en el que todos puedan tener un poco de alegría.

¿Y qué han hecho sus santos? Han hecho justo lo contrario. Han creado un clima en el que todo el mundo vive en el infierno, y ellos son santos. Han condenado el mundo de Dios y os han enseñado a renunciar a él.

Si Dios está en contra del mundo, él mismo debería haber renunciado a él. Pero aún no ha renunciado. Todavía llega la primavera y las flores florecen, las abejas zumban y los pájaros cantan... y el sol sigue saliendo, y la noche está llena de estrellas. Siguen naciendo nuevos bebés.

Dios no ha detenido la creación.

No tiene sentido que en seis días creara el mundo y desde entonces se haya retirado, ¡no tiene sentido! No puede tomarse ni unas vacaciones, porque si Dios se va de vacaciones todos estaremos muertos. Entonces, ¿quién nos insuflará vida? ¿Quién dará color a las flores y alas a los pájaros? ¿Y quién será la luz del sol y el verdor de la hierba? Si durante veinticuatro horas se va de vacaciones, si tiene un domingo, se acabó, ¡todo se acabó! No puede tener vacaciones - y no necesita tenerlas.

Ama al mundo; es su creación. No es trabajo, es creatividad. Es su alegría, es su juego. ¿Crees que el domingo por la mañana los pájaros no cantan porque es domingo y no van a trabajar? Domingo o lunes, da igual. Los pájaros cantan y los árboles crecen y tú respiras y la existencia continúa en su celebración sin ningún hueco, sin ninguna discontinuidad.

Dios no ha renunciado al mundo - ¡y sus santos son más grandes que Dios, más altos que Dios, más santos que Dios mismo! Mi propio sentimiento es: Dios debe tener miedo de sus santos.

Por eso nunca comparece ante ellos: porque le condenarán. Le dirán cuántos errores y cuántos pecados ha cometido, y le preguntarán cuántos ayunos ha hecho y cuántas oraciones hace cada día. Y, por supuesto, se sentirá perdido: ¡no reza, no ayuna y no lee las Sagradas Escrituras! Parecerá muy irreligioso.

Pero estos santos tuvieron que crear esta idea: que tu vida es un pecado. Eres concebido en pecado y vives en pecado, y en la muerte morirás como un pecador. Estás condenado. Eso les da una gran alegría. Se sienten más santos que tú, se sienten salvados - los pocos elegidos.

Les digo que no hay diferencia entre un pecador y un santo. Todos son elegidos y todos serán salvados - todos SON salvados. Dios está siempre a tu alrededor. ¿Qué más necesitas?

Todo el mundo está salvado.

Pero si esta es la verdad, entonces tus santos empezarán a desaparecer - con sus grandes egos. Será muy difícil para ellos existir. Viven a tu costa. Cuanto peor pecador demuestran que eres, más santos parecen; por eso se han inventado muchas cosas. Los católicos tienen confesión. Es una gran alegría para el sacerdote escuchar los pecados de todo el mundo. Cuanto más hablas de tu pecado, más santo se siente él.

SI ERES FELIZ A COSTA DE LA FELICIDAD DE OTRO HOMBRE, ESTÁS ATADO PARA SIEMPRE.

El chico más tonto de la clase se presentó en la reunión con una rubia guapísima del brazo y un Cadillac en la acera. Regó de copas a todo el mundo. Asombrado, un viejo amigo le preguntó: "¿Cómo lo has hecho, Abe? Siempre fuiste lento en matemáticas".

"Bueno", dijo Abe, "compras algo por un dólar y lo vendes por dos, ¡y ese mísero uno por ciento realmente suma!".

Eso es lo que hace todo el mundo, sepa o no de matemáticas.

Todo el mundo explota a los demás. Todo el mundo tiene la mano metida en el bolsillo de otro, y puede que no sea capaz de detectarlo porque su propia mano está metida en el bolsillo de otro.

Pero entonces dependerás de los demás, ESTARÁS SIEMPRE VINCULADO. Explotes a quien explotes, en apariencia pareces ser el amo de la situación, pero en realidad eres un esclavo.

La nueva vecina se unió al grupo de mah-jongg por primera vez, y todas las señoras se quedaron boquiabiertas ante el enorme diamante que llevaba. "Es el tercer diamante más famoso del mundo", les dijo. "Primero está el diamante Kohinoor, luego el diamante Hope y después éste: el diamante Horowitz".

"¡Es precioso!", dijo la Sra. Fisch, "¡Qué suerte tienes!".

"No tan afortunado", suspiró el recién llegado. "Por desgracia, con el famoso diamante Horowitz, estoy afligido por la famosa maldición Horowitz".

"¿Qué es eso?", preguntó la señora Fisch.

"Sr. Horowitz", dijo la mujer.

Así es: si dependes de alguien para tu felicidad te estás convirtiendo en un esclavo, te estás volviendo dependiente, estás creando una esclavitud. Y dependes de mucha gente; todos se convierten en amos sutiles y todos te explotan a cambio. Es un acuerdo mutuo, recuerda. La explotación nunca es un tráfico unidireccional. El marido cree que es el amo, y la mujer sonríe porque sabe mejor quién es el amo.

Un día la esposa de Mulla Nasruddin corría tras él con un palo. Para salvarse se metió debajo de la cama. La esposa es una mujer gorda y no pudo entrar.

Mulla dijo: "¡Ahora ya sabes quién es el amo de la casa!".

Y justo en ese momento, alguien llamó a la puerta; habían venido unos vecinos. La esposa empezó a pedirle a Mulla que saliera. "Podemos terminar esta disputa más tarde.

Ahora están los vecinos".

Mulla dijo: "¡Que vengan! ¡Que todos sepan de una vez por todas quién es el amo de esta casa! Yo soy el amo, ¡y donde quiera sentarme me sentaré!".

¿Qué clase de maestría es ésta? ¿Sentarse debajo de la cama?

Pero todos los maridos piensan que son los amos y todas las mujeres piensan que son las amas. Incluso los niños pequeños... los padres se creen los amos; se equivocan. Los niños saben cómo manipularte, saben cómo crearte problemas, en el momento adecuado. Cuando los vecinos están en casa empiezan a explotarte, empiezan a exigirte esto y aquello. Cuando estás en el mercado, en el centro comercial, te crean una rabieta, y tienes que comprar el juguete que ellos quieren. Si no estuvieran los demás les habrías dado una buena paliza, pero cuando están los demás eres muy educado, muy culto. Que vengan los vecinos, ¡entonces verán! Ellos tienen sus propios tiempos, oportunidades, cuando manipularte.

Todo niño sabe -incluso un niño pequeño sabe- cómo explotar a la madre, al padre y cuándo. Cuando el padre empieza a leer el periódico, empieza a hacer preguntas. No permitirá que el padre lea el periódico a menos que se cumplan sus exigencias.

Cada uno, a su manera, intenta ser el amo del otro. Y de hecho, es una situación extraña: todo el mundo se ha convertido en cierto sentido en amo de los demás, y también en esclavo de los demás. Es una situación de doble vínculo. Todos somos interdependientes; somos a la vez carceleros y prisioneros.

NO HACES LO QUE DEBES. HACES LO QUE NO DEBES. ERES IMPRUDENTE, Y EL DESEO CRECE.

Buda dice: Sigues haciendo lo que no debes, y lo sabes; y sigues haciendo cosas que te dañan, que dañan a otros. Aun así persistes en hacerlas porque pareces casi incapaz de permanecer consciente. Eres tan inconsciente; por eso no haces lo que debes y haces lo que no debes.

No te está dando mandamientos: que hagas esto y que no hagas aquello. Simplemente te está dejando claro que eres tan inconsciente que sigues haciéndote daño a ti mismo y a los demás. Tienes que ser consciente. Con la conciencia, tu vida empieza a cambiar.

La liberación de la mujer se ha convertido en parte integrante de la sociedad egipcia, a pesar de la tradicional desaprobación de las chicas que salen con muchos hombres distintos.

Una noche, Sabra estaba sentada en un coche con un chico que empezó a besarla apasionadamente mientras le quitaba el vestido. Ella empezó a sollozar.

"¿Por qué lloras?", preguntó.

"Temo que me tomes por el tipo equivocado de chica. Yo no soy de ese tipo".

"Deja de llorar, te creo".

"Eres el primer hombre", sollozó Sabra.

"¿Quieres decir que soy el primer hombre que hace esto contigo?"

"No. Eres el primer hombre que me cree".

La gente no sabe lo que hace, no sabe lo que dice. La gente sólo lo sabe cuando lo ha hecho, sólo cuando lo ha dicho. La gente sólo lo sabe cuando ya es demasiado tarde para cambiar nada, cuando el daño ya está hecho.

ERES IMPRUDENTE, Y EL DESEO CRECE. Y en esta tierra inconsciente sólo crece el deseo. El deseo es como la mala hierba. Si no cuidas tu jardín, pronto desaparecerán las rosas y habrá maleza y malas hierbas.

Mulla Nasruddin compró una casa nueva y plantó un hermoso jardín, un hermoso césped. Entonces un nuevo vecino se mudó a la casa vacía al lado de la casa de Mulla. Quedó encantado con el jardín y el césped de Mulla. Le dijo: "A mí también me gustaría tener un césped bonito, pero ¿cómo se sabe lo que es hierba y lo que es sólo maleza?".

Mulla dijo: "Muy sencillo. Arrancas ambas cosas y las tiras. Lo que vuelva a crecer por sí solo es mala hierba".

Las malas hierbas crecen solas, no hay que cuidarlas. Así ocurre con los deseos inconscientes: crecen por sí solos. Están arraigados en tu biología, en tu pasado, en tu fisiología, en tus hormonas, en tu química.

La conciencia tiene que ser deliberada. Hay que hacer un esfuerzo arduo para ser consciente.

Y cuando eres consciente haces lo que se debe hacer y no haces lo que no se debe hacer.

Buda no te da información detallada sobre lo que hay que hacer y lo que no hay que hacer. Ésa es la diferencia entre Buda y otros maestros. Él simplemente te da la llave maestra que abre todas las cerraduras; no hay necesidad de llevar mil llaves para cada cerradura.

Buda dice: Sé consciente y eso es suficiente. Entonces las cosas empezarán a cambiar en tu vida.

... EL MAESTRO ESTÁ DESPIERTO.

Esa es la clave fundamental.

OBSERVA SU CUERPO. EN TODAS SUS ACCIONES DISCRIMINA, Y SE VUELVE PURO.

Ahora bien, esta palabra "discriminación" no es la traducción correcta. La palabra de Buda es VIVEK.

Vivek puede traducirse de dos maneras: como "discriminación" o como "conciencia".

Siempre que Buda y Mahavira utilizan la palabra "vivek" lo hacen en el sentido de conciencia, nunca en el sentido de discriminación, porque discriminación significa pensar. Estás pensando: "Esto es bueno y esto no es bueno. Esto debo hacer y esto no debo hacer".

La consciencia no es pensamiento; es visión clara. No se trata de elegir, la consciencia no tiene elección. Simplemente sabes que esto es lo único que se puede hacer; no hay alternativa. No eliges, no sopesas qué es mejor. Simplemente sabes - todo tu corazón lo sabe - que esto es así, y no puedes ir en contra de ello.

EN TODAS SUS ACCIONES ES CONSCIENTE, Y SE CONVIERTE EN PURO. La conciencia aporta pureza, inocencia.

ESTÁ LIBRE DE CULPA AUNQUE UNA VEZ HAYA ASESINADO A SU MADRE Y A SU PADRE, A DOS REYES, A UN REINO Y A TODOS SUS SÚBDITOS.

AUNQUE LOS REYES FUERAN SANTOS Y SUS SÚBDITOS ESTUVIERAN ENTRE LOS VIRTUOSOS, ÉL ES IRREPROCHABLE.

En la época de Buda, se consideraban los mayores crímenes: matar a tu propio padre y a tu propia madre, y matar al rey.

Buda dice: Un hombre que toma conciencia, para él todo su pasado es como un sueño; desaparece sin dejar tras de sí ni siquiera una huella. Es como si en el sueño mataras a tu padre y a tu madre y cuando por la mañana te despiertas, ¿vas al sacerdote a confesar que has cometido un gran pecado? - mataste a tu padre y a tu madre en el sueño. ¿O vas a pedir perdón a tus padres, diciendo: "Perdonadme, os maté anoche"? Simplemente te olvidas de todo. Es un sueño, no importa. El padre y la madre no mueren.

Buda dice: Cuando te vuelves consciente, todo lo que has hecho en tu inconsciencia, en tu inconsciencia, en tu sueño, en tu sueño metafísico, no es más que un sueño.

Y recuerda: las malas acciones son sueños, las buenas acciones son sueños. Ser pecador en un sueño es tan sueño como ser santo. Cuando despiertas no eres ni un pecador ni un santo. Eres simplemente conciencia.

Una vez le preguntaron a Buda: "¿Quién eres? ¿Eres un dios?"

Dijo: "No".

"¿Eres un ángel?"

Dijo: "No".

"¿Eres un CHAKRAVARTIN - un gran emperador de todo el mundo?"

Dijo: "No".

El interrogador se quedó muy perplejo. Le dijo: "Tú sigues diciendo que no a todo.

¡Al menos debes ser un ser humano! Ahora no puedes decir que no".

Buda se rió y dijo: "¡Sí, seguiré diciendo que no!".

"Entonces, ¿quién es usted?", preguntó el hombre, molesto.

Buda dijo: "Sólo soy conciencia. Todos estos seres humanos, ángeles y dioses formaban parte de mi sueño metafísico. Ese sueño ya no existe; he despertado".

Ése es exactamente el significado de la palabra "buda": alguien que ha despertado, alguien que está iluminado, alguien que ya no sueña. Y cuando no sueñas, tienes claridad, puedes ver. Y ese mismo ver se convierte en el factor determinante de tu vida. Sólo entonces haces lo que debes hacer y no haces lo que no debes hacer.

No se trata de discriminar entre el bien y el mal. Se trata de salir del sueño.

¡Despierta!

Suficiente por hoy.

Llamo a las cosas por su nombre

La primera pregunta:

Pregunta 1:

AMADO MAESTRO,

AYER DIJISTE QUE NO NECESITAS CONOCERNOS A TODOS PERSONALMENTE. SIENTO QUE CADA UNO DE NOSOTROS ESTA EN UN LUGAR DIFERENTE Y TIENE UNA RAZON DIFERENTE PARA ESTAR AQUI EN ESTA VIDA, ENTONCES ¿ME EQUIVOCO SI SIENTO QUE EL CAMINO PARA CADA UNO ES DIFERENTE PERO LLEVA A LA MISMA META?

Annemarie Muller, no hay meta ni camino hacia ella. Ya estás allí, nunca has estado en ningún otro sitio. La idea misma del camino y la meta es un juego mental.

Primero se crea una meta, una ambición, un deseo lejano en el futuro, una utopía, mundana o de otro mundo, católica o comunista, y luego se empieza a pensar en los caminos. Pero en el fondo no hay meta, de ahí que todos los caminos sean falsos. Y una vez que empiezas a intentar alcanzar la meta, te sumerges cada vez más en la confusión.

Todos los caminos son sólo cosas de sueños, porque en primer lugar nunca has abandonado el hogar, sólo te has dormido. Adán y Eva nunca han sido expulsados del Jardín del Edén, sólo se han dormido. Al comer del árbol del conocimiento, del fruto del conocimiento, se han convertido en seres racionales. Ese es su sueño; han perdido la pista de su propio corazón, se han olvidado de él. Pero está ahí, no se ha movido a ninguna otra parte.

Aún estás en el Jardín del Edén, aún estás en Dios; ¿dónde más puedes estar? No hay otro lugar donde estar. Este es mi planteamiento fundamental: que no hay meta, no hay camino, no estás para conseguir algo. La idea de conseguir algo no es más que un viaje del ego. Primero intentas conseguir dinero, poder, prestigio, y cuando fracasas -lo cual es inevitable, porque la mente sigue pidiendo más y más-, cuando te sientes profundamente frustrado, empiezas a convertirte en una persona religiosa. Pero todo tu patrón sigue siendo el mismo. Sigues deseando un objetivo. Ahora ya no es el dinero, es la meditación; ahora ya no es el poder, sino el paraíso. Es el mismo juego con otras palabras. La mente te ha engañado, la mente te ha llevado a otro viaje.

¿Cuánto tiempo vas a estar engañado por tu propia mente? No se trata de ir a ninguna parte, sino de despertar. Por ejemplo, tres mil personas están aquí ahora mismo; si todos os dormís, todos estaréis aquí, nadie habrá abandonado el lugar, pero todos tendréis sueños separados. Los sueños son cosas muy privadas; de hecho, no hay nada más privado que un sueño. No puedes compartir tu sueño ni siquiera con tu amada, no puedes invitar a tus amigos a participar en un sueño - es imposible, estás absolutamente solo allí. Un sueño no es un fenómeno objetivo, no es una realidad; es sólo una idea que te ha hipnotizado, tanto que parece real. La presencia del otro revelará su irrealidad.

Así que si todos os dormís, naturalmente estaréis en lugares diferentes. Alguien estará en Constantinopla, y alguien en Tokio, y alguien en Pekín, pero en realidad todos estaréis aquí y ahora. Vuestros lugares serán diferentes: alguien será un rey, alguien un mendigo, y alguien será un hombre, y alguien será una mujer, alguien será muy famoso, alguien será sólo una nulidad. Pero, ¿crees que eso cambia algo? Todos podéis ser despertados, y todos vuestros sueños, sueños separados, sueños diferentes, se evaporarán por igual.

Usted dice: "Siento que cada uno de nosotros está en un lugar diferente...."

Ciertamente, pero en un sueño. Uno es pecador, otro es santo; uno es cristiano, otro es hindú; uno es blanco, otro es negro. Todo son sueños. En tu núcleo más íntimo eres sólo una conciencia pura, sólo conciencia y nada más, un espejo puro, no identificado con los reflejos.

Ese es todo el esfuerzo de un maestro: despertarte, no llevarte hacia ciertos objetivos. Si el maestro te empuja hacia ciertas metas, tendrá un gran atractivo para tu mente; tu mente estará de acuerdo con él, porque eso es lo que la mente anhela: nuevas metas, así que el viaje continúa, y la estupidez de todo ello permanece.

El verdadero maestro hace añicos todos tus objetivos. Sólo haciendo añicos tus sueños podrás despertar. ¿Qué quiere decir con "personas"? La palabra "persona" procede de la raíz griega PERSONA. Persona significa máscara. Una persona es un fenómeno falso, es una máscara, no es tu realidad. Pero el ego quiere ser reconocido personalmente. El ego quiere relacionarse personalmente, el ego quiere reconocimiento, atención; de lo contrario, no eres una persona. Nadie lo es, nadie lo ha sido nunca. Sólo en la circunferencia puede existir la máscara y engañar a los demás. Pero debes saber que es una máscara, un camuflaje.

En el fondo, detrás de la máscara, ¿eres una persona? No. En absoluto. Sólo eres una presencia, no una persona.

Me relaciono con tu presencia, no con tu personalidad. ¿Cómo puedo relacionarme con tus sueños? Me relaciono contigo, pero no con tus sueños. Y sólo en los sueños estás separado. En realidad todos somos uno, es un todo orgánico.

Dices: "Siento que cada uno de nosotros está en un lugar diferente y tiene una razón diferente para estar aquí en esta vida....".

Todo tonterías. Para serte franco, ¡sólo tonterías! Pero el ego sigue jugando con esta hermosa idea de que "tengo una razón especial para estar aquí". Cada brizna de hierba también piensa lo mismo, y cada guijarro de la orilla cree lo mismo. Pregúntale a cualquier perro o búfalo o burro, y todos creen que están aquí por una razón especial y que han venido a cumplir una misión determinada, que han traído un mensaje al mundo. Y los que quieren explotarte siguen diciéndote esas tonterías.

La existencia no tiene razón de ser, simplemente es. Ésa es su belleza. No tiene causa, tampoco tiene dirección, no va a ninguna parte, no tiene nada que cumplir. Esa es su belleza, su tremenda belleza. Existe sin razón alguna; ése es su misterio, insondable, inconmensurable.

Si puedes conocer la razón de la existencia, la has desmitificado, has destruido toda su belleza. Entonces ya no tendrá significado, recuérdalo. Entonces no habrá significado. ¿Por qué existe el amor? ¿Hay alguna razón para ello? Sí, si le preguntas al químico, al fisiólogo, te dirá: "Sí, son las hormonas en la química de tu cuerpo; la lujuria tal vez, pero no el amor". Eres más que la suma total de tus partes, y en ese más existe Dios. En ese elemento irracional que impregna el todo existe Dios.

Tertuliano tiene razón cuando dice: CREDO QUA ABSURDUM - Creo en Dios porque Dios es absurdo. Tertuliano es uno de esos grandes budas del mundo que realmente han visto hasta el final. "Creo en Dios porque Dios es absurdo", es una de las afirmaciones más grandes que jamás se hayan hecho, una de las afirmaciones más pregnantes. Creer en Dios porque hay razones para creer no es mucho; entonces cualquiera creerá. No es un salto cuántico, no es saltar de la mente. Todos los argumentos convencen a la mente, y si la mente cree, no es religiosa.

Cuando tu corazón se conmueve por algo que no puedes expresar; que ni siquiera se puede expresar adecuadamente con palabras; de lo que no se puede hacer ningún sistema, ninguna escritura, ninguna religión; que simplemente te deja mudo, en profundo asombro y maravilla, en una especie de shock tremendo, todas las viejas nociones destrozadas, en silencio - pierdes todo tu razonamiento, toda tu argumentación - sólo entonces estás en comunión con el todo. No se trata de argumentar, y no estás aquí para cumplir algo. Es sólo una celebración:

la vida por la vida.

Pero nuestras mentes quieren algo que las alimente, así que los llamados predicadores religiosos, sacerdotes, filósofos, teólogos, siguen alimentándolas. Dicen: "Has sido enviado aquí con fines especiales. Tienes un lugar especial. Algún gran trabajo está siendo hecho por ti". Y tu ego se siente hinchado.

No puedo hacerlo. No soy tu enemigo. En el momento en que encuentre alguna oportunidad voy a destruir estos egos hinchados, egos espirituales, egos piadosos, egos religiosos. Pero el ego es un ego; en qué se apoya no importa, de qué se nutre es irrelevante.

No, no veo que tengas un lugar diferente; sí, un sueño diferente. Y no veo que tengas "... una razón diferente para estar aquí en esta vida". No hay ninguna razón en absoluto. Es simple celebración. Es la energía desbordante de la existencia, o Dios. ¿Cuál es la razón de las olas del océano? ¿Cuál es la razón de los rayos del sol? ¿Cuál es la razón del canto de los pájaros? ¿de la lejana llamada del cuco? ¿Y cuál es la razón de que una gota de rocío brille bajo el sol de la madrugada? ¿Cuál es la razón de una flor de rosa?

¿No puedes mirar la vida sin esa mente de tipo empresarial, siempre calculadora? ¿No puedes dejarla de lado aunque sólo sea por unos instantes para mirar la realidad tal como es? Y entonces te sorprenderás: no hay razón en absoluto. Entonces podrás reír y bailar y rezar, sólo entonces tendrás una cualidad diferente en tu ser. El todo empezará a expresarse a través de la parte.

Pero recuerda de nuevo, no estoy diciendo que expresará algún mensaje especial, que te convertirás en un mesías. Simplemente estoy diciendo que el todo empezará a jugar su juego tremendamente absurdo a través de ti sin obstáculos. Es exquisito, es hermoso, pero no es aritmética. Es poesía, es música, es danza: el arte por el arte. Así es la vida, así es la existencia. Y a ese enfoque lo llamo religioso.

La segunda pregunta:

Pregunta 2:

AMADO MAESTRO,

¿POR QUÉ LA GENTE PIENSA QUE VIVIR SIN POLÍTICA ES IMPOSIBLE?

Mukesh Bharti, la mente ES política, porque la mente es ambiciosa y la ambición es la raíz de la política. Si eres ambicioso eres político. Tu ambición puede tomar la forma de religión, pero la política está ahí. Entonces compites con otros santos.

La noche en que Jesús se separó de sus discípulos, los llamados apóstoles no estaban muy preocupados por lo que le iba a pasar a Jesús. Su preocupación era: después de Jesús, cuando llegue el Día del Juicio Final y todos vayan al paraíso, ¿quién estará junto a Jesús? Por supuesto, Jesús estará a la derecha de Dios. Pero, ¿quién estará junto a Jesús? Se peleaban y discutían sobre esto. La última noche del maestro, mañana puede ser crucificado... pero eso no les preocupa. Esos apóstoles son políticos, y esos apóstoles han creado el cristianismo, y el cristianismo es política y nada más. Igual que el hinduismo y el mahometismo, todos deseos políticos ocultos tras palabras religiosas.

El hombre no puede vivir sin política, debido a la mente. Te educan, te entrenan para ser político. Todos los niños están envenenados desde el principio, envenenados por la ambición. Enseñamos a los niños a ser ambiciosos: ser alguien en el mundo, ser alguien especial, alguien superior, ¡derrotar a los demás! Enseñamos a todos los niños que la vida es una lucha y que sólo sobreviven los más fuertes. Que sobrevivan por las buenas o por las malas, eso no importa.

Veinticinco años de educación, casi un tercio de tu vida, te forman para ser ambicioso. ¿Cómo puedes evitar la política? La única manera de evitar la política es salir de tu mente; eso significa que a menos que la mente se abandone totalmente, la política seguirá aferrándose a ti. Incluso puedes ser antipolítico, pero entonces eso se convertirá en política.

Me preguntas, Mukesh: "¿Por qué la gente cree que vivir sin política es imposible?".

- porque no pueden concebir cómo vivir sin la mente y el deseo, o cómo vivir sin ambición. Sólo conocen una forma de vivir: ¡competir, luchar! Si no vas a dominar al otro, el otro te va a dominar a ti; así que antes de que el otro te domine a ti, domina al otro. Ciertamente es mejor dominar que ser dominado; es mejor ser el amo que ser el esclavo; es mejor ser rico que ser pobre. Y hay una gran lucha, y millones de personas están luchando por lo mismo - y las cosas no son tantas.

¿Cuántas personas pueden ser presidentes, y cuántas personas pueden ser primeros ministros, y cuántas personas pueden ser Fords, Rockefellers y Morgans y Birlas y Tatas?

¿Cuánta gente? Muy pocas personas. Y la vida es corta, y estos son los objetivos que hay que cumplir. Si no puedes ser un Rockefeller, si no puedes ser el presidente de un país, tu vida es un puro desperdicio, eres un fracaso. A menos que entiendas que incluso llegando a ser un Rockefeller, un Morgan, no vas a conseguir nada... estarás más lejos de ti mismo. Estarás más hundido en los sueños.

Convertirte en presidente o primer ministro no te dará paz ni felicidad. No va a explotar ninguna música en tu interior. De hecho, te volverás cada vez más feo. En el momento en que una persona se convierte en primer ministro, se convierte en el más feo posible, porque toda la lucha le hace feo. Tiene que ser astuto, más astuto que los demás, de lo contrario no tendrá éxito. Tiene que ser cruel, tiene que ser violento, tiene que ser muy diplomático. Tiene que decir una cosa, pensar otra y hacer otra. Cuando llega al puesto más alto de su deseo, está completamente destruido. Ya no es un ser humano. Está vacío por dentro; no tiene sustancia, no tiene alma.

Pero se cree que estas personas son personas de éxito, se cree que estas personas son los artífices de la historia. Se cree que estas personas dejan su huella en la evolución humana.

Estas son las personas más traviesas del mundo, estos son los mayores criminales:

Genghis Khan, Tamerlane, Adolf Hitler, Joseph Stalin, Mao Zedong, estos son los verdaderos criminales del mundo. Los pequeños criminales sufren en las cárceles, los grandes criminales se convierten en presidentes y primeros ministros.

Pero las personas que no han podido alcanzar esos deseos insensatos también sufren mucho. Sufren de complejo de inferioridad, de fracaso. Tu educación sólo crea dos tipos de personas. Primero, los que triunfan, y al triunfar llegan a saber que han malgastado su vida. Pero es inútil decírselo a los demás, porque entonces los demás se reirán y pensarán que eres ridículo. Es mejor seguir sonriendo aunque en el fondo sepas que has fracasado, que tu vida no ha tenido ninguna importancia, que no has disfrutado estando aquí. No has bailado, tu corazón no ha cantado ninguna canción. Toda tu vida ha sido un experimento inútil. Lo sabes, pero ya es demasiado tarde. No puedes volver atrás, y no puedes decir la verdad - eso simplemente revelaría tu estupidez. Es mejor seguir representando el papel de triunfador.

Y luego el otro tipo son los que ven a estas personas exitosas y sufren con grandes celos, envidia, están muy heridos de que "No pudimos lograrlo en esta vida". Esto es política.

Mi esfuerzo aquí es enseñarte una forma de vida diferente que no es política en absoluto. Deja caer la mente. No seas esclavo de tu mente. Vuélvete más consciente, más alerta de todas las molestias que tu mente te está haciendo, del desorden que la mente está creando en ti, del caos al que la mente te ha reducido. Simplemente observa, mantente alerta. Y poco a poco, a medida que aumente tu vigilancia -Buda la llama "atención correcta"- podrás salir de la mente. Sal de la mente y estarás fuera de la política; de lo contrario, todo lo que hagas será política. Si no haces nada, eso también es política. Participas, positiva o negativamente. Si votas, participas; si no votas, participas negativamente. Parece que no hay elección. En todos los sentidos serás parte de ella.

En los días de la dominación de Hitler, cinco alemanes estaban sentados a la mesa de una cafetería, cada uno con sus propios pensamientos. Uno de ellos suspiraba, otro gemía en voz alta. El tercero sacudía desesperadamente la cabeza y el cuarto se ahogaba en lágrimas.

El quinto hombre, con voz asustada, susurró: "Amigos míos, ¡tened cuidado! Sabéis que no es seguro hablar de política en público".

Cualquier cosa que hagas será política, excepto una cosa: si realmente te conviertes en un desertor del mundo de la mente.

La gente odia esta situación, pero no sabe qué hacer al respecto. Están atrapados en una situación tan compleja que no saben cómo salir de ella. Y toda la multitud va en una dirección determinada. Si te mueves en otra dirección, la multitud se enfada contigo. La multitud no permite inconformistas. Quiere sumisión total, quiere esclavos, respeta a los esclavos. Concede todo tipo de honores -desde el honor más bajo hasta el Premio Nobel- a los esclavos, a los conformistas, a los que de alguna manera apoyan el statu quo.

Se puede ver que sucede en todas partes. Basta con mirar a la llamada gente respetable, ellos son los mayores esclavos. Por eso se les respeta. Es un entendimiento mutuo. Sigues a la multitud, la multitud te respeta, te llama santo, mahatma.

Adolf Hitler no se fiaba de los informes que le llegaban de que el pueblo seguía siéndole leal. Una noche se disfrazó y fue al cine. Pronto empezó el noticiario. El locutor dijo: "Y ahora la última imagen de nuestro gran, nuestro benévolo dictador". El comentario continuó. La imagen apareció en la pantalla. Con un solo movimiento, el público se levantó en señal de saludo, gritando "¡Heil, Hitler!".

Hitler estaba tan contento con la respuesta que se olvidó de levantarse. El hombre que estaba detrás de él le dio un golpecito en el hombro y le susurró: "Sé lo que sientes por ese bastardo, pero será mejor que te levantes o la policía te detendrá".

Así se siente todo el mundo, pero ¿quién quiere meterse en líos innecesarios?

Ser inconformista es buscarse problemas, porque la chusma se siente ofendida. ¿Por qué la masa se siente ofendida por un inconformista? - Porque el inconformista da muestras de inteligencia, de individualidad, de autenticidad, de responsabilidad, y entonces la gente se siente estúpida comparada con él. No pueden perdonarle, y los políticos no pueden permitir que exista gente así.

El sultán decidió que el sufí se enfrentara a unos leones salvajes en una arena, para entretener y advertir a la multitud. Acudieron miles de personas. El sufí entró en la arena, agarró a los leones por las orejas y los arrojó fuera del ring. La multitud enloqueció. Entonces el sultán ordenó que le ataran de pies y manos y que los elefantes se abalanzaran sobre él. En una fracción de segundo, consiguió rodar para escapar de las patas de los elefantes. La multitud rugió.

El sultán hizo cavar una fosa, enterró en ella al sufí hasta el cuello y ordenó a tres poderosos y hábiles espadachines que le cortaran la cabeza. Mientras le golpeaban, movía la cabeza de un lado a otro para evitar los golpes, de modo que empezaron a cansarse. Pero para entonces la multitud estaba en pie, gritando: "¡Quédate quieto y lucha como un hombre, místico tramposo!".

Ahora el pobre hombre está enterrado, ¡sólo la cabeza está fuera de la tierra! Pero la inteligencia puede arreglárselas. A lo largo de los siglos, los verdaderos sufíes, los verdaderos zen, los verdaderos budas, los verdaderos hassid, los verdaderos místicos de todos los países, de todas las razas, han estado totalmente disgustados con todo este sinsentido que se hace en nombre de la política. Han estado enseñando a sus discípulos: "Salid de esto, es inútil", y han sufrido mucho por ello.

Mukesh Bharti, si crees que la política es un juego sucio, no te preocupes: "¿Por qué la gente piensa que vivir sin política es imposible?"

No pierdas el tiempo en eso. La multitud va a permanecer así para siempre, pero tú puedes salir de ella. Incluso si lo consigues, es suficiente. Y tal vez si lo logras, entonces algunos otros también verán la luz, porque verán una nueva alegría surgiendo en tu ser, un nuevo aroma rodeándote, una nueva aura, una nueva atmósfera, un nuevo ambiente comenzará a tocar los corazones de otras personas.

No estoy diciendo: "Hazte misionero". Esa es una palabra sucia. Pero si estás fuera de estos feos juegos, tu vida se convierte en un fenómeno tan hermoso que los que tienen ojos lo verán y los que tienen oídos podrán oírlo y los que tienen corazón podrán sentirlo. Y eso es todo lo que puedes hacer. Ese es el verdadero servicio.

La tercera pregunta:

Pregunta 3:

AMADO MAESTRO,

¿POR QUÉ ESTÁS TAN EN CONTRA DEL PENSAMIENTO, LA TEOLOGÍA, LA FILOSOFÍA?

Gangadhar, porque pensar no es más que soñar con palabras. Los sueños no son más que pensar en imágenes.

¿Qué puedes pensar? No puedes pensar lo desconocido; sólo puedes seguir repitiendo lo conocido. Pensar es repetitivo, es mecánico. Pensar nunca te lleva a una nueva percepción, ni en religión ni en ciencia. En ninguna parte el pensamiento te abre nuevas ventanas a la existencia. Incluso en el trabajo científico, las verdaderas percepciones no han ocurrido a través del pensamiento; han sido todas intuitivas, no han sido del intelecto. Todos los grandes científicos están convencidos de que no fue su esfuerzo el que les hizo descubrir nuevas formas de vida, nuevos secretos de la naturaleza, algo del más allá, algo muy misterioso. No fue su trabajo, a lo sumo sólo fueron vehículos. De ahí que no sea partidario de que os convirtáis en grandes pensadores. De hecho, ya sois grandes pensadores.

Todo el mundo es un gran pensador. Hay mucho tráfico en la mente; estás continuamente pensando, día tras día, toda tu vida estás pensando, ¿con qué propósito, a qué conclusión?

Y estoy más en contra de la teología que de cualquier otro tipo de pensamiento porque es el colmo de la estupidez. THEO significa dios, LOGY significa lógica: lógica sobre Dios. Eso es una contradicción en los términos. No hay lógica sobre Dios. Amor sí, lógica no, mil veces no. Sí, puede haber amor por Dios, pero no lógica. Y si llegas a través de la lógica al amor, tu amor también es falso, pseudo, plástico, sintético.

El amor sucede, no es un argumento; entonces, ¿cómo sucede? No ocurre a través del pensamiento. Sucede por vislumbres en el no-pensamiento, entrando en los intervalos entre dos pensamientos. Esas son las ventanas, las ventanas de lo divino. Estoy en contra de la teología.

Y la filosofía ha desperdiciado tantas mentes hermosas que ahora es un crimen seguir enseñando filosofía a la gente. Al menos durante cinco mil años la gente ha estado filosofando. ¿Y cuál ha sido su conclusión? La filosofía no ha llegado a ninguna conclusión. Confunde a la gente. Bertrand Russell ha escrito en sus memorias que cuando era joven e iba a la universidad, pensaba que estudiando filosofía al menos podría resolver algunos problemas. Al final de su vida -y vivió una vida larga, muy larga, y una vida muy filosófica de pensamiento constante- al final de su vida dijo: "Todo lo que ha hecho la filosofía es crear más problemas".

No ha resuelto ni uno solo. Mis viejos problemas están exactamente donde estaban. Sin duda han surgido nuevos problemas de mi pensamiento filosófico".

Y esa es la experiencia de todos los pensadores, de todos los filósofos. La filosofía es pensar en lo desconocido, en Dios, en la vida después de la muerte. No sabes lo que es la vida antes de la muerte, y piensas en la vida después de la muerte.

Mi énfasis es, por favor, conoce lo que es la vida antes de la muerte, porque si puedes tener una experiencia de vida antes de la muerte, la muerte desaparecerá en esa misma experiencia. La muerte se evapora. Entonces no hay muerte; la vida es eterna.

Pero en lugar de experimentar, el filósofo sigue pensando, y hay que distinguir claramente entre pensar y experimentar. Uno puede pensar en la comida, pero eso no le va a nutrir. Comer es algo totalmente distinto. Y puedes pensar en comida deliciosa con todas las vitaminas. Pero no te ayudará. Y sólo el pan y la mantequilla, si se comen de verdad, harán el truco; te nutrirán.

El filósofo piensa en el amor. No ama, no sabe nada del amor. No lo ha experimentado, pero piensa en ello. ¿Qué puedes pensar sobre algo que no has experimentado? ¿Y qué necesidad hay de pensar si se ha experimentado? Por eso estoy en contra de la filosofía. En ambos sentidos es inútil. Si no la has experimentado, es inútil; si la has experimentado, es más inútil que nunca.

Hace poco se escapó un simio del zoo local. Debía de ser un filósofo. Varias horas después se encontró a la bestia en la sala de lectura de la biblioteca. Estaba estudiando detenidamente los primeros capítulos del Génesis y también tenía un ejemplar de EL ORIGEN DE LAS ESPECIES de Darwin.

Cuando un policía le preguntó qué hacía, el simio respondió: "Intento averiguar de una vez por todas si soy el guardián de mi hermano o si soy el hermano de mi guardián".

Así es como funciona la filosofía: palabras y palabras. Y las palabras pueden colocarse de forma tan sistemática que pueden engañarte, igual que los naipes pueden colocarse de forma que te den la ilusión de un palacio. Se pueden hacer barcos de papel para que parezcan exactamente barcos; se pueden pintar, pero no sirven de nada.No se puede ir a la otra orilla con barcos de papel.

La filosofía es un palacio de naipes, un barco de papel. Pintado maravillosamente, parece exactamente un barco, pero no es un barco.

Excepto la experiencia existencial nada va a salvarte.

Dos hombres fueron enviados a definir la frontera entre Polonia y Rusia.

Un día, en medio de un gran bosque, llegaron a una casa muy antigua situada justo en la frontera. Incapaces de decidir a qué país pertenecía, se acercaron a sus habitantes. Después de llamar al timbre durante largo rato, les abrió la puerta un filósofo muy viejo pero muy conocido. Le explicaron sus dificultades y le preguntaron a qué país preferiría pertenecer.

"Oh", dijo, "hace ya tanto tiempo que vivo aquí que no me importa en absoluto", y empezó a cerrar la puerta.

De repente, volvió a abrirlo y dijo rápidamente: "No, espera, ponme en Polonia".

El ruso, bastante dolido, volvió al cabo de una hora para preguntar al viejo filósofo a qué se debía su repentina decisión.

"Oh, ninguna razón especial", respondió. "Sólo leí en los periódicos hace veinte años que los inviernos en Rusia son muy fríos".

La filosofía es libresca, verbal, no tiene relación con la existencia. Mi esfuerzo aquí es ayudarte a entrar en la existencia, y la filosofía es un puro desperdicio de vida y energía - una vida que es tan inestimable, una energía que puede llevarte a Dios, una energía que es divina. Evita la filosofía, evita a los filósofos.

Siéntate con los sabios, y son personas totalmente diferentes. En la antigüedad, el filósofo era un sabio. Sócrates era un filósofo totalmente diferente de Bertrand Russell, Immanuel Kant, Hegel, Heidegger. Sócrates era un sabio, tan sabio como Buda. A Pitágoras también se le llamaba filósofo, pero en aquella época la palabra filosofía tenía su significado original: amor a la sabiduría. SOPHY significa sabiduría, PHILO significa amor. Pero poco a poco, ese significado ha cambiado. Ahora lo que se enseña en las universidades no tiene nada que ver con la sabiduría. Todo es conocimiento basura.

El análisis del lenguaje se llama ahora filosofía. G.E. Moore y Ludwig Wittgenstein se consideran grandes filósofos. Son lingüistas, analistas, grandes lingüistas y grandes analistas, pero no filósofos en absoluto, no en el sentido de Sócrates, Buda o Lao Tzu.

George Bernard Shaw se había cansado de la tediosa conversación de un filósofo que trataba de impresionarle con sus conocimientos.

Finalmente, Shaw intervino: "Entre los dos sabemos todo lo que hay que saber".

"¿Cómo es eso?", preguntó encantado el filósofo.

"Parece que lo sabes todo", dijo Shaw, "excepto que eres un pesado, ¡y eso ya lo sé!".

La cuarta pregunta:

Pregunta 4:

AMADO MAESTRO,

¿POR QUÉ ME ENTRISTECE LA NAVIDAD CUANDO TODO EL MENSAJE ES REGOCIJAOS Y SED FELICES?

Vachana, el mensaje de Cristo ES regocijaos y sed felices. Pero ese no es el mensaje del cristianismo. El mensaje del cristianismo es: estar triste, caras largas, parecer miserable; cuanto más miserable parezcas, más santo eres. A veces lo siento de verdad por el pobre Jesús. Ha caído en tan mala compañía, y me pregunto cómo se las estará arreglando en el paraíso con todos estos santos cristianos, tan tristes, tan apagados.

No era un hombre aburrido, no era un hombre triste - no podía serlo. La palabra 'cristo' es exactamente sinónimo de buda. Era una persona iluminada. Se regocijaba en la vida, en las pequeñas cosas de la vida. Se regocijaba comiendo, bebiendo, en la amistad. Amaba la compañía, amaba la vida entera.

Pero los cristianos de todas las épocas lo han pintado muy triste. Lo han pintado siempre en la cruz, como si durante treinta y tres años hubiera estado siempre en la cruz. Y yo creo que un hombre como Jesús no muere triste, ni siquiera en la cruz. Debió reírse antes de morir. Eso es lo que hizo al-Hillaj Mansoor antes de ser asesinado por los fanáticos mahometanos, porque había declarado: ANA'L HAQ - Yo soy Dios.

Los mahometanos no podían tolerarlo, igual que los judíos no podían tolerar a Jesús. Lo mataron - pero antes de que lo mataran, miró al cielo y se rió a carcajadas.

Cien mil personas se habían reunido para presenciar este feo fenómeno, el asesinato de uno de los más grandes seres humanos que ha pisado la tierra. Alguien preguntó entre la multitud: "al-Hillaj, ¿por qué te ríes? Te están matando". Y fue asesinado de la forma más cruel, pedazo a pedazo. La crucifixión de Jesús no es nada comparada con la de Mansoor: primero le cortaron las piernas, luego las manos, luego le sacaron los ojos, luego le cortaron la nariz, luego le cortaron la lengua, luego le cortaron la cabeza. Lo torturaron todo lo que pudieron, pero él se reía. Alguien le preguntó: "¿Por qué te ríes?".

Mansoor dijo: "Me río porque el hombre al que estáis matando es otra persona, yo no soy él. Yo también me río de Dios. ¿Qué está pasando? - ¿se ha vuelto loca esta gente?

¡Están matando a otra persona! A mí no puedes matarme; es ridículo, todo tu esfuerzo es ridículo. Así que que conste en acta que me reí de vuestra estupidez".

Y eso es exactamente lo que debió hacer Jesús, reírse. Pero los cristianos han hecho todo lo posible por presentar a Jesús triste. Han convertido en santo a un ser humano auténtico; lo han recortado todo. Los evangelios no son historias verdaderas; mucho se ha cambiado, mucho se ha reducido, mucho se ha añadido. Se han convertido en meras ficciones.

A lo largo de los siglos, los cristianos han intentado pintar a Cristo cada vez más triste.

¿Por qué? - Porque en todo el mundo la religión ha estado dominada por un tipo de gente neurótica. Ha sido dominada por gente masoquista, sádica. También en Oriente, el hinduismo, el budismo, el jainismo, todos han estado dominados por gente masoquista, gente que disfruta torturándose, gente incapaz de vivir la vida en su totalidad. Las personas demasiado cobardes para vivir, los escapistas, han dominado la religión hasta ahora. Estos escapistas han representado a Buda como alguien que no ríe, a Mahavira como alguien que no ríe.

Y los cristianos dicen que Jesús nunca se rió en su vida. ¿Puedes creerlo?

¿Jesús nunca se rió en vida? - y disfrutaba bebiendo y comiendo, disfrutaba con jugadores y prostitutas, y disfrutaba con todo tipo de gente, ¿y nunca se rió? ¿Te imaginas que un hombre como Jesús, que siempre estaba de fiesta durante horas con sus amigos, nunca se riera? ¡Es inconcebible! ¿Cómo se puede seguir comiendo y bebiendo sin reírse?

Habrá bromeado, habrá contado historias divertidas. Han sido eliminadas. Era un hombre muy verdadero, y muy valiente. Aceptó como discípula a María Magdalena, la famosa prostituta de aquellos días. Se necesita coraje, se necesitan agallas. No puedo creer que nunca se riera.

Puedo creer más bien una historia muy ficticia sobre Zaratustra: que lo primero que hizo al nacer fue reírse a carcajadas. Eso puedo creerlo, pero no puedo creer esta historia sobre Jesús, de que nunca se rió. Parece imposible. Un niño... lo primero que hizo fue reírse a carcajadas. Pero puedo creerlo. Tiene cierta belleza, cierto significado. Simplemente dice que Zaratustra nació sabio, nació iluminado, eso es todo. Si se rió o no, esa no es la cuestión.

Y no parece demasiado difícil: si los niños pueden llorar, ¿por qué no pueden reír? Los médicos dicen que los niños lloran sólo para aclararse la garganta y poder respirar con facilidad. Pero eso lo puede hacer mucho mejor una carcajada. Y ahora hay médicos que dicen que si nos cuidamos lo suficiente los niños no lloran; al contrario, sonríen. Es un buen comienzo. Pronto llegarán las zaratustas.

Pero hasta ahora los médicos han sido muy cristianos. Lo primero que hacen es colgar al niño boca abajo y golpearle en las nalgas. ¿Esperan que un niño se ría? Esta es una gran bienvenida al mundo, poner al niño boca abajo, darle un golpe - un buen comienzo, porque toda su vida va a recibir golpes en las nalgas, una y otra vez.

Y colgado boca abajo, ¿cómo puede reír? No me extraña que llore.

Ahora hay algunos médicos que trabajan en una dirección diferente. Sacan al niño del vientre de la madre de una forma más natural; no cortan el cordón umbilical inmediatamente porque eso crea llanto, eso es violencia. Dejan al niño en el vientre de la madre con el cordón umbilical intacto. Le dan un buen baño al niño, un baño caliente, lo meten en una bañera caliente exactamente a la misma temperatura que tenía en el vientre de la madre.

En el vientre de la madre, el niño flota en el agua. El agua tiene el mismo contenido que el agua de mar, salada. En la misma solución química salada, a la misma temperatura, se mete al niño en la bañera. Empieza a sonreír. Es una recepción realmente hermosa. Y no con luces de tubo deslumbrantes... que hacen daño a los ojos del niño. De hecho, mucha gente lleva gafas sólo por la estupidez de los médicos. El niño ha vivido durante nueve meses en el vientre de la madre en la oscuridad, la oscuridad absoluta. Y de repente tanta luz... lastima sus delicados ojos. Has destruido algo delicado en sus ojos. El niño debe ser recibido en una luz muy tenue, y la luz debe aumentar lentamente, para que sus ojos se acostumbren a la luz. Naturalmente, el niño sonríe ante la hermosa bienvenida.

Puedo creer que Zaratustra se ría a carcajadas, pero no puedo creer que Jesús no se ría en absoluto.

¿Vivió treinta y tres años y no se rió? - Eso sólo puede ser posible si estaba absolutamente pervertido, absolutamente patológico, enfermo. Algo debía andar mal si no se reía. Pero a él no le pasa nada; a los seguidores les pasa algo.

Representan a sus santos, a sus mesías, a sus profetas, muy serios, sombríos, tristes, sólo para demostrar que están por encima del mundo, que están más allá, que no son gente mundana. La risa parece superficial, parece poco espiritual.

Por eso, Vachana, porque has sido educado como cristiano. Aunque el mensaje de la Navidad es "regocijaos y sed felices", no deja de haber tristeza, porque todo el cristianismo te enseña a estar triste. No es una religión que afirme la vida, es negativa para la vida.

Es mucho más negativo para la vida que el hinduismo, mucho más negativo para la vida que el judaísmo. No tiene ningún sentido del humor. Y una religión sin sentido del humor está enferma, es patológica. Necesita tratamiento psicológico.

Pedro, de pie entre la multitud, miró a Jesús en la cruz. Mientras miraba, vio claramente que Jesús le hacía señas para que se acercara.

"Pssst, hey Pedro, ven aquí", dijo el Señor.

Cuando Pedro avanzaba, dos guardias romanos le cerraron el paso y le golpearon hasta que cayó al suelo.

Unos instantes después, Pedro, magullado y sangrando, levantó la vista y vio a Jesús de nuevo haciéndole señas para que se acercara.

"Pssst, hey Peter, ¡ven aquí!"

Mirando a su alrededor, Pedro se dio cuenta de que la multitud había desaparecido y también los soldados romanos. Se acercó a Jesús: "Sí, Señor, ¿qué pasa? ¿Qué es lo que quieres?"

"Oye Pedro", dijo Jesús. "¿Adivina qué? Puedo ver tu casa desde aquí".

La quinta pregunta:

Pregunta 5:

AMADO MAESTRO,

¿POR QUÉ EL GOBIERNO DE LA INDIA ESTÁ EN SU CONTRA?

Vijayanand, cualquier gobierno lo será, porque yo llamo a las cosas por su nombre, y eso duele. No tiene nada que ver particularmente con el gobierno indio; cualquier gobierno servirá. De hecho, he decidido quedarme en la India porque el gobierno indio es el más pésimo del mundo. En Alemania no me tolerarían ni un solo día. El gobierno indio es tal caos que incluso cuando quieren hacer algo contra mí tardan meses. Para entonces ya me habré escapado. El gobierno indio es un fenómeno....

Hay al menos treinta casos contra mí en los tribunales. En un tribunal perdemos el caso, y el funcionario del gobierno no llega a saber durante meses que lo hemos perdido. Creen que el caso sigue adelante. Para entonces nos trasladamos a otro tribunal. Es un gobierno realmente hermoso, pero de vez en cuando se enfadan conmigo.

La ocasión era la visita del líder soviético, Nikita Jruschov, a la India. El Primer Ministro Nehru estaba ansioso por impresionar a su invitado con los grandes avances que la India había realizado bajo su liderazgo siguiendo los principios del socialismo y la democracia.

Atravesaron el gran parque que rodea el parlamento indio en Delhi, y Khrushchev vio a una figura en cuclillas bajo un árbol cagando.

"¡Mire allí!", dijo Jruschov señalando la figura. "Usted habla de los grandes avances que ha hecho su país, ¡pero veo que su gobierno ni siquiera ha proporcionado instalaciones sanitarias adecuadas para las masas! ¿A qué clase de progreso socialista llama usted esto?".

Se dice que Nehru se sintió profundamente avergonzado por este comentario.

Al año siguiente le tocó ser el invitado del Sr. Jruschov en Moscú. Ansiaba equilibrar la balanza y encontrar alguna crítica con la que burlarse de su anfitrión.

Mientras los dos líderes paseaban por el parque cercano al Kremlin, el Sr. Nehru divisó a un hombre.

"¡Mira allí!" gritó Nehru. Khrushchev miró... y cuando vio al hombre su rostro se volvió carmesí de rabia.

"¡Arresten a ese hombre!", gritó a sus hombres del servicio secreto.

Una docena de policías se abalanzaron sobre el árbol y detuvieron al hombre. Lo arrastraron al centro policial más cercano para interrogarlo.

Resultó ser el embajador de la India.

La última pregunta:

Pregunta 6:

AMADO MAESTRO,

YA TENGO SETENTA AÑOS, PERO EL DESEO SEXUAL SIGUE AHÍ, ¿QUÉ DEBO HACER?

Narayandas, no debes hacer nada. Ya es suficiente. El otro día recibí de la gran Madhuri una hermosa tarjeta de Navidad. Debo haber recibido miles de tarjetas de Navidad, pero esta es la más hermosa. Y particularmente para ti, Narayandas, será de gran ayuda. Así que voy a leer esta tarjeta de Madhuri.

De veinte a treinta, si te sientes bien Es una vez por la mañana y otra por la noche.

De los treinta a los cuarenta, si sigues viviendo bien, ¡te saltas la mañana pero sigues por la noche!

De cuarenta a cincuenta, es ahora y despúes....

Y de los cincuenta a los sesenta, ¡sabe Dios cuándo!

A partir de los sesenta, si todavía estás inclinado, Créeme, amigo - ¡Todo está en tu mente!

¡Feliz Navidad!

Suficiente por hoy.

Has dormido lo suficiente

LOS SEGUIDORES DEL DESPIERTO DESPIERTAN Y DÍA Y NOCHE VIGILAN Y MEDITAN SOBRE SU MAESTRO.

SIEMPRE DESPIERTOS, CUIDAN LA LEY.

CONOCEN A SUS HERMANOS DE CAMINO. COMPRENDEN EL MISTERIO DEL CUERPO. ENCUENTRAN ALEGRÍA EN TODOS LOS SERES. SE DELEITAN EN LA MEDITACIÓN.

ES DIFÍCIL VIVIR EN EL MUNDO Y DIFÍCIL VIVIR FUERA DE ÉL. ES DIFÍCIL SER UNO ENTRE MUCHOS.

Y PARA EL ERRANTE, ¡CUÁN LARGO ES EL CAMINO ERRANTE A TRAVÉS DE MUCHAS VIDAS!

QUE DESCANSE. QUE NO SUFRA. QUE NO CAIGA EN EL SUFRIMIENTO.

SI ES UN BUEN HOMBRE, UN HOMBRE DE FE, HONRADO Y PRÓSPERO, DONDEQUIERA QUE VAYA SERÁ BIENVENIDO.

COMO EL HIMALAYA LOS HOMBRES BUENOS BRILLAN DESDE LEJOS, PERO LOS MALOS SE MUEVEN SIN SER VISTOS COMO FLECHAS EN LA NOCHE.

SENTARSE. DESCANSAR. TRABAJAR.

A SOLAS CONTIGO MISMO, NUNCA TE CANSES.

EN LA LINDE DEL BOSQUE VIVEN ALEGREMENTE, SIN DESEO.

Tres rabinos reformistas y muy progresistas se jactaban de las opiniones avanzadas de sus respectivas congregaciones.

"Somos tan modernos", dijo el primero, "que hemos instalado ceniceros en cada banco para que los miembros puedan fumar mientras rezan".

"¡Ah!", resopló el segundo. "Ahora tenemos un merendero en el sótano que sirve bocadillos de jamón después de los oficios".

"Vosotros", dijo el tercero, "ni siquiera estáis en la misma clase que mi congregación. Somos tan reformados que cerramos para las fiestas judías".

Eso es lo que les ha ocurrido a todos los supuestos seguidores: cristianos, judíos, hindúes, budistas. No son verdaderos seguidores; su condición de seguidores es sólo una formalidad. Es sólo por accidente de nacimiento que uno es hindú y otro cristiano. No es por elección propia, no es TU compromiso. No has elegido ser cristiano, hindú o budista; por tanto, no tiene ningún sentido, no tiene ningún peso. Es, como mucho, un fenómeno social. No tiene nada que ver con la religión, no tiene nada de sagrado: es una conformidad social, útil a su manera.

Pero tu iglesia no es más que un club. Igual que hay rotarios, también hay cristianos. Perteneces a un determinado club y el club tiene unos privilegios; perteneciendo a él, también tienes derecho a tener esos privilegios. No es la búsqueda de la verdad, porque la búsqueda de la verdad no te hace formar parte de una tradición. Ciertamente te hace discípulo, pero no parte de una tradición muerta, religión, organización. Ciertamente te acerca a un Cristo o a un Buda, pero no tiene nada que ver con las escrituras.

A la persona que busca la verdad, que quiere conocer el sentido de la vida, que quiere ir a lo más íntimo de su ser, que quiere conocer la profundidad y la altura de la existencia, le tiene que suceder un maestro vivo. Tendrá que ir de la mano de un maestro.

El maestro es aquel que ya ha conocido. El maestro es aquel que ha estado en la otra orilla y ha venido a esta orilla para mostrarte el camino. Pero sólo un maestro puede mostrar el camino: un maestro vivo, recuerda. Una tradición es sólo un fósil, un cadáver. Sí, una vez pudo haber una luz, pero la luz se ha ido al infinito hace mucho tiempo.

Han pasado veinticinco siglos desde que la llama de Buda se hizo una con la llama universal. Ahora puedes seguir adorando a Buda, pero no serás, en el sentido real, un discípulo; no puedes serlo. El buda que adoras es tu propia invención, tu proyección. Tendrás que encontrar un buda de verdad, un hombre que esté vivo, tan vivo como tú, que esté en el cuerpo, cuya llama pueda ayudar a que tu vela apagada se encienda, cuyo fuego pueda consumirte.

Pero las iglesias y los templos y los credos y los dogmas no pueden consumirte, no pueden hacerte arder. No les queda fuego. Han pasado dos mil años desde Cristo.

Puedes seguir adorando en la iglesia, pero ahora lo que estás haciendo es una especie de deber social. No estás implicado en ello, tu corazón no está ahí. Superficialmente, en la periferia, tienes una etiqueta -cristiano, hindú, mahometano-, pero detrás de las etiquetas sois todos iguales; no hay ninguna diferencia.

El primer sutra de Buda dice:

LOS SEGUIDORES DEL DESPIERTO....

Los verdaderos seguidores de los despiertos ESTÁN despiertos. Esa es la única manera de ser seguidor del despierto: estar despierto. No es una cuestión de adoración, no es una cuestión de respeto. Es una cuestión de transformación interior. Es pasar por una alquimia interior.

¿Cómo se puede pasar por la alquimia interior si el maestro no está presente? No se puede salvar la distancia de miles de años. Pero tampoco hay necesidad de salvarla porque siempre que hay alguien despierto es el mismo, el fuego es el mismo. No hace ninguna diferencia en qué lámpara la llama está viva. La lámpara puede tener esta o aquella forma, la lámpara puede estar hecha de este o aquel metal, es irrelevante. La llama no tiene nada que ver con el metal y la forma de la lámpara; la llama es siempre la misma. Pero tendrás que buscar una lámpara que aún pueda mostrarte el camino.

En el momento en que ves a una persona iluminada, si te permites VER a la persona iluminada, ocurren tres cosas en tu vida. La primera es que te conviertes en un estudiante.

Un estudiante significa alguien que se implica intelectualmente, que se intriga intelectualmente, que empieza a sentir que sus preguntas se responden por primera vez, que sus curiosidades se disuelven por primera vez. Por primera vez hay alguien que puede responderle y sus respuestas no son prestadas; sus respuestas son con su propia autoridad.

Sus respuestas no proceden de su memoria, sino que brotan de su propio centro.

Y se nota la diferencia, la diferencia es grande. Es la diferencia entre una rosa de plástico y una rosa de verdad. Puedes ver que sus respuestas son frescas, jóvenes, respiran.

Tienen un latido, no son información muerta. No ha acumulado conocimientos; ha conocido, ha visto, se ha convertido. Y tú sentirás su ser. El primer paso es convertirse en estudiante; así comienza el viaje.

El segundo paso es ser discípulo. Cuando no sólo tu cabeza está en comunicación con el maestro sino también tu corazón, cuando no sólo te parece lógico sino que surge en tu ser un gran amor por él, entonces te conviertes en discípulo. El discípulo sabe estar en comunión, el estudiante sabe comunicarse. El estudiante vive en el nivel verbal, intelectual; el discípulo en el nivel no verbal, del sentimiento. Su corazón comienza a abrirse. Igual que el sol sale por la mañana y las flores empiezan a abrirse, el discípulo siente que algo se abre en él. Ya no es la misma persona. El maestro ha tocado su ser; algo ha penetrado en él. El discípulo se ha quedado embarazado.

Y el tercer paso es ser un devoto. El estudiante se relaciona a través de la cabeza, el discípulo a través del corazón y el devoto a través de su totalidad. Ya no es una cuestión de cabeza o corazón, cuerpo o mente o alma; todo su ser se impregna. Se convierte en uno con el maestro. Ya no es un diálogo de la cabeza o del corazón. Ya no hay dos; las llamas se han convertido en una.

Este es el momento de la verdadera iniciación, del verdadero sannyas. Buda habla de ello. Dice: LOS SEGUIDORES DEL DESPIERTO....

Llegan a ser como el maestro. Tienen la misma cualidad, la misma fragancia, la misma aura. Para comprender a un buda, la única manera es convertirse uno mismo en un buda; no hay otra manera.

El discípulo sabrá ACERCA del buda; el devoto CONOCERÁ al buda. El discípulo sentirá al buda. El discípulo está justo entre el estudiante y el devoto. Permanecerá un poco vago, nublado; no tendrá claridad. En ese sentido, el estudiante es claro, intelectualmente claro. El devoto es totalmente claro. El discípulo está en el medio: algo es claro y algo es muy confuso; algo es claro y algo es oscuro. El discípulo está en un estado de penumbra, ni de día ni de noche.

Buda se refiere al devoto cuando utiliza la palabra "seguidor". No se refiere a un cristiano, un hindú o un budista. Se refiere a alguien que tiene el valor de sumergirse en el ser mismo del maestro; es un verdadero seguidor. Y en esa inmersión empieza a tener la misma cualidad: la cualidad de estar despierto.

De ordinario vives en una especie de sueño; te rodea un sopor metafísico.

E incluso si a veces hay posibilidades, oportunidades para que te despiertes, las evitas, porque has invertido mucho en tu sueño. Tienes miedo de estar despierto. En el fondo sabes que si te despiertas tus sueños se verán perturbados, y puede que estés teniendo sueños bonitos, agradables, dulces. ¿Y quién quiere ser perturbado cuando hay tantos sueños hermosos a tu alrededor?

Y cuando sueñas, no piensas que estás soñando; tus sueños parecen reales.

Esa es una de las cosas extrañas de los sueños: tienen un impacto tan profundo en ti.

Te hipnotizan tan profundamente que muchas veces has sabido que eran sueños al despertarte por la mañana, pero cada noche vuelves a caer en la misma hipnosis.

Este es tu caso en tantas vidas. Has vivido el mismo tipo de vida una y otra vez -el mismo deseo, la misma codicia, la misma ambición- y cada vez te has sentido frustrado, pero de nuevo estás dispuesto a convertirte en víctima. Es exactamente como los sueños.

También esta mañana, al despertarte, has recordado tantos sueños de la noche y te has reído; parecía tan ridículo. Pero deja que vuelva la noche y volverás a soñar, y cuando estés soñando los creerás. ¡Son verdaderos engañadores! Y cuando uno cree que esto es real, ¿por qué querría estar despierto y perturbarlo? Te resistes a despertar.

Aunque te encuentres con un buda, no le mirarás. Le mirarás de reojo; no le mirarás a los ojos. El miedo... su energía puede empezar a pulsar en ti. Por lo tanto, muchas veces te has encontrado con un Buda, un Krishna, un Mahavira, un Cristo, un Mahoma, pero has fallado una y otra vez por tu propia voluntad. Tenías miedo de encontrarte con ellos, el encuentro podía resultar demasiado peligroso.

"Hola. Esto es larga distancia. Tengo una llamada para usted desde Palm Springs."

"Hola, Herman, soy Rube. Escucha, estoy varado aquí y necesito quinientos dólares".

"No te oigo. Algo le pasa al teléfono".

"¡Quiero quinientos dólares!"

"Sigo sin oírte".

"Lo oigo bien", interrumpió la operadora.

"¡Entonces dale los quinientos dólares!"

Sólo escuchas lo que encaja contigo; evitas escuchar lo que puede ser una perturbación. Te vuelves sordo, te vuelves mudo, te vuelves ciego. Has elegido una vida adormecida particular y has vivido con ese estilo durante tanto tiempo que parece casi natural. Lo antinatural se ha convertido en lo natural y lo natural se ha olvidado por completo.

Despertar significa volver a ser natural. Despertar significa estar despierto en tu conciencia, en lo más profundo de tu corazón, ser consciente.

Seguimos leyendo las Biblias, los Coranes, las Gitas. Eso no es un problema. El problema viene cuando te encuentras con un Mahoma. Es fácil leer al Ayatolá Jomeiniac; es difícil encontrarse con Mahoma, porque Mahoma es como una descarga eléctrica. Será como un profundo temblor en tu ser. Y a estos ayatolás, a estos imanes, no hay que tenerles miedo. Dicen tonterías.

Justo el otro día estaba leyendo.... Esta gente escribe grandes tratados sobre el Corán, y te sorprenderá saber lo que escriben en esos tratados. ¡Cosas tan estúpidas! - Por ejemplo: "No debes orinar hacia la Kaaba". ¡Gran metafísica! ¡Gran espiritualidad! Debes recordarlo continuamente, de lo contrario prepárate para el infierno. Pero esto se puede manejar; los mahometanos lo manejan, recuerdan la dirección de la Kaaba.

¡Como si Dios sólo estuviera en la Kaaba y en ningún otro lugar! ¡Como si la Kaaba fuera la única dirección divina y todo lo demás no lo fuera!

Me acordé de una hermosa historia en la vida de Nanak:

Fue a la Kaaba y durmió con los pies hacia la piedra sagrada de la Kaaba. Llegó el imán de la Kaaba y se enfadó mucho. Le dijo: "¡Pretendes ser un hombre santo y ni siquiera conoces las reglas ordinarias! Seas mahometano o no, ¡al menos sé cortés! Esta es la cortesía que puedes mostrar: no debes poner los pies en dirección a la Kaaba. Cambia la dirección de tus pies".

Nanak se rió y dijo: "Has venido en el momento oportuno, ¡eso es lo que me tenía perplejo! Por favor, hazlo tú. Gira mis pies hacia cualquier dirección... porque lo he intentado y tengo que irme a dormir. Lo he intentado; ya he desperdiciado la mitad de la noche. ¡Inténtalo!"

Profundamente enfadado, el imam giró los pies de Nanak en la dirección opuesta. Se sorprendió al ver que la Kaaba se movía hacia los pies de Nanak. Giró en todas direcciones y Kaaba se movió.

Que haya sucedido o no, no es lo importante; pero la historia es hermosa. Simplemente dice que Dios está en todas partes. Dondequiera que pongas los pies es la dirección de Dios, porque no existe nada más. Pero estos tontos eruditos, siguen diciendo tonterias y escriben grandes tratados. Pero no son peligrosos para ti.

Por ejemplo, en un día de ayuno, en los días de Ramadán cuando un mahometano ayuna, en los países desérticos ha surgido un gran problema: cuando te mueves por el desierto a veces puedes tragar polvo. Ahora el problema es -¡qué gran problema! - en el desierto en un día de ayuno, si tragas polvo, ¿se rompe el ayuno o no? Ahora estos ayatolás dicen que tu ayuno se rompe si tragas polvo voluntariamente.

Pero, ¿quién tragará el polvo voluntariamente? ¿Para qué? ¡El polvo no es comida, el polvo no es alimento! Pero si ocurre INvoluntariamente, entonces el ayuno no se rompe.

Luego, durante siglos, la gente sigue discutiendo semejantes estupideces, ¡puras estupideces!

Les faltará un Mahoma, les faltará un Moisés, les faltará un Lao Tzu; y entonces durante siglos discutirán cosas inútiles. Las cosas inútiles no son peligrosas.

El verdadero peligro proviene de las personas que están despiertas, porque al estar en su presencia es posible que te infectes. ¡La conciencia es contagiosa! Pero leer el Corán y la Biblia - es sólo un juego de palabras. Y si lees todos los días la Biblia y el Gita, entonces ni siquiera las palabras significan nada. Simplemente repites como un loro.

Todos los años, dignatarios de la Iglesia vienen de Roma a Israel y se vuelve a escenificar una ceremonia ancestral. Uno de los principales rabinos entrega un pergamino cubierto de joyas a un sacerdote visitante, que lo sostiene durante un minuto, sacude la cabeza y se lo devuelve al rabino hasta el año siguiente.

Este año, sin embargo, el rabino y el sacerdote que participaban en la ceremonia sintieron curiosidad por el pergamino y decidieron abrirlo. Quitaron la cubierta enjoyada y desenrollaron metros y metros de pergamino amarillento con largas columnas de números y palabras borrosas. El rabino se puso las gafas y por fin consiguió leer las antiguas letras hebreas. Era la factura de la Última Cena.

Llevaban dos mil años dándosela al otro: "¡Por favor, págalo tú!" Y nadie se ha preocupado de lo que está escrito en él, de qué es exactamente.

Las escrituras son baratas y manipulables. Puedes manejar muy fácilmente cualquier significado de ellas. Puedes inventar, puedes interpretar, puedes hacer mil cosas con las escrituras. Puedes llevarla a tu propio nivel.

Pero no puedes traer a un buda a tu propio nivel. Si quieres entrar en comunión con un buda tienes que ir a SU nivel, a SU plano de ser. Y su plano de ser es la conciencia.

LOS SEGUIDORES DEL DESPIERTO.... ¡Sois sonámbulos! La única posibilidad en vuestra vida de estar despiertos es entrar en contacto con alguien despierto.

Sólo el fuego puede encender el fuego en ti. Y estás viviendo en un sueño tan profundo que a menos que alguien te golpee lo suficientemente fuerte tu sueño no puede ser roto.

Hace poco me llegaron las pruebas preliminares de un libro de cocina para hipsters. La receta más salvaje es para una ensalada. "Cortas lechuga, tomates, pepinos y pimientos verdes, luego añades una pizca de marihuana y la ensalada se mezcla sola".

Y ese es el estado en el que te encuentras. Durante siglos la ensalada se está mezclando sola: ¡demasiada marihuana! Todo el mundo está espiritualmente en un estado de sueño profundo, soñando grandes sueños, pero ni una pulgada de evolución... porque sólo hay dos estados: o estás dormido o estás despierto.

Toda esta idea de la conciencia humana evolucionando, la idea del progreso, no es más que una estrategia de la mente para mantenerte dormido. Es un gran truco de la mente. La mente sigue diciéndote: "La humanidad está progresando. No te preocupes, todo tiene su tiempo. Cuando llegue la primavera, tú también te convertirás en un buda evolucionado. Espera, nada puede hacerse antes de tiempo. Espera el momento oportuno y tú también estarás maduro". Y has estado esperando durante siglos y puedes seguir esperando durante siglos, el momento adecuado nunca llegará. No es así como llega. Tienes que agarrarlo.

Estás sumido en un profundo letargo. Los budas suceden y desaparecen, la luz desciende del más allá, pero no tomas nota de ello. Sí, hacéis una cosa: cuando un buda desaparece, lo veneráis. Lo convertís en un dios, le creáis templos, le hacéis estatuas y las veneráis. Las estatuas son juguetes, no pueden despertarte. ¿Y el hombre real? Evitas al hombre real. Y porque evitas al hombre real, surge en ti una gran culpa. Para reparar esa culpa, le rindes culto.

La adoración no es religiosa; la adoración es sólo por culpa. Como nunca escuchaste al buda cuando estaba vivo, cuando muere empiezas a sentirte culpable. ¿Y ahora qué hacer?

¿Cómo dejar a un lado la culpa y la carga que supone? Adorando. Lo compensas con adoración, pero sigues siendo el mismo.

Y DÍA Y NOCHE VELAN Y MEDITAN SOBRE SU AMO.

El devoto -el verdadero seguidor- observa constantemente lo que hace, cómo lo hace, por qué lo hace. Incluso en los asuntos pequeños se desautomatiza. Camina, no sólo camina; camina con conciencia meditativa. Sabe que está caminando.

Comer, sabe que está comiendo.

Comes y haces mil y una cosas más. Sigues tragando comida, sigues echando comida, sigues atiborrándote... y la mente sigue planeando, sigue recordando, deseando, proyectando. No estás en el acto; estás en el pasado o en el futuro. Y el presente es el único tiempo, sólo el presente es real. El pasado es irreal, el futuro es irreal; ambos son irreales, y siempre estás viviendo en lo irreal.

Esto es el sueño: sigues haciendo cosas.... Usted mismo dice a veces: "Lo hice a pesar mío". ¿Qué quiere decir "a pesar mío"? Significa simplemente que no eras consciente y lo hiciste, ¡como si fueras un autómata, un robot!

Una señora muy gorda subió a un autobús abarrotado y consiguió encajarse. Le quedaba mucho camino por recorrer y, sintiéndose muy incómoda, se agachó y se bajó la cremallera de la parte trasera de la falda.

Unos minutos después, sintiendo la corriente de aire, volvió a meter la mano y se subió la cremallera. Sintiéndose cada vez más incómoda, echó la mano atrás y bajó la cremallera, pero al cabo de unos minutos volvió a echar la mano atrás y se subió la cremallera de nuevo.

Esto duró casi veinte minutos, hasta que finalmente el hombre que estaba detrás de ella se inclinó y le dijo: "Escuche, señora. No sé qué le pasa por la cabeza, pero en la última media hora me ha bajado la bragueta al menos diez veces".

La gente no es consciente de lo que hace. Simplemente siguen haciendo cosas, medio dormidos, medio despiertos, en una especie de estado alcohólico.

La guapa joven llegó de golpe a su apartamento después de una cita a ciegas y anunció a su compañera de piso: "¡Chico, qué carácter! Esta noche he tenido que abofetearle tres veces".

El compañero preguntó ansioso: "¿Qué ha hecho?".

"¡Nada!", murmuró la chica. "¡Le di una bofetada para ver si estaba despierto!".

La gente sólo parece estar despierta, pero no lo está. La gente sólo parece estar viva; no lo está. La gente sólo parece estar viva, pero no lo está, porque si realmente lo está, no hay diferencia entre ella y el buda. Entonces conocerán todos los secretos de la vida, entonces conocerán el significado de la vida. Entonces su vida será una celebración, una celebración constante, una alegría, una canción, una danza. Pero la gente vive en el infierno, en la miseria.

La miseria simboliza la inconsciencia; la dicha, la consciencia.
SIEMPRE DESPIERTOS, CUIDAN LA LEY.

Los devotos de un maestro, de un despierto, están continuamente despiertos y hacen continuamente todos los esfuerzos humanos posibles para estar en sintonía con el universo, para no desentonar con el universo, porque eso es la miseria.

Estar en sintonía, en armonía con el universo, es dicha, es alegría, es música, es poesía.

Empiezas a florecer en el momento en que estás en sintonía con el todo. Cuando no estás en sintonía con el todo, algo enloquece en ti. Entonces el todo ya no te alimenta; entonces ya no estás enraizado en el todo. Te conviertes en un árbol desarraigado, desnutrido. Entonces tu follaje verde empieza a desaparecer. Entonces las flores no pueden sucederte, porque las flores sólo son posibles cuando estás rebosante de alegría, rebosante de alegría.

CONOCEN A SUS HERMANOS DE CAMINO.

Los verdaderos devotos están tan despiertos que reconocen inmediatamente, intuitivamente, a cualquiera que tenga la misma cualidad: los HERMANOS EN EL CAMINO. Un sannyasin, si es realmente meditativo, reconocerá inmediatamente a otro sannyasin. No se trata de una comprensión intelectual -no es que infiera que debe tratarse de un sannyasin- sino de un simple sentimiento intuitivo. Algo le golpea en lo más profundo de su ser. Algo tan similar está presente en la otra persona que él lo sabe sin ningún esfuerzo o ejercicio mental. Sabe a través del corazón que el otro también está en camino.

¿Cómo reconocer a un hombre cuando está despierto? ¿Y cómo reconoces a un hombre cuando está dormido? Los durmientes no pueden reconocer a otros durmientes y los durmientes no pueden reconocer que alguien está despierto, eso es cierto. Pero si estás despierto sabes quién está dormido y quién está despierto. Exactamente de la misma manera, en un plano superior, sucede de nuevo:

las personas que tienen un poco de conciencia se dan cuenta enseguida de que hay hermanos en el camino.

Así es como surge la comuna, a través de este reconocimiento. Una comuna no es una iglesia.

Una comuna no es una organización. Una comuna no se basa en un dogma, en un credo.

La comuna surge de este reconocimiento intuitivo de que el otro también está en sintonía con el todo. Puedes oír la música. Se oye algo que no se puede oír con los oídos externos. Hay algo que inmediatamente suena en tu corazón. Es un fenómeno misterioso.

Buda dice: CONOCEN A SUS HERMANOS EN EL CAMINO. Dondequiera que encuentres a alguien meditativo, desde tu meditación serás capaz de reconocerlo.

Cada comuna ha surgido de esta manera. Por supuesto, cada comuna ha caído y se ha convertido finalmente en una religión. Así es el mundo. Una vez que el maestro se ha ido, la comuna lentamente, empieza a perder su cualidad de conciencia, se vuelve más y más formal. Cuando los primeros discípulos también han desaparecido ya no es un fenómeno del corazón, se convierte en un fenómeno de la cabeza. Cuando la segunda línea de discípulos también ha desaparecido, es sólo debido a tu nacimiento que eres cristiano o hindú o mahometano. Entonces estás siguiendo un camino muerto que no lleva a ninguna parte.

COMPRENDEN EL MISTERIO DEL CUERPO.

Buda llama a la comuna EL CUERPO. Los verdaderos devotos empiezan a sentir tal sintonía, tal compenetración con otros hermanos, que se convierten en un solo cuerpo. Buda lo llamaba el SANGHA: la comuna, el cuerpo único, la familia. Si algo sucede, afecta inmediatamente a toda la gente, una ola rodea a todos al instante.

Cuando Buda murió tenía miles de discípulos. Estaban repartidos por todo el país. En el momento en que murió, todos los discípulos que eran verdaderos discípulos se vieron inmediatamente afectados dondequiera que estuvieran. A miles de kilómetros de Buda, inmediatamente sintieron: "El maestro ya no está".

Se trata de un fenómeno misterioso, pero ahora incluso la ciencia se está adentrando en él... desde una vía distinta, claro. Han estado experimentando con animales, en particular la relación entre la madre y el hijo. Y están sorprendidos, totalmente sorprendidos, por un fenómeno misterioso. Se lleva a la cría de cualquier animal a las profundidades del mar, a una milla o dos millas de profundidad, y allí se mata a la cría. La madre está en la orilla; hay dos millas de agua de por medio, pero la madre sabe inmediatamente que han matado al niño. Se entristece, se deprime y empieza a llorar.

En la Rusia soviética, en particular, han trabajado mucho en este fenómeno. Han probado la distancia de mil millas; y si el niño muere, la madre se ve inmediatamente afectada. Parece que hay un cordón umbilical espiritual entre el niño y la madre. Se ha vuelto muy confuso en los seres humanos, por eso tienen que experimentar con animales. Los animales son todavía simples, inocentes; aún no han llegado a ser educados, cultos, civilizados. Estas desgracias aún no les han ocurrido; por eso trabajan con animales, pero también ocurre en los seres humanos.

Si existe una profunda relación de amor entre el niño y la madre, la muerte del niño en cualquier parte del mundo afectará inmediatamente al estado de ánimo de la madre. Existe una misteriosa conexión entre la madre y el hijo.

Pero esto no es nada comparado con el misterio que ocurre entre el maestro y el discípulo, porque la relación madre/hijo es sólo física y la relación maestro/discípulo es espiritual. Es mucho más profunda, mucho más honda.

Buda dice: COMPRENDEN EL MISTERIO DEL CUERPO. ENCUENTRAN ALEGRÍA EN TODOS LOS SERES.

Sólo encuentras en los demás aquello que has encontrado primero en ti mismo. Si estás triste, encontrarás tristeza por todas partes. Para una persona triste incluso la luna llena parece triste, sombría, deprimida. Para un corazón alegre, incluso la noche oscura es luminosa. Todo depende de ti; todo depende de cómo estés, de dónde estés. El mundo entero se mueve con tu corazón, se convierte en lo que tú eres.

Habéis oído decir una y otra vez que la persona que es santa, que medita, que reza, va al cielo. Eso es erróneo; es justo lo contrario. A la persona orante, a la persona meditativa, le llega el cielo. No es que vaya al cielo, el cielo viene a él, a su corazón. Esté donde esté, está en el paraíso. Y la persona malvada, dondequiera que esté, está en el infierno. No hay necesidad de enviarlo al infierno, no hay necesidad de tener un lugar especial llamado infierno. En ninguna parte hay infierno ni cielo.

Si estás alegre vives en el cielo, y tu vecino puede estar viviendo en el infierno. Y a veces ocurre que en un momento estás en el cielo y al siguiente en el infierno. Todo depende de tus estados interiores. Si estás en las alturas, el cielo se abre. Si te ahogas en la oscuridad, en la tristeza, el infierno está listo para recibirte. ENCUENTRAN ALEGRÍA EN TODOS LOS SERES.

SE DELEITAN EN LA MEDITACIÓN.

Este es un sutra muy significativo; recuérdalo. Buda dice: SE DELEITAN EN LA MEDITACIÓN. Es fácil meditar si no quieres ser dichoso, es muy fácil meditar. Si sólo quieres ser dichoso y no quieres meditar, también es fácil. La combinación más rara es meditación más dicha. Meditación menos dicha es fácil; dicha menos meditación es fácil. Pero meditación menos dicha no es verdadera meditación y dicha menos meditación tampoco es verdadera dicha. Sólo son verdaderas cuando están juntas.

Muchas personas han intentado meditar sin dicha porque es sencillo, menos complejo.

Sólo tienes que hacer un trabajo: aquietar tu mente. Y puedes forzar tu mente a aquietarse, pero te volverás triste, tendrás una cara larga.

Por eso tus santos -los llamados santos- parecen tristes. La tristeza se ha convertido en una cualidad necesaria para ser santo. No pueden reír, no pueden bailar, no pueden cantar, no pueden amar, no pueden regocijarse. Hablan de dicha, pero sólo hablan de ella. No ves la dicha en sus ojos, no ves la dicha en su entorno, no ves la dicha irradiando desde su centro interior. Parecen tristes, apagados, muertos, poco inteligentes, por la sencilla razón de que han elegido un atajo y no hay atajo. Han evitado la complejidad de la transformación espiritual. Han elegido la meditación, han forzado a su mente a estar quieta. Es un estado negativo; sus mentes sólo están vacías, no en silencio - forzadas a estar quietas. Pero no es un crecimiento natural del silencio, no es el florecimiento del silencio. Su silencio es como el cementerio, no es el silencio de un jardín.

El silencio del jardín está lleno de música: el zumbido de las abejas, el canto de los pájaros y la lejana llamada del cuco. Todos forman parte esencial de él. El jardín tiene un silencio muy vivo, lleno de canciones y alegría. El cementerio también es silencioso, pero sólo es el silencio de la muerte; porque no hay nadie, por eso hay silencio.

Puedes meditar, obligarte a estar en silencio, pero te perderás a Dios, te perderás el nirvana. Y también puedes intentar ser dichoso; eso significa que puedes fingir, puedes practicar, puedes ensayar la dicha. Siempre puedes intentar ser dichoso, sonreír, al menos parecer feliz.

Poco a poco, se vuelve tan practicado... como Jimmy Carter. Ahora su sonrisa está desapareciendo, pero recuerda que dos años antes, ¡podrías haber contado sus dientes!

Se puede practicar. He oído decir que en los primeros días de su presidencia su esposa tenía que cerrarle la boca por la noche. No sé hasta qué punto es cierto, pero parece serlo, porque si practicas todo el día, también por la noche tus músculos se fijan. Incluso cuando duermes sigues sonriendo.

También puedes practicar la felicidad, pero la felicidad practicada es falsa. Todo lo que se practica es falso, recuérdalo, nunca lo olvides. Las cosas tienen que ser espontáneas y naturales, no practicadas, no cultivadas. La felicidad cultivada es sólo una máscara. Sonríes, pero la sonrisa no está en el corazón. Muestras alegría, pero no estás alegre.

Tu corazón es un desierto; sólo en la cara has puesto flores de plástico. Pueden engañar a los demás, pero no pueden engañarte a ti ni a un maestro. Tu sonrisa, tu alegría, son formales: sólo buenos modales.

Esto también ha sucedido. Ha habido muchos santos, muy dichosos, siempre cantando y bailando, pero en el fondo justos desiertos. Ambos han elegido sólo la mitad, y la media verdad es mucho más falsa que cualquier falsedad.

La verdad tiene que ser total, la verdad tiene que ser completa. Y la verdad total es: dicha MÁS meditación. Por supuesto, es difícil, arduo, manejar ambas cosas. ¿Por qué? Porque parecen polos opuestos. Meditación significa silencio y dicha significa danza.

Meditación significa quietud y dicha significa una canción. La meditación significa escapar del mundo y la dicha significa compartir con el mundo. Puedes meditar en una cueva del Himalaya, pero para ser dichoso tendrás que volver al mundo.

La dicha necesita ser compartida; sólo existe compartiéndola. No puede existir cuando estás solo, desaparece. Es una comunión. La meditación puede existir en soledad y la dicha puede existir en unión.

Pero cuando existen ambas cosas, tienes que aprender una forma de vida totalmente nueva.

Buda te dará el sutra pronto. El dice:

ES DIFÍCIL VIVIR EN EL MUNDO Y DIFÍCIL VIVIR FUERA DE ÉL. ES DIFÍCIL SER UNO ENTRE MUCHOS.

Dice: ES DIFÍCIL VIVIR EN EL MUNDO.... Ciertamente, de ahí que millones hayan preferido escapar. Él mismo había escapado al principio, pero recuerda que no se iluminó a causa de su huida. Se iluminó A PESAR DE su huida. No se iluminó porque renunció al mundo; se iluminó aunque renunció al mundo. Fue a pesar de él. No fue la causa de su iluminación, no la causó.

La iluminación no es causada por nada.

Así que cuando regresa al mundo tras su iluminación, va al palacio a ver a sus padres -su anciano padre, su anciana madrastra-, a su esposa, a su hijo, la esposa le hace una pregunta; una pregunta muy pertinente que le hace a Gautam Buda. Le pregunta: "Dime una cosa, he esperado mucho tiempo para preguntarte una cosa. Todo lo que has conseguido, ¿no era posible conseguirlo aquí en esta casa? ¿Era necesario escapar del palacio, del mundo, de mí y de tu hijo? ¿Era absolutamente necesario para conseguirlo?"

Y ese es el único momento en que Buda mira hacia abajo sin decir nada. Su silencio es elocuente. Acepta que sí, que no era necesario.

Escapó del mundo porque era difícil vivir en el mundo. Es duro.

"Hijo, sé que harás lo correcto por esta niña", dijo el predicador.

"Cásate con ella y se acabarán tus problemas".

Así que hizo lo correcto y se casó con la chica. Y unos seis meses después, cuando volvió a ver al predicador, intentó asesinarlo.

"¡Maldito mentiroso!", gritó el joven. "Me dijiste que si me casaba con ella se acabarían mis problemas. Bueno, ¡me casé con ella y ha hecho mi vida miserable!"

"Eso puede ser cierto, hijo, pero no puedes culparme", replicó el ministro. "Dije que llegarías al final de tus problemas, pero nunca dije qué final".

Estar en el mundo es difícil, vivir en el mundo ES difícil, porque es vivir con tantos lunáticos. Tú mismo eres un lunático y todos los demás lo son. El mundo es un caos. Parece imposible que el buen Dios haya podido hacer en seis días tal desastre de mundo. No hubo tiempo suficiente... ¡y ni siquiera una mujer para aconsejarle! Pero se las arregló.

Los que saben, dicen que creó a Eva sólo al final, simplemente para que ella no le diera consejos; de lo contrario, en seis días habría sido imposible hacer el mundo. Ella habría interferido en todo: "Hazlo así. Esto no está bien". Y desde que creó a Eva no ha creado nada más. ¡Eso fue demasiado! Lo dio por terminado y dijo: "¡Ya basta!". Desde entonces no se ha vuelto a saber nada de él.

Derrama una lágrima por el beatnik que se suicidó dejando una nota que decía: "Adiós, mundo guay".

Está realmente helado: no hay calor en ninguna parte, no hay amor en ninguna parte, no hay compasión en ninguna parte. ES DIFÍCIL VIVIR EN EL MUNDO Y DIFÍCIL VIVIR FUERA DE ÉL.

Y tampoco es fácil vivir fuera de ella; es aún más difícil vivir sin ella.

El hombre se encuentra en un dilema. Es difícil vivir en el mundo, es difícil no vivir en el mundo. ¿Has intentado alguna vez vivir en una cueva del Himalaya? Inténtalo durante un mes, ¡y el mundo te parecerá tan hermoso y tan paradisíaco! Algunas experiencias que has tenido. Es difícil vivir con la esposa, pero cuando se va unos días a casa de su madre, es muy difícil vivir sin ella. Cuando está contigo, quieres estar sin ella; cuando se va, quieres que vuelva inmediatamente.

Va a ser así, porque la cuestión última no es vivir en el mundo ni fuera de él. La cuestión última es vivir en estado de vigilia. Si vives dormido DENTRO del mundo serás miserable; si vives fuera del mundo serás mucho más miserable.

Conozco a los dos tipos de personas, los mundanos y los de otro mundo. Conozco a la gente que vive en el mercado y conozco a la gente que ha renunciado al mercado y se ha trasladado a los monasterios. Ambos están en la miseria, profunda miseria, por la sencilla razón de que sólo cambiar de lugar, sólo cambiar tu dirección del mercado al monasterio, no hace ninguna diferencia en absoluto. Eres la misma persona, tu conciencia no ha cambiado. Y el cambio es necesario allí. Entonces puedes convertirte en el centro del ciclón. Entonces puedes vivir en el ciclón sin ser molestado.

Pero Buda dice que eso es muy raro.

ES DIFÍCIL SER UNO ENTRE MUCHOS. Eso ocurre sólo de vez en cuando. Entre millones, sólo una persona consigue vivir alegremente dondequiera que esté, en el mundo o fuera del mundo. ¿Quién es esa persona que consigue vivir alegremente? - Aquella que vive consciente. Ése es el insistente mensaje de Buda.

Y PARA EL ERRANTE, ¡CUÁN LARGO ES EL CAMINO ERRANTE A TRAVÉS DE MUCHAS VIDAS!

¡Y cuánto tiempo llevas vagando! ¿Cuándo vas a decidirte a estar despierto?

Ya has dormido bastante. Es hora de despertar y comenzar un tipo de vida totalmente nuevo que se vive desde el interior. Enciende una llama dentro de la conciencia, y entonces dondequiera que estés todo es alegría.

DEJADLO DESCANSAR.... Necesitas descansar, ya has vagado bastante. Estás cansado, completamente cansado, agotado, aburrido.

QUE DESCANSE. QUE NO SUFRA. QUE NO CAIGA EN EL SUFRIMIENTO.

Ha llegado el momento. No sufras más. No caigas una y otra vez en el sufrimiento.

Caer en el olvido es sufrimiento; recordar es salir del sufrimiento. Y el descanso es el paso más necesario para recordar, para tomar conciencia. La relajación es todo el arte de la meditación y de la dicha.

¿Cómo puedes descansar con tantos deseos? Siguen tirando de ti. Sólo puedes descansar si aprendes el secreto de la ausencia de deseos; si aprendes a vivir momento a momento sin ningún futuro; si aprendes a vivir sin ninguna esperanza en el futuro; si vives concentrado en el presente, totalmente involucrado en el momento, ni preocupado por el pasado ni preocupado por el futuro, relajado, en reposo. Entonces la meditación y la dicha son crecimientos fáciles y espontáneos de un corazón tranquilo, de un ser relajado.

SI ES UN BUEN HOMBRE, UN HOMBRE DE FE, HONRADO Y PRÓSPERO, DONDEQUIERA QUE VAYA SERÁ BIENVENIDO.

Y no te preocupes por lo que te ocurrirá si no te ocupas de tu futuro, si no planificas, si no dispones de antemano lo que te va a ocurrir. No te preocupes.

Buda dice: SI ES UN BUEN HOMBRE, UN HOMBRE DE FE... un hombre que confía en la existencia, entonces no te preocupes: DONDEQUIERA QUE VAYA ES BIENVENIDO - al menos bienvenido por aquellos que saben, al menos bienvenido por aquellos que entienden... y sólo su bienvenida tiene algún valor.

COMO EL HIMALAYA LOS HOMBRES BUENOS BRILLAN DESDE LEJOS, PERO LOS MALOS SE MUEVEN SIN SER VISTOS COMO FLECHAS EN LA NOCHE.

No te preocupes por lo que te pueda pasar. Te volverás tan luminoso - COMO LOS HIMALAYAS - brillando a miles de kilómetros de distancia. Te volverás tan radiante que la gente empezará a moverse hacia ti como si fueras un gran imán. Desde muy lejos, desde todos los rincones de la tierra, la gente empezará a moverse hacia ti, atraída por una fuerza desconocida, por una energía misteriosa.

No te preocupes por el futuro, todo se arreglará. Confía en la naturaleza. AES DHAMMO SANANTANO: esta es la ley inagotable y eterna. Confía, y la naturaleza derramará sobre ti millones de bendiciones.

SIT.... No tengas prisa, no corras. No estés continuamente en movimiento para esto y aquello. SIT.

Ése es exactamente el significado de ZAZEN. La palabra 'zazen' proviene de este sutra.

SENTARSE. DESCANSAR. TRABAJAR.

Zazen significa sentarse sin hacer nada. Lo primero que hay que hacer es aprender a sentarse, un profundo descanso. Conviértete en un estanque de descanso, sin ni siquiera ondas de deseo, sin ir a ninguna parte, sin ambición - ni siquiera por Dios, ni siquiera por el nirvana.

Siéntate... no sólo físicamente, sino también psicológica y espiritualmente. Aprende a sentarte; eso es zazen.

Y DESCANSAR - y caer en un profundo descanso, por lo que la respiración se vuelve natural, el cuerpo se enfría, toda la fiebre del deseo constante y la agitación desaparece, se evapora.

Y luego, TRABAJAR. Ese trabajo tendrá una calidad totalmente diferente. No será por deseo, será por creatividad. Será porque tienes tanta energía disponible que te gustaría compartir tu energía con el mundo, que te gustaría crear algo, que te gustaría hacer el mundo un poco más bello, un poco más dichoso, un poco más humano.

A SOLAS CONTIGO MISMO, NUNCA TE CANSES.

Y recuerda la diferencia entre soledad y soledad. Nunca te sientas solo. Nunca estás solo. En lo más profundo de tu ser reside Dios; siempre está contigo.

Y siempre que estés solo, sólo entonces podrás oír sus pasos. Cuando estés solo, sólo entonces podrás oír su música, sus susurros. Él nunca grita, sólo susurra. Viene muy silenciosamente y se va muy silenciosamente. Descansa profundamente y te convertirás en el anfitrión; y él es el invitado, Dios es el invitado.

EN LA LINDE DEL BOSQUE VIVIR ALEGREMENTE....

El bosque representa lo desconocido, lo incognoscible. AL BORDE DEL BOSQUE VIVE CON ALEGRÍA.... Acércate siempre a lo desconocido, a lo incognoscible y no tengas miedo. VIVE CON ALEGRÍA... porque lo desconocido, lo incognoscible, también es tuyo. Tú le perteneces, él te pertenece. VIVE FELIZ....

SIN DESEO.

No pidas nada. Jesús dice: Pide y se te dará. Buda dice: No pidas y se te dará. Jesús dice: Buscad y hallaréis. Buda dice: No busquéis y encontraréis. Jesús dice: Llamad, y se os abrirán las puertas. Buda dice: No hay necesidad de llamar; las puertas ya están abiertas.

¿Por qué esta diferencia entre dos personas iluminadas? Ambos están despiertos. La diferencia se debe a la audiencia. Jesús le habla a gente muy común; Buda le habla a su comuna - esa es la diferencia. Él puede decir la verdad más elevada sin ningún compromiso. Jesús no puede. Jesús tiene que comprometerse con los oyentes.

Jesús vivió sin comuna. Sí, tenía unos pocos discípulos, doce discípulos - y esos doce discípulos tampoco tienen mucho valor. Buda tenía miles de discípulos y de tremendo valor - porque muchos de ellos se iluminaron mientras Buda vivía. En su comuna había al menos mil personas iluminadas, del mismo estatus que él mismo. Podía hablar de cualquier forma posible y se le entendería; no le preocupaba ser malinterpretado. Jesús tenía que estar constantemente en guardia, y aun así fue malinterpretado y crucificado.

SENTARSE. DESCANSAR. TRABAJA. Deja que estas tres palabras calen hondo en tu corazón. Aprende a sentarte en silencio, descansado, sin pelear contigo mismo, relajado. No en una postura de yoga, recuerda, porque la postura de yoga es un esfuerzo constante. No es necesaria ninguna postura de yoga. Siéntate de cualquier forma que te resulte relajante, incluso en una silla.

Buda solía sentarse en el suelo; eso era fácil en aquella época. Puedes sentarte en la postura que quieras. Puedes usar una almohada, una almohada zen, para sentarte; puedes usar una silla. La cuestión no es la postura; la cuestión es el descanso interior.

Descansa... y cuando la energía se acumule en ti, empieza a ser creativo. Pinta, canta, baila o haz lo que te apetezca para que este mundo sea un poco más bello, un poco más cálido.

Tenemos que crear un paraíso en la tierra.

Suficiente por hoy.

Del caos nacen las estrellas

La primera pregunta:
Pregunta 1:
AMADO MAESTRO,

CUANDO UNO LLEGA A LO ABSURDO, ALGO EN SU INTERIOR SIMPLEMENTE EXPLOTA Y EL MUNDO ENTERO SE VE DE NUEVO. ¿ES CUANDO EL ABSURDO SE VUELVE ABRUMADOR CUANDO UNO LLEGA A COMPRENDER LA GESTALT DE TODO?

Prem Prabhati, el absurdo no es más que otro nombre de Dios, y un nombre mucho más bello que Dios mismo. Durante siglos los teólogos, los filósofos han destruido la belleza de la palabra "Dios". La han pintado, pulido, con tal basura racional que ya no le queda vida. El dios de los filósofos no es el verdadero Dios porque no es más que un concepto racional.

El Dios de los amantes es un fenómeno totalmente distinto; no tiene nada que ver con la razón, con la mente. Es el corazón palpitando en sintonía con el todo. Es una canción, una sinfonía. Es una danza, una celebración. Es más poesía que prosa. Es más intuitivo que intelectual. Es algo que se siente, no que se piensa.

Por eso digo que "el absurdo" es un nombre mucho mejor para Dios.

La mente ha creado a su alrededor una estructura sutil de racionalidad para proteger el ego, para proteger la separación de la existencia. Toda racionalidad está hecha por el hombre, y Dios no está hecho por el hombre. Toda racionalidad es sólo una proyección de nuestras propias ideas en la pantalla de la existencia. Y Dios no es una proyección, es un descubrimiento.

Para ver a Dios se necesitan ojos absolutamente sin ninguna idea. La idea es la mayor nube.

Uno de los más grandes místicos de Occidente -cuyo nombre no se conoce porque no ha firmado su libro- ha escrito uno de los tratados místicos más importantes de la historia: LA NUBE DEL DESCONOCIMIENTO. Dice que no se llega a conocer a través del conocimiento; al contrario, se llega a conocer por el DESCONOCIMIENTO. Esto es un puro absurdo. Es hablar en paradojas: conocer a través de desconocer.

¿Qué quiere decir? Quiere decir que cuando se ha abandonado todo conocimiento, cuando se ha dejado de lado toda experiencia, cuando la mente como tal ya no funciona, entonces te relacionas con la existencia de una forma totalmente nueva. Cada fibra de tu ser late con el todo; es una danza rítmica. Es absurdo, no se puede hacer una teoría de ello.

Dios no es una hipótesis. Si Dios es una hipótesis, entonces esa hipótesis ya no es necesaria.

La ciencia ha propuesto hipótesis mucho mejores. Pero Dios nunca ha sido una hipótesis. Es un apasionado romance con la existencia. Es sentir la existencia. Es estar en contacto de corazón a corazón con la existencia.

Siempre vale la pena recordar a Tertuliano, un gran místico cristiano. Dice: Creo en Dios porque Dios es absurdo - CREDO QUA ABSURDUM EST. La razón que da para su creencia es que no hay razón para creer.

A menos que tengas algo en tu vida que no pueda ser apoyado por la razón en absoluto, tu vida no tendrá ningún significado. A menos que tengas algo por lo que puedas vivir y por lo que puedas morir sin ningún fundamento racional, seguirás perdiendo el sentido mismo de la vida y de la existencia. Seguirás siendo superficial.

De ahí que lo absurdo pueda liberar algo tremendo en ti; puede convertirse en una explosión. Puede hacerte ver el mundo entero de nuevo, porque es un renacimiento. Te sales de la mente. Ya no estás cubierto por el polvo de la mente. Entonces todo es fresco y nuevo. Es la mente la que envejece las cosas. Debido a la memoria, al pasado, la mente sigue interpretando todo lo nuevo en términos de lo viejo. La mente no puede hacer otra cosa.

Mente significa memoria - memoria y nada más. Es tu experiencia pasada acumulada, y sigues interpretando lo nuevo de acuerdo con el pasado. Naturalmente, el pasado da su color a lo nuevo, da su significado a lo nuevo, y lo nuevo se pierde.

Por eso el mundo entero parece tan aburrido, completamente aburrido. Los existencialistas han destacado esta situación de aburrimiento como uno de los puntos más significativos sobre los que reflexionar.

Dicen que el hombre se aburre totalmente, y tienen razón. Sólo la gente estúpida no se aburre, o los budas no se aburren. Los estúpidos no se aburren porque no tienen tanta sensibilidad para sentir aburrimiento. Y los budas no se aburren porque no cargan con el pasado. Todo es tan fresco, tan nuevo; todo es una sorpresa. En cada momento te encuentras con una sorpresa.

Para un buda, la vida es una revelación continua, una revelación interminable. No tiene principio ni fin. Es un misterio, insondable, inconmensurable, desconocido y no sólo desconocido, sino también incognoscible. Sólo puedes saborearlo, sentirlo, verlo, tocarlo, pero no puedes CONOCERLO. No se puede reducir a un teorema, a una hipótesis; eso no es posible.

Prabhati, tienes razón: si puedes entrar en contacto con lo absurdo de todo, con la irracionalidad de la existencia, te estás moviendo hacia una dimensión totalmente diferente - moviéndote de la mente a la no-mente, moviéndote de la mente a la meditación. En eso consiste la meditación: en sacarte de la prisión de la mente, de la prisión del pasado. Y no hay otra prisión; el pasado es la única prisión.

El hombre de la conciencia -el meditador- va muriendo a cada instante al pasado para permanecer nuevo, fresco, infantil. Sí, si el absurdo se vuelve abrumador, tendrás tu primera percepción de la gestalt de todo. Pero recuerda de nuevo que la percepción no será racional. No podrás explicarlo. No podrás decir nada al respecto. Podrás ver, pero de repente te volverás mudo.

De repente, el lenguaje te parecerá absolutamente inadecuado, las palabras impotentes; la comunicación no es posible. Entonces sólo queda la comunión.

Cuando sabes SIN saber, la única forma de transmitir el mensaje es a través del silencio, a través del amor, a través de la compasión, a través del ser. Puedes coger la mano de tu amigo y algo puede ocurrir. Puedes abrazar a tu amigo y algo puede ocurrir. Puedes mirar a los ojos de tu amigo y algo puede ocurrir. Lo absurdo sólo puede expresarse de formas absurdas. Puedes bailar o puedes cantar.

Hay una hermosa historia de un místico Baul:

Un hombre muy rico, orfebre, vino a ver al místico y le preguntó por Dios: "¿Crees en Dios? ¿Existe realmente Dios? ¿Existe Dios?"

El místico baul escuchó todas sus preguntas sonriendo, y luego se puso a bailar, tocando en su EKTARA -un instrumento de una cuerda- se puso a bailar.

El orfebre le dijo: "¿Estás loco o qué? ¡Te estoy haciendo grandes preguntas metafísicas! En vez de responderme, ¡te pones a bailar! ¿Estás borracho?"

Y el místico dijo: "Es verdad, estoy borracho, ¡borracho de lo divino! Pero, por favor, no me malinterpretes, no te sientas ofendido. Sólo así puedo responder a tus preguntas".

Y cantó una canción - una canción de tremenda belleza y significado y perspicacia. Dijo: "Sé que eres orfebre. Sé que puedes juzgar si algo está hecho de oro auténtico o no. Tienes una piedra de toque para juzgarlo. Pero será absolutamente inútil que entres en el jardín y empieces a juzgar las rosas con tu piedra de toque. Para el oro está bien, pero para las rosas no tiene ninguna importancia. Las rosas no se pueden juzgar con la piedra de toque con la que se puede juzgar el oro. No puedes saber a través de la piedra de toque si las rosas son verdaderas o no. Para eso se necesita un enfoque totalmente distinto.

"Sé que has estudiado mucho; te interesa mucho el razonamiento filosófico, la argumentación. He oído hablar de ti. Pero todo ese razonamiento es tan absurdo aquí como la piedra de toque del orfebre lo será en el jardín. Estoy cantando, estoy bailando, estoy tocando música. ¡Siéntelo! Si puedes bailar conmigo, ¡ven, baila conmigo!

Eso puede darte una idea del mundo en el que vivo. Eso puede darte un toque de lo desconocido. No hay otro camino. No puedo responder lógicamente a tus preguntas, de ahí mi acto ilógico".

Cuando Bodhidharma, el gran místico, llegó a China, el emperador de China había venido a darle la bienvenida en la frontera; con miles de personas había venido a recibir al gran místico. Pero se sintió muy avergonzado al ver a Bodhidharma. Nunca había pensado, nunca habría podido imaginar, que Bodhidharma entraría en China de una manera tan insensata. Bodhidharma llevaba uno de sus zapatos en la cabeza. Llevaba un zapato en un pie, el otro descalzo... ¡y el otro zapato en la cabeza!

El rey preguntó: "No lo entiendo. ¿Por qué llevas un zapato en la cabeza?

Los zapatos no se llevan en la cabeza".

Bodhidharma dijo: "Este es el principio. Si no puedes entenderlo, entonces es mejor que me vaya. Tienes que comprender absolutamente una cosa: que mi enfoque es absurdo. Esto es sólo para dar una indicación de mi enfoque: que no soy un filósofo.

Puedes llamarme loco, pero no soy filósofo, ¡y voy a poner las cosas patas arriba! Todo lo que has pensado hasta ahora, voy a perturbarlo. Traeré un caos a tu ser, porque sólo del caos nacen las estrellas".

Es muy difícil abandonar la razón, porque uno se siente asustado. La razón te da una sensación de orden. Si la razón desaparece, sólo queda el caos. Pero recuerda, la razón es estéril; el caos es un útero. De ese caos nace algo de tremenda importancia: TU renaces.

Sí, si el absurdo puede sobrecogerte, tendrás una visión de la gestalt de todo; una visión intransferible, una visión inexpresable. Pero hay formas más allá de las palabras a través de las cuales se puede comunicar.

Ese es todo el secreto de la relación de un maestro con un discípulo. Es un fenómeno absurdo. Por eso Occidente aún no lo conoce. Occidente conoce la relación entre un maestro y un alumno; no sabe nada de la relación entre un maestro y un discípulo. Occidente desconoce absolutamente esa dimensión.

Por eso no se podía entender a Jesús, ni a Sócrates.

En Oriente, crucificar a un Buda no ha sido nuestra práctica; dar veneno a Lao Tzu no ha sido nuestra manera. ¿Por qué mataron a Jesús,

Sócrates y Mansoor? Por la sencilla razón de que intentaban traer algo absolutamente oriental a Occidente. Intentaban aportar una nueva visión de Dios, y el momento no estaba maduro. Tal vez AHORA el tiempo está maduro. Jesús llegó un poco antes.

Ahora ha llegado el momento. Ahora Occidente tiene la posibilidad de abrir una nueva puerta -el absurdo- y entrar por ella. Esa es la única puerta al templo de Dios.

La segunda pregunta:

Pregunta 2:

AMADO MAESTRO,

LOS VIEJOS HÁBITOS NO MUEREN

Prem Harideva, es verdad... pero ¿por qué? ¿Por qué los viejos hábitos mueren con fuerza? - Porque tú no eres más que tus viejos hábitos. Si ellos mueren, TÚ morirás. No tienes nada más, no tienes nada más. No eres más que tus viejos hábitos, tus viejos patrones. Eres un mecanismo, todavía no eres un hombre; por eso los viejos hábitos mueren con fuerza. Es muy raro que exista un hombre, muy pocos y distantes entre sí.

Un Buda es un hombre real, auténtico. Un Zaratustra es un hombre real, un hombre digno de ser llamado hombre. La humanidad ordinaria es sólo como un robot: vive inconscientemente, vive mecánicamente. Y los hábitos son todo lo que tienes. Si abandonas todos tus hábitos simplemente empezarás a evaporarte; no te encontrarás a ti mismo en absoluto. ¿Qué eres? Sólo observa, y encontrarás un manojo de viejos hábitos. Todavía no tienes nada más.

Ese es todo el esfuerzo de la meditación: aportar algo más a tu vida que no sea un hábito, algo que sea espontáneo, algo que no sea mecánico, algo que te transforme de robot a ser consciente.

George Gurdjieff solía decir que no todo hombre nace con alma. A primera vista no parece creíble porque durante siglos los sacerdotes te han dicho que todo el mundo nace con alma y tú crees en ello. Es cómodo creer que tienes alma. Se siente muy bien, acogedor, cálido, que en lo profundo de ti, tienes un alma, eterna, inmortal. Y Gurdjieff dice que no tienes alma en absoluto. No hay nada dentro de ti, sólo hábitos y hábitos, un cúmulo de hábitos y en el centro no hay nadie. La casa está vacía. El maestro aún no ha llegado o está profundamente dormido.

Gurdjieff tiene razón: sólo eres potencialmente un ser humano. La posibilidad está ahí, pero la posibilidad puede perderse fácilmente. Y millones de personas se la pierden porque para llegar a ser consciente, para llegar a ser un alma, se necesita un arduo esfuerzo. Es una tarea cuesta arriba. Permanecer en tus hábitos es barato, fácil, cuesta abajo. La gravitación es suficiente; sigue tirando de ti.

Es como cuando vas cuesta abajo en coche y apagas el motor. No necesitas gasolina para ir cuesta abajo; la fuerza de la gravedad es suficiente. Pero eso no se puede hacer cuando se va cuesta arriba; entonces se necesitará gasolina. Necesitarás algo de integridad, algo de poder. Y sólo la conciencia libera poder.

La conciencia es la llave, la llave de contacto, que libera el poder en ti, y te vuelves capaz de elevarte alto.

De lo contrario, Harideva, este viejo dicho es correcto: Los viejos hábitos mueren difícilmente... porque no hay nadie que pueda matar esos viejos hábitos.

Durante el desayuno, la mujer de Feinberg le dijo: "Vamos a invitar a cenar por primera vez al novio de Sonia. Vamos a tener una gran comida con nuestros mejores platos. Así que, por favor, compórtate.

No comas con tu cuchillo, o matarás su oportunidad de casarse".

Aquella noche, durante la cena, todo fue bien. Feinberg apenas tocó nada por miedo a usar la herramienta equivocada. Entonces llegó el café. Feinberg cogió la taza y empezó a verter su java en el platillo. La familia le lanzaba miradas fulminantes. Feinberg siguió sirviendo.

Por fin el platillo estaba lleno.

Feinberg se la llevó a la boca, miró alrededor de la mesa y dijo: "¡Una palabra de cualquiera de vosotros y haré burbujas!".

Es difícil, muy difícil. Tienes que estar consciente, alerta, en guardia. Tienes que seguir recordando. Y recordar es lo más difícil que existe.

Los hábitos no se abandonan luchando contra ellos. Eso es lo que hace la gente normalmente.

Si quieren cambiar un hábito, crean otro hábito para luchar contra él. Pasan de un hábito a otro hábito. Si quieres dejar de fumar empiezas a mascar chicle; ahora es tan tonto como el otro. Cambias un hábito por otro, pero sigues siendo la misma persona inconsciente.

Abandonar el hábito y no compensarlo y permanecer totalmente consciente y alerta para no empezar a pasar a otro sucedáneo es una de las cosas más difíciles de la vida.

Pero no es imposible; de lo contrario no habría posibilidad de un Buda, de un Cristo, de un Krishna. Porque los budas existen, es posible, aunque difícil, muy difícil; hay que aceptar un gran reto. Y todos aquellos que se respetan a sí mismos siempre aceptan el reto de lo más grande, de lo más difícil.

Llegar a la luna no es tan duro, no es tan difícil. Subir al Everest es un juego de niños comparado con recordar constantemente lo que estás haciendo, ser consciente. Pero el día que empiezas a ser consciente, conoces el éxtasis de ser, la dicha de ser. Conoces algo que no se puede imaginar. Es tan vasto, tan inagotable.

AES DHAMMO SANANTANO. Buda dice: Es la ley última de la dicha, de la alegría, del éxtasis. Y es inagotable; una vez que entras en ella, es tuya para siempre. Jesús lo llama el reino de Dios; esa es su expresión. Pero uno tiene que estar lo suficientemente alerta, lo suficientemente consciente, para poder desidentificarse con los hábitos, con los patrones, las estructuras, que se han arraigado en tu ser.

Este anciano muy rico pero muy avaro se está muriendo, así que llama a su lecho de muerte a tres hombres del clero: un rabino, un sacerdote y un ministro.

Cuando llegan les dice: "Señores, ya conocen el viejo dicho: No te lo puedes llevar contigo. Pues bien, llevármelo conmigo es precisamente lo que me propongo hacer. Y debido a sus antecedentes religiosos, creo que puedo confiar en ustedes. Aquí, en estas tres cajas, está la mayor parte de toda mi riqueza. Mi último deseo es que cada uno de vosotros deposite una caja en mi tumba".

Los tres acceden a su petición, tras lo cual el moribundo distribuye las cajas y muere.

Efectivamente, el día del funeral, todos se presentan y cada uno deposita una caja en la tumba. Más tarde deciden ir a tomar algo a un bar cercano, donde, tras un largo silencio, habla por fin el cura.

"Amigos", dice el cura, "me temo que tengo que confesaros algo. No puse todo el dinero en la tumba. Con la caída de las contribuciones últimamente y la necesidad de reparar la iglesia, me pareció un pecado no poner parte del dinero donde pueda hacer algún bien."

Entonces el ministro dice: "Padre, me alegro de que haya hablado. Como usted sabe, dirijo varias organizaciones benéficas. Y, del mismo modo, me parecía un pecado enterrar todo ese dinero.

Así que yo también me quedé con una parte, por supuesto una pequeña parte, para ayudar a estas organizaciones benéficas mías tan valiosas y necesitadas."

Tras otro largo silencio, el sacerdote y el ministro preguntan al rabino, que ha estado mirando por la ventana todo este tiempo, qué piensa de sus acciones.

"Bueno", dice el rabino, "debo decir que estoy profundamente sorprendido, por no decir escandalizado. Como rabino, respetando los deseos de un moribundo, sólo podía poner la cantidad completa. De hecho, le di mi cheque personal".

Un judío es un judío. Que sea rabino o no no tiene mucha importancia: las viejas costumbres son difíciles de erradicar. Pero pueden morir. Y tienes que hacer todos los esfuerzos para que mueran, porque en su muerte está el comienzo de tu verdadera vida.

La tercera pregunta:

Pregunta 3:

AMADO MAESTRO,

¿ES EL GOBIERNO INDIO REALMENTE TAN PÉSIMO COMO DECÍAS EL OTRO DÍA?

Pradipama, en realidad no se trata del gobierno indio; básicamente se trata de la mente india. La mente india es pésima; el gobierno indio es sólo una expresión de la mente india. Y como la mente india es pésima, todo lo que hace se convierte en pésimo. Durante siglos la mente india ha vivido en este estado. Hay una razón por la que ha sucedido.

Occidente no es tan pésimo; también hay una razón para ello. Tres religiones nacieron fuera de la India: El judaísmo, el cristianismo y el islam. Todas ellas son en realidad vástagos del judaísmo; el judaísmo es la fuente de todas ellas. Tres grandes religiones nacieron en la India:

El hinduismo, el budismo y el jainismo. Todas ellas son también ramas del hinduismo. Así que, de hecho, en el mundo sólo hay dos religiones básicas: El judaísmo y el hinduismo. Y la única diferencia básica entre ellas es que el judaísmo cree en una vida y el hinduismo cree en muchas vidas, en la reencarnación. Esa es toda la diferencia.

Si sólo hay una vida tienes que tener prisa. Tienes que hacerlo todo rápido y tienes que hacerlo todo con habilidad para no tener que repetirlo, porque el tiempo apremia.

En Occidente, el tiempo es dinero. Como el tiempo es tan corto - setenta, ochenta años... la mitad de él se malgastará simplemente en dormir; la mayor parte se malgastará en ganarse el pan y la mantequilla, y el resto en mirar la televisión. ¿Qué te queda? Por eso hay tanta prisa en Occidente y tanto deseo de velocidad, sin pensar nunca adónde se va.

Todo el mundo va; la única cuestión es que uno vaya rápido. ¿A quién le importa adónde? - porque ¿quién tiene tiempo para preocuparse por el dónde? La única cuestión es: ¿a qué velocidad vas?

Lo he oído:

Un avión se perdió entre las nubes. Sus muchos y sofisticados aparatos no funcionaban y el piloto informó a los pasajeros por telecomunicación: "No os preocupéis. Hay malas noticias y también buenas noticias. La mala es que no sabemos adónde vamos. La buena noticia: que vamos a una velocidad tan bonita que no tenéis por qué preocuparos. La velocidad es perfecta".

En Oriente, el hinduismo introdujo la idea de la reencarnación: muchas muchas vidas, millones de vidas. Hay más tiempo del que se necesita; no es dinero en absoluto. Entonces no es cuestión de prisa, ni de velocidad, ni de ser hábil. Puedes hacer lo mismo una y otra vez. Puedes dormir y dejar que pase el tiempo. Si esta vida se va por el desagüe, no hay de qué preocuparse: habrá otra vida, y otra, y así sucesivamente.

Estas dos ideas han creado dos tipos diferentes de personas en la tierra: la mente occidental y la mente oriental. Ambas ideas fueron creadas por una razón diferente, pero cuando las cosas llegan al hombre inconsciente las cambia de acuerdo a su inconsciencia. Ambas ideas son hermosas, pueden ser de tremenda importancia.

La idea de que sólo hay una vida significa que no debes malgastarla en cosas innecesarias. No la malgastes en acumular dinero, artilugios; no la malgastes en cosas superficiales. Piensa en lo esencial, no en lo accidental. Ese era el mensaje. ¿Pero qué ocurrió? La gente le dio la vuelta. Se interesaron mucho más por lo no esencial, porque no hay mucho tiempo, así que "¡Come, bebe y alégrate! No vas a nacer de nuevo, así que ten todo lo que puedas de este mundo".

Eso es lo que ocurrió en Occidente. La idea era convertirte en un buscador de lo esencial, pero se transformó en todo lo contrario. Se convirtió en: "Come, bebe y alégrate, porque pronto no estarás aquí y no volverás. ¿Quién sabe del otro mundo, quién sabe de Dios y quién sabe del cielo?

No te molestes con esas tonterías, ¡esas tonterías esotéricas! Sé simple, y disfruta de esta vida tanto como puedas. Vívela. Exprime cada momento hasta la saciedad". En eso se convirtió la gran idea que dieron Abraham y Moisés a Occidente.

Y en Oriente, la idea de que hay millones de vidas tenía también un mensaje tremendamente significativo. Era para recordarte que has vivido muchas muchas veces de la misma manera podrida. Te has estado moviendo en una rueda, has estado yendo en círculos. ¿Aún no te has aburrido? ¿Aún no estás harto? ¿Eres tan estúpido que no ves la inutilidad de todo esto? Viviendo durante tantas vidas, deseando las mismas cosas, teniendo éxito y fracasando, y muriendo cada vez; ¿no te has dado cuenta de que se necesita algo MÁS? Este mundo no sirve, hay que trascenderlo. Esta era la idea que había detrás de Patanjali, Mahavira, Krishna, Buda y su mensaje.

Reencarnación significa simplemente: estar ABURRIDO de toda la idea de desear esto y aquello.

Termina con esto. Salir de esta rueda de la vida y la muerte. Pero lo que realmente ocurrió fue totalmente diferente, justo lo contrario. Lo que ocurrió fue que la India se volvió muy pésima, lenta. La mente inconsciente interpretó todo el mensaje de que no hay que tener prisa. "Hay muchas muchas vidas, así que ¿por qué preocuparse? Pensaremos en Dios en la vejez o en la otra vida. No falta tiempo, así que ve despacio".

Oriente no se ha movido en absoluto; está estancado. Se ha vuelto poco dinámico, inactivo, estancado.

Esta es una de las grandes calamidades que ocurren siempre. Siempre que un hombre consciente te da una cierta estrategia, una cierta idea para ayudarte, tú la cambias según tu mente, y en lugar de utilizarla como ayuda se convierte en algo perjudicial para ti. Los budas te dan néctar; cuando te llega, se convierte en veneno.

Así que no es realmente una cuestión del gobierno indio; el gobierno indio es sólo una expresión de la mente india. La mentalidad india necesita un cambio, igual que la occidental. Ambas han ido mal. No tengo preferencia por ninguna de ellas. Ambas han creado miseria para la humanidad hasta ahora.

Necesitamos una mente nueva que no sea ni occidental ni oriental, una mente nueva y global.

Por primera vez se necesita una mente universal. Y por primera vez necesitamos un hombre que no piense en términos de naciones, hemisferios, razas, sangre, color, religiones, sino que piense sólo en términos de conciencia. Necesitamos elevar la conciencia de toda esta humanidad.

India sufre una gran pereza.

Un tipo muere y sube directamente al paraíso. San Pedro le detiene en la puerta y le dice: "Lo siento, señor, pero no puede entrar. Usted no está inscrito en la lista del paraíso. Tiene que ir al infierno. Pero como usted no era tan malo puede elegir entre el infierno indio o el infierno alemán".

"Bueno", dice el tipo, "antes de elegir me gustaría saber cuál es la diferencia".

"Vale, te lo explicaré", dice Peter. "El infierno indio es una piscina llena de mierda y te quedas en ella con la mierda justo encima de la cabeza y cada vez que intentas sacar la cabeza de la mierda hay un guardia que te golpea en la cabeza con su bastón hasta que vuelves a sumergirte".

"¿Y el infierno alemán?", pregunta el tipo.

"El infierno alemán es una piscina llena de mierda y te quedas en ella con la mierda encima de la cabeza y cada vez que intentas salir hay un guardia que te golpea en la cabeza con su bastón".

"Entonces", dice el tipo, "no veo mucha diferencia....".

"¿Sabes qué?", dice Peter. "Como hoy me siento bastante ido te diré algo: en el infierno indio a veces no hay suficiente mierda, o el guardia no está, o se le olvida el bastón....".

La cuarta pregunta:

Pregunta 4:

AMADO MAESTRO,

¿CREES QUE ES POSIBLE MEDIR LA VIDA Y EL AMOR EN PORCENTAJES, COMO HICISTE EN LA CONFERENCIA DEL OTRO DÍA?

Meeshael, ¿qué otro día? Lo he olvidado por completo. Mi memoria no es muy buena.

Harvey viajaba hacia el este en tren para asistir a una convención de negocios en Nueva Orleans. En el tren leyó por casualidad un artículo en el READER'S DIGEST sobre un indio americano de Arizona de setenta y cinco años que, según se decía, tenía la memoria más larga del mundo.

Como el tren pasaba a pocos kilómetros de este famoso indio, Harvey decidió parar a visitarlo. Efectivamente, fue dirigido a un gran tipi en medio de una reserva india. Dentro del tipi había un anciano arrugado sentado con las piernas cruzadas fumando en pipa.

Tras intercambiar algunas formalidades, Harvey le preguntó: "¿Qué desayunó el 11 de diciembre de 1908?".

El indio cruzó las manos sobre el pecho y gruñó: "¡Huevos!".

Harvey quedó inmensamente impresionado y se marchó a coger su tren.

Diez años más tarde, mientras viajaba por Arizona, Harvey decidió detenerse para ver si el viejo indio seguía vivo. Efectivamente, le condujeron al mismo tipi, pero le advirtieron que entrara muy despacio, pues el anciano era muy viejo y no debía asustarse.

Una vez dentro Harvey levantó una mano y le saludó al amistoso estilo indio: "¡Cómo!". - a lo que el viejo indio gruñó: "¡Revuelto!".

Ahora, ¡no tengo ese tipo de memoria!

Meeshael, lo que pueda decir hoy lo diré; lo del otro día no lo sé.

El amor y la vida no pueden medirse en porcentajes. Nada puede medirse, de hecho, porque el todo es uno e inconmensurable. Pero para ciertos fines es posible utilizar el método de la medida, pero eso es sólo para ciertos fines.

Por ejemplo, la vida no se puede medir, pero se puede decir lo siguiente: que la vida sólo existe entre un corto intervalo de temperatura: de noventa y ocho grados a ciento diez, sólo doce grados. Más allá de los ciento diez estás acabado; por debajo de lo normal empiezas a resbalar. Así que sólo doce, quince grados' span.... Para un propósito determinado - para un propósito médico - eso es perfectamente cierto.

La vida no se puede medir si piensas en la conciencia, pero si piensas en la mente sí se puede medir. Tu mente no es más que un bioordenador - y tarde o temprano, los ordenadores lo harán mejor que tu mente. Es posible incluso en tu vida, porque a finales de este siglo habrá robots caminando por las carreteras, y serán exactamente como tú. Y muchas veces tendrás problemas: puedes pensar que el hombre es real o que la mujer es real, y la mujer o el hombre pueden ser sólo un robot.

Ahora los científicos están pensando en cubrir el mecanismo del robot con piel artificial, sintética. Les crecerá pelo y se comportarán exactamente igual que tú. Sólo de vez en cuando sospecharás que algo va mal, cuando se les agote la batería. Entonces, "¡Grrr, grrr, grrr!". Por lo demás, estarán perfectamente. Un momento antes la mujer te estaba abrazando y diciendo: "Te quiero", y ahora dice: "Grrr, grrr.....". La diferencia sólo se sabrá cuando la persona caiga enferma: la de verdad irá al hospital y el robot irá a la fábrica, al garaje. Entonces se sabrá la diferencia; de lo contrario, no habrá posibilidad de saberlo.

De hecho, el hombre corriente ya no es más que un robot. Su vida inconsciente puede medirse en porcentajes y su amor también puede medirse en porcentajes, porque ¿qué amor tiene? No es más que química.

Sí, el amor de un Cristo o de un Buda es inconmensurable porque es trascendental a las hormonas, a la química, a la fisiología. Pero tu amor es hormonal. Pon una inyección de hormonas fuertes y surgirá en ti un gran amor. Quítate unas pocas hormonas y se cae al suelo; todo el amor desaparece. Tu amor se puede medir, pero no es amor; es sólo un impulso biológico. Y tu vida es un fenómeno químico. Pero hay una vida detrás de tu vida y hay un amor por encima de tu amor que es inconmensurable.

Pero ni mi memoria es muy buena, ni mis matemáticas son muy buenas.

La mayoría de los aldeanos consideraba a Killoran el hombre más tonto del pueblo.

Un día apareció con ropa nueva y empezó a comprar rondas de bebidas en la taberna del barrio. Los vecinos se preguntaron qué había pasado.

Cuando por fin uno de ellos le preguntó, Killoran respondió: "Gané el primer premio de una gran lotería".

"¿Cómo has adivinado el número de la suerte?"

"Bueno, tres veces seguidas soñé con siete. Así que deduje que tres veces siete son veinticuatro y compré el boleto número veinticuatro, y ganó".

"¿Por qué, tonto, tres veces siete es veintiuno, no veinticuatro. "

"Tú tienes la educación", dijo Killoran, "yo tengo el dinero de la lotería".

Y, Meeshael, eso es lo que me gustaría decirte: tú puedes saber matemáticas - ¡tú tienes la educación, yo tengo el dinero de la lotería!

La última pregunta:

Pregunta 5:

AMADO MAESTRO,

HE OÍDO QUE LOS HOMBRES CASADOS VIVEN MÁS QUE LOS SOLTEROS. ¿ES ASÍ?

Satyadeva, medita sobre la máxima de Murphy: Los hombres casados en realidad no viven más. Sólo lo parece.

Y, Satyadeva, ¿por qué estás preocupado? Creo que ya debes tener más de sesenta años. ¿Estás pensando en casarte para vivir más tiempo? Es hora de pensar en otra cosa: hora de pensar en la muerte, no en el matrimonio; hora de pensar en lo eterno, no en lo más largo.

Aunque vivas hasta los setenta, ochenta o noventa años, ¿qué importa? ¿Qué harás? Si vives noventa o cien años harás las mismas estupideces una y otra vez.

¿Qué has estado haciendo hasta ahora durante estos sesenta años? Harás lo mismo aunque te den sesenta años más. ¡Piensa en algo nuevo!

Y la muerte está destinada a llegar. Cuándo mueres no es importante; la muerte es absolutamente segura, ESO es lo importante. Después del nacimiento sólo hay una cosa segura en la vida y es la muerte; todo lo demás es incierto. No intentes escapar de la muerte, no intentes evitarla. Durante siglos la gente ha intentado todo tipo de formas de evitar la muerte, pero la muerte llega igualmente.

Casado o soltero, no importa: morirás. Te estás muriendo.

De hecho, la muerte no llega un día de repente; empieza el día en que naces. Empiezas a morir desde el primer aliento. Cada cumpleaños es un día de muerte. La vida se te escapa de las manos y no puedes escapar.

Una antigua parábola sufí:

Un rico mercader de Bagdad envió un día a su criado al mercado a comprar comida.

Pero al cabo de unos minutos el criado regresó con cara de pánico.

"¡Maestro!", gritó. "Debes prestarme inmediatamente tu mejor caballo, para que pueda huir a Damasco y escapar así de mi destino".

"¿Qué ocurre?", preguntó el comerciante.

"¡Fui a la plaza del mercado y vi a la Muerte de pie entre los tenderos!". exclamó el criado. "Me hizo un gesto hostil y empezó a caminar hacia mí. Te lo ruego, préstame tu mejor caballo para que pueda huir a Damasco y escapar".

El mercader era un hombre amable e hizo lo que le pedía su criado. Luego él mismo bajó al mercado para ver si la historia era cierta. Efectivamente, la Muerte estaba de pie entre la multitud.

"¿Por qué has hecho un gesto hostil a mi criado?", preguntó el mercader.

"No hice ningún gesto de hostilidad", respondió la Muerte. "Simplemente me sorprendió mucho verle, pues tengo una cita con él esta noche... en Damasco".

No puedes escapar. Vayas donde vayas te espera la muerte. Sí, se puede prolongar, posponer, pero ¿qué sentido tiene? En lugar de aplazarla, ¿por qué no aprovechas esta oportunidad para tomar conciencia de la muerte: de que se acerca, de que está en camino, de que en cualquier momento estarás en sus garras? No pidas el caballo ni intentes ir a Damasco. No puedes escapar. La única manera es trascender, no escapar.

Usted me pregunta: "He oído que los hombres casados viven más que los solteros. ¿Es así?"

Si es así, ¿entonces qué? ¿Te casarás? A los sesenta años será una estupidez. Un hombre de veinte años puede ser perdonado, pero tú no puedes ser perdonado.

El Sr. Goldberg acudió a la consulta del médico, quejándose de que tenía ladillas voladoras. Le hicieron una prueba de laboratorio y el Sr. Goldberg esperó ansioso mientras el médico, con mirada triste, venía a darle el informe. "Lo siento, señor Goldberg", le dijo, "pero esos cangrejos voladores que creíamos que tenía resultaron ser moscas de la fruta. Lo siento, pero su plátano está muerto".

Suficiente por hoy.

Sannyas es por el bien de Sannyas

UN HOMBRE NIEGA LA VERDAD. OTRO NIEGA SUS PROPIAS ACCIONES. AMBOS VAN A LA OSCURIDAD Y EN EL OTRO MUNDO SUFREN POR OFENDER A LA VERDAD.

LLEVA LA TÚNICA AMARILLA. PERO SI ERES IMPRUDENTE CAERÁS EN LA OSCURIDAD.

SI ERES IMPRUDENTE, MEJOR TRAGAR HIERRO FUNDIDO QUE COMER EN LA MESA DE LA BUENA GENTE.

SI CORTEJAS A LA MUJER DE OTRO HOMBRE CORTEJAS PROBLEMAS. TU SUEÑO SE ROMPE. PIERDES TU HONOR. CAES EN LA OSCURIDAD.

SI VAS CONTRA LA LEY, TE ADENTRAS EN LA OSCURIDAD. TUS PLACERES ACABAN EN MIEDO Y EL CASTIGO DEL REY ES DURO.

PERO COMO UNA BRIZNA DE HIERBA COGIDA TORPEMENTE PUEDE CORTARTE LA MANO, ASÍ LA RENUNCIA PUEDE LLEVARTE A LA OSCURIDAD.

La madre superiora de un convento buscaba un limpiador y el viejo jubilado Cohen solicitó el puesto. Como era el único aspirante, la madre superiora no tuvo más remedio que contratarlo.

Seis meses después, la madre llamó al Sr. Cohen a su despacho y le dijo: "Estimado Sr.

Cohen, estamos muy muy satisfechos con tu trabajo. Usted es el primero de su fe en ser contratado por nosotros y debo repetir que estamos encantados. Usted es un hombre concienzudo y la iglesia nunca ha estado más limpia. Hay, sin embargo, tres cosas que creo que debo señalarle. En primer lugar, Sr. Cohen, no se lave las manos en el agua bendita. Segundo, no cuelgue su abrigo en la cruz. Y tercero, por favor, diríjase a mí como Madre Superiora y no como Sra. Shapiro".

El hombre ordinariamente es un robot. Vive aparentemente despierto, pero no realmente. Camina, habla, actúa, pero todo como si estuviera dormido, sin ser consciente de lo que hace, sin ser consciente de lo que dice, sin ser consciente de todo lo que le rodea. Se mueve rodeado de una oscura nube de inconsciencia.

Según el Buda Gautama, éste es el pecado original: vivir inconscientemente, actuar desde la inconsciencia.

De hecho, la palabra "pecado" proviene de una raíz que significa olvido. Pecado significa simplemente que no estamos conscientes, atentos, alertas, que no tenemos ninguna luz interior que nos guíe.

Buda habla una y otra vez en estos sutras sobre caer en la oscuridad, pero sólo puedes caer en la oscuridad si tu interior está lleno de oscuridad. Cualquiera que sea tu interior será tu destino. Si el interior está lleno de luz, toda la existencia está llena de luz. Si el interior está oscuro, entonces por supuesto no es más que una noche oscura del alma alrededor. Vives a través de tu núcleo interior, así que lo que ocurra en tu centro se reflejará en tu circunferencia. El mundo entero sólo te refleja, te hace eco, te hace resonar. No es más que tú multiplicado por un millón. Así que si te encuentras con la fealdad, debe estar en algún lugar dentro de ti. Si te encuentras con el enemigo, debes haberlo proyectado. Si ves la muerte, eso significa que algo en ti está podrido, algo en ti con lo que te has identificado corresponde a la muerte.

El mundo es un espejo; siempre te muestra tu verdadero rostro. Buda insiste una y otra vez: Utiliza el mundo como un espejo, y luego entra en él y descubre la causa. La causa siempre está en el interior; el efecto, en el exterior. No te dejes engañar por el efecto. No empieces a pensar que el efecto es la causa, porque entonces llevarás una vida arraigada en la más absoluta ignorancia. La cara en el espejo no es la causa; la cara en el espejo es sólo el efecto. No intentes cambiar la cara del espejo, no intentes pintarla.

Eso es lo que seguimos haciendo; en eso consiste toda nuestra vida. Siempre estamos intentando quedar bien ante los ojos de los demás; eso es intentar quedar bien ante el espejo. ¿Qué son esos ojos de los demás sino espejos? Siempre estamos intentando convencer a los demás de nuestra bondad, de nuestra verdad, de nuestra sinceridad, autenticidad, religiosidad, espiritualidad. ¿Qué sentido tiene convencer a nadie? De hecho, al convencer a los demás estamos intentando convencernos a nosotros mismos. Si los demás están convencidos -si el espejo puede reflejar un rostro bello- entonces podemos estar tranquilos con nosotros mismos. También podemos creer que somos bellos.

Esta es la ilusión en la que vivimos, y esta es la ilusión que la sociedad contribuye a reforzar. La sociedad la alimenta, la sociedad la nutre. Todo el esfuerzo de la sociedad es hacer que el espejo sea más importante que uno mismo, porque así uno puede ser dominado, puede ser reducido a esclavo. Y el espejo está en manos de otros.

Alguien te dice: "¡Eres tan santo!". Si le crees, si esto se convierte en un alimento del ego para ti, inconscientemente te habrás vuelto dependiente de esa persona. Ahora le tendrás miedo, puede retirarse en cualquier momento. Puede decirte en cualquier momento: "Ya no eres santo". Tienes que seguir convenciéndole. Tienes que comportarte según su idea de la santidad. Si quiere que ayunes, tendrás que ayunar. Si quiere que vayas todos los domingos a la iglesia, tendrás que ir a la iglesia todos los domingos. Si quieres mantener tu rostro bello a sus ojos, tendrás que seguir sus ideas de lo que significa la espiritualidad.

Es una esclavitud muy sutil y la sociedad la utiliza. Respeta a los que se convierten en instrumentos de la sociedad, de la tradición. Respeta a los que son conformistas.

Buda dice: Descubre tu rostro original. No te preocupes por el espejo, porque pueden fabricarse espejos que muestren tu cara fea como hermosa. Habrás visto espejos de muchas clases; pueden mostrarte diferentes tipos de rostros. Un espejo muestra tu cara muy larga, otro espejo muestra tu cara muy gorda, otro espejo muestra tu cara muy delgada. Pueden distorsionarla, pueden hacerla fea, pueden hacerla hermosa también. Y el espejo está en manos de la sociedad.

No te fíes de los espejos. Cierra los ojos y busca el rostro original. Pero cerrar los ojos y buscar el rostro original es un viaje un poco arduo, porque en tu mundo interior durante siglos, durante muchas vidas, sólo has acumulado oscuridad.

Tienes miedo de lo interior. Sólo tienes una reserva reprimida de deseos insatisfechos, codicia, ira, lujuria.

Tus religiones te han estado diciendo que reprimas, y reprimir significa que vas amontonando dentro de tu ser todo lo que la sociedad condena. Ahora tendréis miedo de entrar porque tendréis que encontraros con todas esas cosas feas. No son feas, pero te han enseñado que son feas y te han condicionado, hipnotizado para que sean feas - y tú crees que son feas.

Lo primero para el buscador es deshacerse de todas estas creencias dadas por otros. Un creyente nunca puede encontrar la verdad.

El primer sutra:

UN HOMBRE NIEGA LA VERDAD. OTRO NIEGA SUS PROPIOS ACTOS.

Buda está hablando de ti, sigue recordándolo. No está hablando de nadie más, se está dirigiendo a TI. De lo contrario, la mente es muy inteligente y astuta. Sigue diciendo: "Le está diciendo estas cosas a otra persona, tú eres una excepción". Tú no lo eres, nadie lo es. Cuando los budas hablan, se dirigen a lo universal, no a lo excepcional, porque, de hecho, no hay excepciones. Te conviertes en excepcional sólo cuando te conviertes en un buda, pero entonces no necesitas que ningún buda te hable. Entonces no necesitas ningún mensaje de ninguna persona despierta. Ya ESTÁS despierto.

Una vez sucedió:

Un hombre despierto, un místico sufí, Farid, conoció a Kabir, otro hombre despierto. Se sentaron juntos durante dos días en absoluto silencio. Sí, a veces se abrazaban y reían locamente y bailaban juntos, pero no pronunciaban ni una sola palabra.

Cuando los discípulos de Farid le preguntaron: "¿Por qué durante dos días seguidos no has pronunciado ni una sola palabra?", respondió: "No era necesario, porque dondequiera que yo esté, Kabir también está allí. Pertenecemos a la misma dimensión, estamos bañados por la misma luz. No estamos separados, sólo aparentamos estarlo -en la circunferencia, desde fuera-, pero nuestros seres interiores están en el mismo punto, fusionándose, fundiéndose. No hay necesidad de decir nada al otro".

Y lo mismo respondió Kabir a sus propios discípulos. Dijo: "Habría sido una tontería decir algo, absolutamente tonto, ridículo. Hay que decir algo sólo porque no podéis comprender el silencio; si podéis comprender el silencio, ¿qué necesidad hay de palabras? ¿Qué necesidad hay del lenguaje? Entre dos budas, el lenguaje es irrelevante. El silencio es tan hermoso, tan tremendamente hermoso, tan profundo, tan expresivo, tan elocuente, ¿qué necesidad hay de palabras? Pero las palabras son necesarias porque no se puede entender otra cosa".

Es por compasión que los budas han hablado - compasión por aquellos que sólo pueden entender el lenguaje. Y el lenguaje es algo pobre, muy pobre, muy inadecuado.

Recuérdalo; entonces poco a poco podrás encontrar algo en estos sutras - no exactamente en las palabras, sino entre las palabras; no exactamente en las líneas, sino entre las líneas, en los huecos, en los intervalos, algunos atisbos, algún sabor a silencio, algún perfume.

UN HOMBRE NIEGA LA VERDAD ¿Cómo niega la gente la verdad y por qué? En primer lugar, sus mentiras se han convertido en sus inversiones. Observa tu propia vida. Has invertido tanto en tus mentiras, que no te gustaría saber la verdad, porque la verdad destrozará todos tus palacios, todos tus sueños. La verdad hará añicos todo lo que han creído hasta ahora.

En el fondo de tu corazón sabes que estás viviendo en mentiras, pero son bonitas, son agradables, son acogedoras, y has vivido en ellas tanto tiempo que parece difícil vivir sin ellas.

Hay una antigua parábola sufí:

Un hombre le hizo un regalo a un místico sufí: una pecera de oro con un hermoso pez dentro. El sufí miró la pecera y el pez y sintió mucha pena por el pez, porque la pecera es una prisión.

Fue al lago y se sintió tremendamente feliz al liberar al pez. Lanzó el pez al lago. Estaba feliz de que al menos ahora el pez pudiera tener todo el lago, la gran libertad, el espacio que realmente le pertenece. Un cuenco de oro, aunque sea de oro, es un confinamiento.

Entonces pensó, ¿qué hará con este cuenco? Así que arrojó también el cuenco al lago.

A la mañana siguiente fue a ver cómo estaba el pez. Se llevó una sorpresa: el pez estaba en la pecera y la pecera estaba en el lago. ¿Qué le había pasado al pez? Había vuelto a elegir la pecera. Ahora la pecera está en el lago, pero el pez no está en el lago; el pez ha vuelto a entrar en la pecera. Ha vivido tanto tiempo en ella, que es su hogar. El místico piensa que es una prisión, pero el pez no; puede que tuviera miedo de la libertad.

La gente tiene mucho miedo de la libertad, más miedo que de cualquier otra cosa. Te sorprenderá saber que la gente habla de libertad, pero cuando realmente se les da la libertad se vuelven temerosos, asustados, asustadizos, porque la libertad es inmensa, ingobernable, incontrolable. No puedes dominarla. La esclavitud es pequeña, es más pequeña que tú. Te sientes bien con ella, pareces grande comparado con tu esclavitud. Pero comparado con tu libertad no eres nadie, una nulidad, una nada. ¿Y quién quiere ser una nada? Todo el mundo quiere ser alguien; aunque uno tenga que vivir en una prisión, uno está listo.... Si te pueden hacer el jefe de los presos -un presidente, un primer ministro, o algo así- te gustaría, te encantaría vivir en la cárcel en lugar de ser libre y nadie.

El primer requisito para alcanzar la verdad es la capacidad de ser libre, la capacidad de no ser nadie. El ego es la mayor barrera. El ego sólo puede existir en un cuenco de oro; no puede existir en un lago. Está destinado a fundirse, fusionarse y desaparecer.

Las mentiras son buenas para el ego. De hecho, el ego es la mayor mentira; se alimenta de otras mentiras.

Aunque la verdad tiene una forma de surgir una y otra vez... por reprimida que esté, sale a la superficie, porque es la verdad; sólo puedes reprimirla por el momento. Y para reprimir la verdad tendrás que estar constantemente en guardia. Por supuesto que te cansarás, necesitarás un poco de descanso, y siempre que estés descansando la verdad saldrá a la superficie. La verdad aparece en tu vida una y otra vez; puedes seguir negándola, pero ella nunca te niega a ti. Puedes negar a Dios, pero Dios nunca te niega.

Friedrich Nietzsche declaró: Dios no existe. Dios ha muerto. Pero Dios ha permanecido en silencio. No se ha enfadado; si no, al menos habría gritado.

He oído hablar de un ateo, Diderot, que argumentaba contra Dios. Tenía un argumento especial. Delante del público cogía su reloj de bolsillo y decía que eran las ocho y media: "Ahora bien, si hay un Dios y si eres todopoderoso, omnipotente, omnisciente, omnipresente, entonces debes estar aquí, porque estás en todas partes. Y si realmente estás ahí, haz sólo una cosa: para este reloj, aunque sea durante cinco minutos, y eso será prueba suficiente de tu existencia."

Toda su vida utilizó ese argumento. La gente esperaba sin respirar, que tal vez Dios iba a hacer algo. Pero Dios nunca detuvo su reloj, ni una sola vez.

Puedes seguir negando a Dios, pero Dios nunca te niega a ti. Puedes seguir refutando la verdad, pero la verdad nunca te refuta a ti. Tu negación no se convierte en una irritación; tu negación es sólo un acto infantil. La verdad te visita una y otra vez; nunca se cansa de ti.

Y si observas tu vida, te sorprenderás de cuántas maneras llega.

La madre de Bobby había estado fuera unas semanas y estaba interrogando a su hijo pequeño sobre los acontecimientos ocurridos durante su ausencia.

"Bueno, una noche tuvimos una tormenta y me asusté, así que papá y yo dormimos juntos".

"Bobby", dijo la joven y guapa niñera francesa del niño, "te refieres a papá y a mí".

"No", dijo Bobby, "eso fue el jueves pasado. Estoy hablando de la noche del lunes".

La verdad tiene sus propios caminos. Puede hablar a través de tu hijo, puede hablar a través de una flor, puede hablar a través de un rayo de sol, puede hablar a través de la lejana llamada del cuco. Tiene diferentes maneras de acercarse a ti. A menos que seas absolutamente sordo, y nadie es absolutamente sordo; a menos que seas absolutamente ciego, y nadie es absolutamente ciego.... Lo reconoces, pero sigues negándolo. Sigues evitándolo. No quieres MIRARLO. Escapas; conoces maneras de escapar de ello, aunque tus escapes no tienen mucho valor. De hecho, al escapar también enfatizas la verdad.

Grace y Martha procedían de un colegio de acabado del Este muy remilgado, y pasaban juntas las vacaciones en Nueva York. Conocieron a un artista bohemio y, en una de sus exposiciones, Grace se dio cuenta de que el lienzo de un provocativo desnudo se parecía mucho al de su novia.

"Martha", jadeó, "¡ese cuadro es exactamente igual a ti! No me digas que has estado posando desnuda".

"Desde luego que no", tartamudeó Martha, sonrojándose furiosamente. "Debe haberlo pintado de memoria".

Incluso tus huidas enfatizan algo de lo que estás escapando. Realmente no hay manera de escapar de la verdad. No hay manera de huir de la verdad porque dondequiera que corras, la verdad está allí; en cualquier dirección que corras, la verdad está allí.

Buda dice: UN HOMBRE NIEGA LA VERDAD.

La primera y más fundamental forma de negar la verdad es creer en determinados sistemas. Los sistemas de creencias son las formas más astutas de negar la verdad. Uno es hindú, otro es mahometano; uno es cristiano, otro es judío. Todas estas son formas de negar la verdad. En lugar de buscar y escudriñar, en lugar de indagar, crees. Creer significa que lo has tomado prestado de otros, que lo habían tomado prestado de otros y así sucesivamente. Creer significa que no es tu experiencia, y a menos que sea tu experiencia, no es verdad.

Pero la creencia puede darte una sensación muy engañosa de que sabes. El mahometano, el cristiano, el jainista, el budista, todos creen que saben. ¿Y cuál es la causa de su sentimiento? - Porque han aprendido de las escrituras, de los sacerdotes. Como loros, se han vuelto eficientes en la repetición - bellas palabras, sistemas lógicos; pero todo es especulación, conjeturas. Todo es imitación. No han conocido una sola verdad en sus vidas... porque una sola verdad es suficiente para liberarte.

Jesús dice: La verdad libera. Pero recuerda una cosa que no ha dicho -o quizá la dijo y no ha sido recogida en los evangelios: La verdad libera, pero la verdad tiene que ser la tuya. Sólo entonces libera. Si es de otro, sólo crea una nueva esclavitud, una hermosa esclavitud; cadenas de oro, tal vez, tachonadas de diamantes, muy valiosas, difíciles de perder porque no piensas en términos de cadenas; piensas que son adornos. Las creencias son cadenas, no adornos.

Un creyente es la persona más fea del mundo porque su creencia se convierte en una barrera para la investigación. No estoy diciendo que nos convirtamos en incrédulos, porque la incredulidad es de nuevo la creencia desde otro lado, desde el lado negativo. La creencia y la incredulidad son dos aspectos de la misma moneda. No seas teísta y no seas ateo.

El verdadero indagador sigue siendo agnóstico. Permanece abierto, no saca conclusiones. Dice: "Sólo sé una cosa: que no sé nada". Permanece disponible. En el momento en que tienes conclusiones te vuelves inasequible a la verdad; las conclusiones te cierran. En el momento en que tienes prejuicios a priori, ¿cómo puedes conocer la verdad? Ya has concluido, ya has aceptado ciertas creencias; serán como nubes ante tus ojos.

Tus ojos ya no están vacíos, limpios, como un espejo; no pueden reflejar lo que es, sólo pueden distorsionar. Distorsionarán según tu creencia.

Así que cuando el hindú llega a experimentar a Dios, ve a Krishna con su flauta. Un cristiano nunca ve eso; es extraño. Un cristiano siempre ve a Cristo en la cruz; un hindú nunca ve eso. Eso es extraño. Un Jaina nunca verá a Krishna, Rama, Cristo - no, en absoluto; y un budista nunca verá a Mahavira, Mahoma, Moisés. Todos ven su propia creencia. El fenómeno es muy simple: ves lo que proyectas. Tu mente funciona como un proyector. No ves lo que es, ves lo que quieres ver.

Evita las creencias. Abandona todas las creencias, católicas o comunistas. No creas en la Kaaba, ni en Kashi ni en el Kremlin. No creas en la Biblia ni en el Gita ni en el Corán ni en DAS KAPITAL.

Evitar todas las creencias. Permanece limpio, vacío.

En eso consiste la meditación: un estado de silencio, un estado sin prejuicios, un estado sin creencias. Y entonces estás muy cerca de la verdad. De repente explota sobre ti, y su explosión es una bendición tal que no puedes imaginártela a menos que la hayas experimentado.

No hay forma de imaginarlo. Los Budas han estado hablando a lo largo de los siglos, pero aún así no puedes imaginarlo. Es inimaginable porque es inexpresable, pero puede experimentarse. Se puede experimentar, pero no expresar.

Primero tendrás que estar dispuesto a abandonar el ego, porque el ego sólo puede vivir en la mentira.

En segundo lugar, tendrás que abandonar los sistemas de creencias, porque los sistemas de creencias distorsionan; nunca permiten que las cosas se conozcan tal y como son. Y en tercer lugar, tendrás que abandonar tu mente, porque la mente es una ocupación constante con el pasado y el futuro, y la verdad está siempre en el presente. La verdad no tiene pasado ni futuro. La verdad está siempre aquí, siempre ahora, y tú nunca estás aquí ni nunca estás ahora. Siempre que tú también estás ahora y aquí, se produce un encuentro; entonces ocurre algo. Entre tú y el todo se tiende de repente un puente. De hecho, el puente siempre ha estado ahí, sólo que no eras consciente de ello.

Trae tu conciencia al presente. No sigas vagando en el pasado, en las junglas del pasado, en los recuerdos. Por muy bellos que sean, están muertos, ya no existen. Y no emprendas grandes viajes hacia el futuro, porque lo que desees en el futuro nunca va a suceder. La existencia no tiene ninguna obligación de cumplir tus deseos. La existencia no tiene ninguna obligación de seguir tus proyecciones hacia el futuro.

Cualquier cosa que desees será un error.

Cuando no estás para desear, entonces la existencia comienza a guiarte hacia los caminos de la verdad, hacia los caminos del tao, del dhamma. AES DHAMMO SANANTANO: esta es la ley inagotable. Suelta la mente y serás poseído por el todo; aférrate a la mente y permanecerás tan alejado del todo como se pueda estar. En el momento en que sueltas la mente empiezas a estar alerta y consciente. La mente es tu sueño. Duermes en el pasado o en el futuro: ambas son formas de dormir.

Cuando digo "¡Despierta!" una y otra vez, cuando Buda dice "¡Despierta!" se indica un fenómeno sencillo: ven al presente.

La Sra. Weissman vivía en el ático del piso treinta de su edificio de Park Avenue.

Todos los días, cuando subía o bajaba en el ascensor, Manelli, el ascensorista, la veía persignarse. Después de observarla durante varios días, no pudo resistirse a preguntarle si era católica. Ella respondió: "Desde luego que no. Soy judía".

"No lo entiendo", dijo Manelli. "Si es judío ¿por qué se persigna cada vez que entra y sale del ascensor?".

"¡Cruzarme de brazos!", ladró la Sra. Weissman. "¡No seas ridícula! Estoy comprobando si tengo mi tiara, mi broche, mi clip... MI CLIP!"

La gente vive en la más absoluta inconsciencia. Incluso si lo están comprobando, es a través de una profunda capa de sueño. Son sonámbulos. Todo el mundo está en una especie de estado psicodélico.

UN HOMBRE NIEGA LA VERDAD OTRO NIEGA SUS PROPIAS ACCIONES. Y si niegas la verdad estás obligado a negar también tus acciones, porque a menos que seas consciente no puedes responsabilizarte de tus actos.

Hay mil y una formas de negar tus actos. En el pasado, la gente solía decir: "Es el karma". Ahora esa enfermedad se ha ido a Occidente; ahora en Occidente la gente dice: "Es el karma". ¿Qué podemos hacer? Tenía que ocurrir. Estaba predeterminado por una vida pasada". Eso es simplemente una forma de negar tu acción, de eludir tu responsabilidad.

En el pasado, la gente solía decir: "Es el destino, KISMET. ¿Qué podemos hacer? Dios ya lo ha escrito; sólo somos marionetas en sus manos. Si quiere que seamos asesinos, somos asesinos; si quiere que seamos ladrones, somos ladrones". ¡Mentes astutas y tramposas!

Ahora esas viejas formas ya no son relevantes, se han quedado anticuadas; hemos encontrado otras nuevas. Karl Marx dice: "Tú no eres responsable. Es la sociedad, la estructura social, la estructura económica, es el capitalismo. Tú no eres responsable". Es de nuevo el fatalismo en palabras nuevas, en lenguaje moderno, en jerga contemporánea. Karl Marx es un fatalista.

Y luego está Sigmund Freud, que es aún más sofisticado que Karl Marx, aún más inteligente. Te da nuevas ideas. Es el inconsciente el responsable, no tú. Si haces algo, ¿qué puedes hacer? - está más allá de tu capacidad evitarlo. Viene del inconsciente, de las capas oscuras de tu ser. No tienes acceso a esas capas oscuras. Y Sigmund Freud dice que no hay forma de cambiarlo; el hombre es un proyecto sin esperanza.

Según Sigmund Freud, el hombre está destinado a vivir en la miseria; como mucho, podemos ayudarle a vivir en la miseria más cómodamente. Podemos hacer que acepte la miseria para que esté un poco más cómodo. Podemos hacer que la miseria sea un poco más cómoda dándole buenas explicaciones para que no esté tan perturbado; de lo contrario, no hay esperanza. El hombre está determinado por fuerzas inconscientes.

No son más que nuevas formas de decir lo de siempre: karma, destino, Dios. La idea de predeterminación ha dominado al hombre inconsciente hasta ahora.

Sólo de vez en cuando un buda dice: "Acepta tu acto como propio y no escapes de la responsabilidad, porque escapar de la responsabilidad significa que nunca te librarás de ella". Y PUEDES liberarte de ella. Sé responsable, sea como sea, bien o mal. Recuerda que, excepto tú, nadie más decide al respecto.

Si vives en la miseria es por decisión tuya. Duele, por supuesto, pensar que "estoy viviendo en la miseria por mi propia decisión". Pero si observas un poco más en silencio, esto te dará una gran libertad. Al principio duele; si no, es el presagio de una nueva conciencia. Si yo estoy creando mi infierno esto implica que yo también puedo crear mi cielo. Si soy la causa de mi oscuridad, también puedo ser la causa de mi luz. Puedo ser una luz para mí mismo. La idea misma de que "soy el único y total responsable de mis actos" es una liberación.

Buda dice: AMBOS VAN A LA OSCURIDAD....

El hombre que niega la verdad a causa del ego, a causa de los sistemas de creencias, a causa de la mente que vaga en el pasado o en el futuro, o el hombre que niega sus acciones a causa del karma o del destino o de la estructura social o del inconsciente, ambos se adentran en la oscuridad. Pierden la oportunidad de convertirse en luz; eligen la oscuridad.

... Y EN EL OTRO MUNDO SUFRIRÁN POR OFENDER A LA VERDAD.

Y todo lo que hagas aquí y todo lo que seas aquí va a ser la causa, la continuidad, en el próximo mundo también - porque el próximo momento nace de este momento y la próxima vida nace de esta vida. La vida es un continuo. La muerte no crea ninguna discontinuidad; sigues siendo continuo. Con la muerte simplemente cambias de casa; eres la misma persona. Puedes pasar de la choza al palacio, del palacio a la choza.

Puedes mudarte de una ciudad a otra, de un planeta a otro, de hombre a mujer, de mujer a hombre. Puedes ir cambiando de casa, pero

TÚ, la verdadera conciencia interior, el verdadero yo, permanece siempre el mismo.

Así que si estás creando oscuridad aquí, recuerda: esta oscuridad también te rodeará en el otro mundo. Así que no sólo estás destruyendo esta vida, sino que también estás creando bases erróneas para la próxima vida. Ten cuidado.

... Y EN EL OTRO MUNDO SUFREN PORQUE OFENDEN A LA VERDAD. Toda la causa del sufrimiento es ofender a la verdad. ¿Qué quiere decir con "ofender la verdad"?

Cada vez que niegas una verdad a causa de tus prejuicios, cada vez que evitas asumir la responsabilidad de tus actos, estás ofendiendo a la verdad. Y al ofender a la verdad estás ofendiendo a la ley universal. Te estás desmoronando. Te estás convirtiendo en una entidad separada encerrada en ti mismo. Ya no formas parte del todo. Sufrirás.

El sufrimiento significa ir en contra de la ley universal y la dicha significa ir en sintonía con la ley universal. La dicha no es más que armonía con el todo y el sufrimiento es discordia.

LLEVA LA TÚNICA AMARILLA. PERO SI ERES IMPRUDENTE CAERÁS EN LA OSCURIDAD.

Lee en su lugar: viste la túnica naranja. PERO SI ERES IMPRUDENTE CAERÁS EN LA OSCURIDAD.

Buda había elegido la túnica amarilla igual que yo he elegido la naranja. La eligió por una razón determinada. La túnica naranja había sido la túnica del sannyasin antes de Buda; es la túnica más antigua del sannyasin. Buda la abandonó y eligió en su lugar la túnica amarilla por la sencilla razón de que sannyas, la idea misma de sannyas, había salido mal, y no quería asociarse con ella. Y como quería enfatizar la muerte y quería que recordaras la muerte una y otra vez -porque la muerte puede traer conciencia a tu vida-, eligió el amarillo.

El amarillo es el color de la muerte: el color de la hoja amarilla, el color del sol poniente, el color del rostro del moribundo. El amarillo es el color de la muerte. El naranja es el color de la vida, de la juventud, del amor. El naranja, en Oriente, es el color de la primavera, cuando todos los árboles florecen y los pájaros cantan y las abejas zumban y hay fragancia por todas partes. Todo el clima está lleno de juventud, frescura, rejuvenecimiento.

Buda hizo hincapié en la muerte para hacerte consciente, pero ahora han pasado veinticinco siglos y se ha acumulado mucho polvo sobre las ideas de Buda. Al igual que el naranja había perdido su significado en tiempos de Buda, ahora la túnica amarilla ha perdido su significado.

He vuelto a elegir el naranja, y con una visión totalmente nueva. El antiguo sannyasin naranja era un renunciante. Mi sannyasin no es un escapista; vive en el mundo, pero vive con tal habilidad y arte que permanece trascendental a él.

Pero no se trata sólo de la túnica. Puedes cambiar la túnica por una naranja, amarilla o lo que sea. A menos que prestes atención, a menos que empieces a escuchar a los budas, a su mensaje .... Y su mensaje es simple y muy corto: ¡Despierta! Se puede condensar en sólo estas dos palabras. Si no escuchas su mensaje, SI ERES DESCONSCIENTE CAERÁS EN LA OSCURIDAD.

No es una cuestión de formalidad, no es una cuestión de ritual. Buda estaba tan en contra de los rituales como yo, estaba tan en contra de la formalidad como yo; por eso siento una tremenda afinidad con él. Veinticinco siglos simplemente desaparecen entre él y yo; nos convertimos en contemporáneos.

A una mujer embarazada le dijeron que si quería que su hijo se comportara de una determinada manera, debía decir todos los días: "Quiero que mi hijo sea tal o cual cosa....". Esto condicionaría al feto y el niño nacería ya teniendo ese rasgo.

Se había dado cuenta de lo difícil que era enseñar modales a los niños, así que todos los días sin falta decía: "Quiero que mi hijo sea educado".

Estuvo embarazada nueve meses, luego diez y once y durante años siguió embarazada. Finalmente murió sin haber dado a luz. Los médicos le hicieron la autopsia y, al abrirla, encontraron a dos ancianitos que se inclinaban el uno ante el otro y decían: "¡Después de ti!".

No nos interesan esas formalidades; de lo contrario, nunca nacerían. Nos interesa lo esencial, no lo accidental. Nos interesa lo intrínseco, no lo accesorio.

Y el manto es accidental: naranja, amarillo, verde. Lo esencial es la conciencia.

SI NO TIENES RECATO, dice Buda, MEJOR TRAGAR HIERRO MOLTENO QUE COMER EN LA MESA DE LA BUENA GENTE.

Si eres imprudente, inconsciente, si sigues viviendo sin prestar atención, sin escuchar a todos estos despiertos, sufrirás mucho más de lo que puedes sufrir tragando hierro fundido. Cuidado. Estás creando sufrimiento a cada momento. Siendo inconsciente creas sufrimiento; siendo consciente creas dicha.

SI CORTEJAS A LA MUJER DE OTRO HOMBRE CORTEJAS PROBLEMAS. TU SUEÑO SE ROMPE. PIERDES TU HONOR. CAES EN LA OSCURIDAD.

¿Qué decir de la mujer de otro hombre? - La propia esposa es suficiente problema, o para el caso, el propio marido. Buda está diciendo: ¿Aún no eres consciente del fenómeno? ¿No es tu esposa suficiente para hacerte consciente? ¿No es tu propio marido suficiente para acabar con este juego?

Pero la mente sigue diciendo: "Puede que esta mujer no sea buena; puede que otra mujer sí lo sea. ¿Quién sabe? No encajaba con esta mujer; puede que sea feliz con otra". Y no puedes ser feliz con nadie. La felicidad no tiene nada que ver con el otro; la felicidad es algo que tienes que crear dentro de ti. Y sigues buscándote problemas. Siempre que dependes del otro para tu felicidad, te buscas problemas.

La dependencia ES un problema. TE BUSCAS PROBLEMAS.

El otro ES el infierno, y dependiendo del otro te conviertes en esclavo. TU SUEÑO SE ROMPE. Tu paz se pierde, tu descanso desaparece. Toda tu vida se convierte en una perturbación constante, porque intentas explotar al otro y el otro intenta explotarte a ti.

PERDERÁS TU HONOR... tu gracia, tu belleza, tu sinceridad. Buda no quiere decir respetabilidad; por "honor" quiere decir gracia.

VAS CONTRA LA LEY, VAS A LA OSCURIDAD.

La ley es que la dicha o la miseria surgen en el núcleo más íntimo de tu ser. Nadie puede darte felicidad o miseria. No necesitas acudir a nadie;

te bastas a ti mismo. Simplemente entra. Sumérgete profundamente en tu conciencia.

Y cuanto más consciente te vuelves, más llena de luz está tu vida, más y más bendiciones caen sobre ti. Cuanto más oscuro seas, cuanto más inconsciente, más desgracias te acontecerán.

TUS PLACERES ACABAN EN MIEDO Y EL CASTIGO DEL REY ES DURO.

Buda llama a la ley suprema "el rey". El castigo es duro, pero TÚ eres el responsable. La ley no es cruel; la ley es simplemente ley. Es como la gravitación: si caminas correctamente, la gravitación no puede castigarte. No le interesa castigarte, te ayuda a caminar. Pero si bebes demasiado, te conviertes en un borracho, y caminas, te caes al suelo y te rompes una pierna. ¿Puedes culpar a la ley de la gravitación?

La ley de la gravitación simplemente está ahí. Si vas en contra de ella, serás castigado; mientras que si la sigues, serás beneficiado.

SINO COMO UNA BRIZNA DE HIERBA SUJETA TORPEMENTE....

Incluso una cosa tan suave, una brizna de hierba, sostenida torpemente....

PUEDE CORTARTE LA MANO....

Todo depende de ti. Si estás consciente puedes sostener una espada y no te cortará la mano; si estás inconsciente, incluso una brizna de hierba puede cortarte la mano.

ASÍ QUE LA RENUNCIA PUEDE LLEVARTE A LA OSCURIDAD.

Un dicho tremendamente importante. Buda dice: Incluso la renuncia, tomada inconscientemente, no va a ayudar. Puedes convertirte en sannyasin por miedo, puedes convertirte en sannyasin por codicia. Estas cosas no van a ayudar. A menos que te conviertas en sannyasin por conciencia, nada te ayudará.

La gente se vuelve religiosa por razones equivocadas, y no se puede ser religioso por razones equivocadas. Y la persona que vive correctamente no necesita ser religiosa: ya lo es.

Perlman ganó millones en el negocio de la panadería. Durante una visita a Roma, fue a ver al Papa e hizo una enorme donación a la Iglesia.

El Papa se mostró muy complacido y dijo: "Sr. Perlman, ¿puedo hacer algo para mostrarle mi agradecimiento?".

"Sí, Santidad", respondió el magnate panadero. "¿Podría hacer un pequeño cambio en el Padre Nuestro?"

"Ah, señor Perlman", frunció el ceño el Papa, "me temo que eso no sería posible. El Padre Nuestro es repetido diariamente por millones de cristianos".

"Lo sé", dijo Perlman, "pero sólo quiero un pequeño cambio. Ahora, esa gran donación a la iglesia no tiene nada que ver con la religión, no tiene nada que ver con la caridad; es negocio, puro negocio.

Y eso es lo que hace la gente. Donan a los pobres, sirven a los pobres, para ir al cielo. Es una inversión, no es servicio. A menos que seas consciente, todo lo que hagas estará mal. En la definición de Buda, incorrecto significa algo que se hace inconscientemente y correcto significa algo que se hace conscientemente. No tiene nada que ver con la cosa en sí, sino con la calidad de la conciencia a través de la cual se hace.

Un sacerdote católico llevó a su nuevo ayudante al hospital por primera vez. El novicio sacerdote entró en una sala de cuidados intensivos y se acercó a un hombre en cama bajo una tienda de oxígeno.

"Estoy aquí para ayudarle en lo que pueda", dijo. El paciente no respondió, así que el sacerdote volvió a ofrecer su ayuda. Seguía sin haber respuesta. Entonces, de repente, el paciente cogió un lápiz y un papel y empezó a escribir furiosamente, tras lo cual cayó muerto.

El sacerdote cogió la nota y, emocionado, salió corriendo de la habitación gritando: "¡Padre, Padre! Tengo mi primera confesión". El padre miró la nota y leyó: "¡Suelta la manguera de oxígeno, hijo de puta!".

Buda era perfectamente consciente de que mucha gente se hacía sannyasin en su época -como ha ocurrido siempre- por razones equivocadas. Alguien era pobre, alguien era un ladrón y el rey le perseguía, alguien había cometido un asesinato y quería esconderse y ser sannyasin era el mejor lugar para esconderse.

PERO COMO UNA BRIZNA DE HIERBA COGIDA TORPEMENTE PUEDE CORTARTE LA MANO, ASÍ LA RENUNCIA PUEDE LLEVARTE A LA OSCURIDAD. La renuncia no debe hacerse por ningún motivo. Sannyas tiene que ser por el puro gozo de ser un sannyasin. Así como el arte es por amor al arte, el sannyas es por amor al sannyas. Entonces tiene una belleza tremenda, y entonces te trae dicha, te trae el paraíso. Haz lo que quieras hacer, pero hazlo conscientemente. Ser consciente es ser un sannyasin.

Suficiente por hoy.

Hacia una nueva humanidad

La primera pregunta:
Pregunta 1:
AMADO MAESTRO,
SI POR CASUALIDAD NO ME ILUMINO EN ESTA VIDA,
¿CÓMO PUEDO ASEGURARME DE QUE SERÉ UNA MUJER
EN MI PRÓXIMA VIDA? PARECE UNA EXISTENCIA TAN
JUGOSA.

Anand Baul, lo primero que hay que recordar es que nadie se ilumina nunca.

La iluminación es tu naturaleza; tú ya la eres. No es algo que haya que conseguir, no es una meta que haya que alcanzar. Es la fuente, no la meta. En lo más profundo de vuestro ser, todos sois budas, siempre lo habéis sido y siempre lo seguiréis siendo.

Sí, lo has olvidado. Así que la cuestión no es darse cuenta, la cuestión es sólo recordarlo. Por eso Buda dice: Sé más consciente, sé más alerta, sé más vigilante.

No hay que hacer nada más, no hay adónde ir, ninguna peregrinación es sagrada. Todas las peregrinaciones no son más que extravíos. Uno ya está allí donde quiere estar; sólo hay que mirar dentro, sólo hay que volverse, sintonizarse. Esto es lo primero que hay que recordar, que no es una cuestión de logros.

Dices: "Si por casualidad no me ilumino en esta vida...."

No hay ninguna posibilidad de perdérselo. Es imposible no estar iluminado. Es tu propia naturaleza, tu propio ser. Toda esta existencia está iluminada.

Entonces, ¿cuál es la diferencia entre un buda y tú? La diferencia es muy simple.

No tiene nada que ver con tu cualidad. Tu cualidad es exactamente la misma que la de Gautama el Buda, o la de Jesucristo, pero tú estás dormido y ellos despiertos. Ellos saben dónde están, quiénes son, y tú estás soñando. Pero uno puede salir de los sueños; los sueños no pueden retenerte, los sueños no pueden entorpecerte.

Los sueños son sueños, no tienen sustancia. No pueden impedir que te despiertes. Los sueños, el deseo, el sueño, son como la oscuridad. Cuando enciendes una vela, la oscuridad no puede impedirlo. La oscuridad puede ser muy antigua, puede haber existido durante millones de años y la vela puede ser fresca y sólo una pequeña vela, pero eso es suficiente. La luz tiene una existencia positiva. La oscuridad no tiene existencia alguna; es sólo ausencia de luz. Puedes despertarte en cualquier momento, la vela puede encenderse en cualquier momento, y todos los sueños y deseos desaparecerán; por eso se han inventado los dispositivos.

Lo que Buda dice, Patanjali dice, Lao Tzu dice, es que estos son sólo dispositivos para despertarte, alarmas y nada más.

En segundo lugar, lo quieras o no, si sigues dormida la próxima vida vas a ser mujer. Aunque no lo quieras, va a suceder. Hay una ley simple.

Esta es mi observación de las vidas pasadas de muchas personas, así es como funciona la mente, esto es muy fundamental para la mente: siempre se mueve hacia el extremo opuesto. Si eres rico la mente piensa que la pobreza es religiosa, espiritual; tiene algo de inocencia, y "Mira cómo los pobres están libres de ansiedad, y cómo el mendigo duerme profundamente. Yo lo tengo todo y no puedo dormir, no puedo descansar, ni siquiera un momento... preocupación continua, ansiedad".

El rico piensa siempre que los pobres están realmente en un espacio mejor que el suyo. Son los ricos los que han dado la idea de que la pobreza es espiritual. Te sorprenderá, toma nota de ello, que todos los TIRTHANKARAS, todos los grandes maestros de los Jainas eran reyes. Buda mismo era un rey. Todos los AVATARAS de los hindúes - Rama, Krishna, todos eran reyes. Es debido a esta gente rica que ha prevalecido a través de los tiempos la profunda idea de que la pobreza es espiritual.

No hay nada espiritual en ser pobre, tampoco hay nada espiritual en ser rico.

El pobre piensa que los ricos disfrutan de la vida real; de ahí que el pobre proyecte. Si no puede ser rico en esta vida, que lo sea en la próxima; si no lo es en este mundo, que lo sea en el otro. Es la proyección del pobre: el paraíso, el cielo, donde sueña que será rico y tendrá todo lo que tienen los ricos. No sólo eso, el pobre también sueña que ningún rico podrá alcanzar el cielo, serán arrojados al infierno: "Ya han disfrutado bastante aquí, ahora tienen que sufrir por ello. Y yo ya he sufrido bastante aquí, así que tengo que ser recompensado".

Jesús es un hombre pobre, no es como Krishna, Buda y Mahavira. Krishna, Buda y Mahavira no han dicho que ningún rico pueda entrar en el paraíso. Jesús dice: Incluso un camello puede pasar por el ojo de una aguja, pero el rico no puede entrar por la puerta del cielo. Él es un pobre hijo de carpintero; sabe lo que es la pobreza. Y debido a esa pobreza habla un lenguaje totalmente diferente al de Buda.

En la India ha prevalecido la idea de que si eres rico es gracias a los buenos karmas de tus vidas pasadas por lo que ahora lo eres. Y Jesús dice: Los ricos no pueden entrar en el reino de Dios. Dice: Los primeros de aquí serán los últimos de allá, y los últimos de aquí serán los primeros. No es casualidad que el cristianismo siga extendiéndose en los países pobres; tiene un atractivo para los pobres. No es casualidad que el comunismo sea un subproducto del cristianismo.

Oriente no ha dado a luz al comunismo, no podría haberlo hecho. Y siempre que un país se haga rico, recuerden, empezará a hacerse budista, empezará a hacerse cada vez más hindú. No es un accidente que América esté tan interesada en la sabiduría oriental. Cuando una sociedad es rica, empieza a pensar de forma diferente a como piensa un país pobre.

Mi observación es que si eres un hombre en esta vida, debes haber sido una mujer en tu vida pasada, y si eres una mujer en esta vida debes haber sido un hombre. Así es como el péndulo de la mente va de un extremo al otro. Todo hombre piensa -no sólo tú, Anand Baul- que la existencia de una mujer es hermosa, es jugosa. Pero pregúntale a la mujer: ella desea ser un hombre, en el fondo se siente humillada por ser una mujer, una ciudadana de segunda clase. En el fondo ella misma quiere comportarse como un hombre.

Las mujeres de todo el mundo intentan por todos los medios comportarse como hombres. Llevan ropa de hombre, fuman cigarrillos como los hombres y hacen lo que pueden. Utilizan el lenguaje como siempre lo han utilizado los hombres, volviéndose arrogantes, agresivas, perdiendo la cualidad femenina. Fíjate en las mujeres del movimiento de liberación: han perdido algo: algo suave, femenino, receptivo, pasivo, ya no existe. Son agresivas, violentas. No pueden esperar a otra vida. En esta misma vida tienen prisa, quieren llegar a ser como los hombres. Quieren los mismos empleos, el mismo tipo de trabajo, el mismo tipo de libertad. Aunque esa libertad sea una estupidez, aunque ese trabajo sea duro, quieren demostrar que pueden con ello, que no son menos que los hombres. En su próxima vida nacerán como hombres.

Así que no te preocupes por eso. Serás una mujer, ¡cuidado! No me digas entonces que no fuiste advertida. Yo te lo advierto. ¿Y qué quieres decir con "jugosa existencia"?

A través de los ojos del hombre te parece que la mujer es bella; a través de los ojos de la mujer, el hombre es bello. Se trata de una atracción biológica. Por eso dos mujeres no se toleran; es imposible encontrar amigas. Son muy celosas la una de la otra, sospechan la una de la otra. No pueden confiar en otras mujeres; saben demasiado sobre el corazón de la mujer, sobre la mente de la mujer. No pueden ver ninguna belleza. De hecho, no pueden creer lo que el hombre sigue viendo en las mujeres. Parece que no hay nada. Para una mujer no hay nada, igual que para un hombre no hay nada en el hombre. Es la atracción biológica, la atracción química.

Y la última cosa, Baul: parece que no estás muy familiarizado con las mujeres. Familiarízate un poco más. Sufre un poco con las mujeres, deja que te torturen un poco más, y entonces olvidarás todas estas tonterías.

Un hombre había decidido hacer un viaje con su hija de dieciocho años. "Oye, ¿y yo?", exclamó su mujer.

"Oh, no", dijo el hombre. "Tú y tu bocaza no vais a ir de vacaciones conmigo. Ya tengo bastante con tu bocaza todo el año. Me llevo a nuestra hija y eso es todo".

Así que se fueron. El tren en el que viajaban el hombre y su hija fue asaltado. Lo perdieron todo. "¡Estoy arruinado!", dijo el hombre. "¡Todo lo que tengo ha desaparecido!"

"No, papá", dijo la hija, "guardé las joyas. En cuanto vi venir a los ladrones, cogí mis anillos, mis diamantes y mi pulsera y me los metí en la boca".

"Es maravilloso", dijo el padre. "Si tu madre estuviera aquí, podríamos haber salvado la maleta".

La segunda pregunta:

Pregunta 2:

AMADO MAESTRO,

¿PARA QUÉ SIRVEN LAS ENSEÑANZAS ESOTÉRICAS Y EL CONOCIMIENTO ESPIRITUAL? ¿CÓMO PUEDO SABER SI SON VERDADERAS O NO?

Sef Kicken, las enseñanzas esotéricas son sólo para los tontos. A los tontos les interesa mucho todo lo que no pueden comprender. La idea de la mente tonta es que todo lo que no puede entender debe ser muy misterioso, debe ser muy superior, debe pertenecer a planos superiores.

Una persona realmente religiosa no tiene nada que ver con tonterías esotéricas - con teosofía, con antroposofía, y con tantos Lobsang Rampas... y todo tipo de tonterías que se siguen escribiendo. Debe estar satisfaciendo las necesidades de algunas personas. Igual que a algunas personas les gustan las novelas policíacas, a otras les interesa el conocimiento esotérico.

No hay nada esotérico en la existencia. La existencia está desnuda; no hay nada oculto.

Una vez le preguntaron a Buda: "¿Lo has dicho todo o hay algo esotérico que no hayas dicho?".

Buda mostró su mano -una mano abierta- y dijo: "Soy como una mano abierta, no como un puño".

Y así es la existencia: como una mano abierta, no como un puño. No esconde nada; todo está ahí, a tu alrededor. Dios se desborda... y tú reflexionas sobre cosas esotéricas: siete planos o diecisiete, siete infiernos y siete cielos. Y cuanto más complicado es el sistema, más atractivo resulta.

La teosofía es más o menos pura tontería, pero atrajo a miles de personas en todo el mundo. Se ha convertido en un gran movimiento mundial. La gente hablaba de maestros ocultos, guías, astrales, etéreos.... Y en la habitación de Madam Blavatsky solían caer cartas del techo: cartas de maestros ocultos que vivían en el Himalaya. Más tarde se descubrió que un hombre se escondía allí, en el tejado, y solía dejar caer esas cartas.

El propio hombre confesó ante el tribunal que "todo mi trabajo consistía en que cada vez que se celebraba la sesión de los teósofos y esperaban con los ojos cerrados y rezaban para que maestros, maestros ocultos, les guiaran, yo tenía instrucciones de Madam Blavatsky sobre qué carta debía dejar caer. Esas cartas fueron escritas por Madam Blavatsky". Más tarde fueron examinadas por expertos y se demostró que fueron escritas por la propia Blavatsky. Pero ella engañó a la gente durante años.

Me preguntas: "¿Para qué sirven las enseñanzas esotéricas y el conocimiento espiritual?".

Para satisfacer las demandas de los tontos, ese es el uso. Y no hay conocimiento espiritual en absoluto.

La espiritualidad es una experiencia, no un conocimiento. No se puede reducir a conocimiento; siempre es saber, nunca conocimiento. Es una percepción irreductible a palabras. No se puede poner en teorías, en sistemas de pensamiento; eso es imposible. Y los que intentan hacerlo no saben nada... sólo entonces pueden hacerlo. Este es un fenómeno extraño: aquellos que saben, nunca intentan reducir su saber a conocimiento; y aquellos que no saben, son absolutamente libres. Pueden crear cualquier conocimiento, esa es su invención.

Todo conocimiento espiritual es invención de la mente. El verdadero conocimiento espiritual sólo ocurre cuando se abandona la mente, cuando se está en un estado de no-mente.

Y usted me pregunta: "¿Cómo puedo saber si son ciertas o no?".

¿Por qué deberías preocuparte? Más bien trata de averiguar quién eres. Esa es la única pregunta religiosa real, la única búsqueda: "¿Quién soy?" Eso es suficiente; ninguna otra pregunta es significativa. Evita cualquier otra jerga: espiritual, religiosa, teológica, esotérica. Evita toda la jerga. Limítate a una búsqueda sencilla: "¿Quién soy yo?" Con eso basta. Si te conoces a ti mismo lo has conocido todo; si no te conoces a ti mismo puedes conocerlo todo en el mundo, pero eso no sirve de nada. Es una carga y una esclavitud innecesarias.

Clarence y Lulu estaban sentados en el porche de Kentucky en una cálida tarde de verano, cogidos de la mano.

Lulu se volvió hacia Clarence y le dijo: "Clarence, di algo suave y sensiblero".

Y Clarence, avergonzado, se volvió hacia Lulú y le dijo: "¡Ah, mierda!".

Así es el conocimiento esotérico: ¡blando y blando!

La tercera pregunta:

Pregunta 3:

AMADO MAESTRO,

NOS HAS CONTADO LA HISTORIA DE KRISHNA Y ARJUNA. ¿PERO NO TIENE VALOR RESISTIRSE A LA GUERRA EN UNA ÉPOCA EN LA QUE UN PUÑADO DE LOCOS JUEGA CON BOMBAS ATÓMICAS?

Peter Bohm, ¿cómo resistirse a estos pocos locos que juegan con bombas atómicas?

¿Cuál será tu estrategia de resistencia? De hecho, tu resistencia puede traer la guerra antes que de otro modo; tu resistencia no va a impedirla.

Lo único que puede evitar la guerra mundial es que inicies una conciencia totalmente nueva, que inicies un nuevo tipo de humanidad... un hombre que sea capaz de amar, un hombre que sea capaz de meditar. Que el amor y la meditación se extiendan por todas partes. Que la meditación llegue a tanta gente como sea posible. Salvo eso, todos tus esfuerzos de resistencia son impotentes.

Puedes protestar y hacer una larga marcha, pero ¿has visto alguna vez a los manifestantes, a la gente que está en contra de la guerra, a los pacifistas? ¿Has visto sus procesiones? Parecen tan agresivos, ¡que ellos mismos parecen locos! Si tuvieran las bombas atómicas, sólo para proteger la paz serían los primeros en lanzarlas. Están tan locos como el otro partido; no hay ninguna diferencia. Sus mentes son tan políticas como las de la gente que está en el poder; la única diferencia es que ellos no están en el poder. Y su rabia, su rabia contenida, se puede ver en sus caras, en sus eslóganes.

Todas las protestas por la paz acaban en una pelea con la policía, con los militares. Acaban quemando autobuses, oficinas de correos, comisarías, coches. ¿Qué clase de amor es éste y qué clase de resistencia es ésta? Es impotente. Pero sienten que están haciendo algo grande. Es un viaje de ego y nada más.

El manso empleado de banca tenía sus sospechas. Un día salió temprano del trabajo y, efectivamente, cuando llegó a casa, encontró un sombrero y un paraguas extraños en el pasillo y a su mujer en el sofá en brazos de otro hombre.

Enloquecido por la venganza, el marido cogió el paraguas del hombre y se lo partió en dos en la rodilla.

"¡Allí, ahora, espero que llueva!"

¿Qué puedes hacer? Sí, puedes gritar y puedes hacer una larga marcha con grandes carteles, y eso te dará cierta satisfacción porque tus energías reprimidas se liberarán. Es una especie de catarsis. Sin saberlo, estás haciendo Meditación Dinámica, pero sería mejor que lo hicieras a sabiendas.

Sí, la guerra ha llegado a un punto en el que puede destruir a toda la humanidad, y no sólo a la humanidad, sino a toda la Tierra. La vida como tal puede ser destruida. ¿Qué podemos hacer?

El conocimiento científico ha ido muy por delante del crecimiento espiritual del hombre; ése es el problema, el verdadero problema. ¿Quiénes son esos locos de los que hablas? ¿Son diferentes de ti, Peter Bohm? Richard Nixon, Brezhnev, el ayatolá Jomeini, ¿son personas diferentes a usted? Puede que haya alguna diferencia cuantitativa, pero no cualitativa. Si USTED llega al poder demostrará lo mismo. Y un día estas personas no estaban en el poder; también eran como tú. Cuando estén en el poder, entonces aparecerán sus verdaderos rostros.

Lord Acton dice: El poder corrompe. No es cierto. El poder nunca corrompe, pero la gente corrupta se siente atraída por el poder. Por supuesto, sin poder no pueden mostrar su verdadero rostro. El poder sólo les da el contexto adecuado en el que pueden revelar la realidad de su corazón. El poder no corrompe, sólo revela la verdad. Las personas sin poder pueden no parecer locas porque no pueden permitirse estarlo. Dales poder y entonces lo verás:

están tan locos como los demás.

No veo ninguna diferencia entre belicistas y pacifistas; son el mismo tipo de personas. Parecen polos opuestos, pero están hechos el uno para el otro. En el fondo son uno; dos extremos del mismo palo. Sí, me gustaría que la Tierra se convirtiera en un paraíso y no en un cementerio... pero ¿qué tipo de resistencia?

Incluso si Krishna estuviera aquí, en ESTA coyuntura no habría sugerido la guerra. Estoy absolutamente seguro de ello. Digo categóricamente que Krishna no le habría dicho a Arjuna que luchara en este momento, porque esto es un suicidio global. Han pasado cinco mil años desde Krishna y muchas cosas han cambiado.

Hemos llegado a un punto en el que la guerra total es posible. Nadie va a ser el vencedor, así que ¿qué sentido tiene la guerra? La guerra ha sido importante en el pasado porque alguien ganaba y alguien perdía. Ahora no habrá vencedor; todos serán perdedores. La guerra ha perdido toda su importancia: hoy en día es una absoluta estupidez. Puede que tuviera algún significado en el pasado, pero ya no lo tiene.

El mensaje de Krishna es irrelevante hoy en día; el mensaje de Buda es más relevante. El mensaje de Krishna está desfasado; el mensaje de Buda es muy actual. Pero, ¿cuál es su mensaje? Su mensaje es: Si realmente quieres paz en la tierra, crea paz en tu corazón, en tu ser. Ése es el lugar adecuado para empezar, y luego difundir, irradiar paz y amor.

Si cada vez más gente se vuelve pacífica, alegre, si cada vez más gente puede bailar y cantar, si cada vez más gente puede decir "¡Aleluya!" desde lo más profundo de su ser, será imposible que estos pocos locos creen una guerra. Entonces podremos meter a estos locos en manicomios muy fácilmente. Podemos convertir nuestras capitales en manicomios; eso no es un gran problema, una vez que se transforme la conciencia interior de mucha gente.

Sé un meditador.

Sé un amante.

Sé un celebrante.

Crea toda la existencia con tanta dicha y alegría como sea posible. Haz que la vida sea tan bella que nadie quiera morir.

Ahora mismo, la situación es justo la contraria: la vida es tan fea que ¿a quién le importa? Si hay guerra, de hecho, la gente se sentirá aliviada. No tienen que suicidarse y aun así la guerra va a hacer por ellos el trabajo que siempre quisieron hacer ellos mismos.

Los psicólogos dicen que es muy difícil encontrar a un hombre que no haya pensado al menos cuatro veces en su vida en suicidarse. Pero suicidarse no es fácil; va en contra del instinto vital. Pero si alguien más puede asumir la responsabilidad y alguien más puede lanzar una bomba atómica o una bomba de hidrógeno, entonces nos liberamos de la responsabilidad de cometer suicidio y aún así el suicidio ocurre. Y no sólo NOSOTROS morimos, sino todos los demás con nosotros.

Tenemos que cambiar la mentalidad suicida de la gente. ¿Por qué la gente piensa en el suicidio? - Por la sencilla razón de que la vida es fea y no saben cómo embellecerla, cómo hacer de ella una canción. Es sólo tristeza, una larga angustia, una pesadilla. Por eso la gente se interesa por la guerra y la apoya: por cualquier causa estúpida, por cualquier excusa están dispuestos a matar y a morir.

Y de hecho, todas las causas políticas son estúpidas, todas las llamadas revoluciones políticas son estúpidas.

La única revolución que no es estúpida es espiritual, es interior, es individual.

Si realmente quieres un mundo sin guerras, crea esta revolución individual que yo llamo sannyas.

Esta es la verdadera resistencia. Sin resistirte a nadie creas un espacio diferente, un contexto diferente, en el que la vida empieza a florecer, la vida se vuelve creativa.

Y si la gente es creativa, floreciente, alegre, la política y los políticos serán cosas del pasado. Sí, puedes salvar a algunos políticos para guardarlos en los zoológicos para que los vean los niños del futuro: "¡Mira, este es Morarji Desai!" Podéis rellenarlos de paja; ya están rellenos de paja y nada más; no necesitarán mucha más paja, con un poco bastará.

Y esto es posible ahora. Nunca fue posible antes porque la guerra nunca fue un peligro tan grande. La política es ahora el juego más estúpido, loco, completamente loco.

Son momentos tremendamente significativos, porque podemos cambiar toda la conciencia humana de política a espiritual.

La cuarta pregunta:

Pregunta 4:

AMADO MAESTRO,

¿QUÉ ES LA PRESENCIA DE ÁNIMO?

Kavita, la presencia de la mente es realmente un estado de no-mente. Puedes llamarlo atención plena, consciencia, o puedes llamarlo estado de no-mente. Las palabras parecen contradecirse, pero son indicativas del mismo estado. Presencia mental significa estar en el presente, ser espontáneo, estar disponible para lo que esté sucediendo en ese momento.

Estar disponible para el aquí y el ahora es presencia de ánimo. Pero la única manera de estar disponible para aquí y ahora es no estar en el pasado, no estar en el futuro.

Y la mente consiste en pasado y futuro; la mente no sabe nada del presente. La mente siempre está ocupada, nunca está desocupada. Y siempre que la mente está desocupada, completamente sin ningún pensamiento, sólo vigilante, alerta, consciente, surge una gran presencia. Esa presencia funciona por sí misma. Esa presencia hace de tu vida una vida de respuestas, no de reacciones.

La vida ordinaria es de reacciones; reaccionas. Reacción significa que reaccionas a una situación presente de acuerdo con el pasado. Nunca encaja porque la vida nunca se repite. La historia puede repetirse, porque la historia es un fenómeno mental, pero la vida nunca se repite. Siempre es nueva, siempre está fresca; siempre ocurre algo nuevo. Tú sigues cargando con viejas ideas de acuerdo con tu experiencia, y actúas a partir de esas ideas pensando que estás actuando a partir de la experiencia. Esto es reacción: te estás quedando atrás, no eres fiel a la situación.

Una respuesta significa ser fiel a la situación; no actuar desde el pasado, sino desde el momento presente. Al igual que un espejo, simplemente refleja lo que es. Si hay una flor, refleja una flor; si hay una cara, refleja la cara. Tu mente nunca refleja lo que es; tu mente siempre refleja lo que FUE. Así es como tu mente nunca llega a un estado de comunión con la realidad. Entonces todo lo que haces está mal.

La presencia de ánimo es un estado de irreflexión, pero no de sueño, no de inconsciencia.

Conciencia sin pensamiento, conciencia sin contenido, un espejo completamente vacío, listo para reflejar cualquier cosa. La belleza del espejo es que nunca capta ningún reflejo; no es como una placa fotográfica. La placa fotográfica se apodera inmediatamente del reflejo y por eso se destruye. Sólo se puede utilizar una vez, después se aferra al pasado. Eso es lo que es la memoria, la mente, una placa fotográfica.

La mente de un buda no es una placa fotográfica, sino un espejo.

Intenta ser cada vez más responsable y cada vez menos reactivo.

Una mujer conducía su coche a unos ochenta kilómetros por hora cuando vio que la seguía un policía en moto. No aminoró la marcha; pensó que tal vez podría librarse de él yendo a noventa. Cuando volvió a mirar hacia atrás, dos motocicletas la seguían. Acelera de nuevo. La siguiente vez que miró, tres motos la seguían a toda velocidad.

De repente, vio una estación de servicio. Se detuvo ante ella, salió corriendo y entró en el aseo de señoras.

Diez minutos después, salió caminando recatadamente. Los tres policías estaban allí, esperándola. Sin pestañear, dijo tímidamente: "¡Apuesto a que creíais que no lo conseguiría!".

La quinta pregunta:

Pregunta 5:

AMADO MAESTRO,

DIJISTE, "A MENOS QUE TE CONVIERTAS EN SANNYASIN POR CONCIENCIA...." EN SU MOMENTO PEDÍ SANNYAS PORQUE ME SENTÍA SEGURA CONTIGO Y CON TUS SANNYASINS, PERO PARA NADA FUERA DE LA CONSCIENCIA. DE HECHO, TENGO MUCHA DIFICULTAD EN VOLVERME UN POCO CONSCIENTE Y TAMBIÉN CON LA MEDITACIÓN. ¿SIGNIFICA ESTO QUE SERÁ MEJOR ABANDONAR SANNYAS?

Shridhar, puedes dejarlo, ¡pero sólo por conciencia!

La sexta pregunta:

Pregunta 6:

AMADO MAESTRO,

Aunque Tú sigues diciéndonos que tenemos que estar en el mercado -y viniendo de Occidente, ése debería ser mi mercado-, ahora tengo esa fuerte sensación de que quiero estar aquí cerca de Ti, de que éste es mi hogar. ¿Es esto también un deseo?

Prem Satyam, ¡este es el mercado del que sigo hablando!

La séptima pregunta:

Pregunta 7:

AMADO MAESTRO,

¿SE DEBE INTENTAR SER RICO O NO?

Asango, medita sobre la máxima de Murphy: No te importa ser rico o no mientras puedas vivir cómodamente y tener todo lo que quieras.

Eso es exactamente lo que he estado haciendo y eso es exactamente lo que me gustaría que hicieras.

¿Por qué preocuparse de si se es rico o no? De hecho, la gente se preocupa innecesariamente.

Lo que tengas, disfrútalo, ya es demasiado. No puedes mirarlo porque tu mente está constantemente ocupada haciendo esto, convirtiéndote en aquello. Y todo lo que la existencia te da, tú lo descuidas. Ni siquiera le das las gracias a la existencia por ello; no tienes ninguna gratitud. Por otra parte, aunque no poseas nada, puedes vivir una vida muy rica.

Una vida rica es algo interior. Y no estoy en contra de las cosas exteriores, recuérdalo, pero básicamente una vida rica es algo interior. Si eres rico interiormente, puedes hacer que incluso las cosas externas sean más ricas gracias a tu luz interior. Por ejemplo, si el buda vive en una choza, vive en la choza como si la choza fuera un palacio. Si el buda vive en el palacio, por supuesto podrá disfrutar del palacio más que nadie en el mundo. Si puede disfrutar de la choza como de un palacio, ¿qué decir del propio palacio? Dondequiera que esté, encuentra la forma de disfrutar de la vida.

Todo el arte de sannyas es vivir una vida rica, pero la riqueza viene a través de tu conciencia interior. Puedes vivir una vida muy pobre y ser muy rico exteriormente; puedes tener un gran saldo bancario, pero puedes vivir una vida de perro.

Conozco a mucha gente rica. Lo siento por ellos. Lo tienen todo, pero viven de un modo tan pobre que no puedo concebir qué ceguera les ha sobrevenido. ¿No pueden ver sus hermosas casas, sus hermosos jardines? Pero no tienen sensibilidad. Así que las flores van y vienen y pasan junto a ellas todos los días, pero no ven.

Si no, basta con una sola flor. Y si la flor ha crecido en tu jardín o en el de tu vecino, ¿a quién le importa?

No posees las estrellas, pero puedes disfrutar de ellas. ¿O primero tienes que poseerlas y sólo entonces podrás disfrutar de ellas? No posees los pájaros del cielo, pero puedes disfrutar de ellos.

Lo que necesitas no son más posesiones. Lo que necesitas es más sensibilidad, más sensibilidad estética, más oídos musicales, más ojos artísticos. Lo que necesitas es una visión que transforme todo en algo significativo y con sentido.

Me preguntas, Asango: "¿Hay que intentar ser rico o no?".

¡Usted ES rico! Ya se te ha dado lo que necesitas. Déjalo crecer, y entonces lo que tengas en el exterior será suficiente.

Puedes ver a mis sannyasins viviendo aquí. En realidad no tienen nada que se pueda llamar posesiones, pero no se puede encontrar gente más feliz en ningún lugar del mundo. No tienen ninguna razón para ser felices, ¡no hay nada por lo que ser felices! Pero algo interior ha empezado a crecer, algo como una fragancia sutil que sólo las personas que tienen sensibilidad, sensibilidad, pueden sentir; los demás no pueden verlo.

Mucha gente me ha preguntado: "¿Por qué tus sannyasins parecen tan felices?". El por qué no puede responderse fácilmente, porque quieren saber qué hay en el exterior que está causando la felicidad. En el exterior no hay nada más que todo tipo de problemas: el gobierno indio, la policía, la sociedad india podrida y la mente podrida. No hay nada en el exterior. Pero aún así, mi gente es inmensamente feliz. Y no están sentados sin hacer nada, están trabajando duro, y trabajando duro sin recompensa, sin paga; no reciben nada. Pero algo interno está sucediendo; esa es la verdadera riqueza.

Asango, piensa en eso. Eres un nuevo sannyasin; pronto serás consciente de ello.

La octava pregunta:

Pregunta 8:

AMADO MAESTRO,

QUIERO CASARME. ¿CÓMO PUEDO ESTAR SEGURO DE QUE LA MUJER CON LA QUE ME CASO ES PURA DE CARÁCTER?

Suresh, ¡esto es lo que yo llamo la podrida mente india! Si la mujer es realmente pura, ¿por qué debería casarse contigo en primer lugar? ¿Y por qué este deseo, esta imposición sobre el otro? ¿Y qué quieres decir con pureza, pureza de carácter? ¿Quieres decir que ella no ha conocido a nadie sexualmente antes de ti? Pero eso significará casarse con una mujer inmadura, casarse con una mujer inexperta.

Si vas a contratar a un ingeniero, ¿le preguntas: "El primer requisito es que no sepas nada de ingeniería"? Luego preguntas por la experiencia; quieres pruebas, certificados.

Si eres prudente, preguntarás si la mujer también ha sido amada por otras personas.

Si una mujer no ha sido abordada por nadie hasta ahora, ¡huye! ¿Qué significa eso? Significa que la mujer es peligrosa.

Sólo las personas muy feas pueden tener ese tipo de pureza que pides. Pero no veo que por tener unas cuantas aventuras amorosas una persona se vuelva impura. El amor purifica. ¿Cómo puede volver impuro a alguien? Cuanto más se ama, más ingenioso, hábil e inteligente se vuelve uno en el amor.

Millones de matrimonios fracasan porque dos personas sin experiencia intentan arreglar las cosas. Si ambos son inexpertos, el matrimonio está abocado al fracaso.

Todavía existen en el mundo algunas sociedades primitivas en las que se considera imprescindible que la mujer conozca a unos cuantos hombres y que el hombre conozca a unas cuantas mujeres antes de decidir casarse. El matrimonio necesita arte, es un gran esfuerzo para crear una sinfonía entre los seres de dos personas.

Así que no preguntes tonterías. Y si buscas demasiado ese tipo de pureza, entonces, por favor, ¿por qué decides hacer impura a la mujer? Sufrirás por ello, y ella sufrirá porque te hará impuro. No os hagáis tanto daño. ¿Por qué en primer lugar pensar en el matrimonio? Mantente puro.

"Papá", dijo el joven David, "¿qué es el amor de cachorro?".

"El comienzo de la vida de un perro, hijo mío."

Murphy dice: Todo lo bueno en la vida es ilegal, inmoral o engorda.

Las tres cosas fieles de la vida son el dinero, un perro y una anciana.

Así que o te casas con dinero o con un perro o con una vieja. Si tanto te interesa la pureza, si tanto estás casado con la pureza, no pidas una mujer de verdad.

Busca una de plástico. Siempre puedes limpiarla y enjabonarla. ¿Por qué molestarse con gente real? La gente de verdad es gente de verdad.

Dos futuros padres se pasean por la sala de espera del hospital.

"Qué mala suerte", dijo uno. "Esto ha tenido que ocurrir durante mis vacaciones".

"¿Crees que tienes problemas?" dijo el otro. "¡Estoy en mi luna de miel!"

Las personas reales son personas reales. A la gente de verdad le pasan cosas, no a la gente de plástico. Sí, ¡incluso en la luna de miel pueden pasar cosas!

Un par de buenos amigos, franceses ambos, paseaban un día por los Campos Elíseos cuando vieron acercarse a dos mujeres. "¡Sacrebleu, Pierre!" gritó uno. "Ahí vienen mi mujer y mi señora caminando hacia nosotros cogidas del brazo".

"¡Mon Dieu, Henri!" gritó el segundo. "Estaba a punto de decir lo mismo."

Charlie llevaba a su amigo de fuera a dar un paseo por la ciudad. El amigo observó a una chica guapa y le preguntó a Charlie si la conocía.

"Sí, es Betty. Veinte dólares".

"¿Qué tal ese?"

"Es Dolores. Cuarenta dólares."

"Aquí viene una que es realmente de primera clase. ¿La conoces?"

"Es Gloria. Ochenta dólares".

"Dios mío, ¿no hay chicas buenas y respetables en esta ciudad?"

"Por supuesto, pero no podrías permitirte sus tarifas".

Suresh, o te deshaces de esta idea del matrimonio o te deshaces de la idea de la pureza de carácter.

Si mantienes las dos ideas juntas tendrás problemas.

¿Y quién eres tú para decidir sobre el carácter de los demás? Si amas a la mujer, la amas con todas sus limitaciones, con todas sus imperfecciones; ella te ama con todas tus imperfecciones y limitaciones.

Pero esto es lo que -particularmente para la mente india- es muy significativo: la perfección. Y exigir la perfección es una especie de neurosis. Volverá neurótico al otro, y en lo que a ti respecta, ya eres neurótico. Si pides perfección a cualquier ser humano, te crearás problemas a ti mismo y al otro, y tu vida no será más que miseria.

El verdadero hombre comprensivo e inteligente acepta las imperfecciones del otro y aun así ama. El amor es suficientemente grande; puede incluso amar a personas que no tienen carácter, a personas que no son puras según tus ideas, a personas que a veces se desvían, a personas que a veces cometen pequeños pecados. El amor es lo suficientemente grande como para aceptar todo esto y transformarlo también.

La novena pregunta:

Pregunta 9:

AMADO MAESTRO,

¿POR QUÉ TANTA GENTE SE HACE SANNYASIN?

Murphy.... Dios mío, ¿eres el mismo Murphy que he estado citando y citando mal?

Deberías habérmelo dicho antes. Pero tú debes ser, espero, otro Murphy, porque si fueras el mismo Murphy no harías semejante pregunta. Ese viejo es tan sabio que sólo da respuestas, nunca hace preguntas.

Me preguntas: "¿Por qué tanta gente se hace sannyasin?".

Cada uno lo hace por una razón diferente; de ahí que sea muy difícil responder. Los verdaderos sannyasins ni siquiera pueden dar una respuesta razonable de por qué se han convertido en sannyasins.

Es una especie de historia de amor; se enamoran de este loco. Es una locura total, es absurdo. Simplemente encuentran una comunión interior; algo le ocurre a su corazón, no a su cabeza. Y cuando algo le ocurre al corazón, no tiene respuesta.

Pero unas pocas personas se hacen sannyasins por la cabeza; entonces sólo son pseudo sannyasins. Pueden darte respuestas de por qué se han convertido en sannyasins.

Así que esto es lo que se puede decir: aquel que puede responder POR QUÉ se ha convertido en sannyasin es un sannyasin equivocado, un pseudo sannyasin; el verdadero sólo puede encogerse de hombros. Puede decir: "No lo sé, simplemente sucedió". No será convincente para ti -no puede serlo-, pero intenta ser comprensivo con la persona. Es una historia de amor.

¿Quién ha podido decir alguna vez por qué se ha enamorado? Uno simplemente se enamora sin ninguna razón. De repente, algo hace clic, y lo hace de una forma tan sutil que no se sabe por qué. El porqué no tiene respuesta. Y siempre que se pueda responder, la persona no es un verdadero sannyasin. Esta es la paradoja: los que pueden responder, no son verdaderos sannyasins; los que no pueden responder, son verdaderos sannyasins.

Y luego hay personas diferentes que vienen con diferentes antecedentes, que vienen aquí por diferentes razones. Se abren a mí de distintas maneras, se toman distintos tiempos, tienen distintos ritmos.

Un equipo de exploración de los tiempos modernos, formado por Lewis y Clark, había regresado de una exploración de dos años del alto Amazonas. Después de haber ido valientemente donde ningún hombre había ido antes, fueron recibidos por miembros de la prensa de todas las naciones.

"Díganos, señor", preguntó un periodista al primer explorador, "¿qué le impulsó a ir?".

"Tenía que ir", respondió. "Tenía que afrontar el reto, poner a prueba mi temple, encontrarme con lo desconocido, afrontar las dificultades y reflexionar sobre el verdadero sentido de la vida".

"Y usted, señor", preguntó al segundo explorador, "¿por qué se fue?".

"Deberías conocer a mi mujer", fue la cansada respuesta.

Diferentes personas tendrán diferentes razones. Alguien está aquí para explorar lo desconocido; alguien está aquí simplemente por su mujer. Alguien está aquí porque ésta ha sido su búsqueda durante muchas vidas; alguien está aquí accidentalmente. Pasaba por Poona, de Kabul a Goa, y al ver a tantos locos de naranja se quedó intrigado. Se dijo a sí mismo: "¡Tío, está pasando algo muy raro!". Y entonces se enganchó... luego se olvidó por completo de Goa. Entonces, poco a poco, la gente se olvida de todo el mundo. Entonces este pequeño lugar se convierte en todo su mundo.

Ansioso por llegar a tiempo a su cita, Carl se detuvo en la farmacia para hacer una compra apresurada.

El farmacéutico le dedicó una sonrisa cómplice y él le habló de una chica encantadora que había conocido en una fiesta. Iba a pasar la noche con ella, y los padres de ella estarían en la ópera.

Cuando llegó a su casa, ella y su madre estaban esperando a que su padre volviera del trabajo.

Cuando entró su padre, presentó a ambos a Carl, y éste le dijo: "Oye, ¿por qué no nos unimos Nancy y yo a vosotros esta noche?".

"Los niños no queréis pasar la tarde con nosotros, los viejos", dijo la madre de Nancy.

"Claro que sí", dijo Carl.

"No sabía que te gustara la ópera", dijo Nancy a su acompañante, que la ayudaba a ponerse el abrigo.

"No, y tampoco sabía que tu padre era farmacéutico", dijo.

Así que hay diferentes razones. No puedo darte una sola respuesta. No puedo decir por qué la gente se convierte en sannyasins.

Todo lo que puedo decir es que estoy completamente loco, y unas pocas personas se encuentran en sintonía conmigo.

La última pregunta:

Pregunta 10:

AMADO MAESTRO,

¿QUÉ ES EL DESCONOCIMIENTO?

Shivananda, sí, la pregunta surge y es significativa también. Es como el pez que pregunta: "¿Qué es el océano?". Obviamente, el pez no puede ver el océano; siempre ha vivido en el océano, desde el principio. Nació en el océano, abrió los ojos en el océano, ha vivido como parte del océano.

El océano está tan cerca que el pez no se siente separado de él. No hay espacio entre el pez y el océano para conocerlo.

Y eso es lo que ocurre con la inconsciencia. Naces en la inconsciencia, vives en la inconsciencia, duermes en la inconsciencia... te despiertas en la inconsciencia. Caminas en la inconsciencia, hablas en la inconsciencia... lees Biblias, Coranes, Gitas, en la inconsciencia. Está tan cerca, estás tan impregnado de él; está en cada fibra y célula.

No hay distancia entre ella y usted. Por lo tanto, la pregunta es muy importante y hay que planteársela. Sólo entonces se puede avanzar lentamente desde la inconsciencia hacia la consciencia.

La inconsciencia es un estado de existencia robótica. Sigues repitiendo mecánicamente. Sigues viviendo sin estar alerta; somnoliento, eres un sonámbulo.

De cada diez personas, una puede caminar dormida, ¿lo sabías? Es un gran número. De cien, diez personas son capaces de caminar dormidas. Si tienes diez personas en tu familia, eso significa que una persona es capaz de caminar dormida.

La gente se levanta, puede caminar en la oscuridad, puede alcanzar la nevera, puede comer cosas, puede volver a la cama. Por la mañana se olvidan de todo, ¡y luego se preocupan de por qué siguen engordando cada vez más! Durante el día ayunan o hacen dieta y por la noche compensan todo lo que pueden.

Tendrás que separarte un poco de tus actos; entonces podrás saber lo que es la inconsciencia. Alguien te insulta; inmediatamente, al instante, surge la ira. Es como apretar un botón y se enciende la luz. No hay intervalo: pulsas un botón y se enciende la luz. La luz no tiene tiempo de pensar si se enciende o no. Si alguien te insulta, pulsa un botón e inmediatamente te enfureces.

Gurdjieff solía decir a sus discípulos: "Esperad al menos cinco minutos. ¿Cuál es la prisa?

Deja que te insulte, que termine él primero. Luego cierras los ojos y esperas cinco minutos, y observas lo que ocurre dentro de ti: la ira hirviendo".

Gurdjieff mismo se iluminó a través de este simple procedimiento: que todo lo que es mecánico en el hombre él trató de hacerlo no-mecánico. Y todo lo que es mecánico en ti - ira, lujuria, avaricia, celos - todo es mecánico. Simplemente está ahí cada vez que alguien pulsa un botón. Estás funcionando como un robot. Conviértete en un hombre.

De eso se trata la meditación, de eso se trata sannyas. Crea un poco de distancia. La próxima vez que alguien te insulte, dale cinco minutos, siéntate en silencio durante cinco minutos, y entonces podrás enfadarte. No estoy diciendo "No te enfades", porque eso sería demasiado. Lo que digo es que durante cinco minutos dejes una distancia y te sorprenderás: al cabo de cinco minutos ya no estarás igual de enfadado que cinco minutos antes.

Dale Carnegie recuerda un incidente de su vida. Emitió un programa de radio sobre Abraham Lincoln. Mencionó algunos datos erróneos sobre Lincoln; incluso su fecha de nacimiento era incorrecta. Recibió una carta, una carta muy enfadada, de una mujer, llamándole tonto, llamándole estúpido. "Si ni siquiera sabes la fecha de nacimiento correcta, ¿qué derecho tienes a hablar sobre Abraham Lincoln?"

Se enfureció y escribió inmediatamente una respuesta airada. Pero era demasiado tarde, así que pensó: "Mañana por la mañana enviaré la carta".

Antes de enviarla volvió a leer la carta. Parecía demasiado enfadado: habían pasado doce horas. Leyó la carta de la mujer; no era tan insultante como había parecido a primera vista. Así que cambió la carta y volvió a escribirla. Cuando estaba escribiéndola de nuevo dijo: "¿Por qué no esperar veinticuatro horas más y ver qué pasa? ¿Qué prisa hay? La mujer no va a morir".

Así que esperó veinticuatro horas y volvió a leer la carta. Ahora estaba aún más tranquilo, y la carta seguía pareciéndole un poco demasiado fuerte. La cambió y pensó: "¿Por qué no esperar cuarenta y ocho horas? ¡Que sea un experimento! Siempre puedo enviar la carta, pero después de doce horas tuve que cambiarla, después de veinticuatro horas tuve que cambiarla mucho más. Veamos qué pasa después de cuarenta y ocho horas".

Al cabo de cuarenta y ocho horas tuvo que cambiarlo totalmente. Toda la ira había desaparecido. Dijo: "Ahora esperaré dos días más y luego lo enviaré".

Y cuando por fin escribió la carta, se disculpó; ya no estaba enfadado. La mujer tenía razón: ¿qué derecho tiene si no conoce los hechos? Al menos debería haber comprobado los hechos antes de salir al aire. Tenía toda la razón al enfadarse.

Así que escribió: "Tienes toda la razón. La próxima vez no cometeré semejante error. Lamento profundamente haber herido tus sentimientos. Le pido disculpas. Si alguna vez se encuentra en esta ciudad, por favor venga a verme, o, si voy a su ciudad, iré a verle. Me gustaría saber más sobre Lincoln, porque creo que usted sabe más que yo".

Naturalmente, la mujer quedó tremendamente impresionada por la humildad del hombre; no esperaba que fuera tan humilde. La siguiente vez que fue a la ciudad donde vivía Dale Carnegie, le llamó por teléfono. Él fue, la recibió y la invitó a cenar.

Y finalmente la mujer y él se hicieron tan amigos, ¡que se enamoraron!

Parece un cuento de hadas, pero no ocurre en la vida real. En la vida real sólo ocurren tragedias.

Pero somos responsables de todas esas tragedias por nuestra inconsciencia.

Así que lo primero que te voy a sugerir, Shivananda, es que si quieres saber lo que es la inconsciencia, permitas una brecha. Este es el proceso de desautomatización. Te has vuelto automático, funcionas automáticamente. Tienes que invertir todo el proceso, des-automatizarlo, lentamente, en pequeños asuntos.

Por ejemplo, has salido a dar un paseo. No camines igual que todos los días. Ve despacio o ve rápido, pero no te limites a repetir la misma rutina. Y te sorprenderás: si vas despacio eres más consciente, si vas más rápido eres más consciente; si vas exactamente a la misma velocidad que sigues todos los días, pierdes toda la consciencia.

Buda dijo a sus discípulos que caminaran muy despacio, lo más despacio posible. Pruébalo y te sorprenderás. Una gran conciencia surge si caminas muy despacio. Hablas de una manera determinada; un día intenta hablar de otra manera. Habla despacio, y te sorprenderá que la lentitud del habla te hace estar alerta. De repente algo cambia, porque no estás funcionando según el robot.

La mente tiene dos partes: una es la parte de aprendizaje y la otra es la parte robótica. La parte de aprendizaje aprende; siempre que estás aprendiendo algo eres más consciente. Por ejemplo, si estás aprendiendo a conducir, eres más consciente, tienes que serlo. En el momento en que lo has aprendido, la parte de aprendizaje da su información a la parte robótica. Una vez que has aprendido a conducir, no necesitas ser consciente de nada; simplemente lo haces mecánicamente. Giras hacia tu casa, llegas al garaje y cierras el coche.

Lo haces todo como un robot.

Y esta es la historia de tu vida, veinticuatro horas al día. ¡Cámbiala!

El método de Gurdjieff era el siguiente: si algún vegetariano hubiera acudido a él como discípulo, lo primero en lo que insistiría sería: "¡Come carne!". Ahora bien, esto es algo muy chocante para un vegetariano: que le digan que coma carne. Y Gurdjieff era un maestro duro; te echaba si no le escuchabas, si no seguías la orden, si no seguías la disciplina. Te obligaba a comer carne. Ahora, cuando un vegetariano come carne se vuelve muy consciente, tiene que hacerlo. No tiene ni idea, ni experiencia en el pasado, de comer carne. Sólo piensa en Mahatma Gandhi comiendo carne... ¡se volverá tremendamente consciente!

Y si había un carnívoro, entonces Gurdjieff le decía: "Durante unas semanas sé sólo vegetariano. No comas carne en absoluto - ni huevos, ni carne, ni leche, ni comida animal de ningún tipo. Sólo sigue comiendo verduras". Todo el sistema corporal se había acostumbrado a un cierto patrón. Cambiaba las horas de comer de la gente. Si comías todos los días a la una, él te decía: "Come a las nueve". Si te ibas a dormir todos los días a las doce, te decía que te fueras a las dos o a las diez. Lo cambiaba todo. A un hombre que nunca había bebido vino, le obligaba a beber vino sólo para cambiar y destrozar su patrón. Al hombre que había sido un borracho, le impedía beber.

Gurdjieff desconcertaba a la gente, pero el método es sencillo: intentaba des-automatizar. Fue uno de los grandes maestros de esta época, muy incomprendido.

Naturalmente, todo el mundo estaba en su contra. ¿Quién ha oído hablar alguna vez de maestros religiosos que obliguen a beber a sus discípulos? - Obligar, realmente obligar. Y él se sentaba allí....

Lo mejor de su comuna era la cena. Solía durar cuatro, cinco, seis, siete horas. Todas las noches empezaba... y terminaba en medio de la noche. Y él mismo se encargaba de todo el mundo, de lo que se comía, de lo que se les daba... y seguía forzando. La gente se emborrachaba tanto que se caía al suelo, y empezaban a decir cosas en su borrachera - y él se sentaba al lado y escuchaba. También solía beber con ellos, pero había trabajado duro en el camino. Era un maestro de tantra. Había estado en la India y también en el Tíbet para aprender tantra.

El Tantra tiene métodos especiales para seguir bebiendo y seguir siendo consciente. TÚ no puedes ser consciente ni siquiera sin beber. El Tantra tiene métodos para beber lentamente, lentamente, y mantener la consciencia, no perder la consciencia. Lentamente, lentamente, la cantidad de tu droga tiene que ser incrementada a medida que incrementas tu consciencia. Llega un momento en el que -te sorprenderá saber que todavía hay gente en Oriente que lo practica- llega un momento en el que ninguna droga puede afectar a tu consciencia en absoluto.

Entonces lo último que intentan es esto: guardan serpientes venenosas y dejan que la serpiente les muerda en la lengua; ese es el último método. Normalmente un hombre morirá.... Estas serpientes son absolutamente venenosas. El tres por ciento de las serpientes de la India son peligrosas; no puedes sobrevivir a su mordedura; una vez mordido, desapareces. Pero estos maestros de tantra permanecerán alerta incluso en ese momento y no morirán. Sus cuerpos se han acostumbrado a todo tipo de venenos y se han vuelto alerta, tan alerta que ninguna droga puede afectarles.

Gurdjieff solía utilizar ese método con sus discípulos, simplemente para destrozar tus hábitos establecidos.

Mi enfoque aquí es enviarte a este grupo, luego a otro grupo, luego a otro grupo más. Cuando vas a diferentes grupos durante dos o tres meses, cada grupo tiene su propia estructura y patrón y cada grupo destruye los patrones y estructuras de otros grupos.

Y finalmente te envío a Zazen o a Vipassana. Están más allá de todas las estructuras ordinarias. Esos son los métodos dados por el mismo Buda. Entonces estás en un estado muy simple, observando tu propia respiración - la respiración entrando, la respiración saliendo, y simplemente estás observando.

Esta vigilancia te hará consciente de lo que es la inconsciencia y de lo que es la consciencia, ambas cosas. Te vuelves consciente de ambos simultáneamente.

Era primavera y dos amantes se acurrucaban en un prado en una oscura noche de luna nueva.

El joven susurró a su novia: "¡Ojalá tuviéramos una linterna!".

La niña respondió: "Yo también. Llevas cinco minutos comiendo hierba".

¿Lo pillas? - ¡Si no, tendré que contárselo a otro! ¡Medita sobre ello más tarde!

Marlene, una guapa secretaria de Filadelfia, hacía su primer viaje por Estados Unidos. Conduciendo por el desierto se quedó sin gasolina. Un indio la llevó en su poni. Cada pocos minutos, mientras cabalgaban, lanzaba un grito salvaje y chillón que resonaba por todo el desierto. Finalmente, la depositó en una gasolinera y se marchó con un último "¡Yaa-hoo!".

"¿Qué hacías", preguntó el dueño de la estación, "para que ese piel roja diera todos esos gritos?".

"Nada", dijo la chica. "Sólo me senté detrás de él con mis brazos alrededor de sus costados agarrándome al cuerno de su montura".

"Señorita", dijo el hombre, "los indios montan a pelo".

Suficiente por hoy.

La psicología del egoísmo

La primera pregunta:
AMADO MAESTRO,
GURDJIEFF DIJO QUE PARA ALCANZAR LA VOLUNTAD REAL UNO TENDRIA QUE RENUNCIAR PRIMERO A SU FALSA VOLUNTAD. ¿ES ESTO TAMBIEN CIERTO AQUI?

Peter Markee, es verdad en todas partes. Es verdad para siempre. La verdad es universal: el tiempo no hace diferencia, el lugar no hace diferencia. Y ésta es una de las verdades más fundamentales del crecimiento espiritual: hay que renunciar a lo falso porque lo falso es la barrera. Permaneces engañado por lo falso; de ahí que nunca comience la búsqueda de lo verdadero. Crees que lo falso es lo verdadero. Entonces, ¿por qué deberías esforzarte por realizar lo verdadero?

Si crees que la oscuridad es luz, ¿dónde está la necesidad de buscar la luz? Si crees que esta vida lo es todo, entonces no es cuestión de buscar e indagar sobre otra vida.

Si el tiempo es tu realidad total, entonces la eternidad nunca se convierte en una búsqueda para ti.

La falsa voluntad significa el ego; la verdadera voluntad significa la ausencia de ego. La falsa voluntad es tuya; la verdadera voluntad es de Dios. La falsa voluntad es personal; la verdadera voluntad es universal. La falsa voluntad significa simplemente que te crees separado del todo; y la verdadera voluntad es disolver esta ilusión de separación, convirtiéndote en lo que realmente eres - una parte en esta armonía cósmica, totalmente uno con ella. Entonces no tienes ningún destino separado, no tienes ninguna meta privada. Entonces, dondequiera que vaya el todo, TÚ vas. No eres más que una ola en el océano.

Y antes de poder conocer lo real, lo falso tiene que cesar, porque lo falso te está tapando los ojos. Te aferras a lo falso, al juguete. Y a menos que veas el punto - que el juguete es sólo un juguete, no vale la pena aferrarse.... En ese mismo momento, el juguete se te escapa de las manos porque ya no te aferras a él. Ver lo falso como falso es el principio de la verdad. Pero ese ver es arduo.

Durante vidas hemos vivido con lo falso y hemos creído en lo falso. Hemos nutrido, alimentado lo falso. Todas nuestras esperanzas, todos nuestros sueños, están arraigados en lo falso. Toda nuestra vida está invertida en lo falso; por eso tenemos miedo incluso de mirar, tenemos miedo de observar, de mirar.

La experiencia más aterradora para el ser humano es recordar, observar, ser consciente; de ahí la dificultad de la meditación. No surge del exterior; no hay perturbación en el exterior. La verdadera perturbación está dentro de ti. Realmente no quieres meditar. Estás en un doble aprieto. Escuchas a los budas hablar de las bellezas, las bendiciones y los beneficios de la meditación, y sientes avidez por ella. Pero luego miras tu propia inversión y te asustas, así que intentas meditar. Sin embargo, en realidad no quieres meditar porque la meditación significa que tendrás que ver las cosas como son -lo falso como falso, lo verdadero como verdadero- y eso va a destrozar todo tu esfuerzo de vidas en un solo momento.

Se necesita gran valor para meditar, valor para abandonar todas las inversiones. Se necesita una gran inteligencia. De hecho, ésta es la verdadera inteligencia: ver que todos y cada uno de los esfuerzos que hagas para realizar lo falso, para hacerlo realidad, van a fracasar. Verlo -que todo el esfuerzo es un ejercicio de absoluta futilidad- es inteligencia. No tiene nada que ver con la intelectualidad; es muy simple.

Mira, observa, y no tengas miedo ni evites ver. Y no sigas jugando contigo mismo, engañándote. No permanezcas en un doble aprieto, con una mano creando y con la otra destruyendo.

Eso es lo que hace la gente: la mitad de su ser quiere seguir como está -la mitad estúpida, la parte racional, la aritmética de su mente. Y la otra mitad, la mitad inteligente, la mitad intuitiva -el corazón- quiere empezar de nuevo, porque has visto durante tanto tiempo que nada tiene éxito. Y sigues en la misma rutina. Es el momento, el momento adecuado, para salir de la rutina y tener un nuevo nacimiento.

Lo que decía Gurdjieff lo han dicho todos los grandes maestros del mundo. "Despierta", dice Buda. Es lo mismo; las palabras difieren. "Sé vigilante", dice Jesús. Vigilad como si el amo de la casa hubiera salido y hubiera dicho a los criados que estuvieran alerta porque puede venir en cualquier momento y no quiere que estén dormidos: en cualquier momento puede venir. Tienen que estar alerta, en guardia, todo el tiempo. Jesús dice que estén alerta.

En estado de alerta la primera experiencia es que tienes una personalidad que es falsa. Gurdjieff lo llama la voluntad falsa. Y tienes algo más, algo impersonal en ti, que es la verdadera voluntad. Tu apariencia exterior es falsa; lo que experimentas desde tu núcleo más íntimo es verdadero. Eres una mezcla de lo accidental y lo esencial, de lo fortuito y lo intrínseco. Eres el punto de encuentro del tiempo y la eternidad, una encrucijada donde se encuentran la materia y la conciencia, donde se encuentran el cuerpo y el alma, donde lo real y lo irreal se dan la mano. Sí, eres exactamente una encrucijada. Y tienes que estar muy alerta para no elegir lo falso, porque lo falso es muy atractivo. Lo falso hace todo tipo de propaganda para sí mismo; lo falso intentará convencerte con todo tipo de argumentos.

La verdad permanece en silencio. A menos que TÚ estés preparado para recibirla, ni siquiera llamará a tus puertas. Lo falso tiene miedo de que si no se crea mucho humo a su alrededor su falsedad sea vista por ti. Así que ten cuidado con las racionalizaciones de lo falso, su propaganda, su argumentación, sus pruebas. Y recuerda también el silencio de la verdad: silencio total, silencio absoluto. La verdad nunca te persuadirá; esperará, puede esperar toda la eternidad.

Pero lo falso no puede esperar, es momentáneo, no puede ser tan paciente. Tiene que persuadirte, tiene que seducirte lo más inmediatamente posible. Lo falso es muy hipnotizante. Sus caminos son totalmente opuestos.

La verdad se alcanza a través del despertar, y lo falso se alcanza a través del sueño profundo. Lo falso es como un tranquilizante: es muy consolador, reconfortante, acogedor, seguro, a salvo. Te da todo tipo de protecciones, seguros. Continúa diciéndote: "Quédate conmigo y yo te protegeré. Soy tu guardián, tu guía, tu amigo, tu filósofo". La verdad nunca reclama nada.

A menos que te hartes totalmente de lo falso y de sus afirmaciones -que son todas falsas....

Habla mucho, pero nunca ofrece nada. A menos que te sientas totalmente frustrado, harto, aburrido de ella, no vas a mirar la verdad silenciosa; no vas a escuchar la voz quieta y pequeña de tu interior. Y esa voz es la voz de Dios. Es universal; no tiene nada que ver contigo.

La verdadera voluntad no es la tuya. Es el todo hablando a través de ti, funcionando a través de ti. Lo falso te da la idea de un gran ego - "Yo soy alguien"- y lo verdadero elimina todo ego. Te convierte en la nada, en un don nadie. Sólo a través de tu nada, el todo puede funcionar sin obstáculos.

Sí, Peter Markee, Gurdjieff tiene razón. Y todo lo que es verdad con Gurdjieff es verdad aquí también - es verdad para siempre. Dondequiera que exista un maestro, lo falso tiene que ser rendido.

Esa es realmente la función de sannyas. Es un dispositivo para renunciar a lo falso. Sannyas significa que entregas tu ego. Le dices al maestro: "Por favor, quítame esta carga de la cabeza". Te inclinas, tocas los pies del maestro. Eso es simplemente simbolico de que "Ahora no funcionare como una entidad separada de ti".

Y el maestro es aquel que ya ha rendido su voluntad, que ya no existe como persona, que sólo es una presencia, una ventana a Dios. Y cuando te rindes a la ventana te estás rindiendo al cielo que hay más allá. La ventana sólo hará que el cielo esté disponible.

Occidente aún no ha desarrollado la técnica de la relación maestro/discípulo. Algunos raros individuos lo intentaron, pero fracasaron. Sócrates lo intentó en Atenas, pero fracasó; no le hicieron caso. Jesús lo intentó de nuevo; fracasó. Occidente ha permanecido preocupado, concentrado en lo falso. Cree en el ego. Oriente cree en la ausencia de ego.

La psicología occidental dice que hay que fortalecer el ego. Es una psicología de lo falso - enraizada en lo falso, apoyando lo falso. La oriental dice: Que el ego se derrita, desaparezca, se evapore. Es la psicología de la ausencia de ego. Es un punto de vista totalmente diferente.

Gurdjieff intentaba de nuevo llevar Oriente a Occidente. También fracasó. Es muy difícil; los siglos están en su contra, y la hipnosis y el condicionamiento de la sociedad están en su contra. Incluso su propio discípulo principal, P.D. Ouspensky, no pudo entenderle, le malinterpretó. Le traicionó, igual que Judas traicionó a Jesús.

¿Y sabes qué? - Judas era la persona más culta y educada entre los discípulos de Jesús; por lo tanto, debía tener el ego más pulido. Era un intelectual. Los demás seguidores eran gente sencilla: pescadores, carpinteros, recaudadores de impuestos, jugadores, borrachos, prostitutas... gente sencilla. El único que no era sencillo era Judas; era complejo. Podría haber sido profesor en Oxford, Cambridge o Harvard, y le habría ido perfectamente como profesor: era un buen argumentador.

Hay algunos momentos en los que incluso discute con Jesús. Y si escuchas la discusión estarás de acuerdo con Judas, no estarás de acuerdo con Jesús.

Un día, Jesús se aloja en casa de María y Marta, y María trae un perfume muy costoso y lava los pies de Jesús con ese costoso perfume. Judas plantea inmediatamente una pregunta; dice: "¡Esto es una estupidez, gastar tanto dinero innecesariamente!". Y da un buen argumento, un argumento socialista. Dice: "Se podría haber dado tanto dinero a los pobres. Hay mendigos fuera de casa. Este dinero podría haber alimentado a muchos mendigos durante muchos días. Era un perfume raro. ¿Por qué desperdiciarlo? Los pies se lavan con agua, no hace falta". Y se había echado todo el frasco de perfume.

Ahora, ¿con quién vas a estar de acuerdo? ¿Y sabes lo que dijo Jesús? Jesús dijo: "Los mendigos siempre estarán ahí. Yo no estaré siempre".

No parece un argumento muy atractivo. Jesús dice: "No la molestes.

No perturbes su amor, su fe, su confianza. Está perfectamente bien. Viene de su profundo amor por mí. Déjala hacerlo. Y los mendigos siempre estarán ahí. Incluso si este dinero se les da, no va a pasar mucho. Tal vez por unos días podrán comer; luego otra vez...."

¿Con quién vas a estar de acuerdo? Noventa y nueve por ciento es la posibilidad de que estés de acuerdo con Judas - y más después de

Karl Marx, Engels, Lenin, Stalin, Mao; después de tanta propaganda comunista socialista por todo el mundo, ¿quién no va a estar de acuerdo con Judas? Parece el precursor de la filosofía socialista. Y la respuesta de Jesús no parece muy atractiva, convincente. Parece evadir la pregunta, eludir la cuestión. Pero Judas traicionó a Jesús por la sencilla razón de que estaba demasiado en su intelecto, era demasiado egoísta, demasiado orgulloso.

Lo mismo ocurrió con Gurdjieff y Ouspensky. Ouspensky fue el discípulo más elocuente de Gurdjieff. De hecho, es gracias a Ouspensky que Gurdjieff se hizo famoso en el mundo. Son los libros de Ouspensky los que han dado a conocer el nombre de Gurdjieff al mundo entero. Pero, ¿por qué lo traicionó? En los últimos años de su vida fue muy antagónico con su maestro. Incluso mencionar el nombre de Gurdjieff en presencia de Ouspensky era una ofensa para él; no toleraba ni siquiera mencionar el nombre de Gurdjieff. Lo abandonó por completo, incluso en sus libros escritos antes de que se desconectara de Gurdjieff. Cambió el nombre de Gurdjieff por sólo G; no escribía el nombre completo. Simplemente mencionaba, "G dijo..." - igual que XYZ. Y entonces - era lo suficientemente listo - cuando alguien le preguntaba: "Usted mismo mencionó a G", él decía: "Esos eran los días en que él tenía razón". El último Gurdjieff se ha vuelto loco. Estoy en contra del último Gurdjieff".

¿Y por qué fue contra él? Gurdjieff estaba tratando de destruir totalmente su ego y le era imposible aceptarlo. Él estaba en Londres, Gurdjieff estaba en Rusia, en Tiflis, y Gurdjieff envió un mensaje: "Ven inmediatamente. Véndelo todo allí. No pierdas ni un momento. Trae todo el dinero y ven".

Eran los días de la primera guerra mundial; era muy difícil viajar, peligroso viajar, y volver a Rusia era peligroso para Ouspensky porque los bolcheviques, los comunistas, habían llegado al poder y Rusia, toda Rusia estaba sumida en el caos.

No había orden ni gobierno.

Aun así, el amo se lo había pedido, así que vendió todas sus posesiones, su casa, cogió todo el dinero y viajó de vuelta a Rusia sabiendo perfectamente que corría peligro. El viaje fue largo; tardó tres meses en llegar, a veces viajando en tren y a veces a caballo y a veces se lo impedían y la policía le perseguía. Pero de alguna manera llegó allí; el maestro le había pedido que viniera, y así lo hizo.

Esperaba que, como había hecho un gran sacrificio, el maestro le diera una palmadita en la espalda.

¿Y sabes lo que hizo Gurdjieff? En cuanto llegó Ouspensky dijo: "¡Deja tu dinero y regresa! ¡Deja tu dinero aquí y regresa a Londres inmediatamente!"

Esto fue demasiado. Se volvió antagónico. Pensó que Gurdjieff se había vuelto loco.

No estaba loco. Si Ouspensky hubiera seguido eso también, aunque fuera muy ilógico....

Pero Ouspensky era un matemático, un lógico, un gran intelectual de este siglo, uno de los matemáticos más profundos que hemos producido. No podía creer todas estas tonterías. Viajó de regreso, pero se volvió en contra, se volvió muy agrio - diciendo que Gurdjieff se había vuelto loco.

Esa fue su racionalizacion para evitar ver la verdad, que Gurdjieff estaba tratando de destruir su ego totalmente. Ese fue el último golpe en su cabeza. Si lo hubiera permitido se hubiera iluminado. No acertó, y desde el último peldaño de la escalera falló y cayó. A veces ocurre: puedes fallar en el último momento.

Entonces durante toda su vida Ouspensky estuvo hablando en contra de Gurdjieff; su nombre se volvió innombrable. Todo lo que enseñaba lo había aprendido de Gurdjieff, pero era muy reservado. No permitía a sus discípulos leer los libros de Gurdjieff. No permitía a sus discípulos ir a ver a Gurdjieff. Los discípulos de Ouspensky pudieron ver a Gurdjieff sólo después de la muerte de Ouspensky; y entonces se sorprendieron de lo mucho que se habían perdido. Ouspensky era sólo un profesor, nada más. Gurdjieff era un hombre iluminado.

Pero el problema siempre es cómo abandonar el ego. Gurdjieff ofendio a mucha gente en Occidente por la sencilla razon de que en Occidente no hay tradicion, ni antecedentes, ni contexto para la psicologia del abandono del ego.

Por eso he elegido estar aquí, en Oriente. Aunque la gente venga de Occidente, tiene que venir a MÍ, porque sólo en el espacio oriental es posible entregar el ego. Todo el entorno es útil; no se necesita mucho esfuerzo.

Y una vez que la nueva comuna esté establecida se va a convertir en un fenómeno muy fácil, un juego de niños, dejar caer el ego. Cuando veas a diez mil sannyasins moviéndose sin el ego, sin cabeza, te parecerás tonto con cabeza. Te apresurarás inmediatamente para que te corten la cabeza y también podrás correr sin cabeza y hacer todo tipo de cosas que antes no eran posibles - a causa de la cabeza.

Gurdjieff tiene razón: hay que abandonar lo falso. Lo falso tiene que cesar para que lo real sea.

La segunda pregunta:

AMADO MAESTRO,

POR FAVOR NUNCA HABLES EN CONTRA DE LA MENTE INDIA PORQUE ME ENFADO TANTO QUE EMPIEZO A PENSAR COMO MATARTE.

Deva Kumar, la gente que sólo piensa en matar nunca mata. Puedes seguir pensando; los pensadores no pueden hacer nada. ¿Y por qué te molestas tanto si hablo en contra de la mente india?

Estoy en contra de todo tipo de mentes -india, alemana, inglesa, americana- y hablo en contra de todo tipo de mentes, porque la mente es la mente. No hay mucha diferencia, sólo patrones diferentes, ideas diferentes, pero la estructura básica es la misma.

Mente significa que no eres consciente, y puedes ser inconsciente a la manera india o a la manera china o a la manera japonesa; ¿qué importa? Y si no puedes escuchar las palabras que se dicen contra tu mente, no necesitas venir aquí; éste no es el lugar adecuado para ti.

No estoy aquí para reforzar sus egos; estoy aquí para destruirlos. Tengo que hablar contra ellos. Todo mi trabajo consiste en destruir. Primero es necesaria una gran destrucción, sólo entonces vuestras energías se liberan para algún trabajo creativo.

¿Y qué es realmente una mente india? - Es sólo un accidente haber nacido en la India y haber sido condicionado de cierta manera. Otra persona nace en Japón y está condicionada de otra manera, pero ambos son condicionamientos. Y la función del maestro es descondicionarte.

Puedo entender tu enfado, pero ese enfado no te va a ayudar. Sólo la comprensión puede ayudar. Intenta comprender. Tu ira nublará cada vez más tu ser; te volverás cada vez más incapaz de ver la verdad.

Érase una vez un perro que estaba sentado junto a la vía férrea cuando un tren expreso pasó rugiendo y le cortó un centímetro de la cola.

En busca de venganza, el perro esperó pacientemente el siguiente viaje del tren e intentó morderlo al pasar. Las ruedas del tren le pasaron por encima y le cortaron la cabeza.

La moraleja de esta pequeña historia es sencilla: Nunca pierdas la cabeza por un trocito de cola.

Y esto es sólo el principio, Deva Kumar; sólo se ha cortado un trocito de tu cola. Si permaneces aquí el tiempo suficiente la cola se irá, la cabeza se irá... y sólo entonces, por primera vez, renacerás: renacerás como conciencia, ni india ni francesa ni italiana.

¿Pero ha observado esto? Hablo en contra de la mente italiana, hablo en contra de la mente alemana, hablo en contra de la mente judía, pero nadie se opone a ello.

Pero si hablo en contra de la mentalidad india, inmediatamente hay alguien que se opone. Los indios se han vuelto muy susceptibles; en el fondo sienten una especie de inferioridad, y en la superficie fingen superioridad. Especialmente en lo que se refiere a la religión y la espiritualidad, sienten que son los guías espirituales del mundo, que Dios les ha elegido como mensajeros, que son la fuente de la religión, que son más santos que todos los demás en el mundo, que su país es divino y todos los demás países son malvados, que ellos son santos, gente santa, y todos los demás son pecadores, que ellos son espiritualistas y todas las demás personas son materialistas.

Y como tus estúpidos mahatmas siguen diciéndote estas falsas ideas, cuando me oyes decir algo en contra de la estupidez india te enfureces. No podéis asimilarlo, no podéis permanecer abiertos a ello, porque todos vuestros mahatmas siguen apuntalando vuestro ego. Por eso las masas indias están en mi contra, por la sencilla razón de que no puedo reforzar sus egos. No puedo decirles: "Sois grandes personas espirituales", y eso es lo que quieren oír. No tienen nada más. No tienen ciencia, no tienen tecnología; no tienen dinero, son pobres; no tienen comida, se mueren de hambre. Lo único que puede darles un poco de esperanza, un poco de satisfacción, es la espiritualidad.

Por eso, cuando te digo: "No tienes ni eso", me duele mucho. Entonces no queda nada.

Recuérdalo: Buda la tuvo, Krishna la tuvo, Mahavira la tuvo, Nanak la tuvo; eso no significa que todos los indios la tengan. Sócrates la tenía, Pitágoras la tenía, Heráclito la tenía, Plotino la tenía; eso no significa que todos los griegos la tengan. Lao Tzu la tuvo, Chuang Tzu la tuvo, Lieh Tzu la tuvo; eso no significa que todos los chinos la tengan. Estas personas raras se han dado en todas partes; no es nada especial para ti.

Así que deja de presumir de ello. Esta jactancia te mantiene inconsciente de tu situación real; se ha vuelto muy intoxicante para ti. Te mantiene en una especie de estado inconsciente.

Un tipo llamó al Sr. Vanderwater de Park Avenue y le dijo: "Sr. Vanderwater, ¿fue mi amigo Bill anoche a la fiesta de su casa sin invitación?".

"Sí, lo hizo."

"¡Ah, la maldición de la bebida! ¡Lo que hace un hombre cuando está borracho! Me gustaría hacerle otra pregunta, Sr. Vanderwater. ¿Empezó golpeando a algunos de sus invitados y terminó tirando algunas de sus obras de arte en Park Avenue?"

"Sí, lo hizo".

"Lo siento mucho. Una pregunta más: ¿yo también estaba allí?"

El ego es muy intoxicante, recuérdalo. Es más alcohólico de lo que cualquier alcohol puede ser. Y es piadoso; cuando pretende ser santo es muy piadoso - y un veneno piadoso es el veneno más puro. Evítalo. Vuelve a la tierra. Sé simple y ve la realidad tal como es.

Dos borrachos pasaban por delante de la puerta de la suite nupcial del Hotel Ritz cuando se detuvieron un momento a escuchar. Dentro de la habitación, el novio le decía a su novia: "Querida, eres tan deliciosamente encantadora. Tu fabulosa belleza debería ser capturada para la posteridad por los mejores artistas del mundo".

Los dos borrachos empezaron a aporrear la puerta enseguida, y el marido gritó: "¿Quién diablos es ése?".

"¡Rubens y Rembrandt!", respondieron ambos.

¡Deva Kumar, baja a la tierra! Matarme no va a ayudar mucho. Si te apetece hacerlo, puedes hacerlo; está perfectamente bien. Eso no va a ayudarte.

Lo que te va a ayudar es matar tu ego. Pon tu energía en matar tu ego. No me interesa hacer daño a nadie, no estoy en contra de nadie. Si a veces golpeo vuestras cabezas, es sólo por amor y compasión.

La tercera pregunta:

AMADO MAESTRO,

¿ES ESCUCHAR EL DISCURSO CON UNA ACEPTACIÓN TOTAL E INCONDICIONAL UNA FORMA DE INCONSCIENCIA?

Ra, si eres inconsciente no puedes ser completo en nada. La mente inconsciente no puede lograr ser completa, entera, total en nada. Una cosa es cierta:

si consigues ser entero, total, íntegro en cualquier cosa, no eres inconsciente. Puedes ser cualquier otra cosa, pero no inconsciente.

Usted me pregunta: "¿Escuchar el discurso con una aceptación total e incondicional es una forma de inconsciencia?".

No, no puede ser una forma de inconsciencia, porque hacer un esfuerzo consciente es necesario si quieres aceptarlo totalmente. Tendrás que hacer un esfuerzo deliberado; tendrás que ser muy consciente de ello.

La mente inconsciente es siempre fragmentaria; son muchos, no es uno. No puede ser una; es una multitud, una muchedumbre, muchas voces dentro de ti. Cuando estás inconsciente eres muchas personas; no eres un solo individuo. No estás integrado. Cualquier esfuerzo por ser total te integra. Y esto es sólo un recurso, escuchar con totalidad.

Pero, ¿quién te ha dicho que te diga que lo aceptes? La totalidad es necesaria para escuchar, pero no te he pedido que la aceptes. Si aceptas, no serás total, porque aceptar significa que estás eligiendo, y la elección siempre es parcial: algo no se ha elegido y algo se ha elegido.

Aceptar significa que estás rechazando muchas cosas: rechazas tus propias ideas, rechazas lo que va contra mí. Si yo digo una cosa y tú la aceptas, significa que estás rechazando lo contrario. Es una elección constante.

No te pido que aceptes lo que se dice; sólo te pido que escuches totalmente.

Entonces, ¿qué es? Es un fenómeno totalmente diferente, ni aceptación ni rechazo, sólo conciencia. Cuando escuchas el canto de los pájaros, ¿aceptas, rechazas? ¿Estás de acuerdo o en desacuerdo? Simplemente escuchas. El sonido de una cascada... ¿qué haces? Simplemente escuchas. El viento que pasa entre los pinos... ¿es necesario estar de acuerdo, en desacuerdo? No hace falta nada, sólo escuchar. La música del viento que pasa entre los pinos, la danza de los árboles al sol... simplemente ves, escuchas. No eres más que un espejo. El espejo no está de acuerdo ni en desacuerdo, sólo refleja.

Y eso es lo que se requiere del discípulo: no aceptación, recuérdalo. No estoy creando un credo, no os estoy dando un dogma. No quiero que seáis creyentes, tampoco quiero que seáis incrédulos. ¿Pero qué sentido tiene meter creencias e incredulidades en esto? Escuchadme en silencio, plenamente, para que no se os escape nada, eso es todo.

Y la belleza de la verdad es que si la escuchas en silencio, totalmente, penetra hasta lo más profundo de tu ser; llega hasta el corazón. No necesitas estar de acuerdo; la semilla de ella cae en tu conciencia y empieza a crecer.

Justo lo contrario ocurre con la falsedad: si escuchas totalmente, ninguna falsedad puede penetrar en tu ser. Esa totalidad es suficiente para desechar cualquier tipo de falsedad. En un estado total de conciencia, en un silencio total, la falsedad no puede penetrar; sólo puede penetrar la verdad.

Así que no me interesa que estés de acuerdo; sólo me interesa que estés abierto. Y no te estoy diciendo que seas incuestionable, tampoco te estoy diciendo que sigas cuestionando.

Ambas son actividades inútiles mientras escuchas. Si escuchas con mil y una preguntas en la mente, ¿cómo puedes escuchar? Esas preguntas crean tanto clamor, tanto ruido; no permiten que entre nada. Y si escuchas con una mente incuestionable, eso significa que estás siendo crédulo, que estás siendo poco inteligente.

Así que no hay necesidad de hacer preguntas ni de aceptar sin rechistar.

Lo que se necesita, lo que se requiere del discípulo, es un silencio total; simplemente estar aquí conmigo en profunda comunión, unidos, tan lentamente que tu respiración se sintoniza con mi respiración, tu corazón empieza a latir al mismo ritmo que mi corazón, de modo que perdemos la separación, de modo que estas tres mil personas aquí se convierten casi en una entidad, tan sintonizadas, tan profundamente de acuerdo que no pueden sentirse separadas. Se produce una gran fusión. Y esos son los momentos de la verdad, momentos de gran alegría, momentos de meditación.

Al discípulo se le pide que escuche meditativamente, porque en esos momentos meditativos se abren ventanas a lo divino, se abren puertas - puertas donde nunca has sospechado que existan puertas, donde siempre has pensado que hay muros. De repente, las puertas se abren.

Donde nunca habías pensado que hubiera puente posible, de repente aparecen puentes. Es un fenómeno misterioso.

Así que los que estén aquí como forasteros, sólo recibirán lo más superficial: mis palabras. No podrán participar de mi corazón. No podrán beber de mi ser. No podrán formar parte de mi danza, de mi canción.

La cuarta pregunta:

AMADO MAESTRO,

¿ERES FALIBLE?

Nityam, no soy el Papa del Vaticano, no soy infalible. Disfruto de la falibilidad. Y Buda no era infalible y Jesús no era infalible. Solo estos estupidos papas, empezaron a reclamar ser infalibles, porque querian dominar, querian explotar a la gente. No tengo ningún deseo de dominar a nadie, no tengo ningún deseo de explotar a nadie. No tengo ningún deseo.

La falibilidad es natural; la infalibilidad es antinatural. ¡Hasta Dios ha cometido tantos errores!

El primer error que cometió fue crear el universo; ése fue el principio de todo el lío. Pero lo hizo y sigue haciéndolo; no se ha detenido. Creó al Diablo; si alguien es responsable de la existencia del Diablo, entonces Dios es responsable: él lo creó. Creó todo tipo de pecados en ti, todo tipo de instintos en ti. Si alguien es responsable, si alguien es punible, entonces Dios lo es.

Siempre que te encuentres con Dios puedes echarle toda la carga encima. Simplemente puedes decir: "¿Por qué me creaste de esta manera? Deberías haberme creado santo y me has creado pecador. Depende de ti. Si eres el creador, entonces es tu responsabilidad".

Si algo va mal en la pintura, el responsable es el pintor, no el cuadro. Si algo va mal en la música, el responsable es el músico, no los instrumentos musicales. Si algo va mal en la poesía, el responsable es el poeta.

Dios es muy falible, eso es lo bonito; de lo contrario, Dios sería un concepto demasiado inhumano.

Es muy humano, y en Oriente tenemos incluso ideas de Dios que son mucho más humanas, mucho más humanas que el Dios cristiano. El Dios judío es mucho más humano que el Dios cristiano: el Dios judío se enfada. El Dios cristiano es siempre amor, siempre dulce, muy sacarino. El Dios judío puede ser muy amargo. El Antiguo Testamento dice que Dios es muy celoso y está muy enfadado. Estén atentos. Un Dios muy humano.

Y si vienes a Oriente te sorprenderás. Tenemos una hermosa historia: Dios creó el mundo porque se sentía solo. Qué idea tan hermosa, ¡Dios sintiéndose solo! Así que no tienes que preocuparte demasiado si a veces te sientes solo: es divino. Dios se sentía muy solo, por eso creó el mundo, para llenar su soledad. Y cuando creó a la primera mujer, se enamoró de ella. Eso es ir demasiado lejos.

Las personas que escribieron esta historia debieron de ser personas realmente valientes. Eso es enamorarse de tu propia hija. Y por supuesto, como se supone que deben hacer las mujeres, la mujer empezó el juego del escondite. Les gusta mucho ese juego. Todavía les gusta, y siempre les gustará; forma parte de la psicología femenina. El hombre toma la iniciativa y la mujer empieza a esconderse; y cuanto más se esconde, más encantado queda el hombre.

Por eso las mujeres orientales están más guapas que las occidentales: por la sencilla razón de que la mujer occidental ha olvidado cómo esconderse; se ha vuelto disponible.

Intenta ser como el hombre. La mujer oriental no intenta ser como el hombre; intenta ser absolutamente femenina: muy tímida, nunca toma ninguna iniciativa. Ninguna mujer oriental le dirá nunca a alguien: "Te quiero". Simplemente espera a que tú se lo digas.

Así que la mujer empezó a esconderse. Se convirtió en una vaca sólo para esconderse de Dios. ¿Pero cómo puedes esconderte de Dios? Él es omnisciente. Miró a su alrededor y vio que la mujer se había convertido en vaca, ¡así que se convirtió en toro! ¡Eso es ir demasiado lejos! Y así sucedió toda la creación: ella se convirtió en yegua y él en caballo, y así sucesivamente. Ella siguió escondiéndose bajo nuevas formas, y él siguió encontrándola una y otra vez.

Esto parece ser algo muy cercano a la verdad.

Incluso Dios es falible. No es necesario ser perfecto.

Hay que entender estas dos palabras lo más profundamente posible: una es perfección, la otra es totalidad. Nunca hago hincapié en la perfección, sino en la totalidad. Las viejas religiones llevan siglos enseñándote a ser perfecto. No puedes ser perfecto; nadie puede ser perfecto. Ni siquiera Dios es perfecto, porque ser perfecto significa estar muerto. Si algo es perfecto, ya no hay evolución posible. La perfección significa que se ha llegado al punto final, al callejón sin salida, al final del camino. Ahora estás atascado, no tienes adónde ir.

No puedes volver, porque ¿cómo puede volver una persona perfecta? Eso sería volver a ser imperfecto. No puedes seguir adelante porque te has vuelto perfecto; no hay nada más adelante. La existencia es imperfecta y seguirá siéndolo.

No enseño la perfección. La perfección simplemente crea neurosis en las personas. Los perfeccionistas son neuróticos; se vuelven locos intentando ser perfectos, porque intentan hacer lo imposible.

Yo enseño la totalidad, no la perfección. Sé total en todo lo que hagas.

Sé total. Si estás enfadado, enfádate totalmente. Si estás enamorado, hazlo totalmente.

Si estás triste, ponte totalmente triste. No te quedes a medias en nada. Ese es un enfoque totalmente diferente de la vida.

El perfeccionista dirá: "Nunca te enfades, nunca estés triste". La persona que cree en la totalidad dirá: "Sea lo que sea, sé total en ello. No te quedes a medias, no te contengas. Métete de lleno en ello".

Entonces la vida se convierte realmente en una tremenda aventura. Entonces incluso la tristeza es hermosa cuando es total. Si puedes llorar y llorar totalmente, entonces incluso llorar y llorar tiene una belleza propia. Te refrescará, te rejuvenecerá, te desahogará. Si puedes estar totalmente triste llegarás a conocer algo inmensamente bello en la tristeza que ninguna alegría podrá darte jamás, porque la tristeza tiene profundidad; la alegría es superficial. Una persona que no ha conocido la tristeza total se ha perdido una gran experiencia de la vida.

Y la ira total también tiene su propia belleza. Te dará la experiencia de hervir a cien grados, de intensidad, de pasión, de fuego, de volverte ardiente. Y el milagro es: la persona que puede estar totalmente enfadada también puede ser totalmente compasiva, porque la ira le enseñará compasión. Y la tristeza le enseñará formas de ser dichoso.

Mi enfoque no es el de un perfeccionista; estoy totalmente en contra. Ha destruido a la humanidad. Ha llevado a toda la humanidad a una especie de locura. Hay que abandonar esa idea. Tenemos que aprender un nuevo lenguaje: el lenguaje de la totalidad. Y yo llamo santa a una persona cuando es íntegra en todo lo que hace.

Si estás limpiando, hazlo totalmente. Piérdete totalmente en ella, y te aportará tanto como a un músico cuando se pierde totalmente en su música o como a un bailarín cuando se pierde totalmente en su danza. Incluso limpiar el suelo o cocinar la comida o tomar un baño o dar un paseo matutino... lo que sea.

Que este sea el fundamento de tu vida: que lo que sea que estés haciendo en ese momento, estés completamente perdido en ello. Que nada de ti se quede atrás. No guardes ninguna reserva.

Y saldrás de ello inmensamente beneficiado, enriquecido.

Soy tan falible como cualquiera, con una sola diferencia: ¡Soy totalmente falible!

Moisés y Jesús estaban sentados juntos en una barca recordando cosas.

"Me gustó mucho aquella en la que dividiste las aguas del Mar Rojo, Moisés", dijo Jesús.

"Ah, sí", dijo Moisés, "pero eso no fue nada comparado con tu caminar sobre el agua - eso lo supera todo. Dime, ¿crees que podrías hacerlo de nuevo?"

"Claro", dijo Jesús, "pero ha pasado mucho tiempo".

Salió del barco. Todo estaba bien, así que empezó a caminar despacio. Pronto se dio cuenta de que el agua le llegaba por encima de los pies. Se preocupó un poco, pero siguió caminando. Pronto el agua le llegó a los tobillos. Se volvió hacia el barco, preocupado. Cuando llegó a la barca, el agua le llegaba a las rodillas. Volvió a subir, aliviado pero desconcertado.

"No lo entiendo", dijo Jesús, "sé que ha pasado mucho tiempo, pero realmente pensé que lo tenía dominado. Me pregunto qué salió mal".

Moisés también se quedó pensativo. Finalmente dijo: "¡Apuesto a que sé lo que es! La primera vez que lo hiciste no tenías agujeros en los pies".

La quinta pregunta:

AMADO MAESTRO,

¿NO ES LA VIDA EN ABSOLUTO BELLA SEGÚN GAUTAMA EL BUDA?

Punito, la vida tal como la conoces no es bella. Cuando Buda dice que la vida es miseria, está hablando de la vida que TÚ conoces; no está hablando de la vida que ÉL conoce.

No tiene sentido hablar de la vida que él conoce: no la entenderás. Ni siquiera tienes idea de ella; ni siquiera puedes imaginártela.

Tú conoces una vida que se vive a través de la mente; él conoce una vida que se vive sin la mente. Tú conoces una vida que no es más que no esencial, superflua, periférica; él conoce una vida que se vive desde el centro mismo de su ser. Él conoce una vida que no es temporal sino eterna; tú sólo conoces la vida que es momentánea.

Continúa diciendo que tu vida es miseria -miseria y nada más- por la sencilla razón de que es tan momentánea. No puede satisfacerte, no puede darte satisfacción. No puede saciar tu sed; al contrario, hace que tu sed sea cada vez más persistente. Te hace estar cada vez más descontento.

El paracaidista irlandés saltó de un avión y luego descubrió que había olvidado su paracaídas. Mientras caía por los aires, miró el paisaje y se dijo: "¡Esto sería muy agradable si durara!".

Pero esta es nuestra situación: sin paracaídas, cayendo hacia la tierra. Por supuesto, es un paisaje precioso: nubes con rayos de sol y todo el verdor debajo de ti y una atmósfera muy silenciosa, sin ruido y aire impoluto. Todo es hermoso, pero el problema es que no puede durar. En unos instantes todo habrá desaparecido; en unos instantes estarás destrozado sobre la tierra.

De ahí que Buda siga recordándote la muerte: la muerte está ahí a la vuelta de la esquina. Intentamos que nuestra vida dure para siempre. Intentamos por todos los medios evitar la muerte, pero la muerte es inevitable. Intentamos engañarnos pensando que somos excepciones, pero nadie es una excepción. La muerte llega inevitablemente.

Lo único inevitable en la vida es la muerte. Pero seguimos haciéndonos ilusiones de que no va a ocurrir, al menos hoy. ¿Y quién se preocupa del mañana? "Ya veremos el mañana cuando llegue. Disfrutemos de este momento: comamos, bebamos y seamos felices".

Buda dice que esta filosofía de "Come, bebe, alégrate" es pura inconsciencia. Y este estado inconsciente puede crearte más y más miseria. La inconsciencia es miseria, así que si tu vida es inconsciente ES miseria.

La conciencia es dicha. Si tu vida es consciencia, entonces es dicha, pero entonces se convierte en un tipo de vida totalmente diferente. Se convierte en la vida del despierto, del iluminado.

Shanahan salió tambaleándose de la taberna. Deambuló calle arriba y, por error, entró en una casa donde se celebraba un velatorio. Vio los refrescos y se sirvió.

El velatorio duró toda la noche y hasta bien entrado el día siguiente. Shanahan se hizo útil haciendo de camarero y siempre se tomaba una con el que bebía.

Al final del segundo día, el grupo se redujo bastante, hasta que por fin Shanahan se quedó a solas con la viuda. Ella se le acercó por primera vez. "Debes de haber sido un gran amigo de O'Leary para quedarte así", le dijo con tristeza, "así que creo que puedo pedirte consejo. ¿Crees que deberíamos llevar al pobre O'Leary a una funeraria o deberíamos celebrar los servicios aquí?".

Shanahan dio un último trago de ginebra y dijo: "Señora, ¿por qué no lo disecamos y seguimos la fiesta?".

Sí, a todo el mundo le gustaría, lo intenta, pero no es posible. La fiesta no puede seguir y seguir y seguir; está destinada a llegar a su fin.

Buda sólo quiere recordarte una y otra vez que, cuando llega la muerte, ¿qué clase de vida estás viviendo? No puede ser una gran vida. Hay otra vida que está más allá de la muerte, que es la inmortalidad, y es tu derecho de nacimiento alcanzarla. Pero primero hay que abandonar lo falso. Lo falso tiene que ser visto como falso y entonces comienza la búsqueda de lo real. En el momento en que reconozcas que tu vida no es más que una muerte lenta, empezarás a buscar la vida real.

Y la vida real está disponible y no muy lejos; está disponible dentro de ti, dentro de ti. Todo lo que hagas en el exterior te lo quitará la muerte. Haz algo para tu transformación interior, porque ese es el único tesoro que no puede ser arrebatado por la muerte.

La última pregunta:

AMADO MAESTRO,

¿PUEDE EL HOMBRE VIVIR EN ESTE MUNDO ASTUTO SIN SER ASTUTO ÉL MISMO?

Anahato, el mundo es astuto porque tú eres astuto, no al revés. No es que tú seas astuto porque el mundo es astuto. El mundo no es más que tú; tú eres el mundo.

Proyectas tu mundo. Y aunque el mundo es astuto, ¿qué vas a ganar siendo astuto? Aunque el mundo sea astuto, ¿qué vas a perder siendo inocente, sencillo?

No se puede perder nada de valor real por ser simple. De hecho, siendo simple e inocente se alcanza lo real. Sí, mediante la astucia puedes alcanzar el poder, el dinero, el prestigio, pero ¿qué sentido tiene conseguir todo eso? La muerte te lo quitará todo. ¿Y no ves a la gente que es poderosa? ¿Son felices? ¿Ves alegría en sus vidas? ¿No puedes observar a la gente rica? Viven una vida de perros, ¡en la más absoluta miseria!

Alejandro Magno le dijo a Diógenes: "Si voy a volver a nacer, no me gustaría volver a ser Alejandro. Me gustaría ser Diógenes".

Diógenes era un místico desnudo, no tenía nada, ni siquiera un cuenco para pedir limosna. Buda al menos llevaba consigo un cuenco para mendigar; Diógenes carecía absolutamente de posesiones.

Solía tener un cuenco para mendigar, pero un día vio a un perro bebiendo agua, meditó sobre ello y pensó: "Si un perro puede arreglárselas sin un cuenco para mendigar, ¿no puedo yo arreglármelas sin un cuenco para mendigar?". Tiró la escudilla al río y se hizo muy amigo del perro. Solía decir a la gente: "Es uno de mis maestros. Me ha dado una de las lecciones más importantes de mi vida. Desde que arrojé la escudilla al río, me siento muy libre; de lo contrario, incluso por la noche tenía miedo de que alguien me robara la escudilla. Al menos dos o tres veces por la noche miraba a mi alrededor para ver si la escudilla seguía allí o no.

Desde que lo he tirado, no me queda ninguna preocupación en el mundo".

Alejandro se enteró de la alegría de Diógenes y fue a verle, y quedó tremendamente impresionado. ¡Nunca había visto un hombre así! Y a Diógenes le dijo: "La próxima vez, si Dios va a enviarme de nuevo al mundo, vendré como Diógenes".

Diógenes se echó a reír. Miró a su perro -su amigo y maestro- y le dijo: "Escucha lo que dice este hombre. Si realmente quiere ser Diógenes, ¿quién se lo impide? Puede ser Diógenes ahora mismo". Se dice que se echó a reír y el perro también sonrió. ¡Debió de ser un antiguo Snoopy!

Alexander dijo: "¿Qué pasa? ¿Por qué te ríes y por qué sonríe tu perro?".

Diógenes dijo: "¿Qué otra cosa podemos hacer? ¡Qué tonterías dices! Si quieres ser Diógenes, olvídate de la conquista del mundo y quédate aquí. Yo vivo en esta orilla del río, y es una orilla grande. Ambos podemos vivir aquí, no hay problema. ¿Por qué esperar a la otra vida? ¿Y por qué seguir siendo miserable mientras tanto?"

Alexander respondió: "No puedo responder. Lo comprendo -tiene razón-, pero primero tengo que cumplir mis propias inversiones, mis propias ideas. Tengo que conquistar el mundo. Una vez que lo haya conquistado, podré renunciar a él, pero no antes".

Diógenes dijo: "Nunca lo conquistarás, porque nadie puede conquistar el mundo entero. E incluso si lo conquistas, nunca podrás renunciar a él, porque entonces dirás: 'He puesto tanta energía en ello y he malgastado toda mi vida. Alejandro murió en la miseria; Diógenes, en la dicha. Por casualidad, ambos murieron el mismo día, y cuando estaban cruzando el río que separa este mundo del otro, Alejandro iba delante, Diógenes iba sólo unos metros por detrás. Alejandro miró, se sintió muy avergonzado porque estaba desnudo. Diógenes no se avergonzaba en absoluto porque había estado desnudo toda su vida. Sólo para ocultar su vergüenza, Alejandro se rió -una risa superficial- y le dijo a Diógenes: "Es extraño que un emperador y un mendigo se encuentren en la línea divisoria de estos dos mundos. Puede que no haya ocurrido antes, puede que no vuelva a ocurrir".

Diógenes soltó una verdadera carcajada, una carcajada panzuda. Dijo: "Tienes razón: que un emperador y un mendigo se encuentren en esta frontera es un fenómeno raro, pero te equivocas en una cosa. No sabes quién es el emperador y quién el mendigo. El emperador está detrás y el mendigo está delante".

Y Diógenes tenía razón.

Buda insiste en que siendo astuto puedes acumular riqueza, pero ¿qué sentido tiene si sólo trae miseria, ansiedad, angustia? Siendo inocente puedes ser engañado, pueden aprovecharse de ti, pero ¿qué puedes perder?

Anahato, me preguntas: "¿Puede el hombre vivir en este mundo astuto sin ser astuto?".

No llames astuto al mundo, porque eso no es más que una tapadera. Quieres ser astuto y lo encubres con una explicación, con la racionalización de que "El mundo es astuto, por eso tengo que ser astuto". Es tu mundo: tú lo haces, tú lo creas.

Y recuerda, todos los que forman parte del mundo piensan de la misma manera. Todos los constituyentes del mundo piensan de la misma manera: "El mundo es astuto, por eso yo tengo que ser astuto". ¿Quién está creando el mundo? Nosotros somos el mundo y lo estamos creando. Pero queremos ser astutos y no queremos aceptar el hecho, el feo hecho, de que queremos ser astutos; de ahí que llamemos astuto al mundo entero.

Deja esas explicaciones. Y, por supuesto, otros también apoyarán tu explicación porque están en el mismo barco. Así que tu explicación parecerá casi una verdad válida. Pero no lo es.

Los años cincuenta no fueron fáciles para papá y mamá en la zona rural del oeste de Texas, ya que una sequía de diez años no tuvo piedad de los pequeños agricultores. Aun así, papá estaba decidido a enviar a Junior a la prestigiosa Universidad de Texas, aunque solo fuera por un semestre, para presumir de los logros académicos de su hijo ante los vecinos. Así que se ahorró dinero durante varios años hasta acumular mil dólares.

Mientras Junior subía al autobús listo para partir, Pa le anunció con severidad: "Junior, tu Ma y yo hemos sacrificado mucho para enviarte a la universidad, y si realmente te cuidas podrás pasar el año con este dinero". Y entregó al muchacho un sobre que contenía los mil dólares.

Junior, sin embargo, llegó a la universidad con nociones distintas a la de obtener un título. Disfrutaba de noches y días de diversión y juegos, gastando imprudentemente el dinero de Pa hasta que un mes después se lo había gastado todo.

A pesar de su desesperada situación, Junior escribió una carta en la que decía: "Papá, aquí hay muchos profesores inteligentes y uno de mis profesores dice que puede enseñar a hablar al viejo Blue, nuestro perro sabueso... por sólo quinientos dólares".

Cuando papá leyó la carta se emocionó y le dijo a mamá: "Puede que por fin sea nuestro día de suerte. Si el chico tiene razón, podremos meter a ese inútil perro sabueso en el circo, hacernos ricos y ¡jubilarnos de por vida!".

Así que Pa hipotecó la granja y todo el equipo, pidió prestados quinientos dólares al banco y los envió junto con Old Blue en el autobús. Cuando el perro llegó con el dinero, Junior, no queriendo ser molestado con el animal, lo mató y se olvidó de él.

Mientras seguía con su despreocupado estilo de vida durante unas semanas más, el dinero volvió a acabarse.

Sin embargo, Junior ya había aprendido el truco, así que volvió a escribirle a su papá: "Caramba, papá, el Viejo Azul nos engañó a todos.

Es más listo de lo que pensábamos. El profesor ya le ha enseñado a hablar inglés, y ahora dice que este perro es tan inteligente que por sólo quinientos dólares más se le podrían enseñar dos idiomas más, a cantar y a bailar."

Tras leer la carta, papá y mamá tuvieron visiones de gran riqueza y fama.

Inmediatamente empeñaron todas sus pertenencias, pidieron prestado a todos sus amigos y finalmente reunieron otros quinientos dólares para enviárselos a Junior. Esta vez el dinero duró hasta las vacaciones de Acción de Gracias, cuando Junior y Blue debían volver a casa.

Emocionado, Pa fue a buscar a Junior a la estación de autobuses, pero para su sorpresa, Junior estaba sin el nuevo perro sabueso superestrella. Corriendo hacia él gritó: "¡Hola, Junior! ¿Dónde está el viejo Blue?"

Junior apartó a Pa y con una mirada seria le explicó: "Pa, de camino hacia aquí me ha pasado la peor cosa. El viejo Blue estaba sentado aquí a mi lado hablando como un loco, cuando de repente dijo: '¡Junior, me estoy cagando encima! Y yo le dije: "Blue, espera hasta que lleguemos al próximo pueblo. Yo también tengo que afeitarme y tenemos una escala de diez minutos. Podemos usar el baño allí'.

"Así que, papá, el viejo Blue estaba sentado en el retrete y yo me estaba afeitando con esa navaja de filo recto que me regalaste la Navidad pasada, cuando Blue dijo: 'Oye, me pregunto si tu papá todavía se está follando a esa vieja yegua bizca en la granja'. Y papá, me enfadé tanto que le corté la cabeza al perro".

Pa se adelantó, muy excitado, y dijo: "¿Estás seguro de haber matado a ese hijoputa, hijo?".

Esto sigue y sigue. Alguien tiene que salir de ello. Si estás esperando a que el mundo entero se vuelva inocente, y entonces tú te volverás inocente, entonces no va a suceder nunca. Olvídate del mundo. Se inocente y pierde todo lo que está destinado a perderse por dejar caer la astucia. Y no serás un perdedor, recuérdalo.

La inocencia te dará el verdadero tesoro, el reino de Dios. Bienaventurados los inocentes, porque de ellos es el reino de Dios.

Suficiente por hoy.

Los ríos no existen

La primera pregunta:
Pregunta 1:
AMADO MAESTRO,
¿CÓMO PUEDE USTED, COMO HOMBRE, HABLAR DE LA PSIQUE FEMENINA? ¿CÓMO SABES QUE DIOS ES UN ÉL?

Gudrun Hofmann, no hablo como hombre, no hablo como mujer. No hablo como una mente en absoluto. Se utiliza la mente, pero hablo como conciencia, como consciencia. Y la conciencia no es ni él ni ella, la conciencia no es ni hombre ni mujer.

Tu cuerpo tiene esa división y tu mente también, porque tu mente es la parte interna de tu cuerpo y tu cuerpo es la parte externa de tu mente. Tu cuerpo y tu mente no están separados; son una sola entidad. De hecho, decir cuerpo y mente no es correcto; no debería utilizarse "y". Tú eres cuerpo-mente, ni siquiera hay un guión entre los dos.

Por lo tanto, con el cuerpo, con la mente, "masculino", "femenino" - estas palabras son relevantes, significativas. Pero hay algo más allá de ambas; hay algo trascendental. Ese es tu verdadero núcleo, tu ser. Ese ser consiste sólo en consciencia, en ser testigo, en vigilancia. Es conciencia pura.

No estoy hablando aquí como hombre; de lo contrario es imposible hablar de la mujer. Hablo como conciencia. He vivido en el cuerpo femenino muchas veces y he vivido en el cuerpo masculino muchas veces, y he sido testigo de todo. He visto todas las casas, he visto todas las vestimentas. Lo que te estoy diciendo es la conclusión de muchas muchas vidas; no tiene que ver sólo con esta vida. Esta vida es sólo la culminación de un largo peregrinaje.

Así que no me escuches como hombre o como mujer; de lo contrario, no me estarás escuchando.

Escúchame como conciencia.

En segundo lugar, dices: "¿Cómo sabes que Dios es un él?".

Dios no es ni él ni ella. Dios significa simplemente la totalidad de la conciencia en la existencia.

Dios significa simplemente vida eterna. La vida se expresa de dos maneras, hombre y mujer. Dios es la fuente inmanifestada de la vida; no se le puede llamar "él", no se le puede llamar "ella". Pero como durante siglos se ha utilizado la palabra "él", sigo utilizándola. Debes recordar que no lo digo en serio.

Si realmente quieres profundizar en el fenómeno de Dios, entonces Dios no existe en absoluto, como persona. Dios es sólo una presencia. En otras palabras, no existe Dios, sino sólo la piedad: una cualidad que impregna, impregna, toda la existencia; que está en todas partes, en cada hoja, en cada gota de rocío. Es una cualidad. Una vez que empiezas a pensar en Dios como una cualidad, toda tu visión de la vida, de la religión, del amor, será totalmente diferente.

La existencia no consiste en sustantivos, sino en verbos. Los nombres son inventos del hombre, al igual que los pronombres. Los verbos son reales. Cuando dices "un río", ¿qué quieres decir? ¿Has visto alguna vez un río como sustantivo? El río siempre fluye, siempre está en movimiento. Nunca es estático, es dinámico. ¿Cómo puedes convertirlo en un sustantivo estático? La palabra "río" parece ser estática.

Si preguntas a los budas, a los despiertos, te dirán: "Los ríos no existen". Pero tú ves el río fluyendo. La corriente está ahí, hay una especie de corriente, pero no hay río. Ves tantos árboles, pero en realidad lo que existe es una especie de arbolado, no árboles, porque cada árbol está cambiando a cada momento. El tiempo que tardas en utilizar la palabra "árbol", el árbol ya no es el mismo. Han caído algunas hojas viejas, han empezado a salir algunas hojas nuevas, se ha abierto una flor, un capullo se prepara para abrirse. Hay una gran actividad; el árbol está en constante movimiento.

Toda la existencia consiste en verbos, y Dios no es más que la totalidad de todos estos verbos. Dios no es una cantidad sino una cualidad, no es una persona sino una presencia. Dios es una experiencia, no un objeto de experiencia sino la experiencia misma. Dios es subjetividad. ¿Y cómo se puede llamar "él" o "ella" a la subjetividad?

Sé por qué ha surgido la pregunta. En todo el mundo, sobre todo en Occidente, la mujer liberada se pregunta: "¿Por qué llamar a Dios 'él'?". Y tiene razón, en cierto modo. ¿Por qué hacer que Dios se identifique con la mente masculina? Es una especie de enfoque machista. Durante siglos, el varón lo ha dominado todo, de ahí que haya llamado a Dios "él". Y la rebelión contra ello tiene toda la razón.

Pero empezar a llamar a Dios "ella" no arreglará las cosas; será irse al otro extremo. Eso será otro tipo de chovinismo, no cambiará nada. Simplemente el mal que hacía el hombre lo hará la mujer; ambos están mal. Dios no es ni lo uno ni lo otro.

De ahí que en Oriente, donde durante diez mil años cientos de personas han llegado al pináculo último de experimentar la piedad, no llamamos a Dios "él" o "ella", le llamamos "ello". Eso es mucho más hermoso porque lleva a Dios más allá de él y ella. Pero hay que llamar a algo, y cualquier palabra que se utilice será inadecuada - él, ella, ello - porque la palabra "ello" tiene también sus propios peligros. Parece estar muerto porque lo usamos para cosas, y Dios tampoco es una cosa. Parece demasiado neutro, y Dios no es neutro; está tremendamente comprometido, implicado. Parece que no tiene vida, y Dios es la vida misma, el amor mismo. Cualquier palabra tendrá sus propias limitaciones.

Así que puedes usar cualquier palabra -él, ella, ello- pero recuerda, todas las palabras son limitadas y Dios es ilimitado. Si utilizas estas palabras con atención, no hay peligro. El recuerdo básico es que Dios es una presencia, de lo contrario surgen muchas preguntas tontas.

Si le llamas "él" o "ella", entonces surge la pregunta: "¿Dónde vive? ¿Dónde está?" Y entonces la pregunta parece muy pertinente porque lo has reducido a una persona; entonces, ¿dónde está su morada?

"¿Dónde está la morada de Dios?"

Esta fue la pregunta con la que el rabino de Kotzk sorprendió a varios sabios que lo visitaban.

Se rieron de él: "¡Qué cosas pides! ¿No está el mundo entero lleno de su gloria?".

Entonces respondió a su propia pregunta: "Dios habita allí donde el hombre le deja entrar".

No hay morada fuera de algún lugar. Siempre que te permites, te abres a la existencia, siempre que permites que el viento y la lluvia y el sol lleguen a tu núcleo más íntimo, de repente hay Dios, divinidad. De repente te sientes abrumado por algo más grande que tú, por algo que es oceánico. Empiezas a desaparecer en él como una gota de rocío.

En el momento en que decimos: "Dios es una persona", empezamos a rezar, a alabar. Eso es una especie de soborno. Es una forma de apuntalar su ego. Si Dios es una persona debe tener un ego.

Entonces alábale y estará contento contigo, y serás recompensado aquí o en el más allá. En el momento en que pensamos en Dios como una persona, empezamos a buscarle no en el mundo, sino en algún lugar lejano del cielo, y nos perdemos todo el sentido. Dios está ahora aquí, Dios no está en ninguna otra parte.

Se cuenta que un hombre inspirado por Dios salió una vez de los reinos de las criaturas y se adentró en la inmensidad. Allí vagó hasta que llegó a las Puertas del Misterio. Llamó a la puerta.

Desde el interior llegó el grito: "¿Qué queréis aquí?".

Dijo: "He proclamado tu alabanza a oídos de los mortales, pero son sordos a mí, así que vengo a ti para que tú mismo me oigas y me respondas."

"¡Vuelve!", gritaron desde dentro. "Aquí no hay oído para ti. He hundido mi oído en la sordera de los mortales".

Dios está en las piedras, Dios está en las aguas, Dios está en los animales, Dios está en los pájaros, Dios está en las personas, en los pecadores, en los santos. Dios equivale a isness. Ahora bien, ¿el isness es él o ella?

La pregunta carecerá totalmente de sentido.

Así que no te preocupes por si Dios es él o ella. Más bien, mira dentro de ti y encuentra el lugar donde él y ella desaparecen. Y ése será el comienzo de tu comprensión de la realidad, de lo que es.

Esto no se puede decidir mediante la argumentación. No es una cuestión metafísica, es algo existencial. Si puedes encontrar algo dentro de ti que no sea ni masculino ni femenino, entonces sabrás que hay algo en la existencia que no es ni lo uno ni lo otro, que está más allá de ambos. Y ese más allá es Dios.

La segunda pregunta:

Pregunta 2:

AMADO MAESTRO,

TENGO SESENTA AÑOS, PERO PERSISTEN LOS MISMOS DESEOS ¿QUÉ ME PASA?

Narayandas, envejecer no es crecer. El tiempo por sí mismo no trae sabiduría. Sí, trae muchas experiencias, pero las experiencias por sí mismas no pueden darte sabiduría.

La sabiduría es un fenómeno totalmente distinto. No ocurre a través de experiencias del mundo exterior. Ocurre cuando te centras en tu ser, cuando te enraizas en tu ser, cuando te integras, cuando dejas de ser una multitud y te conviertes en un alma cristalizada.

Los deseos no pueden desaparecer sólo porque tengas sesenta años. Puedes tener seiscientos años y los deseos seguirán ahí, de hecho más, porque también tendrán seiscientos años. Tus deseos tienen sesenta años; han calado hondo en ti en sesenta años.

La gente tiene la idea de que cuando eres joven sufres los deseos, cuando eres viejo los superas. ¿Sólo por ser viejo? Eso es ridículo. No vas más allá de los deseos sólo por ser viejo. Simplemente te conviertes en un hipócrita; empiezas a fingir que has ido más allá de los deseos. Tal vez no puedas ir más allá de los deseos porque no hay energía disponible, pero la mente piensa más y más. Como no puedes hacer nada, toda tu energía se vuelve cerebral. El joven puede hacer algo con sus deseos; tú no puedes hacer, así que sólo piensas.

Y cuando la muerte empieza a acercarse cada vez más, surge un gran temor: hay tantos deseos que no se cumplen. Empiezas a tener miedo: si la muerte viene y te lleva lejos.... tarde o temprano, y la posibilidad es que sea más temprano que tarde. Todos esos deseos empiezan a apoderarse de ti. "Cúmplenos", te dicen. "El tiempo apremia. Haz algo". Empiezas a volverte loco. Te obsesionas continuamente.

Un moralista que se dirigía a un auditorio tronaba: "Recordad, amigos míos, que cuando os llegue la tentación debéis resistirla, ¡resistirla!".

"Me gustaría", dijo uno de los ancianos, "pero siempre tengo miedo de que nunca vuelva".

Ese miedo es natural. La muerte puede llegar antes de que vuelva la tentación. ¿Quién sabe? - Puede que no vuelva.

El anciano tiene cada vez más miedo de perder sus deseos.

No es casualidad que Buda introdujera una nueva idea en el mundo de sannyas. Empezó a iniciar a los jóvenes en sannyas. En la India, la tradición era que debías tomar sannyas sólo cuando fueras muy viejo, después de los setenta y cinco años -la cuarta etapa, cuando lo has hecho todo y sólo te queda la muerte. Entonces toma sannyas. Esa era la idea y era una idea muy cómoda, una idea muy acogedora.

En primer lugar, muy poca gente va a vivir más allá de los setenta y cinco años, particularmente en aquellos días y en la India. Incluso hoy en día muy pocas personas vivirán más allá de los setenta y cinco, así que no hay miedo de vivir después de los setenta y cinco y convertirse en sannyasin. Y si por casualidad vives después de los setenta y cinco, todas tus energías ya se habrán desperdiciado, se habrán ido por el desagüe. Tanto si tomas sannyas como si no, serás un sannyasin, así que ¿por qué no tomarlo?

La gente después de setenta y cinco años solía tomar el voto de celibato. ¡Ya ves qué tontería!

Un hombre solía venir a Ramakrishna en cada fiesta religiosa y daba un gran festín. No era vegetariano, y para el festín se descuartizaban muchos animales. Era muy rico. De repente, todas esas fiestas cesaron. Había un gran festival y el banquete no se celebraba, y el hombre había venido a ver a Ramakrishna.

Ramakrishna preguntó: "¿Qué ha pasado? ¿Por qué no celebras esta fiesta? ¿Te has vuelto irreligioso o algo así? ¿Ya no te interesa tu religión?".

Me dijo: "No se trata de eso. Se me han caído los dientes. Y si no puedo comer, ¿para qué voy a molestarme?".

La fiesta no era por ningún motivo religioso; la fiesta era simplemente porque quería disfrutar. La religión era sólo una excusa.

La gente puede jurar el celibato después de los setenta y cinco, así que están salvando los dos mundos. Han disfrutado de este mundo y ahora están creando un saldo bancario en el otro. Se están volviendo virtuosos de forma tan barata que todo es falso.

Buda introdujo la idea de que los jóvenes debían convertirse en sannyasins. Entonces es algo significativo. Cuando una persona joven va más allá del sexo, cuando una persona joven va más allá de los deseos, cuando una persona joven va más allá de la codicia, la ambición, el anhelo de ser poderoso, la ambición de ser famoso, entonces es algo tremendamente significativo, significativo.

Recuerda una cosa: cuando eres joven tienes energías. Esas energías pueden llevarte al infierno y esas mismas energías pueden llevarte al cielo. Las energías son neutras; depende de ti cómo las utilices.

Así que lo primero: el mero hecho de convertirte en una persona mayor no significa que te hayas vuelto sabio. La sabiduría necesita meditación, no experiencia mundana. La experiencia mundana te hace más astuto; por eso es muy difícil encontrar a un anciano que no sea astuto. Puedes encontrar a un joven que no sea astuto; puedes encontrar a muchos niños. De hecho, casi todos los niños son inocentes, no son astutos. No han conocido nada del mundo. No han aprendido trucos, estrategias, política, diplomacia. Son simplemente lo que son: son auténticos. A medida que crecen más y más, a medida que conocen el mundo y toda la hipocresía que lo rodea, naturalmente empiezan a formar parte del mundo. Empiezan a aprender el mismo tipo de estrategias.

Cuando una persona envejece se vuelve muy astuta, no sabia ni inteligente.

Recuerda: si fuiste estúpido cuando eras niño serás más estúpido cuando seas viejo. Tendrás en ti una estupidez arraigada desde hace mucho tiempo, con gran follaje y flores y frutos. Lo que tengas crecerá con tu edad. Si meditas entonces la meditación crecerá. Pero sólo por hacerte viejo no puedes ser sabio.

La esposa del ex capitán visitó a un médico que había alcanzado la fama en el tratamiento con éxito de la impotencia. Su método consistía en convencer al paciente masculino de que tenía la virilidad de un caballo. El médico consintió en tratar al marido de la mujer.

Unas semanas más tarde, el médico se encontró con la mujer en la calle: "¿Ha notado el cambio que deseaba en su marido?", le preguntó.

"No", respondió la mujer, "¡pero acaba de ganar el Derby!".

¡Ahora, un viejo estúpido...! Si le dices que "eres un caballo", ¡no puedes esperar otra cosa! Se convertirá en un caballo; quedará hipnotizado con la idea.

La inteligencia es un fenómeno totalmente diferente; la inteligencia no puede ser hipnotizada. Una persona inteligente no puede ser hindú, no puede ser mahometana, no puede ser cristiana - imposible, porque todo eso son trucos, trucos hipnóticos. La gente está siendo hipnotizada desde su misma infancia de que "Tú eres hindú". La repetición constante de que "eres hindú" te convierte en hindú. No es más que un condicionamiento. Un hombre sabio se vuelve incondicional.

Así que lo primero que te sugeriré, Narayandas: vuélvete incondicional. Lo que sea que tus sesenta años de vida te hayan condicionado, déjalo. Eso es lo que es tu mente: los condicionamientos acumulados. ¡Suéltalos!

Y el comienzo de la meditación es cuando empiezas a soltar tus condicionamientos. Llega un momento en que vuelves a ser incondicional, como un niño. Entonces tu inteligencia explota. Y una persona inteligente no puede desear, eso es imposible, porque desear sólo trae miseria, frustración. Desear sólo crea ansiedad, angustia; nunca trae ninguna realización, nunca ninguna satisfacción.

Una persona inteligente no puede seguir deseando. Su propia inteligencia es suficiente y el deseo desaparece - no es que renuncie, recuerda. Sólo los tontos renuncian.

Las personas inteligentes no renuncian al mundo. Viven en el mundo, pero viven inteligentemente, sin desear nada. Disfrutan de todo lo que se cruza en su camino, pero no anhelan nada. Su sueño permanece imperturbable; no sueñan con nada. No proyectan el futuro, viven el presente.

Sí, Narayandas, estás envejeciendo, pero no esperes que por envejecer te volverás lo suficientemente sabio y los deseos desaparecerán por sí solos.

Estaba tumbada en la cama, feliz en la primera mañana de su luna de miel.

"Cariño", le llamó al oírle trastear en el baño, "¿te has lavado ya los dientes?".

"Sí", arrulló, "y ya que estaba, cepillé la tuya también".

Sí, se puede llegar a viejo, pero sólo por llegar a viejo no se consigue nada.

El verdadero crecimiento se produce hacia dentro. Es una transformación de tu interioridad. Y ahora que estás aquí, olvida esos sesenta años y todas las pesadillas por las que debes haber pasado esos sesenta años. Vuelve a empezar tu vida desde el principio.

Jesús dice: Si no naces de nuevo no podrás entrar en mi reino de Dios. Y tiene toda la razón. Necesitas un nuevo nacimiento; tienes que nacer dos veces. Y estar con un maestro es un renacimiento. Es la iniciación en el mundo interior.

Sesenta años has malgastado en el exterior, acumulando dinero, acumulando esto y aquello, intentando ser respetable, famoso, poderoso. Ahora sal de todos esos juegos estúpidos, ¡no más juegos! Ahora que haya una búsqueda unipuntual de la verdad: la verdad que eres, la verdad que reside en ti, la verdad de la que estás hecho, la verdad de tu conciencia.

Todo mi esfuerzo aquí es ayudarte hacia el autoconocimiento. No necesita tiempo; necesita intensidad, sinceridad. Necesita compromiso. Se necesita un tremendo esfuerzo para entrar, porque en estos sesenta años has creado muchas cosas en el exterior que te impedirán entrar. Se han convertido en muros. Te has desenfrenado de ti mismo.

Me preguntas: "Tengo sesenta años, pero persisten los mismos deseos".

Es bueno que hayas tomado conciencia de ello, de que los mismos deseos siguen ahí. Hay muchas personas que no son conscientes; han reprimido sus deseos tan profundamente que incluso ellos mismos no son conscientes de ellos. Es bueno que seas consciente. El primer rayo de inteligencia... que seas consciente de que los mismos deseos persisten.

Y tú preguntas: "¿Qué me pasa?".

No te pasa nada; a todo el mundo le pasa lo mismo. Una fase de tu vida ha terminado. Ahora es el momento de crecer en otra dimensión. Sesenta años es tiempo suficiente para conocer el mundo y todo lo que ofrece, o al menos promete ofrecer. Lo has conocido, y sólo conociéndolo uno se da cuenta de lo engañoso de todo ello. Ya has visto la ilusión, ahora vuélvete. Ahora conviértete en sannyasin. Hasta ahora has sido un hombre mundano. Y por hombre de mundo me refiero simplemente a alguien que es absolutamente inconsciente de sí mismo y está preocupado por trivialidades: dinero, poder, prestigio.

Y yo llamo sannyasin a la persona que se interesa profundamente por la fuente de su propia vida, que empieza a preguntarse: "¿Quién soy yo?" y que empieza a moverse hacia su centro. De la circunferencia cambia su morada hacia el centro.

El día que alcanzas tu centro es el día de las grandes bendiciones, el día de la gran iluminación. Ese día trasciendes la vida y la muerte. Ese día trasciendes hombre/mujer. Ese día trascenderás todas las dualidades. Ese día, por primera vez, saborearás lo que es la dicha.

La tercera pregunta:

Pregunta 3:

AMADO MAESTRO,

¿POR QUÉ ESTÁS EN CONTRA DE SEGUIR A ALGUIEN QUE CONOCE LOS SECRETOS DE LA VIDA? ¿QUÉ NECESIDAD HAY DE DESCUBRIRLOS POR UNO MISMO?

Sudhakar, la verdad no se puede transferir. Esa es una de las cualidades intrínsecas de la verdad:

nadie puede dártela. Sí, te pueden dar palabras, te pueden dar teorías, te pueden dar teologías, pero no la verdad. Siguiendo a alguien estarás siguiendo sus palabras. Siguiendo a alguien te convertirás en un Jaina, un Mahometano, un Budista, pero nunca te convertirás en ti mismo.

Y Buda es un individuo único como tú. ¿Qué hizo? Intenta comprenderlo; eso puede ser útil en tu camino. Pero no lo sigas literalmente; de lo contrario eso te convertirá sólo en farsante, eso te convertirá sólo en pseudo. La existencia nunca repite a nadie. Jesús sólo viene una vez, Buda sólo viene una vez. Nunca ha habido antes una persona como Buda y nunca la habrá de nuevo, por la sencilla razón de que la existencia nunca se repite.

Eres una manifestación de Dios totalmente nueva. Nunca antes ha habido una persona exactamente como tú. Así que sigas a quien sigas, estarás siguiendo a alguien que no es como tú y te meterás en problemas. Puedes cultivar un cierto carácter a tu alrededor, puedes actuar, pero actuando no vas a convertirte en un buda.

Eso es lo que han estado haciendo los monjes budistas durante veinticinco siglos: actuar, actuar, seguir literalmente. Caminarán como Buda, comerán como Buda, se sentarán como Buda. Puedes hacer todas estas cosas y es posible que las hagas incluso mejor que Buda, porque Buda no imitaba a nadie; era espontáneo. Cuando una persona es espontánea no tiene tiempo para ensayar; tú tendrás tiempo suficiente para ensayar. Puede que incluso venzas a Buda en una competición.

De hecho, ocurrió una vez:

Los amigos de Charlie Chaplin celebraban uno de sus cumpleaños y encontraron una bonita manera de celebrarlo. Anunciaron en los periódicos de toda Inglaterra que habría un concurso y que se premiaría a quien pudiera imitar a Charlie Chaplin. Había tres grandes premios.

Participaron muchas personas. Se eligieron al menos cien de distintas ciudades y todos se reunieron en Londres para la selección final de los tres ganadores.

Charlie Chaplin tuvo una idea. Se presentó al concurso desde otra ciudad con la esperanza de ganar el primer premio. Pero se equivocó: ¡obtuvo el segundo premio! La gente se enteró más tarde de que él también había participado. Le sorprendió mucho que alguien lo hiciera mejor que él.

Naturalmente, el otro lo había practicado durante mucho tiempo. Charlie Chaplin estaba allí siendo él mismo; no había necesidad de practicar. Él ES Charlie Chaplin, así que ¿para qué practicar?

¿Qué hay que practicar? Pero el otro era más pulido, más practicado. ¡Caminaba mejor que Charlie Chaplin, hablaba mejor que Charlie Chaplin! Lo superaba.

Esto es posible. Algún monje cristiano puede derrotar a Jesús, algún monje budista puede derrotar a Buda. Pero aún así, Buda es Buda y tú serás sólo un imitador. Aún así, Charlie Chaplin es Charlie Chaplin y el hombre que actuaba incluso de mejor manera sólo está actuando; en el fondo es él mismo.

Nunca podrás ser otra persona. Recuérdalo como una de las leyes más fundamentales.

AES DHAMMO SANANTANO - ésta es la ley eterna: nunca podrás ser como los demás. Eso no significa que no debas aprender. Aprende, pero no sigas.

Absorbe, pero sigue tu propio camino. Aprende de todos los iluminados. Siéntate a sus pies, absorbe su presencia, pero sigue tu propio camino.

Buda mismo dijo como su última declaración en la tierra: Sé una luz para ti mismo.

Una ardilla en el suelo observaba a otras dos ardillas en un árbol.

Uno de ellos cayó al suelo, rebotó un par de veces, volvió a mirar al árbol y dijo: "Eso de hacer el amor en el árbol es para los pájaros".

Por eso te digo que no me sigas. No intentes hacer el amor en el árbol - ¡eso es para los pájaros! - de lo contrario estarás en el hospital.

Un niño y una niña ardilla estaban charlando y jugando cuando, de repente, apareció un zorro. La ardilla niña subió corriendo a un árbol, pero la ardilla niño se quedó en el suelo.

"Qué raro", dijo el zorro. "Normalmente las ardillas me tienen miedo y corren al árbol más cercano".

"Escucha", dijo el niño ardilla. "¿Has intentado alguna vez subir a un árbol después de jugar con una niña durante veinte minutos?".

Sólo tienes que fijarte en tu propia situación. Buda tiene un espacio diferente, un contexto diferente, un mundo diferente. No puedes seguirle, literalmente, no puedes seguirle.

Metafóricamente puedes entenderle y puedes ser tremendamente beneficiado por él.

Me preguntas, Sudhakar: "¿Por qué estás en contra de seguir a alguien que conoce los secretos de la vida?".

¿Cómo sabes que alguien conoce los secretos de la vida? Eso es sólo una creencia. A menos que TÚ conozcas los secretos de la vida, nunca sabrás que otra persona los conoce. Y siguiendo a alguien sólo por creencia puedes estar metiéndote en problemas. Puede que no sepa nada. Puede ser un hablador convincente; puede argumentar mejor de lo que tú puedes argumentar. Puede hacerte callar en una discusión, pero eso no significa que sepa. El puede ser mas elocuente que tu, el puede haber estudiado las escrituras. Incluso el Diablo puede citar las Escrituras. ¿Cómo sabes que conoce los secretos de la vida? Sólo puedes saberlo si tú también lo sabes.

Sólo se puede comprender realmente a Buda cuando se es también un buda. Sólo se puede comprender a Cristo cuando también se es cristo, no siguiéndolos, sino despertándose por uno mismo.

Por eso digo que es necesario descubrir la verdad por uno mismo. La verdad interior es diferente de la verdad exterior. La verdad exterior puede ser descubierta por una persona y luego todo el mundo la posee. Por ejemplo, la teoría de la relatividad fue descubierta por Albert Einstein. Ahora todo el mundo no necesita descubrirla una y otra vez; eso sería perder el tiempo. Él tardó años en descubrirla; ahora, si eres inteligente, puedes entenderla en cuestión de días. Si eres realmente inteligente, en cuestión de horas. No hay necesidad de perder años en descubrirlo una y otra vez.

Alguien descubrió, Newton descubrió, la ley de la gravitación. Ahora no hace falta sentarse en un jardín y esperar a que caiga la manzana para reflexionar sobre ello y llegar a la conclusión de que debe haber una cierta fuerza magnética en la Tierra que tira de las cosas hacia abajo. Ahora bien, si todo el mundo tiene que hacer eso, no hay tantos jardines ni tantos manzanos, y puede que las manzanas no te obliguen. Puedes estar sentado bajo el árbol durante horas, días, meses, y puede que no caigan.

Y sabes, incluso antes de Newton solían caer y miles de personas debieron verlas caer, pero nadie descubrió la ley de la gravitación. Así que no hay ninguna certeza de que, aunque te obliguen y caigan en el momento adecuado, vayas a descubrir la ley de la gravitación. No hace falta - Newton lo ha hecho por ti, por todos, para siempre.

Esta es la cualidad de la verdad exterior, objetiva: una vez descubierta se convierte en universal.

La verdad interior tiene una cualidad totalmente diferente: siempre permanece individual, nunca se convierte en universal.

Buda lo descubre, pero no puede transmitirlo; no puede expresarlo adecuadamente, no puede hacerlo universal. Sigue siendo esencialmente individual. Y todo lo que hace es inadecuado; nunca satisface la gran necesidad de las masas, que ya no necesitan descubrirlo. Buda lo ha descubierto, Jesús lo ha descubierto; ahora puedes simplemente seguirlo.

Esta es la belleza de la verdad interior, que tienes que descubrirla una y otra vez de nuevo.

Y el descubrimiento mismo es una dicha tal que es bueno que una persona no lo haya terminado para siempre; de lo contrario, no habría quedado ninguna búsqueda espiritual. Buda no es el primero; antes de él hubo otras personas despiertas. Una persona iluminada lo habría hecho y entonces en cada escuela primaria se podría enseñar a todo el mundo. Se habría perdido toda la alegría de descubrirlo. Es hermoso que la verdad subjetiva siga siendo individual. Se ha descubierto miles de veces, pero aún no se ha hecho universal y nunca se hará universal; seguirá siendo individual. Tendrás que buscarla por ti mismo.

Y cuando la encuentres te sorprenderás: es la misma verdad que encontró Buda, es la misma verdad que encontró Mahavira, la misma verdad que encontraron Mahoma o Moisés; no es una verdad diferente. Pero esta es la cualidad del mundo interior: que tienes que ir allí completamente solo. Nadie puede acompañarte y nadie puede darte mapas ya hechos.

El mundo interior es muy misterioso; el exterior no lo es tanto, los mapas son posibles. Pero el mundo interior sigue siendo un secreto, un secreto oculto. Aunque lo conozcas y quieras compartirlo, no puedes. Todo lo que puedes compartir es tu deseo de compartir, eso es todo: tu profunda compasión por compartir, tu amor por los demás. Pero la verdad permanece tan inexpresada como antes.

Entonces, ¿por qué hablan los maestros? No hablan para compartir la verdad: saben perfectamente que no se puede compartir. Hablan para encender tu sed de verdad. Hablan para darte más sed, más hambre. Hablan para crear en ti un tremendo anhelo de ir hacia dentro. Su presencia, su vibración, su canción, su danza, todo indica una cosa: entra.

La cuarta pregunta:

Pregunta 4:

Amado Maestro,

NO QUIERO MORIR Y SIN EMBARGO ESTOY AQUI CONTIGO. ¿ESTOY LOCO?

Prem Svarupo, la gente cuerda no viene aquí, porque la llamada gente cuerda es la más loca del mundo. Los cuerdos son los que crucificaron a Jesús. Los cuerdos son los que envenenaron a Sócrates. Los cuerdos son los que hicieron muchos esfuerzos para matar a Buda. La gente cuerda está en la política; no vienen a los iluminados, a los despiertos. Sólo los locos pueden venir - pero estos locos, en el sentido real, son los más cuerdos.

Es una paradoja. La gente que seguía a Jesús debía de estar loca: estaban locos.

Todo el mundo decía que estaban locos. La gente que seguía a Buda debía de estar loca. Incluso el padre de Buda le decía a la gente: "¡Estás loco! Él está loco y tú también. Ha renunciado a su reino, es un loco". Y ahora hay tanta gente que renuncia y se va con él. ¿Qué puedes encontrar en las selvas?

Sentado bajo los árboles con los ojos cerrados, ¿qué puedes encontrar? Si quieres hacer algo, hazlo en el mundo. Si quieres encontrar algo, encuéntralo en el mundo".

Cuando Buda volvió a su casa después de su iluminación, su padre estaba muy enfadado y le dijo: "ESTÁS loco, pero puedo perdonarte porque tengo el corazón del padre".

Buda se rió y dijo: "Primero di todo lo que querías decirme todos estos doce años que no he estado aquí en la casa. Debes de haber acumulado mucha ira: ¡primero haz catarsis! Cuando hayas tirado toda la basura, entonces habrá una posibilidad de comunicarte algo".

El padre estaba conmocionado. ¿Qué está diciendo? No se lo esperaba en absoluto. Por un momento se hizo el silencio. Y Buda dijo: "Mírame. No soy la misma persona que se había ido. Soy una persona totalmente distinta porque mi ser interior ha cambiado. He renacido. Ya no soy tu hijo. Ya no soy este cuerpo ni esta mente. He llegado al más allá.

"Así que primero desecha toda tu ira para que puedas verme, para que tus ojos sean lo suficientemente claros como para reconocer el cambio que ha ocurrido en mí - un cambio radical. La persona que se había ido ha muerto, y la persona que ha venido hoy es una persona totalmente diferente - por supuesto en el mismo continuo. De ahí que parezca la misma sólo desde fuera; desde dentro no soy la misma en absoluto".

Svarupo, ¡ESTÁS loco! Todos mis sannyasins están locos. Sólo los locos pueden ser religiosos: locos a los ojos del mundo, pero no locos a los ojos de los despiertos, porque a los ojos de los despiertos el mundo está loco. El mundo es un gran manicomio; tú has escapado de él. Estás aprendiendo a estar cuerdo, a estar más cuerdo.

Me preguntas: "No quiero morir, y sin embargo estoy aquí contigo".

Esto le ocurre a todo el mundo. Cuando vienes aquí empiezas a aprender un nuevo lenguaje, el lenguaje de la transformación. Empiezas a ver una nueva verdad: que si el ego muere, entonces nacerás de verdad. Si el ego desaparece, Dios puede entrar en ti. El ego es la barrera.

Cuando vienes aquí por primera vez, vienes para mejorar, para crecer, no para morir. Pero, poco a poco, empiezas a comprender que el crecimiento sólo es posible si antes permites una muerte segura: la muerte del ego.

Entonces el miedo se apodera de ti y surge en ti una contradicción, un doble vínculo. La parte inteligente de ti empieza a decir: "Muere, no pierdas el tiempo". Y la parte no inteligente -tu pasado- dice: "¿Qué estás haciendo? ¿Estás loco? ¿Quién sabe lo que pasará después de la muerte? Si abandonas tu personalidad y tu ego, ¿cómo te mantendrás unido? Puedes empezar a desmoronarte. ¿Cómo te controlarás?". Tienes miedo de tantas cosas que pueden pasarte si pierdes el control.

De ahí que empieces a hacer un trabajo muy contradictorio: por un lado te desmantelas y por otro te recompones. Esto puede durar años.

La chica que viste a la moda lleva pantalones para parecer un chico y blusas transparentes para demostrar que no lo es.

¡Esto es un doble aprieto! Y esto está destinado a suceder.

Tarde o temprano, un día, Svarupo, tendrás que dar un paso decisivo. Tendrás que salir de este doble atolladero, porque esto es perder el tiempo, la energía, la oportunidad. ¿Quién sabe? Puede que no esté aquí mañana - o en el momento siguiente. Esta oportunidad puede perderse. Ahora mismo la puerta está abierta y te estoy haciendo señas: "¡Entra!". Mañana la puerta puede desaparecer y no habrá nadie que te haga señas para que entres. Y entonces sufrirás mucho, entonces sentirás una profunda angustia. Entonces llorarás y llorarás por la leche derramada.

Ahora es el momento de escuchar la llamada, el desafío. Soy un desafío, una llamada: un desafío de lo desconocido que te llama hacia el mar inexplorado. Sé que tienes miedo y sé que dejar el refugio de la orilla es difícil. Has vivido tanto tiempo en la orilla y has construido una cabaña tan hermosa. Tan acogedora es allí, sin miedo a las olas ni al océano ni a los peligros de lo desconocido. Pareces estar muy seguro allí, y yo te estoy llamando: "¡Sal de tu acogedora seguridad!" - porque es sólo un engaño.

La muerte está destinada a destruirlo todo. Antes de que la muerte destruya, da el paso decisivo por ti mismo. Muévete hacia lo desconocido. Antes de que la muerte te mate, deja que tú mismo mates al ego. Entonces no habrá muerte para ti, entonces podrás trascender toda muerte.

Se necesita un gran coraje, por supuesto, pero si has tenido el coraje de ser un sannyasin, ahora no mires hacia atrás. Para el sannyasin no hay forma de mirar atrás. Escucha el desafío y ve de todo corazón hacia él.

Sí, cada vez te parecerá más loco porque verás que estás cometiendo una especie de suicidio. Pero una vez que hayas cometido el suicidio -el suicidio del ego- te sorprenderás: vivir en el ego era un suicidio REAL y salir de él es alcanzar la libertad absoluta. Buda llama nirvana a esa libertad.

La quinta pregunta:

Pregunta 5:

AMADO MAESTRO,

¿POR QUÉ SIEMPRE HABLÁIS Y CONTÁIS CHISTES SOBRE LOS JUDÍOS? ¿POR QUÉ NO SOBRE LOS INDIOS?

Shankara, los indios no tienen bromas. ¡Son gente tan santa, tan espiritual!

No tienen sentido del humor. Nunca me he encontrado con un solo chiste originalmente indio. Todos los chistes son importados. A veces me pregunto por qué el gobierno lo permite. En todo lo demás hay grandes impuestos; sólo se pueden importar chistes y no hay que pagar el trescientos por cien de impuestos por ellos. Los indios no tienen chistes, por eso es muy difícil contar chistes indios.

Y los judíos son los más ricos en bromas; tienen los mejores chistes. Son gente muy terrenal, justo lo contrario que los indios. Los indios tienen esa tontería de ser muy santos, y los judíos son gente muy terrenal. Su religión también es muy terrenal. No tienen ninguna idea de renunciar al mundo. Sus rabinos no son célibes; sus rabinos son tan corrientes como los demás. Esto es algo hermoso, lo aprecio. Estas jerarquías deberían desaparecer. El mayor esnobismo existe en las mentes de las llamadas personas religiosas. Y la India es muy esnob; de ahí que no hayan creado ningún chiste.

Los judíos son gente terrenal, gente corriente. Han disfrutado de su ordinariez y tienen un gran sentido del humor. De hecho, su sentido del humor ha sido una gran bendición para ellos; de lo contrario, habrían sufrido mucho..... Llevan dos mil años sufriendo por todo el mundo. Sin ese sentido del humor no habrían sobrevivido. Su sentido del humor les ha ayudado a sobrevivir, les ha ayudado a resucitar siempre una y otra vez. Han sido aplastados, asesinados y destruidos y, sin embargo, su espíritu ha vuelto a resurgir. Podían reírse de la miseria, del sufrimiento. La risa ha sido una gran bendición.

Y es muy difícil transformar un chiste judío en otra cosa. A veces lo intento, pero pierde su belleza.

Un hombre le dijo a un amigo: "Déjame que te cuente un chiste".

"De acuerdo", dijo el amigo.

"Bueno, un hombre judío caminaba por la calle cuando se encontró con...."

"¡Basta!", gritó el amigo. "¿Por qué siempre cuentas chistes sobre judíos?".

"Vale, vale, lo contaré de otra manera. Un chino va caminando por la calle cuando se cruza con otro chino. '¿Vienes al bar mitzvah de mi hijo?', le preguntó".

Es muy difícil cambiar el chiste. Los chistes judíos tienen un sabor propio, y si los traduces, pierden ese sabor; se vuelven planos.

¿Y por qué te preocupa, Shankara? ¿Por qué te duele? Cada raza del mundo ha aportado algo. Cada raza ha vivido en diferentes situaciones, diferentes climas, ha evolucionado de manera diferente, tiene su propia personalidad. Los judíos tienen su propia personalidad, y los chistes judíos son muy esenciales para esa personalidad. Saben reírse; también saben reírse de sí mismos. Eso es algo realmente hermoso. Es fácil reírse de los demás; la verdadera risa es cuando puedes reírte de ti mismo.

La sexta pregunta:

Pregunta 6:

AMADO MAESTRO,

A VECES, CUANDO TE OIGO LEER UNA PREGUNTA, MI PRIMERA REACCIÓN ES: "¿QUÉ CLASE DE PREGUNTA ESTÚPIDA ES ÉSTA?". ¿NUNCA TE SIENTES ASÍ?

Prem Malik, de vez en cuando... por ejemplo, leyendo esta pregunta.

La última pregunta:

Pregunta 7:

AMADO MAESTRO,

ME GUSTARÍA EXPERIMENTAR CON EL ALCOHOL A LO GURDJIEFF, PERO NO TENGO DINERO. ¿PUEDO TENER UN SUBSIDIO DE ALCOHOL?

Deva Shraddan, George Gurdjieff no te hubiera dado ese experimento. ¡Eso sólo se lo dio a la gente que está en contra del alcohol! Por ejemplo, si Morarji Desai hubiera ido a George Gurdjieff, entonces él le habría forzado a beber alcohol - ¡en vez de su propia orina! Pero no para ti.

Por lo tanto, me resulta muy difícil permitirte que consumas alcohol, ya que iría en contra del espíritu de George Gurdjieff. Él nunca me lo perdonaría.

El núcleo esencial del experimento es perturbarte, destrozarte, romper tus patrones, patrones fijos. Si estás deseando alcohol, entonces eso es lo ÚLTIMO que va a destrozarte. Será satisfactorio, no te destrozará. En lugar de alcohol, ¡empieza a beber el agua de la vida!

"Sabes, eres el primer hombre que conozco cuyos besos me hacen sentarme y abrir los ojos".

"¿En serio?"

"Sí. Normalmente tienen el efecto contrario".

Contigo, el alcohol no será de ninguna ayuda; el agua de vida puede tener el efecto adecuado.

Puedes abrir los ojos y sentarte. Y una cosa más que tiene de bueno: puedes estar sin blanca y aun así disfrutarlo. No se necesita ningún subsidio, así que Laxmi no tiene que preocuparse por ello. Te da total autodependencia.

Un sábado por la noche, George acabó en una fiesta en un edificio de apartamentos desconocido.

Se emborrachó mucho y, de alguna manera, encontró el camino de vuelta a casa de madrugada. Cuando se despertó a la tarde siguiente con una terrible resaca, se dio cuenta de que se había dejado la chaqueta, la corbata, la camisa y los zapatos en la fiesta.

Con mucha dificultad encontró el edificio de apartamentos, pero no tenía ni idea de en qué apartamento había estado. Lo único que recordaba era un magnífico retrete de oro.

Así que llamó al primer apartamento. Le abrió la puerta un hombre con resaca.

"Hola", dijo George. "¿Tuviste una fiesta aquí anoche?"

"¡Claro que sí!", gimió el hombre.

"¿Y tienes un retrete de oro?"

"¿Un retrete de oro? No, seguro que no".

Así que George tuvo que ir a la puerta de al lado, y así durante tres pisos. Todos se estaban recuperando de una fiesta, pero nadie sabía nada de un retrete de oro. Cuando llegó al último piso, George empezaba a pensar que se había imaginado el retrete de oro. La puerta la abrió un hombre con resaca.

"Hola", dijo George. "¿Tuviste una fiesta aquí anoche?"

"¡Seguro que tuvimos una fiesta aquí!", gimió el hombre.

"¿Y por casualidad tienes un inodoro de oro?"

Se hizo un largo silencio.

Finalmente, el hombre gritó por encima del hombro: "¡Eh, Harry, aquí está el tipo que se cagó en tu tuba!".

Entonces, Shraddan, se puede permitir la concesión... ¿pero qué pasa con las tubas de los demás? Vas a crear problemas. Si escuchas mi consejo, olvida toda la idea. Es bueno que no tengas dinero. Esto se llama una bendición disfrazada. Si no estuvieras arruinado, te habrías vuelto como Gurdjieff, y eso te habría metido en más problemas.

Gurdjieff ciertamente obligaba a la gente a beber, pero sólo a la gente que estaba en contra del alcohol. Solía hacer brindis cada noche por todas las clases de idiotas del mundo. Tenía veintiséis categorías de idiotas. No sé a qué categoría pertenecerías tú, pero debes pertenecer a alguna. A menos que despiertes, pertenecerás a una u otra categoría.

Un idiota es una persona que intenta encontrar alegría donde la alegría no existe en absoluto, que intenta buscar algo que nunca ha perdido en primer lugar. La persona iluminada es aquella que ha mirado dentro de su ser antes de buscar nada en ninguna otra parte. Es mejor buscar en tu propia casa. Ha mirado dentro y lo ha encontrado allí. Ahora su búsqueda ha desaparecido.

La persona que se interesa por el alcohol debe vivir en la miseria, en una especie de sufrimiento.

Por eso quiere olvidarlo todo de alguna manera. El alcohol no es más que una estrategia química para olvidar sus miserias, sus angustias, sus problemas, para olvidarse de sí mismo.

Todo mi esfuerzo aquí, Shraddan, es ayudarte a recordarte a ti mismo - y tú quieres olvidarte de ti mismo. Olvidándote de ti mismo estarás creando más y más infierno para ti y para los demás. Recuerda, mejor, recuérdate a ti mismo.

Mis métodos son diferentes a los de George Gurdjieff. No estoy a favor de ninguna bebida alcohólica. Tampoco estoy a favor de ninguna droga psicodélica, porque todas te crean mundos ilusorios y todas son distracciones. Te hacen más y más inconsciente de tu propio ser, inconsciente de tu propio yo.

Mi trabajo se basa en la conciencia. La palabra "conciencia" es la llave de oro, la llave maestra. Tienes que aprender a ser más consciente. Por muy doloroso que sea al principio, sé más consciente, porque al ser más consciente un día formarás parte de la celebración del todo.

AES DHAMMO SANANTANO - esta es la eterna ley inagotable.

Suficiente por hoy.

Todas las palabras son mentiras

La primera pregunta:

AMADO MAESTRO,

¿TODAS LAS PALABRAS SON MENTIRA?

Peter Hendrickson, la verdad es una experiencia tan profunda que es inexpresable, tan vasta que ninguna palabra puede contenerla. Las palabras son cosas pequeñas; tienen cierta utilidad, pero tienen limitaciones. Y la verdad no tiene limitaciones; es más vasta que el cielo. La verdad significa toda la existencia.

Cuando desapareces en el todo, lo sabes. Decir que lo conoces no es exacto, sino que lo sientes. O, para ser aún más exactos, te conviertes en ello. Cuando te has convertido en el todo, es imposible decirlo. Y las verdades hay que decirlas; tienen la cualidad intrínseca de que hay que compartirlas.

De ahí que las palabras sean sólo hipotéticas; pueden utilizarse, pero no hay que creer en ellas. Hay que utilizarlas como peldaños. En última instancia, todas son mentiras; como mucho, reflejos aproximados, pero un reflejo es una mentira. La luna en el cielo y la luna reflejada en el lago no son lo mismo. La cara en el espejo no es realmente tu cara, es sólo una ilusión. No hay nada en el espejo.

Pero a los niños pequeños les preocupa mucho la cara del espejo: su propia cara. Cuando un niño pequeño se pone por primera vez ante un espejo, cree ver a alguien sentado frente a él. Intenta agarrar al niño. Si no puede, y desde luego no lo consigue, intenta ir detrás del espejo. Tal vez el niño esté escondido detrás.

Y esta es la situación de las personas que creen en las palabras. Pero en cierto modo el espejo es útil. Al decir que el reflejo es mentira no estoy diciendo que no sirva para nada. Si lo entiendes, dice algo ACERCA de la verdad, no la verdad misma; indica. Un dedo que señala la luna no es la luna, pero tiene una utilidad tremenda: puede señalar la luna. Si te obsesionas demasiado con el dedo, es culpa tuya, no del dedo. Si olvidas el dedo -y tienes que olvidarlo si quieres ver la luna-, entonces el dedo ha cumplido su función.

Incluso las mentiras pueden ayudarte a alcanzar la verdad; de lo contrario, los budas no habrían hablado. A menos que las mentiras puedan ayudarte de alguna manera a alcanzar la verdad, las palabras no se habrían utilizado en absoluto. No habrían existido ni la Biblia, ni el Corán, ni el Gita, ni el DHAMMAPADA.

Cuando Buda se iluminó, durante siete días permaneció en silencio, pensando: "¿De qué sirve decir a la gente cosas que no se pueden decir? - e incluso si las dices, que están destinadas a ser malinterpretadas? Además, si alguien es capaz de entender tus palabras, seguro que es capaz de encontrar la verdad por sí mismo."

La historia dice que entonces descendieron los dioses del cielo. Tocaron los pies de Buda y le rogaron que hablara.

Buda dijo: "¿Para qué? El noventa y nueve por ciento de la gente no lo va a entender en absoluto, y el uno por ciento tal vez pueda entenderlo, pero ese uno por ciento que puede entender a través de las palabras podrá encontrar la verdad aunque yo no diga absolutamente nada al respecto. Entonces, ¿qué sentido tiene decirlo?".

Los dioses estaban perplejos. La lógica era correcta, pero aún así algo fallaba, porque en la antigüedad habían hablado otros budas. Entonces se reunieron para averiguar cómo discutir con Buda. Y encontraron una manera; y es bueno que pudieran encontrar una manera; de lo contrario nos habríamos perdido estos mensajes tremendamente significativos de Buda.

Volvieron y dijeron: "Tienes razón; la mayoría nunca lo entenderá. Y hay unos pocos que llegarán a la verdad aunque no digas nada. ¿Pero no te imaginas que hay unos pocos que están entre estos dos grupos, justo en la línea divisoria? Si hablas, eso les dará un reto, inspiración. Si no hablas, pueden estar perdidos. Habla por esos pocos que están justo en la línea fronteriza, que pueden perderse sin tus palabras y que pueden encontrar la luz con la ayuda de tus palabras".

Tienes razón, Hendrickson: todas las palabras son mentira, porque cuando experimentas no puedes ponerlo en palabras. ¿Cómo expresar el amor con palabras? Y el amor no es una experiencia muy rara.

¿Cómo expresar la belleza con palabras? ¿Lo ha conseguido algún poeta? Sólo los necios creen que lo han conseguido. Cuanto más grande es el poeta, más consciente es de su fracaso. ¿Algún pintor ha sido capaz de pintar la belleza que experimenta? Ningún gran pintor está satisfecho. Un tremendo descontento le persigue toda la vida como una sombra. Le persigue. Sigue intentándolo una y otra vez; toda su vida es un largo fracaso, una tragedia. Sus grandes cuadros son grandes para nosotros, pero él sabe que ha fracasado. Son grandes para nosotros porque no sabemos lo que es la belleza. Si estos grandes cuadros no hubieran existido, no habríamos sido conscientes de muchas cosas.

Se dice que si desaparecen todos los cuadros del mundo, no podrás ver la belleza de una puesta de sol. No podrás ver la belleza de una flor de rosa. No podrás ver la belleza de un pájaro volando. Eres capaz de verla porque los pintores llevan siglos preparando el contexto adecuado para verla. Pero pregunta a los propios pintores. Pregunta a Van Gogh, a Rabindranath Tagore o a Nandlal Bose, y te dirán que han fracasado. Lo que habían visto era algo totalmente distinto.

Estaba tan vivo, tan palpitante. Y el cuadro está muerto; no es más que lienzo y color. ¿Cómo puedes poner una puesta de sol en el lienzo? Sería un bodegón y la puesta de sol, la verdadera puesta de sol, es dinámica, se mueve, cambia en cada momento. Tu cuadro no será más que un fenómeno enmarcado, y la puesta de sol no tiene marco.

¿Cómo puedes cantar una canción que relate tu experiencia del amor? Es imposible; todas las palabras son inadecuadas. Así que, en primer lugar, cuando intentas expresar tu experiencia, el noventa por ciento de ella se pierde. Y cuando alguien la escucha, el diez por ciento restante se distorsiona. Incluso si el uno por ciento llega a la otra persona es más de lo que puedes pedir.

Cuando te digo algo sé cuánto se ha perdido ya. Cuando veo en tus ojos nuevamente sé que lo que quedó en las palabras ha sido distorsionado por tu mente. Tu mente está continuamente tratando de permitir sólo lo que encaja con ella; no permite lo que va en contra de ella. No lo escucha en absoluto, y sólo escucha aquello que no es más que un reflejo de su propio pasado.

El analista estaba preocupado por los resultados de un test de Rorschach que acababa de realizar al paciente, que asociaba cada mancha de tinta con algún tipo de actividad sexual.

"Quiero estudiar los resultados de su prueba durante el fin de semana y me gustaría verle el lunes", le dijo al paciente.

"De acuerdo, Doc. Mañana por la noche voy a una despedida de soltero. ¿Alguna posibilidad de que me preste esas fotos sucias suyas?"

Lo que ve cree que está ahí; y lo que ve no está ahí, es su proyección. Lo que oye puede que no se diga en absoluto, pero uno puede oírlo muy claramente, tan claramente que es imposible no creer en ello. Tu mente está coloreando todo a cada momento.

Leonora entró en una farmacia para comprar película. Cuando salió se estaba volviendo loca.

"¡Rodney, entra en esa tienda y córtale bien a ese hombre!", le dijo a su novio.

"¿Por qué, cariño?", preguntó Rodney, "¿qué ha pasado?".

"Le dije que quería una película", explicó, "¡y tuvo el descaro de preguntarme cuál era el tamaño de mi Brownie!".

Se puede leer algo que no está escrito. Puedes oír algo que no te han contado. Puedes ver algo que no existe en ninguna parte excepto en tu propia imaginación. Entonces las palabras se alejan cada vez más de la verdad.

Las palabras son mentiras: mentiras en el sentido de que son incapaces de transferir lo real, lo existencial. En la propia transferencia muere.

Un poeta había ido al mar por la mañana temprano. Era un amanecer precioso, y las olas bailando bajo el sol temprano, y la arena fresca, y el aire salado.... Se sintió tan vivo, experimentó una alegría tan exquisita, que quiso compartirla con su novia que estaba en un hospital, que estaba enferma y no podía venir a la playa.

Así que el poeta trajo una hermosa caja, la abrió a los rayos del sol, al viento, la cerró, la selló por todas partes para que nada escapara de ella, y llevó la caja al hospital. Tremendamente feliz, le dijo a su novia: "He traído algo tan hermoso que quizá no hayas visto nunca. Un amanecer tan bonito, unas olas tan hermosas, un aire tan fresco, un frescor tan grande".

Abrió la caja y no había nada: ni sol, ni aire, ni frescor.

No puedes atrapar la belleza en una caja. No puedes atrapar la belleza, la verdad, el amor, en palabras. Son muy pobres. Pero no tienen nada de malo; son útiles en el mundo ordinario. Cuando entras en lo interior, entras en lo extraordinario.

Si estás alerta, se pueden utilizar y se pueden utilizar con provecho. Sí, las mentiras pueden convertirse en peldaños hacia la verdad.

Un soldado estadounidense que se encontraba a las puertas de una catedral de París vio entrar un magnífico cortejo nupcial. "¿Quién es el novio?", preguntó a un francés que estaba a su lado.

"Je ne sais pas", fue la respuesta.

Unos minutos más tarde, el soldado inspeccionó el interior de la catedral y vio un ataúd que era transportado por el pasillo. "¿De quién es el funeral?", preguntó al asistente.

"Je ne sais pas", dijo el asistente.

"¡Santa caballa!", exclamó el soldado. "¡Ciertamente no duró mucho!"

Hay que entender las palabras; hay que entenderlas según la persona que las ha pronunciado. No debes meter tu propia mente. Debes mantener tu mente un poco al margen. Cuanto más capaz seas de mantener tu mente al margen, más posibilidades tendrás de utilizar las palabras como peldaños. De lo contrario, las palabras crearán una jungla y te perderás en ella.

En Leipzig, donde un tercio de los nombres de las calles han cambiado desde la ocupación rusa, los conductores de tranvías están obligados a gritar tanto los nombres antiguos como los nuevos para facilitar la orientación de los visitantes.

El otro día, el revisor de un coche que pasaba por el centro de la ciudad hizo el preceptivo anuncio: "Plaza de Karl Marx, antes Plaza de Augusto".

Un pasajero a punto de bajar gritó: "¡Auf Wiedersehen, antes Heil Hitler!".

La segunda pregunta:
AMADO MAESTRO,
¿PODRÍA EXPLICAR LA DIFERENCIA ENTRE CONDICIONAMIENTO Y DISCIPLINA?

Prem Dharmendra, hay una gran diferencia. Son dimensiones totalmente distintas, y no sólo distintas sino diametralmente opuestas. El condicionamiento es algo forzado desde el exterior contra tu voluntad, contra tu conciencia. Es para destruirte, es para manipularte. Es crear una pseudo personalidad para que tu hombre esencial se pierda.

La sociedad tiene mucho miedo de tu realidad. La iglesia tiene miedo, el estado tiene miedo, todo el mundo tiene miedo de tu persona esencial, de tu ser esencial, porque el ser esencial es rebelde, inteligente. No puede ser reducido fácilmente a la esclavitud. No puede ser explotado. Nadie puede utilizar tu ser esencial como un medio; tu ser esencial es un fin en sí mismo.

De ahí que toda la sociedad intente por todos los medios posibles desconectarte de tu núcleo esencial, y crea una personalidad falsa y plástica a tu alrededor y te obliga a identificarte con ella. Eso es lo que llama educación. No es educación; es mala educación. Es destructiva, es violenta.

Toda esta sociedad, hasta ahora, ha sido muy violenta con el individuo. No cree en el individuo; está en contra del individuo. Trata por todos los medios de destruirte para sus propios fines. Necesita oficinistas, necesita jefes de estación, recaudadores, policías, magistrados, necesita soldados. No necesita seres humanos.

Hasta ahora hemos fracasado en la creación de una sociedad que necesita seres humanos, simples seres humanos.

A la sociedad le interesa que seas más hábil, más productivo y menos creativo. Quiere que funciones como una máquina, eficientemente, pero no quiere que despiertes. No quiere budas ni cristos - Sócrates, Pitágoras, Lao Tzu. No, estas personas no son necesarias en absoluto para la sociedad. Si a veces ocurren, no ocurren debido a la sociedad; ocurren a pesar de la sociedad.

Es un milagro cómo unas pocas personas han podido a veces escapar de esta gran prisión. La prisión es tan grande que es tan difícil escapar de ella. E incluso escapando de una prisión entrarás en otra porque toda la tierra se ha convertido en una prisión. Puedes convertirte en mahometano de un hindú o puedes convertirte en cristiano de un mahometano o puedes convertirte en hindú de un cristiano, pero simplemente estás cambiando de prisión. Puedes convertirte en alemán por ser indio o puedes convertirte en chino por ser italiano, pero simplemente estás cambiando de cárcel: de cárcel política, religiosa o social. Puede que durante unos días la nueva prisión parezca libertad, sólo por su novedad; de lo contrario, no es libertad.

La sociedad libre sigue siendo una idea que hay que materializar.

Toda esta esclavitud del hombre depende del condicionamiento. Y el condicionamiento comienza incluso cuando estás en el vientre de tu madre. Ahora han encontrado maneras de condicionar al niño en el vientre de la madre. En Rusia han desarrollado ciertos tipos de cinturones que la mujer embarazada puede usar. Esos cinturones presionan ciertos puntos en el cerebro del niño en crecimiento y esa presión creará un robot. Nacerá como una máquina. Será siempre obediente, fiel al Estado, fiel al comunismo, fiel a la santísima trinidad comunista -o impía trinidad- Marx, Engels, Lenin. Creerá en DAS KAPITAL, igual que otros creen en la Biblia. Nadie lee la Biblia, nadie lee DAS KAPITAL.

He conocido a muchos comunistas; no he visto a un solo comunista que haya leído DAS KAPITAL de principio a fin. Todo el mundo tiene un ejemplar. Los libros rusos son tan baratos y tienen tan buen aspecto, están tan bien encuadernados, que puedes decorar tu salón con libros rusos. Pero nadie los lee, igual que ningún hindú lee los Vedas. Tampoco hay mucho que leer.

Pero el condicionamiento empieza desde el vientre de la madre o, como mucho, en el momento en que naces. Te circuncidan y te conviertes en judío. Te bautizan y te conviertes en cristiano, y así sucesivamente. Te llevan a la iglesia, al templo y a la mezquita, y te crían en un ambiente en el que todos son mahometanos o todos son cristianos o todos son hindúes. Y, naturalmente, el niño está obligado a seguir a la gente que le rodea.

Cuando tiene veinticinco años y vuelve de la universidad, está totalmente condicionado, y tan profundamente condicionado que ni siquiera será consciente del condicionamiento. Todo ha sido introducido en su bioordenador. Y la sociedad castiga a los que son reacios, resistentes a estos condicionamientos. Los recompensa con medallas de oro, premios, incluso premios Nobel; recompensa a aquellos que están dispuestos a ser esclavos, que están dispuestos a servir a los intereses creados.

Holston fue contratado como peón de un rancho en Texas. Un día se acercó a Davis, el capataz. "¿Qué haces para divertirte aquí en la pradera?".

"Bueno", respondió el capataz, "tenemos un cocinero mexicano en el rancho y todos los sábados por la noche lo vestimos con ropa de mujer y seis de nosotros lo llevamos a bailar".

"¡Yo no!", declaró Holston. "A mí no me van esas cosas".

"Tampoco el Mex", dice Davis, "por eso somos seis".

Y no es sólo una cuestión de sexo. Toda la sociedad, millones de personas a tu alrededor, te están condicionando, a sabiendas, sin saberlo. Ellos han sido condicionados. Puede que no sean conscientes de que son destructivos y violentos. Puede que piensen que te están ayudando. Pueden estar pensando que están haciendo todo este gran servicio por compasión, porque aman a la humanidad. Han sido condicionados tan profundamente que no son conscientes de lo que están haciendo a sus hijos.

Los maestros, los conferenciantes, los profesores, son los instrumentos, instrumentos sutiles del condicionamiento de la gente. Los sacerdotes, los psicoanalistas, son personas muy astutas y muy eficientes en el condicionamiento; conocen toda su estrategia. Saben cómo manipular, distorsionar, cómo darte una pseudo personalidad y quitarte tu núcleo esencial.

La disciplina es totalmente diferente. La disciplina surge de tu propia elección, de tu propia voluntad. Disciplina, la propia palabra, viene de una raíz que significa aprendizaje. Disciplina significa que empiezas a aprender por ti mismo, porque nadie parece enseñarte la verdad.

La gente está interesada en enseñarte hinduismo, comunismo, mahometismo; nadie está interesado en enseñarte la verdad. Cuando empiezas a buscar, a indagar, a aprender, por tu cuenta -sabiendo perfectamente que nadie te va a apoyar, tienes que ir solo- empieza la disciplina.

La disciplina es tu protección contra el condicionamiento. La disciplina es tu esfuerzo por librarte de todo condicionamiento. La disciplina es tu rebelión, tu revolución.

Ser discípulo significa simplemente estar con un hombre que no te va a condicionar. Un maestro es aquel que te descondiciona. Esa es la definición de un verdadero maestro: uno que te UNcondiciona, simplemente te UNcondiciona, y no te REcondiciona.

Ésa es una de las objeciones que me han hecho en la India y también en otros países: que estoy dando tanta libertad a la gente que hará un mal uso de ella. Sé que se puede hacer un mal uso de la libertad si no está arraigada en la meditación, pero la libertad es un valor tan supremo que, aunque exista el riesgo de que se haga un mal uso de ella, TIENE que darse. El esclavo nunca puede hacer mal uso de la esclavitud porque no es su propio amo; entonces, también es esclavitud y los que están en el poder hacen mal uso de ella continuamente. La esclavitud es un pecado, y por muy decorada que esté, es fea. Se puede abusar de la libertad, pero es mejor abusar de la libertad que ser esclavo, porque no se puede abusar de la libertad durante mucho tiempo.

La libertad, tanto si se usa como si se usa mal, permite comprender. Sólo se aprende a través de los errores.

Ese es el camino de la madurez. Tal vez en el período intermedio, cuando por primera vez sales de la prisión, puedes abusar de tu libertad por un tiempo. Puede que bebas demasiado, que comas demasiado, pero ¿por cuánto tiempo?

Y esta libertad que da un maestro se da haciéndote más consciente, más consciente. Y esa es la válvula de seguridad: cuanto más consciente eres, menos posibilidades hay de abusar de la libertad, porque abusar de ella sería suicida.

La disciplina es aquello que aceptas por ti mismo. No te obligan a ser sannyasin; surge en ti un profundo anhelo. Algo oculto en ti acepta el reto. Brota una semilla... oyes una música inaudita... te sientes atraído por una fuerza desconocida y misteriosa. Pero la decisión es siempre tuya, no te viene impuesta. TÚ decides que te gustaría aprender, que te gustaría buscar y buscar. A partir de ese anhelo de verdad, comienza la disciplina.

Y siempre eres libre de dejarlo. Siempre eres libre de abandonar sannyas. Siempre eres libre de dejar de estar relacionado conmigo. Los guardias en la puerta son para los de fuera, para que no puedan entrar si no están preparados; los guardias no son para los de dentro, para evitar que salgan. Esa es la diferencia. En una cárcel, los guardias son para los de dentro, para que no puedan salir.

Aquí hay guardias, pero no son para los de dentro. Si alguien quiere salirse se sale con todas mis bendiciones. Fue su decisión estar dentro; es su decisión dejarlo. Es un alma libre. No es asunto de nadie imponerle nada.

Dharmendra, la disciplina surge de tu propio sentir interior, de tu propio amor. Es una entrega pero no es una esclavitud. Es una entrega pero no una esclavitud porque TÚ lo estás haciendo. Si es forzada, entonces es esclavitud, entonces es condicionamiento.

Evita todas las situaciones condicionantes. Evita a la gente que te condiciona, aunque digan que es por tu bien; aunque digan que es por tu bien, ten cuidado con todos esos envenenadores. Ya han hecho bastante daño a la humanidad. Es por culpa de estas personas que la verdadera humanidad aún no ha nacido.

Todo mi esfuerzo aquí es traer un nuevo ser humano a la tierra: libre, alerta, consciente, responsable, haciendo las cosas de acuerdo con sus propios sentimientos internos, gustos, inclinaciones, no sirviendo al propósito de alguien más, viviendo su vida de acuerdo con su propia luz.

La tercera pregunta:

AMADO MAESTRO,

¿CUÁL ES SU OPINIÓN SOBRE EL COMUNISMO?

Nagesh, no voy a perder el tiempo en darte mi opinión sobre el comunismo. Todo es basura, pero te contaré cinco historias.

La primera historia:

"¿Quién es tu padre?", le preguntó Jruschov a un escolar cuando dirigía la Rusia soviética.

"Nikita Jruschov es mi padre", respondió el muchacho.

"¿Y quién es tu madre?"

"El Partido Comunista".

"Muy bien. Ahora dime, ¿qué te gustaría ser de mayor?".

"Un huérfano", respondió el niño.

El segundo:

En una fábrica rusa, se pidió a los trabajadores que eligieran un nuevo comité de empresa mediante votación secreta. A cada uno, al acercarse a la urna, se le entrega un sobre cerrado y se le dice que lo deposite por la ranura situada en la parte superior de una caja de cartón.

Vasili abrió el sobre y empezó a examinar la papeleta.

"Eh", gritó un supervisor. "No puede hacer eso".

"Pero quiero saber a quién voy a votar", explicó el trabajador.

"Debes estar loco", afirmó el supervisor. "¿No te das cuenta de que el voto es secreto en la Unión Soviética?".

La tercera:

Un radioaficionado deliró de emoción cuando captó en su aparato un noticiario directamente desde Moscú.

"Nuestro gran atleta, Iván Ivanovitch", decía el locutor, "acaba de batir todos los récords existentes de carrera de doscientos metros lisos, carrera de una milla, carrera de cinco millas y carrera de cien millas, superando una ventisca, una cadena de montañas y la falta total de agua. Por desgracia, la fantástica actuación de Ivanovitch fue en vano. Fue capturado y devuelto a Rusia".

El cuarto:

Cuando el cuerpo de Stalin fue retirado del mausoleo de Lenin en la Plaza Roja y enterrado cerca de las murallas del Kremlin, un niño pequeño preguntó a su abuela: "¿Qué clase de hombre era Lenin?".

"Lenin fue un gran hombre", dijo.

"¿Y qué clase de hombre era Stalin?", preguntó el niño.

"A veces era un hombre muy malvado", dijo la anciana.

"Babushka, ¿qué clase de hombre es Leonid Brezhnev?"

"Es difícil de decir, niña", respondió la abuela. "Cuando muera, lo averiguaremos".

El quinto y el último:

En una convención del Partido Comunista, uno de los delegados no paraba de gritar: "¡Viva Breznev!".

El presidente intentó acallarle diciendo: "¿Recuerdas que solías gritar '¡Viva Jruschov!'" "Cierto", dijo el delegado. "¿Y vive?"

La cuarta pregunta:

AMADO MAESTRO,

NO PUEDO CREER QUE UN HOMBRE COMO JESUS PUEDA COMETER ERRORES. AL ESCUCHARLE DECIR ESO, ME DOLIO MUCHO.

Ronald, esto es condicionamiento. Te han dicho - siglos de condicionamiento están detrás de ello - que un hombre como Jesús no puede cometer ningún error. ¿Por qué? Si no puedes creerlo, tampoco puedes creer que Jesús sea humano. Errar es humano. Sí, no volverá a cometer el mismo error, eso es cierto. Volver a cometer el mismo error es estúpido; no es humano, es simplemente estúpido. Pero cometer un error es la única forma de aprender en la vida.

Una vez está perfectamente bien cometer un error, y cometerlo con total conciencia.

Si es un error lo sabes, y lo sabes tan profunda y perfectamente que nunca volverás a cometerlo. Pero un hombre aprende cometiendo errores. No hay otra forma de aprender. Si un hombre nunca comete un error, nunca crecerá. Jesús es un ser humano. Por supuesto, sólo madurando se convertirá un día en una llama divina. Cometió errores hasta el final.

Yo creo que se convirtió en Cristo en el último momento, en la cruz.

Justo antes de convertirse en cristo, en buda, cometió el último y definitivo error, pero aprendió inmediatamente. Debió ser muy consciente incluso en la cruz.

El último error fue que, cuando lo crucificaron, gritó a Dios: "¿Me has abandonado?". Esto es desconfianza, esto es duda, esto es un error; uno de los más grandes que puede cometer un hombre - y un hombre como Jesús. Pero esto es lo último. "¿Por qué me torturan, qué mal he cometido?". Se quejaba, no podía creer lo que le estaba sucediendo. Debió de pensar en el fondo -en algún lugar una pequeña parte de su ser debió de permanecer inconsciente, y en ese rincón oscuro debió de quedar como una semilla este anhelo- que "En el último momento Dios va a salvarme. Hará un milagro y el mundo entero sabrá que soy el Hijo unigénito de Dios".

Algún anhelo inconsciente... pero aunque una pequeña parte de tu ser permanezca inconsciente aún no eres un cristo.

De dónde le viene esta queja: "¿Por qué me has abandonado?". Surge una gran duda, le embarga, porque es el último momento: si el milagro no se va a producir está acabado. Pero debía de ser un hombre de rara conciencia. Lo reconoció inmediatamente, vio el punto oscuro, vio el punto inconsciente. Se relajó y dijo: "Venga a nosotros tu reino, hágase tu voluntad. No tomes nota de mi queja, he sido un necio al decirlo. Cualquiera que sea tu voluntad es mi voluntad. No tiene sentido decir: '¿Me has abandonado?' Si esto es lo que quieres, entonces esto es lo que debe suceder. Entonces este es el milagro y no debo pedir nada más. No debo tener una voluntad propia".

En el momento en que dijo: "Hágase tu voluntad", abandonó su voluntad separada. Sólo debió de quedar una pequeña parte de su ser, algún sutil ego oculto debió de permanecer al acecho en alguna parte. Con la desaparición de ese ego se convirtió en una llama de luz. Se convirtió en un buda.

No puedes creer que un hombre como Jesús pueda cometer errores porque no puedes creer que Jesús sea un hombre como tú. Y a menos que creas que Jesús es un hombre como tú, no puedes creer la otra parte de la historia, que eres tan divino como Jesús.

Recuerda que son dos caras de la misma moneda. Si puedes creer que Jesús es un hombre como tú, entonces también puedes creer que tienes el mismo potencial que Jesús. Si el puede llegar a ser un cristo tu puedes llegar a ser un cristo tambien.

Una pequeña introducción para un chiste. Esta es una historia italiana, la historia de Pinocho.

Un carpintero, llamado Gepetto, se siente muy solo y desea tener un hijo. Con unos palos de madera crea una marioneta -con un gorro rojo y una nariz muy puntiaguda- y la llama Pinocho. Apenas lo ha terminado, Pinocho le da una patada en la pierna y Gepetto se da cuenta de que ese "hijo" sólo le dará problemas.

De hecho, Pinocho pide inmediatamente algo de comer, y Gepetto, aunque es muy pobre, se las arregla para encontrarle algo de comida y se va él mismo a la cama sin cenar.

Pinocho, sin siquiera darle las gracias, se marcha, y así durante años tortura a su creador. Sigue haciendo una travesura tras otra hasta que finalmente se lo traga una ballena en el océano.

Ahora olvida esta introducción como si no te la hubiera contado; sólo así entenderás el chiste. Tenía que contártelo; sin él no entenderías el chiste, y eso tengo que contártelo. Ahora olvídalo todo. No te he dicho ninguna introducción.

Ahora la broma....

Tras cuarenta años de duro trabajo, un viejo carpintero muere y va al cielo. Cuando llega a las Puertas Perladas llama a la puerta. San Pedro le abre y le dice: "¿Sí?".

El viejo carpintero explica: "Soy un viejo carpintero. He trabajado duro durante cuarenta años, nunca he hecho daño a nadie, y estoy aquí por mi recompensa."

San Pedro responde: "No lo sé. Espera aquí un momento e iré a buscar información sobre ti".

Entra y está a punto de hablar con el jefe, Dios, cuando se encuentra con Jesús. Jesús le dice: "¿Por qué estás tan excitado?". Entonces Pedro le cuenta toda la historia: un viejo carpintero, trabajó duro durante cuarenta años, nunca hizo mal a nadie.

Jesús escucha el relato con creciente interés y pregunta: "¿Tenía el pelo blanco?".

Pedro dice: "¡Sí!"

"¿Pequeñas gafas de duendecillo con montura de cromo?"

"¡Sí!"

"¿Tan alto? ¿Con chaleco, un poco panzón?".

"¡Sí, sí, sí!", dice Peter.

Jesús corre hacia las Puertas Perladas, abre la puerta de par en par, echa un vistazo al ancianito y grita a pleno pulmón: "¡Papá!".

Y el carpintero lo mira y exclama alegremente: "¡Pinocho!".

La quinta pregunta:

AMADO MAESTRO,

¿ES ESTO UNA BENDICIÓN? DESPUÉS DE ESTAR SOLO DURANTE MUCHO TIEMPO, ME ENAMORÉ DE TRES MUJERES AL MISMO TIEMPO, LO CUAL FUE FÁCIL AL PRINCIPIO. PERO EN CUANTO EMPECE A TENER UNA RELACION MAS PROFUNDA CON UNA, O CORRIA A LA SIGUIENTE O ELLA QUERIA ESTAR CON OTRO. POR SUPUESTO, LO MISMO VOLVIÓ A OCURRIR EN CUANTO ME PUSE EN SINTONÍA CON OTRA DE LAS MUJERES. ASI QUE LA ALEGRIA Y EL SUFRIMIENTO ESTAN BASTANTE CERCA, PERO ME PREGUNTO - ¿ESTOY EVITANDO ALGO?

Prem Aditya, ¿no crees que tres son más que suficientes? ¿Crees que estás evitando la cuarta? Una mujer es suficiente para crear el infierno, y usted me está preguntando, "¿Es esto una bendición?" Debe ser una maldición disfrazada.

"¿Qué le ha pasado a Jack? Hace siglos que no lo veo".

"Oh, se casó con la chica que rescató de ahogarse."

"¿Y es feliz?"

"¡Más bien! Pero ahora odia el agua".

Debes de ser un alma grande: o tan inconsciente que ni tres mujeres puedan crearte problemas, o tan iluminado que "¿A quién le importa?".

Mientras volvían a casa del trabajo una tarde, tres viajeros se hicieron amigos en el vagón club y, después de la tercera ronda, empezaron a presumir de los méritos relativos de sus respectivas relaciones matrimoniales. El primero proclamó con orgullo: "Mi mujer se encuentra con mi tren todas las tardes y llevamos diez años casados".

"Eso no es nada", se burló el segundo. "Mi mujer también se reúne conmigo todas las noches, y llevamos diecisiete años casados".

"Bueno, os he ganado a los dos, amigos", dijo el tercer viajero, que obviamente era el más joven del grupo.

"¿Cómo lo sabes?", quiso saber el primero.

"¡Supongo que usted también tiene una esposa que se reúne con usted todas las noches!", se burló el segundo.

"Así es", dijo el tercer viajero, "y ni siquiera estoy casado".

¡Tres mujeres, y ni siquiera estás casado! Harán de ti un balón de fútbol. Y tú te preguntas, "¿Es esto una bendición?" - Con un signo de interrogación, por supuesto. Ten un poco más de cuidado. Este es un lugar peligroso para gente como tú, Aditya. Hay muchas mujeres aquí y si sigues así pronto no quedará nada de ti, y yo perderé innecesariamente a un sannyasin. Piensa en mí también.

Weinstein, un hombre de negocios muy rico, tenía una hija poco atractiva. Encontró a un joven para casarse con ella y, al cabo de diez años, tuvieron dos hijos.

Un día, Weinstein llamó a su yerno a la oficina. "Escucha", le dijo, "me has dado dos nietos preciosos, me has hecho muy feliz. Te voy a dar el cuarenta y nueve por ciento del negocio".

"¡Gracias, papá!"

"¿Hay algo más que pueda hacer por usted?"

"¡Sí, cómprame!"

Estoy dispuesto a comprarte cualquiera que sea el precio. ¡Sólo tienes que preguntar a las tres mujeres!

El amor es significativo, una buena situación de aprendizaje, pero sólo una situación de aprendizaje. Una escuela es suficiente, tres escuelas son demasiadas. Y con tres mujeres no podrás aprender mucho, estarás en tal agitación. Es mejor estar con una, para que puedas ser más totalmente uno con ella, para que puedas comprenderla a ella y a tus propios anhelos más claramente, para que estés menos nublado, menos angustiado, porque el amor al principio es sólo un fenómeno inconsciente; es biológico, no es nada muy valioso. Sólo cuando tomas conciencia de él, cuando meditas más y más sobre él, empieza a ser precioso, empieza a elevarse.

La intimidad con una mujer o un hombre es mejor que tener muchas relaciones superficiales. El amor no es una flor de temporada, tarda años en crecer. Y sólo cuando crece va más allá de la biología y empieza a tener algo de espiritual. Estar con muchas mujeres o muchos hombres te mantendrá superficial -entretenido tal vez, pero superficial; ocupado ciertamente, pero esa ocupación no va a ayudar en el crecimiento interior. Pero una relación de uno a uno, una relación sostenida de modo que podáis comprenderos más de cerca, es tremendamente beneficiosa. ¿Por qué es así? ¿Y cuál es la necesidad de comprender a la mujer o al hombre?

La necesidad se debe a que todo hombre tiene una parte femenina en su ser, y toda mujer tiene una parte masculina en su ser. La única forma de entenderlo, la forma más fácil de entenderlo, la forma más natural de entenderlo es estar en una relación profunda e íntima con alguien. Si eres hombre, ten una relación íntima y profunda con una mujer. Deja que crezca la confianza para que se disuelvan todas las barreras. Acércate tanto el uno al otro que puedas mirar profundamente a la mujer y la mujer pueda mirarte profundamente a ti. No seáis deshonestos el uno con el otro.

Y si tienes tantas relaciones serás deshonesto, estarás mintiendo continuamente. Tendrás que mentir, tendrás que ser insincero, tendrás que decir cosas que no quieres decir - y todas sospecharán. Es muy difícil crear confianza con una mujer si tienes otra relación. Es fácil engañar a un hombre porque vive a través del intelecto; es muy difícil, casi imposible engañar a una mujer porque vive intuitivamente. No podrás mirarla directamente a los ojos; tendrás miedo de que empiece a leer tu alma, y tantas cosas engañosas que escondes, tantas deshonestidades.

Por eso, si mantienes muchas relaciones no podrás bucear en lo más profundo de la psique de la mujer. Y eso es lo único que se necesita: conocer la propia parte femenina interior. La relación se convierte en un espejo. La mujer empieza a mirarse en ti y empieza a encontrar su propia parte masculina; el hombre se mira en la mujer y empieza a descubrir su propia feminidad. Y cuanto más consciente seas de tu feminidad -el otro polo-, más completo podrás ser, más integrado estarás. Cuando tu hombre interior y tu mujer interior han desaparecido el uno en el otro, se han disuelto el uno en el otro, cuando ya no están separados, cuando se han convertido en un todo integrado, te has convertido en un individuo.

Carl Gustav Jung lo denomina proceso de individuación. Tiene razón, ha elegido la palabra adecuada. Y lo mismo le ocurre a una mujer. Pero jugar con mucha gente te mantendrá superficial, entretenido, ocupado, pero no creciendo; y lo único que importa en última instancia es el crecimiento, el crecimiento de la integración, de la individualidad, el crecimiento de un centro en ti. Y ese crecimiento necesita que conozcas tu otra parte. Lo más fácil es conocer primero a la mujer exterior, para poder conocer a la mujer interior.

Como un espejo, el espejo refleja tu cara, te muestra tu cara, la mujer se convierte en tu espejo, el hombre se convierte en tu espejo. El otro refleja tu cara, pero si tienes tantos espejos a tu alrededor y corres de un espejo a otro y engañas a cada espejo sobre el otro estarás en un caos, te volverás loco.

La sexta pregunta:

AMADO MAESTRO,

¿QUÉ HAY DE MALO EN SABER CADA VEZ MÁS SOBRE DIOS? ¿NO PUEDE AYUDAR AL BUSCADOR?

Kamalesh, saber y conocimiento son diferentes. Yo estoy a favor del conocimiento y en contra del saber. Conocer es tu perspicacia, es tu capacidad de ver, es philosia.

El conocimiento es filosofía. No es tu capacidad de ver, es sólo tu capacidad de memorizar lo que otros han dicho. ¿De qué va a servir conocer a Dios? Un ciego puede saber sobre la luz; ¿de qué le va a servir? Un sordo puede saber de música, puede leer sobre música, incluso puede leer música, pero ¿de qué le va a servir? En absoluto. El peligro es que el ciego empiece a pensar que sabe tanto sobre la luz que debe conocer la luz misma. Y eso es lo que les pasa a los entendidos.

Sabiendo de Dios, empiezan a pensar que conocen a Dios. Una cosa es conocer el amor y otra muy distinta es saber del amor. Conocer a Dios es una transformación de tu ser; saber de Dios no necesita transformación. Puedes ir a la biblioteca y recoger información. Puedes ir a los expertos y a los eruditos y acumular información.

Me preguntas: "¿No puede ayudar al buscador?".

No, en absoluto. Será un obstáculo. El buscador tiene que estar vacío, sin prejuicios. El buscador tiene que estar sin ninguna idea de lo que es Dios, o la verdad. Si tiene alguna idea, el peligro es que proyectará su idea sobre la existencia y pensará que ha llegado a conocer la verdad. La verdad sólo se puede conocer cuando estás completamente vacío, cuando no hay nada que distorsionar o proyectar dentro de ti; cuando estás tan silencioso que sólo eres receptivo, no proyectivo. En la receptividad total se conoce la verdad.

La meditación no es más que un esfuerzo por limpiar tu mente de conocimiento. El conocimiento es polvo que se ha acumulado en el espejo de tu ser; hay que limpiarlo.

Una chica desnuda está de pie, hablando sin cesar a un hombre desnudo arrodillado y abrazando su vientre, que más tarde yace en decúbito supino a sus pies. Dice: "Mi vida está vacía... es una burla... No soy nada, sólo una fachada, una cáscara... ¡una cosa muerta e inútil! Tengo veintiséis años... y nunca he tenido una relación significativa... nunca he tenido una relación verdaderamente significativa.... Ni siquiera debería admitirlo, supongo. ¡Es muy humillante! He pasado de un episodio sexual superficial a otro. Esa es la historia de toda mi vida...

un incidente chabacano, superficial y agarrado tras otro. Mis relaciones no tienen un significado profundo y duradero: ¡si pudiera acostarme UNA VEZ y que ocurriera algo significativo!".

El hombre responde, desde el suelo: "¿Has probado a hablar menos... y a acostarte MÁS PRONTO?".

La gente sigue hablando y hablando de Dios. Es mejor callar, es mejor no decir nada y sentarse. No sabes; es mejor no esconder tu ignorancia en grandes palabras, en jerga espiritual. Saber que "no sé" es un gran paso hacia el verdadero saber. Saber que "sé" sin saber es ir por mal camino, es alejarse cada vez más.

La verdad sólo te pide una cosa: que guardes silencio para que puedas escuchar, para que puedas oír la vocecita interior.

La séptima pregunta:

AMADO MAESTRO,

¿POR QUÉ LLORO CON LOS SUTRAS Y NO ME RÍO CON LOS CHISTES? ¿ES PORQUE ESTOY BLOQUEADO O SOY BRITÁNICO? NO HAY DUDA. LA VERDAD ES QUE QUIERO ACERCARME.

Sagaro, siéntete dichoso si estás bloqueado, porque si eres británico no hay remedio. No he oído hablar de ninguna terapia que pueda ayudar. Las personas bloqueadas pueden desbloquearse.

Encounter servirá, Primal Therapy servirá, Gestalt servirá, y tenemos aquí al menos noventa grupos.

Pero si eres británico, entonces estoy indefenso; entonces no se puede hacer nada al respecto. Ser británico es como el cáncer: aún no se ha descubierto ningún remedio. Entonces tendrás que esperar al futuro. Pero espero que usted no sea británico; de lo contrario, no habría estado aquí.

A veces los británicos vienen aquí.... La madre de Anurag ha venido, es británica. Lleva semanas aquí, y sólo ha venido a una conferencia, ayer. ¿Y cuál fue su respuesta? Su respuesta fue que yo confirmé sus ideas.

El mero hecho de estar aquí y ser un sannyasin es prueba suficiente de que no eres británico. Y no te preocupes: si puedes llorar con los sutras, es un buen comienzo. Tarde o temprano empezarás a reírte de los chistes, porque una persona que puede llorar, puede reír. El verdadero problema son las personas que no pueden llorar; tampoco pueden reír.

No son dos cosas distintas, son la misma. El llanto y la risa están profundamente relacionados. Cuando te sientes abrumado por algo, o lloras o ríes.

Llorar no es necesariamente triste, reír no es necesariamente alegre. A veces el llanto es una alegría, a veces la risa es fea y quizá sólo un recurso para ocultar tu tristeza.

Recuerda una cosa: sólo el hombre puede llorar y reír. Ningún otro animal puede hacerlo, porque ningún otro animal tiene la conciencia suficiente para sentirse abrumado. Sólo el hombre tiene tanta conciencia que puede sentirse abrumado, inundado por algo de tal manera que o se pone a llorar o se pone a reír, y ambas capacidades son tremendamente necesarias.

Llorar te ayudará a aliviar tus tensiones, reír te ayudará a bailar, a cantar.

Ambos están interrelacionados. El llanto prepara el camino para la risa: tus lágrimas limpiarán tu corazón, y entonces surgirá la risa. Si el primer proceso ha comenzado, el segundo no está lejos.

La octava pregunta:

AMADO MAESTRO,

EL OTRO DÍA DIJISTE QUE LOS VIEJOS SE VUELVEN ASTUTOS. ¿EN QUÉ TE BASAS PARA DECIRLO?

Kumarel, soy una loca. No digo las cosas porque haya motivos para decirlas.

Simplemente digo algo porque disfruto diciéndolo. No puedo darles ninguna prueba y nunca me interesan las pruebas, pero puedo contarles una historia. Para los que entienden, esto será una prueba; y para los que no entienden, nada puede ser una prueba. He expuesto un fenómeno sencillo; no hacen falta pruebas. Sólo observa, sólo obsérvate a ti mismo y a los demás.

A medida que envejeces, si no empiezas a crecer en consciencia, estás abocado a volverte astuto. Estas son las dos únicas alternativas: o te vuelves sabio o te vuelves astuto. Si no te vuelves sabio, tendrás que volverte astuto. La astucia es un sustituto de la sabiduría. O te conviertes en un buda o tendrás que volverte astuto. Y muy pocas personas se convierten en budas; otras son astutas por necesidad.

La vida les enseña a ser más astutos que los demás porque es una lucha por la supervivencia y sólo sobreviven los astutos.

Charles Darwin dice que sobreviven los más aptos. Esa no es mi observación. No sobreviven los más aptos, sino los más astutos, a menos que Darwin entienda por más aptos los más astutos.

El hombre es el animal más astuto; no es el más apto, desde luego que no. Intenta luchar con un mono y sabrás quién es el más fuerte. Intenta correr con un caballo y sabrás quién es el más apto. Intenta volar como un pájaro y sabrás quién es el más fuerte. Intenta ver en la noche como un búho y sabrás quién es el más fuerte. Mira a tu alrededor: no eres el animal más apto de la tierra. De hecho, el hombre es el animal menos apto, el más débil.

Fíjate en el niño humano. ¿Puede el niño humano sobrevivir sin el apoyo de la sociedad y la familia? Pero los niños de los animales sobreviven; nacen más perfectos. Sólo el niño del hombre parece nacer prematuramente, como si necesitara al menos nueve meses más en el útero. Pero el problema es que si vive dieciocho meses en el útero no puede salir; será demasiado tarde, será demasiado grande. Así que sale, pero totalmente indefenso. El niño humano es indefenso, débil; hay que enseñarle.

De hecho, sólo adquiere valor a los veinticinco años, es decir, un tercio de su vida. Necesita preparación para ser lo bastante digno como para competir en el mundo. Entonces, ¿por qué el hombre ha sobrevivido y todos los demás animales han desaparecido o están desapareciendo? Todos han sido derrotados por la sencilla razón de que el hombre es el más astuto. Gracias a su astucia ha podido inventar; no tiene fuerza suficiente para luchar con ningún animal pero puede inventar armas. No tiene la fuerza suficiente para destrozar a un animal con sus propias manos, pero ha inventado las espadas. Las espadas no son más que uñas magnificadas. No puede usar sus dientes para matar, así que ha inventado muchas cosas para matar. Es el más astuto, y con el paso de los siglos se ha vuelto cada vez más astuto.

Un granjero compró un nuevo gallo para su gallinero. Ya tenía un gallo, pero le parecía que se estaba haciendo demasiado viejo para atender a todas sus gallinas, que eran bastantes.

Cuando el granjero presentó el nuevo gallo a todas sus gallinas, el gallo viejo se acercó al recién llegado y organizó una reunión para más tarde esa noche, después de que el granjero se fuera a la cama.

"Escuchad", exclamó el viejo gallo en la reunión de aquella noche, "ese granjero cree que soy demasiado viejo para servir a todas sus gallinas, pero no es cierto. Aún me quedan unos cuantos años buenos y no quiero convertirme prematuramente en la cena dominical de la familia. Así que hagamos un trato".

El trato que el viejo gallo tenía en mente era que los dos gallos se enzarzaran en una pelea imaginaria que acabaría con el gallo joven persiguiendo al viejo por todo el gallinero fingiendo que no podía atraparlo. El ruido de esta pelea imaginaria atraería al granjero, que vería que el gallo viejo corre más que el nuevo y, de este modo, libraría al viejo semental del cuchillo al menos durante unos años.

Por hacer esto, el joven gallo conseguiría follarse a todas las gallinas guapas. El trato estaba hecho.

Al día siguiente empezó la acción, con todas las gallinas graznando y los gallos cacareando. El granjero salió y vio al gallo nuevo persiguiendo al viejo.

Recogiendo su rifle, disparó a matar al joven gallo y exclamó: "¡Maldita sea! Es el tercer gallo maricón que mato esta semana".

La última pregunta:

AMADO MAESTRO,

¿ES SIEMPRE MALA LA REPRESIÓN?

Prasado, absolutamente malo, siempre malo, sin excepciones malo. Represión significa simplemente que no comprendes tus energías vitales. Represión significa que estás forzando tus energías vitales al inconsciente, arrojándolas al sótano de tu ser. Allí seguirán creciendo, allí seguirán hirviendo, y tarde o temprano la explosión.

Por eso mucha gente se vuelve loca.

La locura es el resultado de la represión. Por eso hay tantos enfermos mentales -aunque no locos, sino perturbados mentales- en todo el mundo. En América dicen que de cada cuatro, tres personas están mentalmente perturbadas. Y no crean que eso es así sólo en Estados Unidos; la única diferencia entre Estados Unidos y otros países es que Estados Unidos tiene los datos más recientes, eso es todo. Si quieres saber sobre India no puedes saber nada porque no hay datos disponibles. Y Estados Unidos es más honesto: si le preguntas algo a una persona, te responderá con más sinceridad que un indio.

El indio puede ser sexualmente hirviente por dentro, pero por fuera siempre mantendrá esa mirada de santurrón. No será sincero. En la India no se pueden encontrar cifras reales sobre nada. Si le preguntas a una mujer: "¿Alguna vez has deseado a otro hombre que no sea tu marido?", te dirá: "No. Nunca. No sólo en esta vida, sino en ninguna otra. Y no sólo en el pasado, también en el futuro, voy a aferrarme a este hombre". Esto es una tontería.

A menos que seas una roca por dentro, es imposible que no te guste alguien de vez en cuando, que no te atraiga. Si tienes sensibilidad, sensibilidad, inteligencia, es natural que te sientas atraído de vez en cuando. Eso no significa que estés cometiendo un pecado; simplemente significa que entiendes lo que es la belleza. Significa simplemente que observas la vida a tu alrededor.

Es muy difícil encontrar datos en la India. En ese sentido, Estados Unidos es el país más sincero del mundo. Dirán lo que sea el caso. Tres de cada cuatro personas son enfermos mentales, y en la India mi propia observación es que cuatro de cada cuatro son enfermos mentales, pero son felizmente inconscientes de ello.

La represión de cualquier tipo es destructiva para el cuerpo, la mente y el alma. Hay que transformar las energías, no reprimirlas. Las energías son tu riqueza potencial, en bruto; tienes que pulirlas, entonces pueden convertirse en grandes diamantes. Estas mismas energías, las energías sexuales, pueden convertirse en tu liberación espiritual. Reprimidas estarás en una esclavitud.

No estoy diciendo que te vuelvas indulgente; eso es irse al otro extremo. Buda tampoco apoyará tu indulgencia. Él está absolutamente a favor del camino medio, del justo medio. Ni seas represivo ni indulgente. Sé vigilante, mantente alerta; sé amable con tus energías, comprensivo. Son tus energías; no crees una grieta, de lo contrario siempre estarás en conflicto, y luchar con tus propias energías es una disipación innecesaria.

Luchando con tus propias energías, estás luchando contigo mismo: no puedes ganar. Simplemente estarás desperdiciando toda la oportunidad de la vida. Sé consciente, no reprimas, no consientas. Sé consciente, sé natural. Deja que las energías sean aceptadas y absorbidas, y entonces las mismas energías, energías crudas, se vuelven tan refinadas, pasando a través de la consciencia, que grandes flores florecen en tu ser - lotos de iluminación.

A menos que eso ocurra nunca te sentirás en casa en la existencia, nunca te sentirás dichoso, nunca sentirás lo que es Dios, nunca sentirás lo que es el nirvana, lo que es la liberación.

Cuando una joven monja viene a decirle a la madre superiora que ha pecado con un hombre y que desea hacer penitencia para que la perdonen, la madre superiora empieza a preparar una maleta.

"¡Oh, por favor, no me echen!", grita la joven monja. "¿Adónde iré? ¿Qué haré?"

"Yo no te echo", dice sombríamente la madre superiora, "soy yo la que me voy. Durante treinta años aquí no ha habido más que follar y perdonar, follar y perdonar.

A partir de ahora, he terminado de perdonar, y voy a coger antes de que sea demasiado tarde".

Suficiente por hoy.

9 7 9 8 2 2 3 6 9 7 6 4 0